ESCRAVOS DAQUI, DALI E DE MAIS ALÉM
O tráfico interno de cativos na expansão cafeeira paulista

ESCRAVOS DAQUI, DALI E DE MAIS ALÉM
O tráfico interno de cativos na expansão cafeeira paulista
Areias, Guaratinguetá, Constituição/Piracicaba e Casa Branca, 1861-1887

José Flávio Motta

Copyright © 2012 José Flávio Motta

Grafia atualizada segundo o Acordo Ortográfico da Língua Portuguesa de 1990, que entrou em vigor no Brasil em 2009.

Publishers: Joana Monteleone/Haroldo Ceravolo Sereza/Roberto Cosso
Edição: Joana Monteleone
Editor assistente: Vitor Rodrigo Donofrio Arruda
Revisão: Agnaldo Alves
Projeto gráfico, capa e diagramação: Juliana Pellegrini
Imagens da capa/contracapa: Fotografias de trabalhadores em lavoura de café, de Marc Ferrez

Este livro foi publicado com o apoio da Fapesp

CIP-BRASIL. CATALOGAÇÃO-NA-FONTE
SINDICATO NACIONAL DOS EDITORES DE LIVROS, RJ

M873e

Motta, José Flávio.
ESCRAVOS DAQUI, DALI E DE MAIS ALÉM:
O TRÁFICO INTERNO DE CATIVOS NA EXPANSÃO CAFEEIRA PAULISTA
(AREIAS, GUARATINGUETÁ, CONSTITUIÇÃO/PIRACICABA E
CASA BRANCA, 1861-1887)
José Flávio Motta.
São Paulo: Alameda, 2012.
392p.

Inclui bibliografia
ISBN 978-85-7939-153-8

1. Escravidão – Brasil – História – Século XIX. I. Título.

12-5469.   CDD: 981.4
                            CDU: 94(81)"1861/1887"

                                        037842

ALAMEDA CASA EDITORIAL
Rua Conselheiro Ramalho, 694 – Bela Vista
CEP 01325-000 – São Paulo, SP
Tel. (11) 3012-2400
www.alamedaeditorial.com.br

Para Laura,
com amor, por tudo,
nesses mais de trinta anos.

"O elemento servil no Império não pode deixar de merecer oportunamente a vossa consideração, provendo-se de modo que, respeitada a propriedade atual, e sem abalo profundo em nossa primeira indústria– a agricultura –, sejam atendidos os altos interesses que se ligam à emancipação."
Imperador D. Pedro II, 1867
(*Falas do Trono*, 1977, p. 374)

"O Brasil é o café, e o café é o negro."
Senador Silveira Martins, c. 1880
(*apud* Nabuco, 2000, p. 113)

Sumário

Introdução   13

PARTE 1   19
O quê, por quê, onde, quando

Capítulo 1   21
A expansão cafeeira paulista

Introdução   21

A expansão cafeeira paulista   25

Areias, Guaratinguetá, Constituição (Piracicaba) e Casa Branca   33

Capítulo 2   61
Historiografia e tráfico interno de escravos no Brasil

Introdução   61

Historiografia e tráfico interno de escravos no Brasil   63

PARTE 2   103
Escravos daqui, dali e de mais além

Capítulo 3   105
Escravos daqui e dali (1861-1869)

Introdução   105

Areias   108

Guaratinguetá   122

Constituição   136

Casa Branca   151

Comparando as Localidades   152

Capítulo 4 167
Escravos daqui, dali e de mais além (1870-1880)

Introdução 167

Areias 170

Guaratinguetá 191

Constituição/Piracicaba 212

Casa Branca 238

Comparando as Localidades 260

Capítulo 5 283
Escravos daqui e dali, outra vez (1881-1887)

Introdução 283

Areias 287

Piracicaba 302

Casa Branca 317

Comparando as Localidades 334

Considerações finais 351

Apêndice metodológico 361
As Escrituras de Transações Envolvendo Escravos

Fontes e referências bibliográficas 371

Agradecimentos 389

Nota do autor

Escravos daqui, dali e de mais além corresponde à tese por mim defendida em abril de 2010. Essa defesa compôs, em conjunto com uma prova escrita e outra didática, além do julgamento de meu Memorial (com prova pública de arguição), o Concurso de Livre-Docência ao qual me candidatei no Departamento de Economia da Faculdade de Economia, Administração e Contabilidade da Universidade de São Paulo (FEA/USP). Como resultado desse concurso, obtive o título de Livre--Docente, tornando-me desde então Professor Associado daquele Departamento.

A comissão julgadora do concurso foi presidida pela Professora Doutora Ana Maria Afonso Ferreira Bianchi, Professora Titular da FEA/USP. Os demais Professores Doutores que a integraram foram: Nelson Hideiki Nozoe, Professor Associado da FEA/USP; Ana Lúcia Duarte Lanna, Professora Titular da Faculdade de Arquitetura e Urbanismo (FAU/USP), à época Diretora do Instituto de Estudos Brasileiros (IEB/USP); Maria Lúcia Lamounier, Professora Associada da FEA/USP, *campus* de Ribeirão Preto; e Maurício Chalfin Coutinho, Professor Titular do Instituto de Economia da Universidade Estadual de Campinas (Unicamp). Agradeço muito aos colegas membros da banca por sua leitura atenta e pelos comentários efetuados por ocasião da defesa. Evidentemente, a responsabilidade pelas imperfeições decerto ainda presentes neste estudo é toda minha.

Introdução

Nosso objetivo neste estudo é analisar as características do comércio interno de cativos no Império do Brasil nas últimas décadas de vigência da escravidão, tendo como pano de fundo o movimento de expansão da lavoura cafeeira pela Província de São Paulo. Para tanto, nossa atenção centra-se em quatro municípios paulistas: Areias, Guaratinguetá, Constituição (Piracicaba)[1] e Casa Branca. Os quatro integraram a trajetória seguida por aquela expansão; os dois primeiros localizados no Vale do Paraíba e os demais no caminho trilhado pela "onda verde" do café em direção ao Oeste da província. O principal *corpus* documental que fundamentou nossa análise compôs-se das escrituras de transações envolvendo escravos. Essas fontes notariais manuscritas contêm precioso conjunto de informações sobre o tráfico de seres humanos, contemplando negócios de tipo variado, tais como de compra e venda, permuta, dação *in solutum* etc.

Sempre que disponíveis, coletamos as informações constantes das escrituras mencionadas registradas nas localidades selecionadas num intervalo temporal comum: as décadas de 1860, 1870 e 1880. Como sabido, no decurso daqueles decênios, os municípios sob análise vivenciaram etapas distintas no que tange ao evolver da cafeicultura. Tais distinções foram cruciais para nossa pesquisa, pois pudemos evidenciar como elas se articularam com as diferenças verificadas entre os quatro municípios também nas características do comércio de escravos, tendo

---

[1] Em 1769 foi criada a Freguesia de Santo Antônio de Piracicaba, elevada à "categoria de Vila em 1822, sendo substituído o seu primitivo nome pelo de Constituição, e foi elevada a cidade em 1856" (LUNÉ & FONSECA, 1985, p. 462). Apenas na segunda metade do decênio de 1870 o nome do município foi alterado para Piracicaba.

igualmente presentes as vicissitudes que marcaram a assim chamada "questão servil". De fato, naquelas três décadas, já descartada, desde meados do século dezenove, a possibilidade de contar com o tráfico negreiro transatlântico, a expansão cafeeira e o comércio interno de cativos enfrentaram diversas dificuldades, a exemplo, entre outras, da libertação dos nascituros e dos sexagenários, bem como do impacto causado pelo estabelecimento de tributos proibitivos incidentes especificamente sobre determinados ramos daquele comércio.

Foram muitos os anos de trabalho dedicados à consecução deste texto. Afinal, o tráfico interno de escravos tornou-se um dos principais temas de nossas pesquisas acadêmicas desde meados dos anos de 1990. O presente estudo representa, portanto, o cumprimento de uma etapa relevante em meio ao avanço de nossas preocupações sobre o comércio de cativos e, por essa via, de nossas reflexões mais gerais acerca da economia e da demografia da escravidão brasileira. Ao longo desse período, foi necessário fazer algumas opções importantes para um delineamento mais preciso daquilo que comporia mais propriamente o presente texto, e daquilo que entenderíamos como possíveis desdobramentos para os quais nossa atenção estará voltada no futuro.

Uma dessas opções refere-se ao número e, de maneira imbricada a este número, à própria escolha das localidades analisadas. Por exemplo, por que selecionar Piracicaba onde, comparado a outros municípios mais ou menos próximos (quiçá Campinas), o ímpeto cafeeiro viu-se nuançado pela importância assumida pelo prévio – e, em boa medida, simultâneo – desenvolvimento da lavoura canavieira? Uma resposta possível seria enfatizar a atratividade posta exatamente por essa característica enquanto elemento definidor da nossa escolha. Subjaz a esta resposta o fato de que, com a seleção feita, procuramos contemplar, mantendo nosso foco especificamente no território paulista, o que Caio Prado Júnior denominou os "dois setores principais em que sucessivamente ela [a cultura cafeeira-JFM] se desenvolveu" no Brasil Meridional no curso do Oitocentos (cf. PRADO JR., 2008, p. 160-165). Norteados, pois, por esse intuito, analisamos dois municípios do Vale do Paraíba e dois do Oeste histórico da província; adicionalmente, neste último caso, privilegiamos uma localidade situada no assim chamado "Oeste Velho" (Constituição) e outra no "Oeste Novo" (Casa Branca).

A segunda das opções aludidas tem a ver com as fontes documentais utilizadas. Além dos livros notariais de registro das escrituras, valemo-nos também, em caráter complementar, de outras fontes, com destaque especial para o *Almanak da Província de São Paulo para 1873*.[2] Salientemos que características adicionais do comércio de cativos poderão ser percebidas quando acrescentarmos à pesquisa ainda outros tipos de documentos passíveis de cruzamento com os informes já coletados. Pensemos, por exemplo, nas possibilidades abertas para o estudo dos contratantes das "nossas" escrituras ao analisarmos, ao menos para alguns deles, os seus inventários *post-mortem*. Esses processos, outrossim, revelarão muitos detalhes acerca das escravarias às quais se somavam, ou das quais se subtraíam, as pessoas objeto dos negócios levados a registro nos cartórios dos municípios sob exame.

Um investimento adicional no cruzamento nominativo, tal qual o feito neste estudo entre as escrituras e o *Almanak de 1873*, mediante a incorporação de outros tipos de fontes, a exemplo dos citados inventários, põe-se decerto entre as atividades factíveis e indicadas no ulterior desenvolvimento de nosso estudo. De modo similar, entendemos que certa ampliação do elenco de municípios contemplados integra o conjunto de procedimentos a ser encetado no prosseguimento desta pesquisa.

Cumpre ainda informar o leitor de uma terceira opção feita, a saber: desconsideramos, à exceção de poucas e breves referências, os dois outros vetores que, em conjunto com a "questão servil", compunham aquilo que Celso Furtado rotulou como o "problema da mão de obra" (cf. FURTADO, 2009, p. 185-213). Preferimos, pois, não nos aprofundar na consideração do recurso diferenciado dos municípios analisados à mão de obra do imigrante europeu, de um lado, e aos trabalhadores nacionais, livres e libertos, de outro.[3] Essa mão de obra não escrava dilui-se, em nosso trabalho, nos dados populacionais levantados nos recenseamentos realizados no decurso da segunda metade do século dezenove. Uma abordagem mais ampla do dito "problema da mão de obra", apesar de instigante, claramente extrapolaria os limites que, desde o início, impusemos à nossa

---

2 Para o que contamos com a oportuna edição fac-similar publicada pela Imprensa Oficial do Estado de São Paulo – IMESP (cf. LUNÉ & FONSECA, 1985).

3 Por conta dessa opção, em nosso texto deixamos de lado, por exemplo, a discussão acerca da Lei de Locação de Serviços, de 1879, ou mesmo sobre os efeitos da Lei de Terras, de 1850, ao passo que damos mais atenção à Lei do Ventre Livre, de 1871, ou à Lei dos Sexagenários, de 1885. Para o tratamento dessas questões, que implicaria um alargamento demasiado de nosso escopo, ver, entre outros, LAMOUNIER (1988) e SILVA (1996).

pesquisa. Por conseguinte, permanece em aberto a eventual exploração dessa interessante possibilidade analítica.

Cabe igualmente fazer menção, nestes parágrafos introdutórios, à expectativa por nós acalentada de que a leitura permita vislumbrar o quão deleitosa foi a realização deste trabalho. De fato, a preocupação com a escravidão brasileira e com a expansão cafeeira paulista já se fazia presente em nosso doutorado, defendido em 1990 (cf. MOTTA, 1999). Por sobre esta base, o estudo do tráfico interno de cativos permitiu um alargamento de horizontes, sob vários aspectos. O recorte espacial, restrito naquele trabalho anterior a uma localidade do Vale do Paraíba, Bananal, incorporou outros municípios, alguns deles, como vimos, situados em outras regiões paulistas. No tocante ao intervalo temporal sob estudo, o foco nas décadas iniciais do Oitocentos, no doutoramento, foi substituído pelo privilégio dado à segunda metade daquele século, particularmente desde 1861 até alguns meses antes da abolição da escravatura, em maio de 1888.

O prazer usufruído na feitura da tese de Livre-Docência que originou este livro decorre, sobretudo, da oportunidade por ela proporcionada de aprofundar nossos conhecimentos, e aumentar nossos questionamentos, acerca da temática mais ampla da economia e da demografia da escravidão no Brasil. É sobre esse assunto tão apaixonante que temos nos debruçado em algo como três décadas de vida acadêmica; é sobre esse assunto também que versa este trabalho. A expectativa acima indicada se junta, por conseguinte, ao desejo de que a leitura dos capítulos que se seguem seja tão prazerosa quanto foi para nós a tarefa de escrevê-los.

Além desta introdução, das considerações finais, do apêndice metodológico e do arrolamento das fontes e referências bibliográficas, segmentamos nosso trabalho em duas partes pelas quais distribuímos seus cinco capítulos. Na primeira ("O quê, por quê, onde e quando"), debruçamo-nos, de um lado, sobre a historiografia preocupada com a expansão cafeeira paulista e, em especial, com os municípios que escolhemos para análise (Capítulo 1); de outro, sobre a historiografia dedicada ao tema do tráfico interno de escravos no Brasil, sobretudo no período de pouco mais de um quarto de século, ao qual se referem as escrituras por nós compulsadas (Capítulo 2).

Nos três capítulos que integram a segunda parte do trabalho ("Escravos daqui, dali e de mais além", à qual demos, não por acaso, o mesmo título do trabalho) exploramos as diversas informações extraídas de "nossas" fontes cartoriais. Predomina em nosso texto, nitidamente, a abordagem quantitativa, de resto favorecida pelas características das escrituras; não deixamos, porém, de atentar para o tratamento qualitativo da documentação. A periodização do tráfico interno é o elemento fundamental para a divisão dos capítulos dessa parte do trabalho: 1861-1869, 1870-1880 e 1881-1887 são os intervalos temporais objeto da atenção, respectivamente, nos Capítulos 3 (Escravos daqui e dali), 4 (Escravos daqui, dali e de mais além) e 5 (Escravos daqui e dali, outra vez). Um segundo elemento diferenciador, inferido da escolha dos próprios títulos desses capítulos, é a importância relativa das transações interprovinciais em cada um dos mencionados intervalos, importância esta que subjaz, igualmente, à condução da análise do Capítulo 4 considerando os subperíodos 1870-73 e 1874-80.

※※※

Em suma, contemplamos, mediante o estudo dos municípios de Areias, Guaratinguetá, Constituição (Piracicaba) e Casa Branca, três regiões do território paulista pelas quais avançou, sucessivamente, no decurso do século dezenove, a "onda verde" cafeeira (o Vale do Paraíba, o "Oeste Velho" e o "Oeste Novo"). Ao longo das décadas de 1860, 1870 e 1880, nas ditas regiões, escravos foram comprados, vendidos, trocados, doados, objeto de dações *in solutum* etc. Essas transações envolveram, muitas vezes, deslocamentos entre diferentes províncias do Império, ou então movimentações entre distintos municípios internos à Província de São Paulo; a maior parte das vezes, de fato, os deslocamentos vinculados aos negócios com a mercadoria humana estiveram restritos ao universo local. Eram, pois, escravos daqui, dali e de mais além. E não temos dúvida de que a menor ou maior proximidade da vanguarda da expansão da cafeicultura em território paulista repercutiu decisivamente nas características das transações e dos indivíduos comercializados. É o exame de tais características e daquela repercussão que trazemos para a apreciação do leitor.

Parte 1
O quê, por quê, onde, quando

Capítulo 1
A expansão cafeeira paulista

Introdução

Os 27 anos, de 1861 a 1887, durante os quais foram produzidas as principais fontes contempladas por este estudo, corresponderam a uma etapa de crise da sociedade escravista brasileira. Após os decênios de 1840 e 1850, quando o II Reinado vivenciou seu apogeu – o tempo Saquarema –,[1] o Império, de maneira cada vez mais intensa, viu-se às voltas com o evolver da questão servil. No que respeita especificamente à oferta da mão de obra escrava, de fato, as origens do problema podem ser identificadas já na extinção do tráfico negreiro transatlântico, em 1850. Concomitantemente, sofrendo o impacto das vicissitudes defrontadas pela oferta de trabalho compulsório, a expansão da lavoura cafeeira marcou a economia brasileira no período em tela; essa expansão, por sua vez, atuando pelo lado da demanda, foi um dos principais elementos a evidenciar aquelas vicissitudes.

Em suas *Notas Estatísticas sobre a Produção Agrícola e Carestia dos Gêneros Alimentícios no Império do Brasil*, publicadas originalmente em 1860, Sebastião Ferreira Soares (1977, p. 29) observou "(...) que a produção do café tem tido um aumento constante, quer na época em que era permitido o tráfico [atlântico de escravos-JFM], quer na em que ele se acha completamente extinto". No Gráfico 1.1 fornecemos as cifras referentes à exportação brasileira de café. Os informes concernentes às décadas de 1820 à de 1850 coadunam-se com o comportamento da produção identificado por Sebastião Soares. E a expansão ocorrida após a extinção do comércio negreiro, e até a abolição da escravatura, foi possibilitada,

---

[1] Ver, por exemplo, MATTOS (1987).

como sabido, no tocante à mão de obra utilizada pelos cafeicultores, em boa medida, pela intensificação do tráfico interno de cativos.

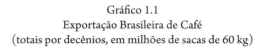

Gráfico 1.1
Exportação Brasileira de Café
(totais por decênios, em milhões de sacas de 60 kg)

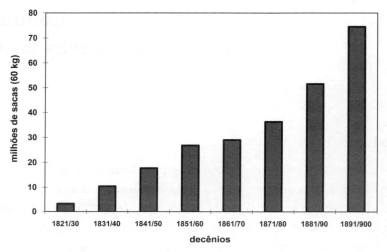

Fonte: MARTINS & JOHNSTON (1992, p. 324-325).

Esse gráfico permite-nos perceber certa solução de continuidade, no tocante ao ritmo de crescimento das quantidades exportadas, entre os anos de 1850 e 1860. Tais quantidades, no intervalo 1851-60, foram 51,0% maiores em comparação com o período anterior; o porcentual correlato, calculado para os anos de 1861-70 comparados aos de 1851-60, reduziu-se para apenas 8,1%.[2] O volume das exportações brasileiras de café recuperou-se parcialmente em 1871-80 (+25,1%), e cresceu em proporções superiores a 40% nos dois últimos decênios computados. Referindo-se aos anos iniciais da década de 1860, Taunay, acerca do relatório apresentado pelo 15º presidente da Província do Rio de Janeiro (de setembro de 1861 a maio de 1862), Dr. Luiz Alves Leite de Oliveira Bello, observou o seguinte: "Tratou bem largamente da terrível e recente praga devastadora

---

2 Sobre a produção cafeeira, Edmar L. Bacha observou: "O Brasil apresentou um desenvolvimento extraordinário da produção a partir do final de década de 1810. Mas essa expansão acelerada praticamente terminou no final da década de 1840. Nas três décadas seguintes, a expansão foi muito lenta. Os principais problemas deste período da história brasileira do café foram a falta de transporte e de mão de obra." (BACHA, 1992, p. 21)

dos cafezais representada por um lepidóptero que devorava a vestimenta das árvores". (TAUNAY, 1939, v. 3, p. 51)[3] Adicionalmente, a aludida solução de continuidade encontrou correspondência no ritmo também cambiante do comércio interno de escravos, este último evidenciado na periodização proposta por Jacob Gorender, segmentando o dito tráfico em três fases: "nos anos cinquenta – intensa; nos anos sessenta – moderada; nos anos setenta – muito intensa" (GORENDER, 1985, p. 326).[4]

Em quase todo o período ao qual se referem os informes dispostos no Gráfico 1.1, a maior fatia da produção brasileira de café coube à Província do Rio de Janeiro. Apenas nos primeiros anos de vigência do regime republicano São Paulo tornou-se a principal região produtora.[5] Considerando os informes sobre a exportação de café pela Guanabara apresentados por Taunay, observamos que, para o conjunto dos dez exercícios de 1860/61 a 1869/70, os cafés fluminenses responderam por mais de dois terços do total (67,2%), os de Minas Gerais por 16,1%, os de São Paulo por 10,8%, cabendo às Províncias do Espírito Santo e da Bahia parcelas bem menos expressivas. Na média desses dez exercícios, a exportação pela Guanabara dos cafés paulistas correspondeu a 1.113.895 arrobas.

---

3   Mais adiante em seu texto o mesmo autor acrescentou: "A ascensão da produção cafeeira fluminense fora notável de 1838 a 1855. Em 1838 de 2.948.378 arrobas. Em 1843 de 4.898.808 arrobas. Em 1848 de 6.505.712 arrobas. Em 1854 de 7.983.551 arrobas, para atingir o seu apogeu, 9.369.107 no ano seguinte.
"Viera depois o declínio com os ataques da praga. Em 1863 chegara a ser apenas de 4.869.182 arrobas mas vencida a terrível borboletinha já em 1867 subira a 9.308.654 (...)." (TAUNAY, 1939, v. 3, p. 58-59)

4   Voltaremos a nos referir a essa periodização no Capítulo 2 desta pesquisa, quando reproduziremos os argumentos de Gorender que a justificaram, a exemplo da guerra civil nos Estados Unidos, da crise bancária de 1864, da Lei do Ventre Livre, de 1871 etc. Já nos anos de 1880, o fluxo de cativos esteve em grande medida limitado às possibilidades postas pelo tráfico intraprovincial (cf. Capítulo 5); além disso, como sabido, recorreu-se de maneira crescente à utilização de mão de obra não compulsória, mediante relações de trabalho que se tornariam absolutamente majoritárias após o 13 de maio de 1888.

5   Dados sobre a posição relativa das províncias brasileiras produtoras de café são fornecidos, por exemplo, em MARTINS & JOHNSTON (1992, p. 365-367). Como afirmou Simonsen, "o ano de 1890 marca o princípio do predomínio da produção paulista. A exportação pelo porto de Santos ultrapassaria, em muito, de 1894 em diante, a do Rio de Janeiro". (SIMONSEN, 1973, p. 174-175) Já Motta Sobrinho parece datar a supremacia paulista de alguns anos antes: "Em 1883, a produção cafeeira paulista igualou-se à fluminense, ultrapassando-a, nos anos seguintes, e distanciando-se cada vez mais". (MOTTA SOBRINHO, 1968, p. 30)

No período de 1859-60 a 1864-65, em média, a exportação de café por Santos igualou-se a 1.428.479 arrobas (cf. TAUNAY, 1939, v. 3, p. 62-64 e 208).[6] Não obstante essa posição secundária no contexto imperial, o avanço da cafeicultura em território paulista apresentava marcado dinamismo, com a disseminação dos cafeeiros permitindo vislumbrar, já na primeira metade do século dezenove, os inícios de sua conhecida "marcha" em direção ao Oeste. De acordo com os dados coligidos por Sergio Milliet (1939), a produção paulista de café alçou-se de um total de 590.066 arrobas, em 1836, para 3.534.256 arrobas em 1854, um incremento da ordem de 500%.

Apresentamos, na Figura 1.1, o Mapa da área cafeeira em 1884, conforme inserido por Van Delden Laërne em sua obra *Brazil and Java*. Para facilitar a reprodução em nosso trabalho do dito Mapa, valemo-nos de sua cópia, em formato reduzido, no livro *Da senzala à Colônia*, de Emília Viotti da Costa. São destacadas duas regiões produtoras de café. A do Vale do Paraíba, embora abrangendo parte do território paulista, tem sua maior porção em terras da Província do Rio de Janeiro. É, como escrito na legenda, a Zona do Rio, isto é, que tem no porto do Rio de Janeiro a principal via de escoamento do café de lá exportado. A outra região é a do Oeste Paulista, que na legenda aparece como Zona de Santos, a grande responsável pela supremacia alcançada pela produção de São Paulo em princípios do período republicano. Ainda na Figura 1.1, sublinhamos, entre as várias localidades indicadas, os nomes dos quatro municípios selecionados para nosso estudo, dois na área do Vale do Paraíba (Areias e Guaratinguetá) e os demais no Oeste Paulista (Piracicaba e Casa Branca).

---

6 Sobre essa cifra exportada por Santos escreveu Taunay: "quase outro tanto do café paulista saíra pelos portos fluminenses neste período". (TAUNAY, 1939, v. 3, p. 208)

Figura 1.1
Mapa da Área Cafeeira em 1884
(duas áreas destacadas: a do Vale do Paraíba e a do Oeste Paulista)

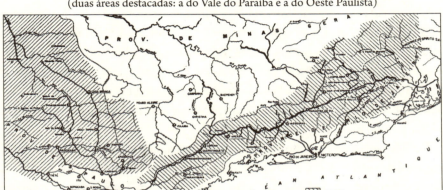

Sublinhamos com traço os nomes das quatro localidades objeto de nossa atenção neste livro.
Fonte: LAËRNE, C. F. Van Delden. *Brazil and Java: Report on coffee culture in America, Asia and Africa, to H. E. the Minister of the Colonies*. Londres: W. H. Allen & Co., 1885. Apud Costa, Emília Viotti da. *Da senzala à colônia*. 3ª ed. São Paulo: Ed. Brasiliense, 1989, p. 58.

A expansão cafeeira paulista

A Figura 1.2 traz a regionalização da Província, depois Estado de São Paulo, utilizada no *Roteiro do café*, de Milliet.[7] Em 1836, nas pouco menos de 600 mil arrobas de café produzidas na província paulista, calculou o autor em questão

---

7   "A divisão do Estado (...) se efetuou em obediência à delimitação de sete regiões, como segue: 1 – a chamada zona norte do Estado, inclusive o litoral (...); 2 – a zona a que demos a denominação de zona central, mais arbitrariamente traçada, abrangendo toda a área incluída dentro do polígono: Capital, Piracaia, Bragança, Campinas, Piracicaba, Itapetininga, Piedade, Una, Capital (...). Não foi naturalmente incluído o Município da Capital, pois viria a sua inclusão modificar de todo em todo quaisquer considerações sobre o desenvolvimento da região (...); 3 – a zona englobando os municípios tributários da Cia. Mogiana de Estradas de Ferro, a partir de Campinas (...); 4 – a zona dos municípios tributários da Estrada de Ferro Paulista, à exceção dos da Alta Paulista, que foram adidos à zona da Noroeste, por se ligarem, pela cronologia, mais nitidamente à expansão desta (...); 5 – a zona que denominamos Araraquarense, e à qual se juntaram, para evitar-se a formação de uma nova unidade, encaixada entre esta e as zonas da Paulista e da Sorocabana, os municípios dos ramais que servem Bariri e Bauru, até este exclusive (...); 6 – a zona dos municípios tributários das Estradas de Ferro Noroeste do Brasil e Alta Paulista (...); 7 – a zona compreendendo os (...) municípios da Sorocabana, a partir

que a participação da Zona Norte, região que compreendia o Vale do Paraíba e o litoral norte, era de 86,5%. Nesse mesmo ano, a produção provincial total de café informada no *Ensaio d'um quadro estatístico*, de Daniel Pedro Müller, atingiu 588.136 arrobas. Os principais municípios cafeeiros eram vale-paraibanos: Areias (102.797 arrobas), Bananal (64.822 arrobas), Pindamonhangaba (62.628 arrobas) e Jacareí (54.000 arrobas). No litoral norte destacavam-se São Sebastião (42.845 arrobas) e Ubatuba (31.000 arrobas; cf. MÜLLER, 1978, p. 124-129).[8] Além da Zona Norte, o café era também produzido, em 1836, nas Zonas Central (11,9%), Mogiana (0,1%) e Paulista (1,4%).[9]

Em seu desenvolvimento, a cafeicultura foi se colocando como uma alternativa cada vez mais interessante para os lavradores paulistas. No meado do século dezenove, numa conjuntura de preços relativos favoráveis, os cafeeiros deslocavam, ou pelo menos dividiam o espaço com, a produção de gêneros de subsistência (especialmente milho, arroz e feijão), e mesmo a de cana-de-açúcar. Consoante escreveu Emília Viotti da Costa (1989, p. 60-61), em inícios da década de 1850,

> (...) nas zonas cafeeiras os fazendeiros reduziam as áreas dedicadas aos gêneros de primeira necessidade, preferindo importá-los de outras regiões, para poderem dedicar-se mais às plantações de café. (...)[Comparado ao açúcar-JFM] O café oferecia, entretanto, maior margem de lucro, exigia

---

de Botucatu (...). Não foram estudadas, por não interessarem à análise do roteiro do café, as zonas da baixa Sorocabana e do Litoral Sul." (MILLIET, 1939, p. 10-12)

8   Nessas páginas em que Müller apresenta os informes sobre os "produtos" (sua Tabela nº 3), registrou-se também uma grande produção de café em Parnaíba. Entendemos, porém, ser razoável perfilhar a seguinte ponderação, de Taunay: "O 'hinterland' ocidental pouco produzia ainda. Um único município se avantajava: Parnaíba. Quer nos parecer contudo que deve haver engano de informação acerca da produção parnaibana ou erro de imprensa, pois as 55.000 arrobas deveriam valer mais de 100 contos de réis e o autor dá para o valor total das produções do município apenas 33:850$000". (TAUNAY, 1939, v. 3, p. 105) Vale observar que Milliet, autor que decerto também se valeu das tabulações de Müller, computou 55 mil arrobas como sendo a produção de café de Parnaíba em 1836 (cf. MILLIET, 1939, p. 43).

9   Os porcentuais da distribuição da produção cafeeira pelas distintas zonas em 1836, 1854 e 1886, fornecidos neste e nos próximos parágrafos, foram extraídos de MILLIET (1939, p. 18 e 20). Salientemos que o informe para Parnaíba, criticado na nota anterior, respondeu por mais de três quartos da produção da Zona Central em 1836.

menos capitais, cuidados mais simples e estava menos sujeito às avarias inerentes ao mau estado das vias de comunicação do que o açúcar, o que fez com que os canaviais fossem sendo substituídos pelos cafeeiros. Todavia, em 1852, não obstante essa tendência, a cultura da cana não era considerada decadente. No Mapa das fábricas agrícolas de São Paulo, anexo ao Relatório de Nabuco de Araújo, eram relacionadas 466 fábricas de açúcar e 395 de café. Este predominava no Vale do Paraíba, enquanto no Centro-Oeste Paulista aparecia lado a lado com a cana.

Em 1854, no total de mais de 3,5 milhões de arrobas de café produzidas, o predomínio da Zona Norte era ainda incontestável; contudo, declinara sensivelmente, para 77,5% do total. Crescera, entrementes, a participação das demais regiões, dentre as quais a mais relevante era a Central, cujo porcentual correlato igualou-se a 13,9%; como observou Milliet, "na ordem cronológica da invasão do café, foi a segunda realmente a ser cultivada, pouco antes de iniciar-se o avanço pela Mogiana" (MILLIET, 1939, p. 11). Paulista e Mogiana completavam o elenco das zonas produtoras de café em meados do Oitocentos, respectivamente, com 6,3% e 2,3% do total. No Vale do Paraíba, o município de Queluz havia sido desmembrado do de Areias, e os dois, conjuntamente, produziram 386.094 arrobas de café, cifra ultrapassada com folgas por Bananal (554.600 arrobas). Na Zona Central destacava-se a produção de Campinas (335.500 arrobas), na Paulista a de Limeira (121.800 arrobas) e, na Mogiana, a de Mogi-Mirim (80.000 arrobas).[10]

---

10   As produções de café dos municípios, indicadas neste parágrafo e no próximo, são as fornecidas em MILLIET (1939, p. 43, 52 e 57-58).

Figura 1.2 – São Paulo:
Regiões Contempladas por Milliet no *Roteiro do Café*

Fonte: MILLIET (1939, p. 23)

E, em 1886, estava já nitidamente delineada a "marcha para o Oeste" da cafeicultura paulista. De uma produção provincial total de 10.374.350 arrobas, coube uma parcela de 20,0% à Zona Norte, 29,0% à Central, 21,8% à Mogiana, 23,7% à Paulista, 4,1% à Araraquarense e 1,5% à Alta Sorocabana. Não apenas a participação relativa da Zona Norte havia sido suplantada por três outras regiões da província, mas também sua produção cafeeira, em termos absolutos, sofrera sensível redução desde meados daquele século (de 2.737.639 arrobas em 1854 para 2.074.267 arrobas em 1886). No Vale do Paraíba, onde não se dispôs do informe para Bananal – fato que talvez responda pela redução havida–, os maiores produtores eram Guaratinguetá (350.000 arrobas) e Taubaté (300.000 arrobas). Tais quantidades, embora significativas, eram bem menores do que as produzidas por vários municípios situados fora da Zona Norte. Por exemplo, Campinas, na Zona Central, atingia já a marca de 1,5 milhão de arrobas; Amparo, na Mogiana, ultrapassava a casa das 900 mil arrobas; e Rio Claro, na Paulista, produzia 600.000 arrobas.[11]

---

11   Em 1920, marco temporal subsequente contemplado por Milliet, a distribuição porcentual da produção cafeeira paulista foi a seguinte: Zona Norte, 3,5%; Central, 12,6%; Mogiana, 35,5%; Paulista, 18,7%; Araraquarense, 18,8%; Noroeste, 3,3%; e Alta Sorocabana, 7,6% (cf. MILLIET, 1939, p. 20).

Foram variados, como sabido, os elementos a condicionar o caminho trilhado pelo café no território de São Paulo. Por exemplo, à "onda verde" vinculou-se estreitamente a expansão vivenciada pela malha ferroviária, como podemos depreender da própria regionalização que vimos utilizando, de Milliet.[12] Assim, em 1867 foram inaugurados os 139 quilômetros de trilhos unindo Santos a Jundiaí e, em 1872, a estrada de ferro chegou a Campinas; em 1874, era de 306 quilômetros a extensão das ferrovias construídas na província, extensão esta que se elevou para 1.852 quilômetros em 1886, e para 3.468 quilômetros em 1900 (cf. CAMARGO, 1981, v. 1, p. 172-175 e 217-219).[13] Como escreveu Laërne em seu *Brazil and Java*, "de 1865 a 1873, comparativamente pouco foi feito no que respeita às ferrovias. Após 1873, entretanto, a febre das estradas de ferro rebentou (...)".(LAËRNE, 1885, p. 178)

A expansão cafeeira implicou, outrossim, a incorporação à produção de terrenos mais férteis.[14] Pierre Monbeig, por exemplo, referindo-se aos primeiros anos do século vinte, mencionou a ação da erosão, vinculando a queda havida na produção do Vale do Paraíba à baixa na produtividade, declínio este potencializado, no contexto pós-13 de maio de 1888, pelas dificuldades de obtenção de mão de obra para o trato dos cafezais:

> Assim, Taubaté, Pindamonhangaba, Jacareí, Bananal e São José dos Campos conservavam, cada um, de 3 a 9 milhões de cafeeiros. Mas a produção, por outro lado, atesta uma baixa contínua [...]. Ravinados pela erosão, mal cuidados por uma mão de obra insuficiente desde a abolição da escravatura, os cafezais do vale do Paraíba detinham os mais baixos rendimentos de todo o Estado: 2 arrobas por 1.000 pés em Jacareí, 16 em Bananal, 18 em Pindamonhangaba e um máximo de 30

---

12   Outro condicionante relevante foi, por exemplo, o desenvolvimento do sistema de crédito; a este respeito ver, entre outros, SAES (1986b).

13   Assim, nas palavras de Camargo (1981, v. 1, p. 217), ao iniciar-se o Novecentos "(...) marchavam paralelamente, em ritmo de conquistadores, os trilhos das estradas de ferro e os novos cafezais". Ver também, entre outros, LAËRNE (1885, p. 174-187), SIMONSEN (1938, p. 35-43) e SAES (1981).

14   "Enquanto o solo do Vale do Paraíba rapidamente se esgota e os sinais de decadência se revelam aí mais intensamente, a partir de 1870, no Oeste Paulista o café encontra em terras virgens ou nas áreas de terra roxa o seu máximo de produtividade, remunerando largamente o capital empregado." (COSTA, 1989, p. 21)

em São José dos Campos. Nada mais se poderia esperar dessa região, pelo menos para o café. (MONBEIG, 1984, p. 167-168)

À mesma época, cifras sensivelmente mais elevadas eram atingidas em outras áreas do Estado: 57 arrobas por mil pés em Itu e 43 em Campinas, municípios situados na Zona Central, consoante a regionalização de Milliet; 48 em Amparo, 73 em Mococa e também mais de 70 em Ribeirão Preto, na Zona da Mogiana; igualmente além de 70 em Santa Rita do Passa Quatro, na Zona da Paulista (cf. MONBEIG, 1984, p. 168 e 171).[15]

Antes do 13 de maio de 1888, no período por nós contemplado neste estudo, a condicionar a expansão da cafeicultura paulista, além dos fatores acima mencionados,[16] destacava-se já, como se infere das poucas referências feitas até aqui ao tráfico interno de cativos, o chamado "problema da mão de obra".[17] Ao passo que a questão servil caminhava, gradualmente, no sentido da abolição da escravatura, estabeleciam-se os contornos da solução imigrantista. Referindo-se aos meados dos anos de 1850, e valendo-se das observações do Brigadeiro J. J. Machado de Oliveira aos quadros juntados à mensagem do vice-presidente da província, Dr. Antonio Roberto de Almeida, em exercício da presidência em 1856, Taunay comentou a desigualdade das condições da lavoura cafeeira no norte e no oeste de São Paulo, manifesta na ênfase diferenciada posta nos trabalhadores escravos e imigrantes:

> A principal causa de tal desproporção [entre as rendas dos municípios valeparaibanos comparadas às de outras regiões paulistas-JFM] provinha (...) da deficiência que neles já se fazia sensível, dos braços escravos, exclusivamente empregados na cultura do café, por efeito da extinção do

---

15 No princípio do século vinte, era também alta a produtividade em zonas mais recentemente tocadas pela expansão dos cafezais, a exemplo da Alta Sorocabana: "72 arrobas por 1.000 pés em Botucatu, 95 em Lençóis, 85 em São Manuel e 99 em Piraju". (MONBEIG, 1984, p. 171)

16 E de outros, tais como a mecanização da produção, o incremento da demanda externa pelo café e a intensificação do afluxo de capitais forâneos (ver, por exemplo, SILVA, 1976, p. 29-76).

17 Sobre esse tópico ver, entre outros, FURTADO (2009, p. 185-213) e BEIGUELMAN (2005). Como bem observou Emília Viotti da Costa (1989, p. 93) acerca da expansão cafeeira paulista, "a onda verde dos cafezais que invadia o Vale e alcançava o Centro e Médio-Oeste era acompanhada da onda negra da escravidão".

tráfico africano, que ali se operara em grande escala, e das providentes medidas ultimamente tomadas para a repressão do contrabando sobrevindo ao tráfico. Ao invés, nos municípios das outras zonas da província, menos lotados em escravatura, e não tanto ao alcance dos meios que para semelhante fim haviam sido facultados a outra parte, mais preponderara a colonização estrangeira, que especialmente se ocupava da cultura cafeeira, aliás. (TAUNAY, 1939, v. 3, p. 147)[18]

Nosso estudo, repisemos, tem a atenção centrada em quatro municípios paulistas, localizados, em termos da regionalização de Milliet, nas Zonas Norte (Areias e Guaratinguetá), Central (Constituição) e da Mogiana (Casa Branca), regiões que, como vimos, nessa mesma ordem foram incorporadas à marcha da cafeicultura para o oeste de São Paulo. Ao longo das últimas décadas do período escravista, tais regiões – e, nelas, as localidades selecionadas – recorreram ao tráfico interno de cativos.[19] Procuraram também se valer, fazendo-o de maneira diferenciada umas das outras, do emprego da mão de obra do imigrante, em especial, de início, com base no sistema de parceria vinculado às iniciativas pioneiras do senador Nicolau de Campos Vergueiro, e posteriormente no bojo da grande imigração subvencionada.[20] Nosso foco, na segunda parte desta pesquisa, estará

18 Para uma análise das distintas formas assumidas pelo movimento imigratório ver, por exemplo, OBERACKER JR. (1985), HOLANDA (1985) e PETRONE (1985).

19 Nem sempre os negócios deste tráfico deixaram satisfeitos os escravistas envolvidos. Emília Viotti da Costa fornece um exemplo, extraído das páginas de um jornal provincial, de compra e venda de escravos, ocorrido em uma das localidades objeto de nosso estudo, no qual a compradora denunciou ter havido irregularidade na transação efetuada:"'D. Maria Martins de Melo, cidade de Constituição, comprou três moleques por Rs. 5:600$000 a Aureliano de Souza Monteiro e protesta não pagar Rs. 1:800$000 porque um deles é completamente disforme de peito e incapaz para todo serviço. Vai intentar ação criminal contra o vendedor'". (COSTA, 1989, p. 89) A compra desses "três moleques", no entanto, não apareceu entre as escrituras por nós compulsadas. D. Maria Martins de Melo, conforme "nossa" documentação, participou de três transações no período de 1861 a 1887, sempre como compradora. Realizou um negócio envolvendo dois escravos em junho de 1868 e duas outras compras, num total de quatro cativos, ambas em março de 1874. Localizamos também duas escrituras em que um dos contratantes chamava-se Aureliano, mas o nome completo era Aureliano de Souza Leite, o que nos impede de afirmar tratar-se da mesma pessoa mencionada no jornal citado por Emília Viotti da Costa.

20 "Abastecidos de numerosa escravaria, os fazendeiros do Vale do Paraíba não pareciam sentir a falta de braços tantas vezes alegada pelos agricultores paulistas. Por isso talvez estivessem também menos

no fluxo de escravos objeto das escrituras registradas naqueles quatro municípios, cuja localização pode ser visualizada na Figura 1.3. Mas antes, finalizando este capítulo, traçaremos algumas considerações gerais acerca da expansão cafeeira nas ditas localidades.

Figura 1.3
São Paulo: Regiões Contempladas por Milliet no *Roteiro do Café*
e Localidades Selecionadas para Análise em Nosso Estudo

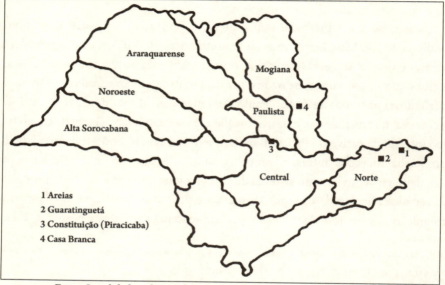

Fonte: Localidades adicionadas à figura extraída de MILLIET (1939, p. 23).

---

interessados em promover experiências com a colonização e o trabalho livre, que nessa época empolgavam a fazendeiros do Centro e Oeste de São Paulo." (COSTA, 1989, p. 98) Além dos trabalhadores estrangeiros, todas as regiões, em maior ou menor medida, utilizaram-se também do recurso à mão de obra dos nacionais, livres ou libertos.

Areias, Guaratinguetá, Constituição (Piracicaba) e Casa Branca

Areias

Se lançarmos mão da cronologia do avanço da lavoura cafeeira pela província paulista como critério para ordenarmos as localidades contempladas neste estudo, não há dúvida de que devemos começar por Areias.[21] Ainda que sejam objeto de controvérsia a data exata e o local do início do cultivo do café em São Paulo, por exemplo Taunay, em análise minuciosa, apontou a freguesia de Areias como uma das duas portas através das quais, ainda em fins do século dezoito, a rubiácea teria adentrado os limites da capitania.[22] De fato, como vimos na seção anterior, em 1836 a localidade em tela era a principal produtora de café da província, com pouco menos de 103 mil arrobas. Essa cifra elevou-se para 186.094 arrobas em 1854, quando outras 200 mil arrobas foram produzidas em Queluz, desmembrada de Areias em 1842 (cf. MILLIET, 1939, p. 52).

Não obstante o avanço verificado da lavoura de café, o cultivo da cana-de-açúcar e o fabrico de seus derivados, presentes na região desde antes daquele avanço, continuavam a ser realizados em meados do Oitocentos. Como afirmou Maria Thereza Schorer Petrone (1968, p. 41), "em 1845 [a cana-JFM] aparece em Areias, Bananal, Guaratinguetá, Pindamonhangaba e Taubaté". A autora, contudo, explicitou com clareza as reais dimensões lá atingidas pela lavoura canavieira: "Na realidade, a área ao longo do caminho para o Rio de Janeiro, nunca foi grande produtora de açúcar."[23]

---

21   "Desmembrada do Município de Lorena, foi ereta em Vila em 1817, com a denominação de S. Miguel das Arêas, e elevada à categoria de Cidade a 24 de Março de 1857" (LUNÉ & FONSECA, 1985, p. 244).

22   A outra dessas portas sugeridas é Jundiaí, onde o sargento-mor Raymundo Alves dos Santos Prado Leme teria iniciado a plantação de café com sementes recebidas de presente do governador Melo Castro e Mendonça, em 1797 (cf. TAUNAY, 1939, v. 2, p. 331-332).

23   Tal área, "Já na época do florescimento da cultura da cana no 'quadrilátero', tinha encontrado sua verdadeira vocação no cultivo do café". (PETRONE, 1968, p. 41) Sobre o "quadrilátero do açúcar", no dizer de Petrone "área de eleição da cana-de-açúcar em São Paulo na segunda metade do século XVIII e na primeira do século XIX", deter-nos-emos um pouco mais ao delinearmos nossos comentários sobre a localidade de Constituição (Piracicaba).

Ainda em 1854, no "Diário de minha viagem ao Rio de Janeiro" – reproduzido como apêndice ao livro de Carlota Pereira de Queiroz (1965, p. 91-101) –, Manuel Elpídio Pereira de Queiroz, sobre o núcleo urbano de Areias, onde esteve por algumas horas no dia 5 de abril, escreveu:

> (...) a rua principal tem casas dos 2 lados. Da entrada de cá até a Matriz chama-se esta rua Direita; neste pedaço de rua sai o pátio onde está colocada a Cadeia, que se estivesse acabada era uma boa obra, com 6 janelas de frente, 3 de fundo, todas de grade de ferro, bem como as grades das prisões. A Matriz é ordinária quanto ao exterior, o interior não vi. Da Matriz, até uma ponte de pedra chama-se rua de S. Ana; da ponte em diante rua do Comércio. Em toda Vila tem 20 casas de sobrado ordinárias e 4 boas. Tem diversos outros becos, uma rua para baixo da Cadeia, que se chama rua da Esperança e depois da Vala, até o beco do Couto na rua de S. Ana; esta vila tem negócios grandes, quer de fazendas, quer de molhados, que atestam que a vila vai em aumento. (QUEIROZ, 1965, p. 97)

Alguns anos mais tarde, Augusto Emílio Zaluar, no relato sobre a viagem que fez à província, principiada nos últimos meses de 1859, observou:

> Areias é uma cidade talvez mais comercial do que Resende (...); grande número de lojas, e bem fornecidas, adornam as suas principais ruas. A população deste município deve regular entre 6.000 e 7.000 habitantes. A sua exportação, que consiste em café, visto que os gêneros alimentícios já não chegam para o consumo dos moradores, avalia-se em 120.000 arrobas, pouco mais ou menos. (ZALUAR, 1975, p. 58)

Posteriormente a Queluz, outros dois municípios foram desmembrados, em 1859 (São José do Barreiro) e 1881 (Pinheiros), com o que a produção cafeeira em Areias decresceu para 100 mil arrobas em 1886.[24]

No *Almanak da Província de São Paulo para 1873* fez-se constar, sobre Areias, que "a principal cultura de seu Município é a do café" (LUNÉ & FONSECA, 1985,

---

24 Nesse último ano, atingiu o total de 480 mil arrobas a produção conjunta de Areias, Queluz, São José do Barreiro e Pinheiros, municípios cuja área, integrados os quatro, corresponderia à mesma área de Areias em 1836 (cf. MILLIET, 1939, p. 39-40).

p. 244). Eram 36 os fazendeiros listados no mencionado *Almanak*, cinco dos quais igualmente compondo o conjunto formado por meia dúzia de capitalistas. Naquele ano de 1873, havia 12 negociantes de fazendas, armarinho, ferragens e molhados, e outros 16 armazéns de molhados e gêneros do país (cf. LUNÉ & FONSECA, 1985, p. 246-249). Os vínculos da cidade com a cafeicultura acham--se descritos, com ênfase ainda maior, nos *Apontamentos* de Manuel Eufrásio de Azevedo Marques, publicados originalmente em 1879, nos quais lemos, no verbete dedicado a Areias: "a lavoura quase exclusiva é a do café" (MARQUES, 1953, v. 1, p. 91).

De fato, o comportamento da cafeicultura ao longo do século dezenove em Areias ajustou-se de maneira exemplar à seguinte caracterização, feita por Sergio Milliet, e afeta à Zona Norte paulista como um todo:

> Nesta zona exclusivamente de progresso cafeeiro, que nenhuma cultura nova veio salvar, cujas comunicações com os grandes centros são difíceis, melhor ressaltam as relações entre a economia e a demografia. Estamos em cheio na zona morta, que o café desbravou, povoou, enriqueceu e abandonou antes que criasse raízes o progresso. (MILLIET, 1939, p. 40)

Esse panorama final, de um contexto marasmático a contrastar com a prévia pujança cafeeira, foi retratado com perfeição, por exemplo, nos contos de Monteiro Lobato, datados do primeiro quarto do século vinte e publicados no livro *Cidades Mortas*. Abrindo a coletânea, no conto de 1906 que tem o mesmo título do volume, escreveu o autor, nascido na vale-paraibana Taubaté:

> A quem em nossa terra percorre tais e tais zonas, vivas outrora, hoje mortas, ou em via disso, tolhidas de insanável caquexia, uma verdade, que é um desconsolo, ressurte de tantas ruínas: nosso progresso é nômade e sujeito a paralisias súbitas.
> [...]
> Em São Paulo temos perfeito exemplo disso na depressão profunda que entorpece boa parte do chamado Norte.
> Ali tudo foi, nada é. Não se conjugam verbos no presente. Tudo é pretérito. Umas tantas cidades moribundas arrastam um viver decrépito, gasto em chorar na mesquinhez de hoje as saudosas grandezas de dantes.

[...] Erguem-se por ali soberbos casarões apalaçados, de dois e três andares, sólidos como fortalezas, tudo pedra, cal e cabiúna; casarões que lembram ossaturas de megatérios donde as carnes, o sangue, a vida para sempre refugiram.
[...]
São os palácios mortos das cidades mortas.
[...]
Isso, nas cidades. No campo não é menor a desolação. Léguas a fio se sucedem de morraria áspera, onde reinam soberanos a saúva e seus aliados, o sapé e a samambaia. Por ela passou o café, como um Átila. (LOBATO, 1986, p. 3-6)

Essa analogia com a morte, para ilustrar o destino de várias das cidades cafeeiras do Vale do Paraíba, é também utilizada por MOTTA SOBRINHO (1968, p. 78), vinculada às possibilidades de inserção ou não daquelas localidades no surto de expansão ferroviária na segunda metade do Oitocentos:

Ai daquelas vilas e cidades que lhe ficassem [do traçado das estradas de ferro-JFM] à distância ou segregadas. Foi o que aconteceu a Bananal, São José do Barreiro, Areias, Silveiras, que não conseguiram inclusão na rota do trem (...) e depois tiveram que recorrer a ramais, para não estiolarem de uma vez. Bananal, ligada a Resende, em 1889, por empreendimento final da família Valim, pôde-se manter rica por mais tempo. (...) São José do Barreiro, Areias e Silveiras caíram no marasmo desalentador, já de si desfavorecidas, dada sua topografia por demais montanhosa. Morreram.

As relações entre a economia e a demografia, mencionadas por Milliet, evidenciam-se no evolver populacional de Areias, paralelo ao desenvolvimento cafeeiro do Oitocentos. Em 1836, segundo as tabulações de Daniel Pedro Müller, havia na localidade 9.469 habitantes distribuídos por um total de 1.071 fogos (cf. MÜLLER, 1978, p. 133).[25] Esse total, mantidos grosso modo os mesmos limites

---

25 Em algumas tabelas do *Ensaio d'um quadro estatístico da Província de São Paulo* (por exemplo, a discriminação da população por classes à p. 155) o total de habitantes de Areias soma 9.369, que por sinal é o número que lemos em MILLIET (1939, p. 40). Sobre essa diferença, não será demais reproduzir a advertência com que Müller abre seu ensaio: "a falta de clareza e uniformidade em algumas

territoriais de 1836, elevou-se para 11.665 em 1854, 20.243 em 1874 e 25.661 em 1886, cifras que refletiram taxas de crescimento populacional equivalentes a 1,17% a.a. entre 1836 e 1854, 2,79% a.a. de 1854 a 1874, e 2,00% a.a. desse último ano até 1886.[26]

---

das tabelas e informações remetidas pelas Autoridades locais, e a demora da remessa d'outras que se referem ao ano de 1836, e que pela maior parte não são senão extratos de róis formados em 1835, são razões que nos obrigam a declarar, que não convém depositar-se inteira confiança nos dados estatísticos, que servirão de base ao presente ensaio, e que apenas se deverá contar com alguma aproximação à verdade". (MÜLLER, 1978, p. XXIII) Inconsistências e problemas variados também foram identificados nos recenseamentos de 1854, 1872 e 1886, dos quais igualmente nos valemos neste trabalho. No caso desses três últimos levantamentos censitários, estaremos sempre recorrendo às tabulações realizadas pelo Núcleo de Estudos em População da Universidade Estadual de Campinas – NEPO/Unicamp (cf. BASSANEZI, 1998). Adicionalmente, para uma apreciação dos recenseamentos de 1836, 1854 e 1886 ver, por exemplo, BASSANEZI E BACELLAR (2002); e, sobre o primeiro recenseamento geral do Império, ver, entre outros, PAIVA E MARTINS (1983). Lembremos que o recenseamento de 1872 foi realizado, na província de São Paulo, em 30 de janeiro de 1874, ano que utilizaremos nas nossas tabulações. Como ponderaram PAIVA E MARTINS (1983, p. 11), "a realização simultânea do censo em todo território é um requisito importante, uma vez que minimiza erros tais como dupla contagem. Mesmo sabendo que os governos das províncias retardatárias recomendaram, através de ofício que a data de referência do censo fosse aquela fixada pela lei, sabe-se que, quanto maior for o intervalo de tempo decorrido entre a data a que a informação deve se referir e aquela em que ela é recolhida, maiores são as possibilidades de erros".

26   Em 1920, a população reduziu-se em comparação a 1886, de 25.661 para 22.147 habitantes (cf. MILLIET, 1939, p. 40). Cabe observarmos que a aludida manutenção dos limites territoriais implicou, no cômputo dos totais populacionais citados, a consideração dos dados de Areias somados aos de Queluz em 1854, aos de Queluz e São José do Barreiro em 1874, e aos de Queluz, Lavrinhas (ex-Pinheiros) e São José do Barreiro em 1886. Se tomássemos apenas o município de Areias, independentemente das alterações em seu território, a população igualar-se-ia a, respectivamente, 4.492 pessoas em 1854, 5.717 em 1874 e 6.788 em 1886. Por fim, vale também mencionarmos que, conforme ressaltado em BASSANEZI (1998), o informe para Queluz em 1854 refere-se a um total parcial.

Tabela 1.1
Alguns Indicadores Demográficos de Areias
(1836-1886)

Indicadores	1836	1854	1874	1886[2]
População total	9.469	11.665	20.243	25.661
População escrava (%)	40,6	52,9	32,8	16,9
Razão de sexo (livres)	105,4	105,6	107,7	91,0
Razão de sexo (escravos)	197,5	178,7	129,7	126,7
Cativos homens (20 a 40 anos; %)[1]	51,8	45,9	38,1	31,7[3]
Cativas (20 a 40 anos; %)[1]	38,1	41,4	40,4	

[1] A faixa etária indicada corresponde ao recorte dos dados disponíveis para 1836; para 1854 computaram-se os escravos com idades de 20 a 39 anos; para 1874, dos 21 aos 40; e, para 1886, dos 30 aos 40 anos.
[2] Os cálculos das razões de sexo, bem como dos porcentuais indicados acerca dos escravos, foram efetuados com base no informe da população cativa matriculada até 30 de março de 1887.
[3] Este porcentual refere-se aos escravos, homens + mulheres, de 30 a 40 anos de idade.
Fontes: MÜLLER (1978) e BASSANEZI (1998).

Os números correspondentes à população total são reproduzidos na Tabela 1.1, junto com alguns outros indicadores demográficos concernentes a Areias.[27] Verificamos que os escravos somavam cerca de dois quintos dos habitantes da localidade em 1836, proporção que se elevou a mais da metade em 1854, declinando para menos de um terço em 1874 e igualando-se a 16,9% em 1886. Não obstante as taxas de crescimento da população como um todo, fornecidas no parágrafo anterior, o número de cativos pouco cresceu entre 1854 e 1874 (de 6.168 para 6.640), e declinou substancialmente desse último ano até 1886 (para 4.328 escravos).

Subjacentes a essas oscilações, decerto, estiveram a ascensão da cafeicultura – talvez também os princípios de seu declínio –, bem como o evolver da questão servil, manifesto, por exemplo, nos efeitos da libertação do ventre da escrava, em 1871. Adicionalmente, enquanto a distribuição sexual da população livre apresenta-se relativamente próxima do equilíbrio, com a razão de sexo variando entre 91,0 e 107,7, o mesmo indicador, para os escravos, igualou-se a um mínimo de 126,7 e um máximo de 197,5, evidenciando o desequilíbrio em favor do

---

27   Os cálculos de tais indicadores referiram-se, uma vez mais, a Areias em 1836, a Areias + Queluz em 1854, a Areias + Queluz São José do Barreiro em 1874, e a Areias + Queluz + São José do Barreiro + Lavrinhas em 1886.

sexo masculino.²⁸ Tal desequilíbrio, ademais, tornou-se menos acentuado com o passar do tempo.²⁹ Também se reduziu, ao longo do período considerado na tabela, a participação, no total dos cativos homens, daqueles na faixa etária mais produtiva, de cerca de 20 a aproximadamente 40 anos de idade.

Areias, portanto, no decurso de todo o século dezenove, teve seu evolver econômico, assim como o demográfico, àquele imbricado, assentados em grande medida no desenvolvimento, apogeu e declínio da cafeicultura. E, até a abolição, a economia e a demografia da localidade estiveram vinculadas à presença dos escravos, ainda que essa presença fosse se tornando cada vez menos intensa.³⁰ Este o pano de fundo no qual ocorreram as transações envolvendo cativos – compras, vendas, permutas, doações, dações *in solutum* etc.–, negócios estes cujas características serão objeto de nossa atenção na segunda parte deste trabalho.

Guaratinguetá

O povoado de Santo Antônio de Guaratinguetá foi fundado em 1646, integrando um dos ramos do movimento de expansão do povoamento paulista, para leste da Vila de São Paulo de Piratininga (cf. MÜLLER, 1969, p. 14-19). A elevação do núcleo guaratinguetano à categoria de vila ocorreu em 1656, e à de cidade em

---

28 A razão de sexo é um indicador demográfico definido como o número de homens para cada grupo de 100 mulheres numa dada população.

29 Cabe a seguinte observação. A razão de sexo calculada a partir dos informes do primeiro recenseamento geral do Império resultou de um total de 6.640 escravos, sendo 3.749 homens e 2.891 mulheres. Esse total é exatamente o mesmo indicado na matrícula dos escravos; contudo, neste último caso, foram 3.836 os cativos homens e 2.804 as mulheres, com o que a razão de sexo alçou-se a 136,8, valor que não modifica a trajetória decrescente no tempo do indicador em questão. No que tange aos dados da matrícula, nossa fonte é a "Demonstração dos escravos da província, matriculados nos respectivos municípios, na conformidade da Lei nº 2.040, de 28 de setembro de 1871 até 30 de setembro de 1872." (cf. LUNÉ & FONSECA, 1985, p. 172-173).

30 As pessoas livres estrangeiras, por seu turno, apareceram com importância relativa bastante reduzida nos recenseamentos considerados. Eram apenas 119 os estrangeiros em 1854 (Areias + Queluz). Esse total igualou-se a 327 em 1874 (Areias + Queluz + São José do Barreiro) e a 743 em 1886 (Areias + Queluz + São José do Barreiro + Lavrinhas). Tais cifras corresponderam, respectivamente, a 1,0%, 1,6% e 2,9% da população total. Além disso, nos dois últimos anos mencionados, nos totais de estrangeiros, os grupos numericamente mais importantes foram os portugueses (62,1% em 1874 e 50,3% em 1886), seguidos dos africanos livres (21,7% e 39,4%) e dos italianos (6,1% e 5,8%), havendo também alguns espanhóis, franceses, alemães e, em 1874, um inglês, um suíço e um americano (cf. BASSANEZI, 1998).

1844. Enquanto Areias distava 51 léguas (cerca de 283 quilômetros) da capital da província paulista, Guaratinguetá era mais próxima (37 léguas ou cerca de 205 quilômetros).[31] Das duas localidades vale-paraibanas que selecionamos era, por conseguinte, expressemo-nos assim, a localizada "mais a oeste".

Em seu estudo sobre Guaratinguetá, Lucila Herrmann definiu como o "ciclo dos engenhos" naquela vila o período entre os anos de 1775 e 1836, vivendo--se o apogeu da atividade açucareira no primeiro quarto do século dezenove. A autora reportou a ocorrência de verdadeira invasão dos canaviais, substituindo--se em parte, pela monocultura da cana, a policultura de gêneros de subsistência característica do período anterior. Além disso, o desenvolvimento da economia açucareira em Guaratinguetá transformou-a em pólo de atração populacional, para lá se dirigindo indivíduos do Rio de Janeiro, de Minas Gerais e também de outras áreas paulistas. E, juntamente com a penetração dos engenhos, deu-se a difusão do emprego da mão de obra escrava (cf. HERRMANN, 1986, p. 53-111).[32]

Ainda de acordo com a periodização de Herrmann, o "ciclo do café" em Guaratinguetá correspondeu ao período 1805-1920. Em 1836, naquela vila foram produzidas 22.442 arrobas da rubiácea, quantidade superada pela produção da maioria das demais localidades da Zona Norte de São Paulo, seja no Vale do Paraíba (de Areias, com 102.797 arrobas; Bananal, 64.822; Pindamonhangaba, 62.228; Jacareí, 54.004; Lorena, 33.649; Taubaté, 23.607; até Paraibuna, com 23.322 arrobas), seja no litoral Norte (São Sebastião, com 42.845; e Ubatuba, com 31.000 arrobas).[33]

---

31 Distâncias extraídas do *Almanak da Província de São Paulo para 1873* (LUNÉ & FONSECA, 1985, p. 205 e 244).

32 Sobre a economia do açúcar em Guaratinguetá, fazendo em certa medida convergirem as afirmações de Lucila Herrmann com os comentários de Maria Thereza Petrone sobre o dimensionamento da produção açucareira "ao longo do caminho para o Rio de Janeiro", referidos na subseção anterior, dedicada a Areias, escreveu Lucinda Coelho (1984, p. 26): "É bem verdade que a atividade açucareira teve um ciclo de pequena duração em Guaratinguetá, porém, proporcionou melhoria de condições de vida e enriquecimento de muitos proprietários que repetiram no vale, embora em menor grau, o que se observou tão nitidamente no Nordeste: a organização de uma sociedade escravocrata, de 'casa-grande e senzala'".

33 A produção cafeeira de Guaratinguetá superou as de Cunha (50 arrobas), Santa Isabel (2.499 arrobas), São José dos Campos (9.015 arrobas), Mogi das Cruzes (11.237 arrobas) e São Luís do Paraitinga (16.200 arrobas), no Vale do Paraíba, e a de Vila Bela (10.289 arrobas), no litoral Norte (cf.

Em 1854, a produção cafeeira do município em foco elevou-se para 100.885 arrobas.[34] No decênio de 1870, dita produção caminhava vigorosamente para seu auge, atingindo 350 mil arrobas em 1886 – quando vivenciou, no dizer de Lucila Herrmann (1986, p. 115), "seu período áureo (...) decaindo sensivelmente depois".[35] De fato, mesmo essa última cifra, de 1886, parece modesta quando confrontada com o relato de Zaluar, cuja *Peregrinação pela Província de São Paulo* iniciou-se em fins de 1859 e prolongou-se pelos dois anos subsequentes:

> A cultura principal deste município consiste no café, que anualmente exporta entre quinhentas e seiscentas mil arrobas.
> Cultiva-se também a cana, de que se faz a rapadura bastante para o consumo local; fabrica-se algum açúcar, e faz-se em grande escala a cultura de gêneros alimentícios. (ZALUAR, 1975, p. 80)

No que respeita ao conjunto das atividades agrárias do município em tela, é oportuna a transcrição das observações de Manuel Eufrásio de Azevedo Marques (1953, v. 1, p. 307), atinentes a meados dos anos de 1870:

> O principal ramo de lavoura deste município é o café, que produz abundantemente, e de que exporta 300.000 arrobas, termo médio, anualmente, por Parati e Ubatuba para o mercado do Rio de Janeiro. Também exporta algum algodão, posto que em pequena quantidade. Cultiva-se

---

MILLIET, 1939, p. 52, de onde também extraímos as quantidades de café produzidas em Guaratinguetá em 1854, 1886 e 1920).

34 Em 1º de abril desse ano, passou pela localidade o já citado Manoel Elpídio Pereira de Queiroz, que dela escreveu no diário de sua viagem: "É em idade igual a Taubaté; as ruas são tortas e curtas, tem boa Igreja Matriz, bem dourada e com ricos lustres, altares laterais etc.; o exterior também é bonito, pois tem uma só torre. As janelas com grade de ferro. A Cadeia é boa, fica no largo do Rosário; tem outra Igreja de cujo orago me não lembro. Este dia passei em Guaratinguetá; tem uma boa ponte no Paraíba, em frente da rua do Porto, a mais bela rua deste lugar; tem diversas casas de sobrado; e as ruas algumas são calçadas, única povoação até esta que se vê com suas ruas calçadas" (QUEIROZ, 1965, p. 96). Sobre a rua do Porto, Motta Sobrinho, referindo-se às décadas derradeiras do Oitocentos, escreveu: "Começa, com o trem, o declínio da navegação de Paraíba. (...) Desaparece o porto fluvial de Guaratinguetá. Fica apenas a rua do Porto, como pálida efeméride, uma via que, na metade do século XIX, excepcionalmente, já era calçada". (MOTTA SOBRINHO, 1968, p. 80)

35 Em 1920, a produção da cidade reduziu-se para 97.687 arrobas.

ali a cana-de-açúcar, o fumo e cereais para consumo. Uma parte da população dedica-se também à pesca no rio Paraíba, que em certas épocas do ano fornece abundante peixe.[36]

Portanto, Guaratinguetá, em comparação a Areias, era uma povoação mais antiga – de fato, uma das mais antigas da província – e foi mais tardiamente alcançada pelo café. Por conta dessas características, diferia de Areias, de um lado, pelo maior ritmo de crescimento de sua produção cafeeira na maior parte da segunda metade do Oitocentos e, de outro, pela maior diversidade verificada em termos das atividades ligadas ao comércio. Assim, no *Almanak de 1873* foram listados, além de 129 fazendeiros e 2 capitalistas, 30 lojas de fazendas, 55 armazéns de secos e molhados, um armarinho, uma loja de calçados, uma loja de arreios, selas etc. e 12 negociantes de tropa solta (cf. LUNÉ & FONSECA, 1985, p. 208-211).

Tabela 1.2
Alguns Indicadores Demográficos de Guaratinguetá
(1836-1886)

Indicadores	1836	1854	1874	1886[2]
População total	7.658	13.714	20.837	25.632
População escrava (%)	29,5	n.d.	20,9	12,3
Razão de sexo (livres)	97,9	n.d.	96,9	93,7
Razão de sexo (escravos)	89,2	n.d.	111,1	146,9
Cativos homens (20 a 40 anos; %)[1]	34,8	n.d.	27,8	31,5[3]
Cativas (20 a 40 anos; %)[1]	38,4	n.d.	34,2	

Observação: n.d. = informação não disponível.
[1] A faixa etária indicada corresponde ao recorte dos dados disponíveis para 1836; para 1874, dos 21 aos 40; e, para 1886, dos 30 aos 40 anos.
[2] Os cálculos das razões de sexo, bem como dos porcentuais indicados acerca dos escravos, foram efetuados com base no informe da população cativa matriculada até 30 de março de 1887.
[3] Este porcentual refere-se aos escravos, homens + mulheres, de 30 a 40 anos de idade.
Fontes: MÜLLER (1978), MILLIET (1939) e BASSANEZI (1998).

---

36 Esses comentários complementam-se com os constantes do *Almanak da Província de São Paulo para 1873*, quais sejam: "A principal cultura do município é o café, regulando a sua colheita média em 300.000 arrobas, que é exportada pelos portos de Ubatuba e Parati, e estrada de ferro de D. Pedro II, para o Rio de Janeiro, praça com que efetua quase todas as suas transações comerciais, atenta a maior facilidade de comunicações. Com a Capital da Província mantém apenas relações oficiais". (LUNÉ & FONSECA, 1985, p. 205)

Como podemos inferir a partir dos informes demográficos fornecidos na Tabela 1.2, a população total de Guaratinguetá cresceu à taxa de 3,29% a.a. de 1836 a 1854, ritmo que se reduziu um pouco entre 1854 e 1874 (2,11% a.a.), e mais ainda de 1874 a 1886 (1,74% a.a.). A partir de então, apontou-se uma distinção adicional entre a localidade em foco e Areias; nas palavras de Lucila Herrmann (1986, p. 114-115),

> De 1886 a 1920, período da queda completa do café no Vale do Paraíba, incapaz de enfrentar a competição com as zonas novas, o impulso de desenvolvimento da população continua em quase todo o Vale, exceto em Areias, Vila Bela e Bananal, já em franca decadência.
> Alguns, como Taubaté, continuam em franco aumento da população devido às novas possibilidades econômicas; outros, como Guaratinguetá, Jacareí, Lorena, Mogi das Cruzes, Santa Isabel, Paraibuna, Pindamonhangaba, São Luís do Paraitinga, São Sebastião e Ubatuba conservam, embora com muito menor intensidade o seu impulso demográfico até 1920.[37]

O número de escravos praticamente dobrou entre 1836 e 1874, de 2.257 para 4.352 pessoas. Já a quantidade de cativos matriculados na primeira metade dos anos de 1870 alçou-se a 4.632 em Guaratinguetá (cf. LUNÉ & FONSECA, 1985, p. 172). O informe sobre a população escrava, para cerca de uma década depois do recenseamento geral, foi assim descrito por MOTTA SOBRINHO (1968, p. 108-110):

> Na província de São Paulo, existiam 167.491 escravos, em 24 de novembro de 1884, segundo classificação feita pelas Juntas. (...)
> Ao redor de 56.000 escravos estavam localizados no vale do Paraíba, sendo que Bananal e Guaratinguetá [respectivamente, com 6.928 e 5.014 cativos-JFM] compareciam com os maiores estoques. Em todos os 112 municípios paulistas, só Campinas e Piracicaba, incluindo São Pedro, possuíam mais escravos do que aquelas duas cidades vale-paraibanas.

---

37 Em 1920, a população de Guaratinguetá atingiu 43.101 habitantes (cf. HERRMANN, 1986, p. 115).

Em 1886, contudo, os cativos de Guaratinguetá, tal como os de Areias, como vimos anteriormente, haviam se reduzido numericamente de forma significativa: somavam 3.165 indivíduos. Assim, mostrou-se declinante no tempo a participação relativa da população escrava guaratinguetana (29,5% em 1836, 20,9% em 1874 e tão somente 12,3% em 1886).

No que respeita às razões de sexo, observamos valores sempre mais próximos do equilíbrio no caso da população livre.[38] Verificamos, outrossim, que em 1886, às vésperas da abolição, a razão de sexo calculada entre os escravos de Guaratinguetá mostrou-se relativamente elevada, bastante superior ao valor computado em 1874 e também superior ao valor do indicador correlato calculado para aquela mesma data em Areias (126,7). Talvez aí esteja refletido, em alguma medida, o dinamismo vinculado ao desenvolvimento, diferenciado no tempo, da cafeicultura nessas duas localidades vale-paraibanas paulistas. Essa inferência vê-se, ademais, corroborada pela maior estabilidade, no correr dos anos, em Guaratinguetá *vis-à-vis* Areias, da participação dos cativos homens entre 20 e 40 anos de idade.

Por fim, o *Almanak da Província de São Paulo para 1873* fornece-nos um elemento adicional para caracterizarmos a mão de obra disponível para a agricultura em Guaratinguetá: "No Município existem fazendeiros que já trabalham com braços livres, sendo para notar que a quantidade destes trabalhadores, no caso de serem aplicados à lavoura, é considerável". (LUNÉ & FONSECA, 1985, p. 205) Ainda que aí talvez tenhamos mais um traço a diferenciar Guaratinguetá de Areias, não nos parece que essa "quantidade considerável" de braços livres fosse de imigrantes. Afinal, conforme observou MOTTA SOBRINHO (1968, p. 107) acerca do Vale do Paraíba,

> As tentativas de colonização europeia frustraram-se, e quando colônias italianas de Canas, no município de Lorena, e Piagui, no de

---

38 Ditas razões de sexo, para 1836, foram calculadas a partir da classificação por idades de MÜLLER (1978, Tabela 5, p. 133). É necessário ressalvar que, tomada a discriminação por classes (cf. MÜLLER, 1978, Apêndice A, Tabela 5, p. 155-156), embora se confirme o total de habitantes (7.658) e seja apenas de uma unidade a diferença na distribuição por condição social (por exemplo, 2.257 *versus* 2.258 cativos), há grande discrepância na distribuição por sexo, seja de escravos, seja de livres. Recalculadas a partir da discriminação por classes, as razões de sexo igualaram-se, respectivamente, a 82,7 (livres) e 146,5 (cativos).

Guaratinguetá, vingaram, já o café estava emigrando, e os agricultores, nelas instalados, voltavam à cana-de-açúcar, aos cereais e legumes.[39]

Constituição (Piracicaba)

Em seu trabalho sobre a expansão e o declínio da lavoura canavieira em São Paulo, por nós referido anteriormente, Maria Thereza Schorer Petrone, ao analisar as distintas áreas produtoras de cana na capitania/província paulista, escreveu:

> No vale do Paraíba, apesar de certa importância, a cana-de-açúcar nunca teve o papel que teve na outra área de "serra acima", ou seja, no quadrilátero formado por Sorocaba, Piracicaba, Mogi-Guaçu e Jundiaí.
> [...]
> [Tratava-se, o quadrilátero mencionado, de-JFM] (...) área de eleição da cana-de-açúcar em São Paulo, na segunda metade do século XVIII e na primeira do século XIX, e que já em 1797 produzia 83.435 arrobas de açúcar destinadas à exportação. (PETRONE, 1968, p. 38 e 41)[40]

---

39 A participação dos estrangeiros na população total de Guaratinguetá igualou-se a 1,5% em 1874 e a 3,1% em 1886, porcentuais bastante similares aos que encontramos para Areias (respectivamente, 1,6% e 2,9%, como vimos anteriormente). Em 1874, dentre os 311 estrangeiros livres recenseados em Guaratinguetá, a maioria (59,8%) era de portugueses, aos quais se seguiam os africanos (26,0%) e os italianos (6,4%); no recenseamento em questão, constam também uns poucos alemães, espanhóis, franceses, suíços e americanos. Em 1886, os estrangeiros somaram 782 pessoas, cujas principais nacionalidades foram: portugueses (42,3%), italianos (26,6%), alemães (15,3%), africanos (11,6%) e franceses (4,1%; cf. BASSANEZI, 1998).

40 Caio Prado Júnior, cabe referir, estabeleceu os marcos limítrofes do "quadrilátero do açúcar" nas cidades de Mogi-Guaçu, Jundiaí, Porto Feliz e Piracicaba, o que também é feito por Ernani Silva Bruno (cf. PRADO JR., 1981, p. 81; e BRUNO, 1966, p. 117). A esse respeito, Petrone empregou a seguinte argumentação: "Preferimos Sorocaba a Porto Feliz, como um dos pontos formadores do quadrilátero, pois em Sorocaba o cultivo da cana-de-açúcar ainda teve relativa importância e, porque, dessa maneira, Itu, importantíssimo centro canavieiro e outras áreas produtoras de açúcar ficam decididamente enquadrados". (PETRONE, 1968, p. 24)

No tocante especificamente a Constituição (Piracicaba),[41] a autora em questão (1968, p. 49) afirmou que, em 1816, "a produção de açúcar constituía aí a principal atividade da população". Em 1836, segundo MÜLLER (1978, p. 127), produziram-se 115.609 arrobas de açúcar em Constituição; nesse mesmo ano, a produção cafeeira igualou-se a 4.699 arrobas. Tal supremacia do açúcar manter-se-ia até a metade do Oitocentos:

> Em 1854 existiam 51 fazendas de cana com uma produção de 131.000 arrobas. (...) A obsessão do café não atingiu a região, pelo menos até essa data. O cultivo da cana em Piracicaba, como em Itu, continuou progredindo, não sendo afetada pela penetração do café, como aconteceu em Campinas. Itu e Piracicaba, os vales do Tietê e do Piracicaba, portanto, eram, em meados do século passado [dezenove-JFM], os redutos da cana-de-açúcar. (PETRONE, 1968, p. 49)

E foi exatamente em torno de meados do século dezenove, na região do "quadrilátero do açúcar" como um todo, que o café assumiu posição de maior relevância. Valendo-nos uma vez mais das palavras de PETRONE (1968, p. 163),

> Depois de 1850-1851, temos uma exportação de café sempre maior do que a de açúcar. (...) O destino da lavoura canavieira já está decidido, portanto, a partir de 1846-1847, mas torna-se mais patente a começar a segunda metade do século. O "quadrilátero do açúcar" deixou de sê-lo, para se dedicar com verdadeira obsessão à cultura do café.[42]

Mesmo em Constituição, em certa medida reticente a essa "obsessão", o sentido do movimento entre as duas atividades foi inequívoco. Considerando as quantidades e procedência das exportações pelo porto de Santos, verificamos que, em 1846-47, foram enviadas da localidade em foco 50.633 arrobas de açúcar

---

41 Repitamos aqui as informações que fizemos constar da Introdução a este trabalho: apenas na segunda metade do decênio de 1870 o nome do município de Constituição foi alterado para Piracicaba.

42 "O café, excessivamente lucrativo, progride. Em 1854, vemo-lo instalado em quase toda a região central, com pontos de concentração maior em Campinas, Bragança, Itu e Jundiaí. Paralelamente, a produção de açúcar aumenta, ultrapassando 100.000 arrobas em Itu, Piracicaba e Capivari." (MILLIET, 1939, p. 46)

e 2.597 arrobas de café; já em 1854-55, a quantidade de açúcar reduziu-se para 38.707 arrobas, ao passo que a de café multiplicou-se por fator superior a 7, para 19.213 arrobas (cf. PETRONE, 1968, p. 166).

Daí as características da lavoura cafeeira na localidade de Constituição, na abertura da década de 1860, conforme explicitadas por Augusto Emílio Zaluar, características estas que diferenciam essa cidade dos municípios de Areias e Guaratinguetá, no Vale do Paraíba:

> A sua produção de café e açúcar regula, termo médio, em cento e cinquenta mil arrobas. É preciso notar que a cultura do café é aqui de data muito recente, pois ainda há muito pouco tempo os piracicabanos se entregavam exclusivamente ao cultivo da cana, que com esta inovação tem consideravelmente diminuído. (ZALUAR, 1975, p. 151, grifo nosso)

Em interessante ensaio sobre o Comendador Luiz Antonio de Souza Barros, Maria Celestina Teixeira Mendes Torres corroborou essa transição, ainda que não absoluta, do açúcar para o café, com base em um relatório produzido pelo município em meados dos anos de 1860:

> O Relatório Municipal de 1866 evidencia claramente os novos aspectos da economia piracicabana, reflexo da economia da Província de São Paulo: a) diminuição da produção açucareira; b) expansão da lavoura cafeeira; c) retalhamento da propriedade rural; d) maior número de trabalhadores livres; e) maior diversificação de lavouras – pequenas lavouras de algodão e de "gêneros alimentares".
> [...]
> No município de Piracicaba é manifesta a decadência da produção açucareira. Em 1857 o município produzira 100.000 arrobas de açúcar e 80.000 de café; em 1866, a produção de açúcar baixa para 39.400 e a do café sobe para 112.830 arrobas. (TORRES, 1966, p. 35-36)

O Comendador Souza Barros era filho do Brigadeiro Luiz Antonio. O Comendador e alguns de seus irmãos mantiveram vínculos estreitos com o município piracicabano.[43] Como veremos na segunda parte desta pesquisa, será possível identificar com nitidez a relevante participação desse grupo familiar no tráfico de escravos registrado em Piracicaba, especialmente nos anos de 1870.[44] De forma similar teremos, em Casa Branca, a identificação do caso da família Prado. Em contraponto, nas localidades vale-paraibanas estudadas, poderosos interesses familiares também existentes não figuraram, em proporções comparáveis, como participantes daquele tráfico, a exemplo dos negócios realizados pelo Visconde de Guaratinguetá.

Outro traço que distinguiu Constituição das vale-paraibanas Areias e Guaratinguetá foi o vínculo mais estreito e estabelecido com anterioridade da primeira com o movimento de imigração. Esse vínculo foi comum a vários municípios cafeeiros do Oeste Paulista e se evidenciou, já em meados do século dezenove, por exemplo, na implantação do sistema de parceria, decorrente da iniciativa do senador Nicolau de Campos Vergueiro:

> Por este sistema de parceria, foram introduzidos em São Paulo, principalmente através da Casa Vergueiro, numerosos colonos. A maioria localizou-se no Oeste Paulista. Em seu relatório de 1855, Saraiva [Dr.

---

43   O Inventário do Comendador, de 1887, foi um dos analisados por Zélia Maria Cardoso de Mello em sua tese. Essa autora escreveu: "'Capitalista', 'proprietário', fazendeiro, foi um dos maiores acionistas na formação da Companhia Paulista. Foi também vereador e vice-ministro da Ordem de São Francisco. Entre seus bens, além de casas em São Paulo, arrolavam-se nove fazendas em Campinas, Botucatu, Piracicaba, São Carlos do Pinhal, que somavam quase 1.500 alqueires com plantações de café (588.000 pés) e cana, máquinas de secar e beneficiar café, engenho e máquinas a vapor. Era proprietário de grande número de escravos e encontrava-se entre os fazendeiros (...) que participaram das colônias de parceria. Em algumas de suas fazendas declaravam-se, simultaneamente, casas de colono e quadrados de senzalas. Suas receitas advinham de aluguéis, vendas de café e dividendos de ações." (MELLO, 1985, p. 132-133)

44   "Dos filhos de Genebra [de Barros Leite, que se casou com o Brigadeiro Luis Antonio de Souza em 1795 e dele enviuvou em 1819-JFM], uma veio a ser a Marquesa de Valença, outro o Barão de Limeira, outro o Barão de Sousa Queiroz. Entre os seus netos figurariam a Condessa de Cambolas, o Barão de Rezende, o Barão Geraldo de Rezende. Por casamentos, seu clã se associou aos dos Andrada, dos Vergueiro, dos Paula Sousa, para compor estirpes de significação especialíssima na nobreza e na História de São Paulo." (VIDIGAL, 1999, p. 88) Alguns desses descendentes citados de Genebra e do Brigadeiro estiveram presentes como contratantes em várias escrituras de transações envolvendo escravos em Piracicaba.

José Antonio Saraiva, então Presidente da Província de São Paulo-JFM] dava uma relação das principais colônias existentes em 1854, da qual constam as de Campinas, <u>Constituição</u>, Limeira, Rio Claro, Jundiaí e Ubatuba. (COSTA, 1989, p. 115, grifo nosso)[45]

Em 1860, o Barão Johann Jakob von Tschudi foi nomeado, pelo governo da Confederação Helvética, ministro plenipotenciário no Brasil. A ele foi atribuída a missão especial de estudar os problemas da imigração suíça no Império. O barão deixou-nos o relato de sua viagem às Províncias do Rio de Janeiro e de São Paulo, realizada com vistas ao cumprimento da missão recebida. Um dos capítulos desse relato foi dedicado à visita às colônias de parceria na província paulista. Após permanecer alguns dias em São João do Rio Claro, von Tschudi dirigiu-se a Constituição, onde visitou uma colônia pertencente ao mencionado Comendador Souza Barros:

> A primeira colônia de parceria que visitei ao sair de Rio Claro, foi a São Lourenço, pertencente ao sr. Comendador Luiz Antônio de Sousa Barros. Encontrei este senhor, que reside habitualmente em São Paulo, na fazenda, bem como toda sua família, que me recebeu amavelmente. (...) Sua fazenda é uma das maiores do distrito cafeeiro da Província e uma das mais bem organizadas. Nessa ocasião, 92 famílias de colonos habitavam o estabelecimento, algumas delas já com seus débitos liquidados. Havia entre esses colonos 32 famílias suíças, quase todas em débito ainda com o fazendeiro, sendo que algumas delas estavam sobrecarregadas com os adiantamentos das comunas. [...]
>
> O Comendador Sousa Barros parece ter tirado proveito do sistema de parceria, não se tendo deixado intimidar por insucessos iniciais e alguns prejuízos sofridos, nem pela inépcia de certos lavradores. Mostrava-se mesmo inclinado a continuar com o sistema, explorando-o em escala maior. Nos últimos tempos, tinha mandado vir mais famílias de colonos,

---

45   Ver, sobre o sistema de parceria, o relato, impresso originalmente em 1858, deixado pelo suíço Thomas Davatz (1980), colono da fazenda de Ibicaba, propriedade do senador Vergueiro, bem como o excelente prefácio elaborado por Sérgio Buarque de Holanda quando da publicação entre nós do aludido relato.

na sua maioria do Holstein [região da Alemanha-JFM], mas sem a intervenção da casa Vergueiro e sob condições contratuais mais simples. Tenho certeza que estas famílias, gravadas com dívidas reduzidas, serão plenamente bem sucedidas. (TSCHUDI, 1980, p. 187-189)[46]

Na década de 1870, tanto no *Almanak da Província de São Paulo para 1873*, como nos *Apontamentos* de Manuel Eufrásio de Azevedo Marques, ainda que sejam mencionados o café e o açúcar como principais produções de Piracicaba, é aquele, e não este, o que vem em primeiro lugar. No *Almanak*, lemos: "A exportação média do café, no Município, é de 150.000 arrobas. Além de café, açúcar e algodão, produz algum fumo em rolos, e começa a produzir vinho (...)." (LUNÉ & FONSECA, 1985, p. 462)[47] Por seu turno, escreveu MARQUES (1953, v. 1, p. 198):

> A sua única indústria é a lavoura, sobressaindo a do café e a da cana, de que conta muitas e importantes fazendas. (...) Também produz com abundância e facilidade algodão e toda a sorte de gêneros alimentícios. A exportação do município regula, termo médio, 130.000 arrobas de café, 50.000 de açúcar e 20.000 de algodão.

E, em 1886, MILLIET (1939, p. 43) referiu uma produção cafeeira de 300.000 arrobas em Piracicaba.[48]

---

46 O recurso à mão de obra imigrante não impediu o Comendador de participar, como afirmamos acima, do tráfico interno de escravos. Quando essa participação ocorreu, ele foi descrito na documentação como morador em Constituição, não obstante a observação feita por von Tschudi. Sobre esse ponto, esclareceu-nos Maria Celestina Torres (1966, p. 48): "Assim, a família Souza Barros vive como a maior parte das famílias de recursos, como quase todos os grandes fazendeiros, assistindo às procissões religiosas, discutindo política, em meio a festas familiares, durante uma parte do ano, em São Paulo, e, durante o outro período na fazenda que é a fonte de seus amplos recursos financeiros."

47 Nesse mesmo *Almanak*, acham-se arrolados, no município da Constituição, além de 9 capitalistas e 8 proprietários, 63 fazendeiros, havendo também duas fábricas de descaroçar algodão. Eram, outrossim, numerosos os estabelecimentos comerciais (13 lojas de fazendas e 92 armazéns de secos e molhados e tabernas) e aqueles vinculados às artes, indústrias e ofícios (fábrica e loja de chapéus, padarias, olarias, carpinteiros, ferreiros, ourives etc.; cf. LUNÉ & FONSECA, 1985, p. 463-465).

48 Produção que se elevou para 486.761 arrobas em 1920, aí somados os cafés de Piracicaba, Santa Bárbara, Rio das Pedras e São Pedro (cf. MILLIET, 1939, p. 43).

Ainda nos anos de 1870, Piracicaba beneficiou-se de sua incorporação ao movimento de expansão das ferrovias pela Província de São Paulo. O avanço da malha ferroviária em direção ao Oeste, à semelhança do avanço cafeeiro, foi fundamental para este último, como vimos anteriormente neste capítulo. Até Piracicaba, o caminho dos trilhos pode ser brevemente descrito da seguinte forma:

> Em 1867, inaugurava-se a estrada de ferro entre Santos e Jundiaí; em 1872, os trilhos da Paulista atingiam Campinas e quatro anos após chegavam a Rio Claro, estendendo-se também em direção a Descalvado. (...)
> Em 1873, ligava-se Itu a Jundiaí e, nos anos seguintes, estendiam-se os trilhos a Piracicaba e a São Pedro. (COSTA, 1989, p. 200, grifo nosso)

Alguns indicadores demográficos selecionados para Constituição são apresentados na Tabela 1.3.[49] Tais indicadores foram calculados a partir dos dados populacionais de Piracicaba (1854), Piracicaba + Santa Bárbara D'Oeste (1874), e Piracicaba + Santa Bárbara D'Oeste + São Pedro (1886). O total de habitantes cresceu num ritmo muito intenso entre 1854 e 1874, à taxa de 6,41% a.a., ritmo que, não obstante tenha diminuído bastante entre 1874 e 1886, manteve-se relativamente elevado (3,62% a.a.).[50] O número de escravos quadruplicou no

---

49 Tendo em vista a manutenção, grosso modo, de uma mesma unidade territorial, optamos por não compor a tabela em questão com os informes do recenseamento de 1836. Como escreveu MÜLLER (1978, p. 64-65), naquele ano "compreende no distrito [de Constituição-JFM] as Freguesias da Limeira (...), e a do Ribeirão Claro (...); assim como as Capelas Curadas (...) de Pirassununga (...), e a de Santa Bárbara (...). Contém em todo o seu distrito 10.291 habitantes". Considerada a classificação por idades tabulada por Müller, a participação da população escrava nesse total de habitantes correspondeu a 33,8%, e as razões de sexo igualaram-se a 100,6 (livres) e 184,3 (escravos); tomada a discriminação por classes, as discrepâncias conduzem a uma participação dos cativos um pouco maior (35,4%) e a razões de sexo respectivamente iguais a 100,1 e 189,9. A parcela dos escravos homens de 20 a 40 anos de idade compunha, em 1836, a maioria (50,7%) dos cativos do sexo masculino, proporção que diminuiu para pouco mais de dois quintos (41,1%) no caso das mulheres.

50 Computados apenas os dados de Piracicaba, os totais populacionais igualaram-se a 6.228, 18.980 e 22.150 habitantes, respectivamente, em 1854, 1874 e 1886.

primeiro desses intervalos temporais, passando de 1.370 para 5.627.[51] Todavia, entre 1874 e 1886, o total de cativos reduziu-se em termos absolutos, para 3.820 pessoas. Com isso, a participação relativa da população cativa, que se alçara de 22,0% em 1854 para 26,1% em 1874, declinou substancialmente, para 11,6%, em 1886.

Tabela 1.3
Alguns Indicadores Demográficos de Constituição/Piracicaba
(1854-1886)

Indicadores	1854	1874	1886[2]
População total	6.228	21.569	33.055
População escrava (%)	22,0	26,1	11,6
Razão de sexo (livres)	93,2	104,0	92,8
Razão de sexo (escravos)	177,3	134,4	144,4
Cativos homens (20 a 40 anos; %)[1]	40,6	31,8	32,3[3]
Cativas (20 a 40 anos; %)[1]	30,6	34,5	

[1] Para 1854 computaram-se os escravos com idades de 20 a 39 anos; para 1874, dos 21 aos 40; e para 1886, dos 30 aos 40 anos.
[2] Os cálculos das razões de sexo, bem como dos porcentuais indicados acerca dos escravos, foram efetuados com base no informe da população cativa matriculada até 30 de março de 1887.
[3] Este porcentual refere-se aos escravos, homens + mulheres, de 30 a 40 anos de idade.

Fonte: BASSANEZI (1998).

Essas participações relativas dos escravos foram, em todos os anos considerados, menores do que as calculadas para Areias, aproximando-se mais dos valores encontrados para Guaratinguetá. As razões de sexo computadas para os piracicabanos livres mostraram-se, como esperado, mais próximas do equilíbrio quando comparadas às vigentes para os cativos. Além disso, a permanência de pronunciado desequilíbrio em favor do sexo masculino entre os escravos em Piracicaba, até às vésperas da abolição, é outra característica semelhante ao que verificamos para Guaratinguetá (146,9), com razão de sexo, em 1886, bastante superior à referente a Areias (126,7). Também mais próximos aos de Guaratinguetá foram os porcentuais concernentes às participações dos escravos, homens e mulheres, com idades entre 20 e 40 anos.

---

51 A cifra concernente aos cativos matriculados até 30 de setembro de 1872 em Constituição foi um pouco menor do que esse último número, igualando-se a 5.339 pessoas (cf. LUNÉ & FONSECA, 1985, p. 172).

Coadunando-se com a mencionada participação de fazendas de Constituição no sistema de parceria, foi elemento distintivo de Piracicaba, comparada às localidades selecionadas do Vale do Paraíba, a presença mais significativa de estrangeiros.[52] De fato, por exemplo, Taunay, ao analisar o relatório da administração do Conselheiro Saldanha Marinho (de 24 de outubro de 1867 a 24 de abril de 1868), apresentado à Assembleia Legislativa Provincial em fevereiro de 1868, faz referência à enumeração das colônias fundadas por particulares, fazendeiros de café, havendo duas em Piracicaba (cf. TAUNAY, 1939, v. 3, p. 203-204). E há que mencionar também o movimento imigratório de norte-americanos confederados, direcionado para Santa Bárbara.[53] No *Almanak de 1873*, quando esta última localidade pertencia ao Termo de Constituição, observou-se que

> O desenvolvimento que tem tido a lavoura em seu Município [de Santa Bárbara-JFM], principalmente na cultura de algodão, café, cana de açúcar e fumo, tem sido extraordinário, desde a vinda dos imigrantes norte-americanos, e em breve a sua exportação competirá com a de outros Municípios mais adiantados, já pela boa qualidade de seus produtos, já pela quantidade enviada ao mercado. (LUNÉ & FONSECA, 1985, p. 465-466)

---

52 No censo de 1854, foram apenas 19 os estrangeiros identificados em Constituição, ou 0,3% da população total, mas esse porcentual alçou-se a 4,3% no primeiro recenseamento geral do Império, e a 6,4% em 1886, valores bem superiores aos encontrados nas localidades do Vale do Paraíba analisadas anteriormente. Dentre os 926 estrangeiros livres recenseados em Piracicaba em 1874, a maioria era de alemães (53,2%); as outras nacionalidades mais relevantes eram os africanos (11,6%), americanos (10,8%, todos eles computados em Santa Bárbara D'Oeste), portugueses (10,6%), suíços (9,0%) e italianos (3,7%); havia também uns poucos espanhóis e franceses. Em 1886, os estrangeiros somaram 2.102 pessoas. Os numericamente mais importantes eram os portugueses (20,8%), italianos (19,6%), africanos (17,8%), alemães (17,4%) e austríacos (8,8%); havia também algumas dezenas de espanhóis, franceses e ingleses, além de pouco mais de duas centenas (10,4%) de indivíduos classificados na categoria "outros" (cf. BASSANEZI, 1998).

53 Sobre esse movimento imigratório de norte-americanos ver, entre outros, OLIVEIRA (1995) e SILVA (2007).

Casa Branca

O alvará que criou a Freguesia de Nossa Senhora das Dores de Casa Branca foi assinado pelo Príncipe Regente D. João aos 25 de outubro de 1814.[54] A freguesia integrava uma região, em 1836,

> (...) que mais tarde se converterá na maior área produtora de café, [mas que então-JFM] apresentava índices de população insignificantes. Só nos meados do século, é que a população escrava começaria a concentrar-se nesses municípios. Moji-Mirim, Casa Branca, São João da Boa Vista, São José do Rio Pardo, Caconde, Mococa, São Simão e Cajuru, em 1836, praticamente despovoados, apresentavam, por volta de 1850, população escrava superior a mil habitantes por município. (COSTA, 1989, p. 92, grifo nosso)

Conforme registrado no *Almanak da Província de São Paulo para 1873*, "sendo Freguesia pertencente ao Município de Mogi-Mirim, foi elevada à categoria de Vila em 1841, com a denominação de Nossa Senhora das Dores de Casa Branca, e à de cidade a 27 de Março de 1872". (LUNÉ & FONSECA, 1985, p. 491) Na direção oeste, trilhada pela marcha do café, Casa Branca situava-se a dois terços do caminho entre a capital da província e Ribeirão Preto, esta última "nova e ainda pouco importante povoação" (MARQUES, 1953, v. 2, p. 209), mas que viria a ser o centro do assim chamado "Oeste Novo" paulista. Em meados da década de 1870, no verbete dedicado a Casa Branca, Azevedo Marques observava que "a lavoura do município é o açúcar, cereais e algum café; também há fazendas de criação de gado". (MARQUES, 1953, v. 1, p. 173, grifo nosso)

Não obstante, no mencionado *Almanak de 1873*, o arrolamento dos cultivos trazia, antes dos demais, o café: "(...) cultiva-se café, cana-de-açúcar, fumo, algodão e gêneros alimentícios". (LUNÉ & FONSECA, 1985, p. 494) Efetivamente, naquele ano, a lista de fazendeiros parecia indicar já uma presença nada desprezível, muito pelo contrário, da lavoura cafeeira. Dessa forma, havia: 31 "fazendeiros

---

54 "hei por bem que no sertão da estrada de Goiás, do Bispado de São Paulo, d'aquém do Rio Pardo no lugar denominado da Casa Branca seja ereta uma nova Freguesia com a invocação de Nossa Senhora das Dores, a qual os moradores do dito sertão edificarão à sua custa no prefixo termo de quatro anos, e ficará limitada esta nova Freguesia desde o Rio Jaguari até o pouso do Cubatão." (Alvará do Príncipe Regente, de 25 de outubro de 1814. Cópia manuscrita. Caixa 45, ordem 282. *Apud* TREVISAN, 1982, p. 50)

de cana-de-açúcar"; 55 de café; oito de café e cana; um de café e algodão; dois de café, algodão, milho e mandioca; um de café, cana, algodão, milho e mandioca; um de café, cana e fumo; quatro de café e fumo; quatro de fumo; 11 de algodão, milho e mandioca; bem como 11 "fazendeiros de criar gado". De outra parte, no comércio, eram 40 os negociantes de fazendas, ferragens, armarinho, molhados, louça, sal e/ou gêneros do país, havendo também quatro negociantes de animais e/ou gado e um negociante de drogas (cf. LUNÉ & FONSECA, 1985, p. 495-498).

De acordo com as tabulações efetuadas por Sergio Milliet, a produção de café do município igualou-se a 1.750 arrobas em 1854, atingindo a marca de 300 mil arrobas em 1886. Nesse último ano, na Zona da Mogiana, a produção cafeeira de Casa Branca superou a de todas as demais localidades, com a única exceção de Amparo, que produziu mais de 900 mil arrobas da rubiácea (cf. MILLIET, 1939, p. 57). Adicionalmente, o leque das atividades agrícolas e comerciais descritas no *Almanak* permite-nos entrever, como característica do período por nós contemplado neste estudo, um crescente dinamismo econômico no município em tela.

A cafeicultura em Casa Branca, assim como nos demais municípios do "Oeste Novo" de São Paulo, apresentou algumas características diferenciadoras. Lá, o desenvolvimento da lavoura cafeeira foi mais intensamente condicionado pelo avanço da malha ferroviária;[55] de outra forma, os custos com o frete até os portos de exportação teriam sido proibitivos. Não surpreende, pois, que "inaugurada a Companhia Mogiana em 1872, pouco mais de dez anos após, já havia ligado Campinas a Moji-Mirim, com ramal para Casa Branca, São Simão e Ribeirão Preto". (COSTA, 1989, p. 200, grifo nosso)[56] Além disso, por ser uma produção

---

55   Evidentemente, isto não significa que no Vale do Paraíba não tenha ocorrido o desenvolvimento das estradas de ferro. A estação ferroviária de Guaratinguetá, por exemplo, foi inaugurada em 1877. E foi também na década de 1870 a abertura da ligação entre Resende e Bocaina, como ramal da ferrovia D. Pedro II, da qual puderam se servir os cafeicultores de Areias, Bananal e São José do Barreiro, ainda que os trilhos propriamente só chegassem a São José em 1892 (cf. ROSA e SOARES, 2009).

56   A estação da Companhia Mogiana em Casa Branca foi aberta em 1878 e em 1882 foi inaugurado o trecho de Casa Branca a São Simão: "A Estrada de Ferro Mojiana, fundada em março de 1872, visava atender ao vasto Nordeste Paulista, até então quase totalmente à margem da economia cafeeira. Rapidamente, a Mojiana viria a cobrir todo o Nordeste Paulista. Em 1875 já havia alcançado Mojimirim e Amparo, partindo de Campinas. Casa Branca seria a próxima seção, inaugurada em janeiro de 1878. (...) [Em junho de 1880-JFM] A Mojiana garantiu a concessão para estender seus trilhos até Ribeirão Preto. Trabalhando rapidamente, inaugurou o tronco entre Casa Branca e São Simão em agosto de

tardia, eventualmente mais suscetível ao problema da mão de obra, se comparada à cafeicultura do Vale do Paraíba, pôde ela desde cedo beneficiar-se com o aperfeiçoamento havido dos processos de beneficiamento do café:

> O barão do Pati do Alferes, em sua *Memória sobre a fundação e custeios de uma fazenda na Província do Rio de Janeiro* [Emília Viotti utilizou-se da terceira edição dessa obra, de 1878; a primeira foi publicada em 1847- JFM], atacava a rotina dos fazendeiros e referia-se ao pequeno uso do arado, à ausência de processos mais adiantados de cultivo no Vale do Paraíba, e apontava o exemplo da Fazenda Ibicaba, onde o café era beneficiado em máquinas a vapor, o terreiro ladrilhado com tijolos vidrados. Na sua opinião, a lavoura do Rio de Janeiro, em lugar de extasiar-se com os "contos de mil e uma noites" das cifras de Botucatu, Jaú e Casa Branca etc., deveria imitar seus processos de lavoura. (COSTA, 1989, p. 210, grifo nosso)

Na Tabela 1.4 fornecemos alguns indicadores demográficos de Casa Branca, para os anos de 1854, 1874 e 1886.[57] O intuito de preservar a comparabilidade no que respeita à base territorial considerada naqueles anos fez-nos computar os dados de Casa Branca em 1854, os de Casa Branca agregados aos de Caconde, São Simão e Ribeirão Preto em 1874, e os dessas quatro localidades acrescidos aos de Santa Cruz das Palmeiras e São José do Rio Pardo em 1886.[58]

1882, para no ano seguinte entregar o segundo tronco entre São Simão e Ribeirão Preto." (BACELLAR, 1999, p. 120, grifos nossos).

57 Tal como no caso de Piracicaba, com o fito de manter, grosso modo, uma mesma unidade territorial, deixamos de compor a tabela aludida com os informes concernentes a 1836, quando Casa Branca compunha a localidade de Mogi-Mirim, sobre a qual escreveu MÜLLER (1978, p. 58): "foi fundada esta Vila em 1769. Compreende no seu extenso território as Freguesias de Mogy-guassú (...), a de Casa Branca (...), a de Caconde (...), a de S. João da Boa Vista (...), a da Penha (...) a de S. Simão (...). Contém no seu distrito 9.677 habitantes". Tomada tão somente a freguesia de Casa Branca, segundo os quadros de população anexos à lista nominativa de habitantes de 1825, reproduzidos por TREVISAN (1982, p. 130), a população total atingia 2.635 pessoas, das quais 516 (19,6%) eram escravas. Nesse ano de 1825, as razões de sexo igualaram-se a 100,8 e a 143,4, calculadas, respectivamente, para livres e cativos; por seu turno, a participação dos escravos com idades de 20 a 40 anos alçou-se a 43,4% do contingente do sexo masculino, e a 36,3% do total de cativas.

58 Cabe ressalvar, quanto a estes dois últimos municípios, desmembrados de Casa Branca em 1885, que ambos constam das tabulações de BASSANEZI (1998) como "municípios que não têm informação";

Tabela 1.4
Alguns Indicadores Demográficos de Casa Branca
(1854-1886)

Indicadores	1854	1874	1886[2]
População total	16.704	24.034	33.712
População escrava (%)	28,1	19,7	18,6
Razão de sexo (livres)	101,3	105,9	92,4
Razão de sexo (escravos)	110,2	129,4	133,4
Cativos homens (20 a 40 anos; %)[1]	38,8	32,3	29,7[3]
Cativas (20 a 40 anos; %)[1]	30,5	34,2	

[1] Para 1854 computaram-se os escravos com idades de 20 a 39 anos; para 1874, dos 21 aos 40; e para 1886, dos 30 aos 40 anos.

[2] Os cálculos das razões de sexo, bem como dos porcentuais indicados acerca dos escravos, foram efetuados com base no informe da população cativa matriculada até 30 de março de 1887.

[3] Este porcentual refere-se aos escravos, homens + mulheres, de 30 a 40 anos de idade.

Fonte: BASSANEZI (1998).

A população total (cf. Tabela 1.4) cresceu a uma taxa de 1,84% a.a. entre 1854 e 1874, e de 2,86% a.a. entre 1874 e 1886. Comparando-se esse comportamento com o verificado nas outras três localidades analisadas, observamos o seguinte: entre 1854 e 1874, a população de Casa Branca cresceu em ritmo mais lento, especialmente *vis-à-vis* Constituição; no segundo intervalo, a taxa calculada para Casa Branca superou as atinentes às duas localidades do vale do Paraíba, e atingiu um patamar relativamente próximo à de Piracicaba; ademais, Casa Branca foi o único dentre os quatro casos estudados em que o ritmo de crescimento populacional elevou-se entre os intervalos de 1854-74 e 1874-86.[59]

---

ademais, para 1874, seguimos o mesmo procedimento adotado nessa publicação do NEPO – Núcleo de Estudos em População da Unicamp, que não considera nos informes de Casa Branca os indivíduos residentes na Paróquia de Santa Rita do Passa Quatro, a qual é incorporada ao município de Pirassununga: "este procedimento foi adotado para facilitar o mapeamento e a comparabilidade dos dados censitários ao longo do tempo". (BASSANEZI, 1998, p. 35) Por fim, computados apenas os dados de Casa Branca, os totais populacionais igualaram-se a 16.704, 11.063 e 7.748 habitantes, respectivamente, em 1854, 1874 e 1886.

59 Lembremos que essa comparação não está sendo feita exatamente entre as quatro localidades selecionadas (Areias, Guaratinguetá, Constituição/Piracicaba e Casa Branca), mas sim entre as bases territoriais que se procurou manter, respectivamente, nas informações descritas nas Tabelas 1.1 a 1.4. O mesmo vale para os comentários que integram o próximo parágrafo.

Essa última afirmativa reflete em boa medida o fato de que Casa Branca foi também o único dos quatro casos no qual o número de escravos cresceu entre 1874 e 1886, atingindo tal número, nesse último ano, a mais elevada participação no total de habitantes. De fato, nessa localidade da Zona da Mogiana – ou, dito de outro modo, no "Oeste Novo" paulista –, a escravaria apresentava um comportamento que destoava do geral da província e, mesmo, do Império. Como apontou COSTA (1989, p. 229),

> Em 1854, a população escrava da Província de São Paulo montava a 117.731; em 1872 [em verdade, 1874-JFM], atingia 156.612; em 1883, 174.622. Nessa fase que corresponde ao período de grande importação de escravos do Nordeste, registra-se um aumento de 43%. A partir de então, ela começou a decrescer. Em 1886, contavam-se cerca de 160.665 escravos, sem incluir os ingênuos nascidos depois de 1871, e que teriam no máximo 15 anos. Nas outras províncias observava-se fenômeno semelhante. A população escrava atingira o máximo por volta de 1874, apresentando, daí por diante, sensível decréscimo.

Em Casa Branca, a população cativa, que praticamente se mantivera constante de meados do Oitocentos à primeira metade dos anos de 1870 (4.700 escravos em 1854 e 4.738 em 1874),[60] vivenciou um incremento de cerca de 33% de 1874 a 1886 (para 6.288 indivíduos). Consoante verificamos na Tabela 1.4, foi também crescente no tempo a razão de sexo calculada para essa população. Como escreveu GORENDER (1985, p. 586, grifos nossos),

> Entre 1854 e 1886, o crescimento da população escrava no Oeste Novo foi de 235%, traduzindo-se em fabuloso crescimento da produção cafeeira e superando de longe os aumentos do Vale do Paraíba e do Oeste Antigo. [...]

---

60 Cabe ressaltar que, na "Demonstração dos escravos da província, matriculados nos respectivos municípios, na conformidade da Lei nº 2.040, de 28 de setembro de 1871 até 30 de setembro de 1872", consta um total de 5.734 cativos, com uma razão de sexo igual a 115,9 (considerados os informes para Casa Branca + Caconde + São Simão; cf. LUNÉ & FONSECA, 1985, p. 172). Se nos valermos desta última cifra em vez dos 4.738 escravos presentes no recenseamento geral do Império, teremos uma taxa de incremento da população cativa de 22% entre 1854 e 1872, e de aproximadamente 10% entre 1872 e 1886.

O tráfico de escravos intensificou-se no Oeste Novo e surgiram entrepostos como Rio Claro e Casa Branca, que se tornaram apreciáveis mercados de distribuição de escravos provenientes de Minas Gerais e do Norte. Aliás, fazendeiros de Minas Gerais se transferiam com seus escravos para o Oeste Novo, chegando a constituir os mineiros 80% da população num dos distritos da região (o distrito que abrangia Pinhal, São João da Boa Vista, Casa Branca, Franca, São Simão, Ribeirão Preto, Cajuru e Batatais).

Voltaremos novamente a atenção para esses comentários de Gorender na segunda parte de nosso trabalho. Tais comentários coadunam-se com as evidências que levantamos da existência de rotas diferenciadas do comércio de escravos a abastecer de mão de obra compulsória os municípios selecionados para análise. As afirmações de Gorender, outrossim, apontam nitidamente para o fato de que, ao direcionarmos o foco de nosso estudo para o tráfico interno, estamos sempre contemplando apenas parte do fluxo total de cativos deslocados para e no território paulista naquelas décadas derradeiras de vigência da escravidão no Brasil. Muitos escravos chegaram ao "Oeste Novo" acompanhando seus senhores. E esses escravistas vinham não só de Minas Gerais, mas também de outras áreas da Província de São Paulo, compondo o movimento da "onda verde" do café. Como veremos no Capítulo 4, tal o caso de membros da família Prado identificados em Casa Branca e Ribeirão Preto; assim como de descendentes do Visconde de Guaratinguetá em São Manoel, freguesia pertencente a Botucatu nos anos de 1880.

Por fim, a participação dos estrangeiros na população total informada na Tabela 1.4 correspondeu a tão somente 0,1% em 1854, permanecendo bastante reduzida em 1874 (0,6%). Isto não obstante Casa Branca ter sido, ainda na etapa colonial, cenário de uma tentativa de colonização dirigida: "(...) a instalação em 1815 de imigrantes açoritas, à margem do velho caminho dos Guaiazes" (DAVATZ, 1980, p. 15).[61] Esses percentuais mostraram-se menores do que os computados para as outras três localidades selecionadas. Porém, em 1886, a participação dos estrangeiros em Casa Branca elevou-se para 5,6%,

---

61 Citação extraída do prefácio de Sérgio Buarque de Holanda. Ver, também, TREVISAN (1982).

superando o encontrado nas duas localidades do Vale do Paraíba e aproximando-se da cifra calculada para Piracicaba.[62]

---

62 Em 1854 foram recenseados 23 estrangeiros. Em 1874, eles eram 138, a maioria absoluta formada por portugueses (55,8%), aos quais se seguiram os africanos livres (13,8%), italianos (13,0%), alemães (8,0%), franceses (5,1%), suíços (2,2%), ingleses (1,4%) e outros (0,7%). E, em 1886, os estrangeiros somaram 1.887, assim distribuídos: portugueses (29,6%), italianos (24,8%), africanos livres (21,3%), austríacos (18,6%, todos eles recenseados em Ribeirão Preto), alemães (2,4%), espanhóis (1,7%), franceses (0,9%), ingleses (0,3%) e outros (0,4%).

CAPÍTULO 2
Historiografia e tráfico interno de escravos no Brasil

Introdução

Nosso objetivo neste capítulo é explorar a historiografia dedicada ao estudo do tráfico interno de escravos no Império do Brasil. Mesmo cientes de que esse tópico não figura entre os mais amiúde contemplados pelas análises disponíveis acerca da escravidão brasileira, não alimentamos a pretensão de sermos exaustivos. Nossa proposta é tão somente a de alinhavar os achados de um conjunto de autores, de modo a apresentar as principais características daquele comércio. Com isso, levantamos uma série de temas e discussões que será tratada, em alguns casos com maior e em outros com menor profundidade, na segunda parte desta pesquisa, com base nas fontes primárias por nós compulsadas, em especial as escrituras de transações envolvendo cativos.

O fato de essas fontes referirem-se a negócios realizados em localidades situadas na Província de São Paulo no período de 1861 a 1887 norteou, em boa medida, a seleção dos estudos objeto da nossa atenção e, neles, a escolha dos recortes efetuada. Muitos desses estudos, na verdade, têm preocupações que vão bastante além do tema do tráfico interno de escravos, o que de forma alguma deslustrou as relevantes contribuições por eles trazidas para esse tema específico. Como os leitores sem dúvida concordarão, seria impossível levarmos a cabo a incursão pretendida na historiografia sem considerar atentamente, entre vários outros exemplos, trabalhos como os de Robert Conrad (*Os últimos anos da escravatura no Brasil*), de Emília Viotti da Costa (*Da senzala à colônia*), de Robert

Wayne Slenes (*The demography and economics of brazilian slavery: 1850-1888*) e de Jacob Gorender (*O escravismo colonial*).[1]

A esses estudos de escopo mais amplo somaram-se diversos outros, produzidos ao longo das últimas décadas. Alguns deles foram precipuamente dedicados ao tópico em questão. Houve trabalhos com a ênfase posta na região cafeeira, cuja inesgotável fome de braços tornou-a lugar de destaque como ponto de chegada das rotas do comércio da mercadoria humana. O presente livro perfilha essa mesma ênfase. E houve estudos cujo foco esteve em outras regiões, atuantes, frequentemente, como fornecedoras da mão de obra compulsória para a cafeicultura.

De fato, o tráfico interno de cativos, mormente o realizado após a extinção do comércio negreiro transatlântico, tem-se mantido como objeto do interesse de vários pesquisadores. Nos princípios do novo milênio encontramos exemplos desse interesse tanto entre historiadores tarimbados como numa "nova geração" de estudiosos de nosso passado. No primeiro caso, podemos referir os artigos de Robert Slenes (*The Brazilian Internal Slave Trade, 1850-1888: Regional Economies, Slave Experience, and the Politics of a Peculiar Market*) e de Richard Graham (*Another Middle Passage? The Internal Slave Trade in Brazil*), publicados em 2004 em coletânea organizada por Walter Johnson (*The Chattel Principle: Internal Slave Trades in the Americas*). Da "nova geração", podemos mencionar as dissertações de mestrado de Camila Carolina Flausino (*Negócios da escravidão: tráfico interno de escravos em Mariana, 1850-1886*) e de Rafael da Cunha Scheffer (*Tráfico interprovincial e comerciantes de escravos em Desterro, 1849-1888*), defendidas em 2006, respectivamente, na Universidade Federal de Juiz de Fora e na Universidade Federal de Santa Catarina.[2]

Procedemos, em suma, neste capítulo, a um passeio seletivo pela historiografia, necessário, sem dúvida, para apresentar várias das discussões pertinentes ao tema. E também útil, pois nos permite reduzir em alguma medida a quantidade de remissões à historiografia a ser feita nos Capítulos 3, 4 e 5, tornando sua redação algo mais enxuta e quiçá sua leitura um tanto mais agradável.

---

[1] Cf. CONRAD (1978), COSTA (1989), SLENES (1976) e GORENDER (1985).

[2] Cf. SLENES (2004), GRAHAM (2004), JOHNSON (2004), FLAUSINO (2006) e SCHEFFER (2006). Uma versão em português do segundo desses artigos encontra-se em GRAHAM (2002).

Historiografia e tráfico interno de escravos no Brasil

A extinção do tráfico negreiro transatlântico com destino ao Brasil, em meados do século dezenove, foi um marco no que respeita ao comércio interno de escravos. Muito embora esse comércio tenha sido uma constante no decurso de todo o período escravista – quer implicasse um deslocamento dos cativos envolvidos entre distintas capitanias, depois províncias brasileiras, quer acarretasse apenas um movimento interno às aludidas unidades territoriais, ou ainda meramente uma mudança de proprietários de âmbito local –, foi inequívoca sua intensificação após a cessação do tráfico internacional.[3] De fato, o comércio interno de escravos na segunda metade do Oitocentos e, por conseguinte, um mercado nacional para aquela mercadoria humana, que então se desenvolveu amplamente, foi por muitos estudiosos interpretado como elemento crucial imbricado ao caráter centralizado do Império brasileiro. Esse o caso de Décio Saes (1985, p. 170), que escreveu:

> Em suma, a centralização do Estado escravista não apenas evitou as abolições regionais da escravidão, como também garantiu o funcionamento do tráfico interprovincial de escravos, conveniente aos interesses das diferentes classes de proprietários de escravos: traficantes internos de

---

3 Por exemplo, sobre a primeira metade do século dezenove, CONRAD (1978, p. 65) observou: "Até mesmo antes do tráfico africano ter terminado, pequenos números de escravos do nordeste brasileiro já estavam entrando nos mercados de escravos do Rio de Janeiro para irem ao encontro da procura criada pelo cultivo do café. Em 1842, o movimento de escravos entre as províncias já era suficientemente amplo para precisar de regulamentos e, em 1847, uma grande seca, na província do Ceará e em sua volta, já aumentara grandemente o fluxo espontâneo dos escravos do norte para o sul. Nesse ano, os negociantes do Rio com ligações comerciais no norte do Brasil já recebiam 'casualmente' escravos em consignação para satisfazer as necessidades financeiras dos proprietários em áreas atacadas pela seca. (...) "Com a abrupta supressão do tráfico africano, o fluxo de escravos do norte para o sul transformou-se numa autêntica torrente (...) sendo considerado vital para os interesses dos fazendeiros da região do café."
E GRAHAM (2004, p. 292), acerca dos cativos índios no Seiscentos, afirmou: "Já em princípios do século dezessete, se não antes, traficantes embarcavam escravos indígenas para as ricas regiões açucareiras da Bahia e Pernambuco a partir de vários portos brasileiros, principalmente da região amazônica incluindo o Maranhão e, em menor grau, de São Paulo. [...] Antes ainda, cativos indígenas capturados no extremo meridional do Rio Grande do Sul eram despachados para o norte pela costa para o Rio de Janeiro. Sabemos que alguns escravos indígenas foram levados por terra do Maranhão para Pernambuco, porém o mais comum era o transporte em navios."

escravos, senhores escravistas das áreas em declínio, plantadores escravistas das áreas em expansão.

A intensificação do tráfico interno pós-1850, cujo ritmo foi aumentado pelo desenvolvimento então vivenciado pela lavoura cafeeira no Sudeste do Império, foi salientada, por exemplo, por Jacob Gorender, que estimou, ademais, o volume atingido pelo comércio interno de escravos:

> (...) depois de 1850, o tráfico interprovincial se tornou um conduto regular e substancial de abastecimento de mão de obra. Pode-se estimar que, em 35 anos, os municípios cafeeiros absorveram cerca de 300 mil escravos fornecidos pelo tráfico interprovincial e pelo tráfico intraprovincial, isto é, neste último caso, pelas transferências de municípios não cafeeiros aos municípios cafeeiros do Rio de Janeiro, Minas Gerais e São Paulo. (GORENDER, 1985, p. 325)[4]

Esse mesmo historiador, com o intuito de melhor precisar a importância da cifra estimada, observou que ela deveria ser considerada concomitantemente ao aumento ocorrido, após a extinção do comércio negreiro pela via do Atlântico, na vida útil dos cativos, provavelmente, no entendimento do autor, de dez para quinze a vinte anos. Com isso, afirmou Gorender (1985, p. 326), a dita cifra de 300 mil cativos "(...) equivaleu, na prática, a um mínimo de 450 mil, se avaliados os escravos conforme o padrão de vida útil da época do tráfico africano".

Outra estimativa disponível apresentou-se bastante próxima do número "ajustado" de Gorender. Sobre ela escreveu Robert Conrad (1985, p. 196-197, grifos no original):

> (...) em seu detalhado estudo demográfico da população escrava do Brasil, Robert Slenes estimou que cerca de 200.000 escravos foram transportados no tráfico interprovincial entre 1850 e 1881, mas que um

---

[4] "(...) se a estimativa de Gorender sobre 300.000 envolvidos no tráfico interno – que durou pouco mais de 30 anos – for comparada com a cifra de 427.000 que Philip D. Curtin julgou ser o número de pessoas que entraram nos Estados Unidos através do tráfico escravista internacional, tráfico que durou talvez 200 anos, a importância relativa do tráfico interno brasileiro torna-se muito mais clara." (CONRAD, 1985, p. 205)

número muito maior foi movimentado intra-regionalmente. Se Slenes estiver certo, mais de 400.000 escravos foram vítimas desse tráfico durante aquelas três décadas.

A minuciosa análise de Robert Wayne Slenes forneceu um sólido embasamento em termos da corroboração da relevância possuída pelo comércio interno de cativos.[5] Com anterioridade, outros estudiosos sugeriram números menos expressivos de escravos movimentados pelo comércio interno. GALLOWAY (1971, p. 590), por exemplo, referindo-se em especial ao tráfico legal realizado pela via marítima, afirmou: "O Nordeste foi um importante reservatório de mão-de-obra para o sul. Considerando-se uma média de 3.000 escravos movimentados anualmente pelo tráfico entre 1850 e 1880, o Nordeste forneceu 90 mil cativos para o Sul." KLEIN (1971, p. 569), por seu turno, observou que

> (...) é difícil determinar com exatidão o volume para o período 1850-1888. Supondo 5.500 escravos por ano como um limite máximo, podemos estimar que o tráfico interno de cativos não movimentou mais do que 209.000 escravos entre regiões nesse período de 38 anos. É bem possível que uma investigação adicional nos registros portuários venha a reduzir consideravelmente esse número.

Em nosso livro, no tocante a essas distintas estimativas da quantidade de cativos comercializados internamente após 1850, adotaremos as que sugerem um volume mais alentado para aquele tráfico. Em especial, perfilharemos a avaliação cuidadosa realizada por Robert Slenes. Esse autor, explicitamente sobre as duas estimativas mais modestas acima referidas, afirmou:

---

5   Alinhou-se Slenes, nesta questão, tanto a GORENDER (1985) como, entre outros, a CONRAD (1978 e 1985) e a STEIN (1990), ainda que estes dois últimos não tenham fornecido estimativas próprias mais precisas. Robert Conrad tratou, no capítulo sobre o tráfico interno de escravos que integra seu livro intitulado *Tumbeiros*, da questão do volume desse tráfico mencionando, antes do mais, os trabalhos de Gorender e de Slenes. E Stanley Stein, em seu estudo sobre o município de Vassouras, no Rio de Janeiro, escreveu: "A reposição efetiva de escravos idosos e moribundos veio do comércio interprovincial, que trazia por ano aproximadamente 5.500 escravos para a província do Rio, de 1852 até 1859. Na década de 1870 a natureza também ajudou a estimular a torrente de escravos do Norte em direção ao Sul, para o Rio de Janeiro e São Paulo, pois uma série de longas estiagens secava as terras nordestinas e forçava os fazendeiros a se desfazerem de seus escravos." (STEIN, 1990, p. 94-95).

Entretanto, as evidências de Klein e Galloway não são conclusivas, e o enfoque de outros estudos recentes tende a corroborar o argumento tradicional, pelo menos no que respeita ao volume do tráfico [o argumento de que o volume do tráfico inter-regional (particularmente do Norte e Nordeste para o Centro-Sul) foi considerável–JFM] (SLENES, 1976, p. 120-121)[6]

O tráfico interno de cativos envolveu, pois, uma quantidade significativa de indivíduos, em grande medida enviados para as províncias do Centro-Sul cafeeiro e, nelas, para os municípios particularmente dedicados ao cultivo do café. Adicionalmente, as possibilidades de sobrevivência nesse trajeto foram maiores em comparação à travessia do Atlântico.[7] Não obstante essa distinção, a historio-

---

6 Foi possível a Slenes, ademais, trabalhando informes da polícia dos portos do Rio de Janeiro e de Santos, evidenciar a expressividade do comércio de escravos *vis-à-vis* o eventual movimento migratório de cativos na companhia de seus respectivos proprietários: "As autoridades portuárias do Brasil geralmente computavam o número de escravos que entravam nas cidades costeiras a entregar, ou seja, consignados a pessoas específicas, quase sempre por venda. Entre 1873 e 1881, inclusive, cerca de 71.000 cativos entraram nos portos do Rio e de Santos a entregar." (SLENES, 1976, p. 123, grifos no original) Para o período anterior, e com base em outro conjunto de informações, a comparação em tela foi explicitada: "Os dados paulistas de vendas de escravos e exportações de café sugerem que no período 1851-73 os tráficos inter e intrarregionais foram responsáveis pelo grosso do crescimento da população escrava resultante de migração nas áreas de grande lavoura dessa província. Se o oposto houvesse ocorrido – se a maioria dos migrantes se mudasse junto com seus senhores – seria muito improvável que a curva das vendas mostrasse quase as mesmas flutuações anuais, muito menos a mesma taxa de crescimento vistas na curva de exportação do centro-oeste de São Paulo." (SLENES, 1976, p. 131). Tais conclusões de Slenes, evidentemente, não implicam que os deslocamentos de cativos por meios outros que não a compra devam ou possam ser negligenciados. Warren Dean, por exemplo, em seu estudo sobre a localidade paulista de Rio Claro, escreveu: "Outra maneira de introduzir escravos nas novas propriedades era deixar a plantação e o cuidado dos pés durante os três a cinco primeiros anos por conta dos empreiteiros (...); assim foram trazidos para Rio Claro mais de 300 escravos. A chegada de escravos ao município através de 'contratos de locação' e a migração de fazendeiros com suas próprias turmas prosseguiu até os anos de 1880." (DEAN, 1977, p. 67)

7 "(...) as condições a bordo dos navios costeiros eram claramente superiores àquelas das travessias atlânticas, e os novos exilados viajavam em condições nitidamente muito melhores que os escravos embarcados na África poucos anos antes. Ao contrário dos navios negreiros que retornavam da África, esses navios costeiros podiam embarcar suprimentos de alimentação e água nos portos ao longo do caminho. As pessoas envolvidas, além disso, eram adquiridas por um preço muito mais elevado do

grafia detectou, no tráfico interno, muitas características similares às verificadas no comércio de escravos internacional.[8] Em especial, no que respeita ao sexo e à idade das pessoas negociadas, mantiveram-se grosso modo as mesmas desproporções que marcaram os contingentes provenientes da África:

> Como no tráfico escravista africano, os homens transferidos dentro do Brasil depois de 1850 provavelmente superavam em número as mulheres na proporção de pelo menos 2 para 1. (...) Era claro, também, que os escravos jovens, inclusive crianças que mal tinham idade para deixar suas mães, ainda tinham grande demanda. (...) Essa tendência para transferir os escravos potencialmente mais produtivos resultou, naturalmente, em um predomínio relativo de homens jovens na força de trabalho das províncias importadoras, e em um processo de envelhecimento e feminilização entre as populações escravas sobreviventes nas regiões exportadoras. (CONRAD, 1985, p. 192-193)[9]

---

que as anteriormente compradas na África. Dessa forma não mais se justificava a submissão de cargas humanas à sede, fome e maus tratos físicos suportados com tanta frequência por seus predecessores no tráfico africano. (...) De fato, a maioria dos escravos embarcados ao longo da costa provavelmente chegou a seus locais de desembarque com saúde comparativamente boa." (CONRAD, 1985, p. 194)

8 O próprio Conrad, em trabalho anterior ao citado na nota precedente, mencionou uma carta escrita por um diplomata britânico em Pernambuco e datada aos 24 de janeiro de 1857, onde se lê: "(...) Cowper afirmou que o tráfico interno de escravos era tão cruel 'nos seus pormenores' quanto o antigo tráfico africano." (CONRAD, 1978, p. 69)

9 Embora presentes as desproporções aludidas, seus efeitos talvez não tenham sido exatamente os mencionados por Robert Conrad. É o que sugere, por exemplo, Josué Modesto dos Passos Subrinho, em seu estudo sobre Sergipe: "Quanto ao envelhecimento relativo da população escrava do Nordeste, comparativamente ao Sudeste, os dados das matrículas de escravos não autorizam as afirmações de Conrad (...). Tal fato pode ser explicado, ao menos em parte, pelo tráfico interprovincial de escravos. (...) [O] aumento do contingente de adultos do sexo masculino na população escrava, no Sudeste, contribuiu para a redução da taxa bruta de natalidade e para o envelhecimento relativo dessa população, enquanto, no Nordeste, com a diminuição da população adulta masculina, contribuiu para o incremento da taxa bruta de natalidade. Com a Lei do Ventre Livre, a fecundidade das escravas não teria mais efeitos sobre o montante da população escrava, porém o aumento da participação dos estratos jovens da população escrava que se verificou entre 1850 e 1871, no Nordeste, iria se transformando em aumento da proporção dos escravos em idade produtiva, enquanto, no Sudeste, o elevado contingente

É preciso ter em mente que o comércio interno de cativos e o deslocamento de indivíduos por ele acarretado deram-se, após 1850, em um contexto de contínua diminuição da população escrava no Brasil, tendo em vista seja a cessação do afluxo de africanos, seja o balanço entre mortalidade e natalidade, bem como o movimento de manumissões.[10] Dessa forma, levando em conta a expressiva entrada de africanos pelo tráfico atlântico no decurso da primeira metade do século dezenove, essa população teria atingido um ponto de máximo no meado daquela centúria. Teriam desembarcado no Brasil mais de 1.700.000 africanos de 1801 até o término daquele tráfico; em consequência, a escravaria no Império ter-se-ia alçado a 2.500.000 pessoas.[11]

---

de escravos em idade produtiva, alcançado no mesmo período, ia envelhecendo." (PASSOS SUBRINHO, 2000, p. 106-107)

10   Frisemos que o crescimento vegetativo da população escrava não deve ser tomado sempre, *a priori*, como negativo. Por exemplo, no período 1831-32, tomando um conjunto de localidades nas quais viviam provavelmente cerca de 80% da população total da província de Minas Gerais, e não obstante a presença do tráfico negreiro internacional, PAIVA e LIBBY (1995) corroboraram a hipótese de que a população escrava mineira se sustentava, parcialmente, mediante a reprodução natural; ademais, quando compararam os dados levantados, para alguns dos núcleos contemplados, com os informes provenientes das matrículas de escravos, de 1873-75, observaram que, uma geração após a extinção do tráfico, dita população encontrava-se plenamente reprodutiva. No tocante às alforrias, ver, entre vários outros, BERTIN (2004), EISENBERG (1987), LACERDA (2006), NISHAMI (1993) e SOARES (2009).

11   Não obstante, por exemplo, Perdigão MALHEIRO (1944, v. 2, p. 197) ter observado que "alguns têm pretendido elevar mesmo a 4 milhões os escravos" existentes em meados da década de 1860, tal cifra, bem como a de 2,5 milhões para 1850, parece-nos exagerada. Trata-se de estimativa apresentada pelo Senador Candido Baptista de Oliveira na sessão do Instituto Histórico de 20 de junho de 1851. Foi reproduzida por OLIVEIRA VIANNA (1986, p. 409) na *Introdução ao Recenseamento do Brasil de 1920* e utilizada também, entre outros, por GORENDER (1985, p. 323) e MOURA (2004, p. 318). Sobre ela, Joaquim Norberto de SOUZA E SILVA (1986, p. 9) escreveu: "Na falta de dados precisos para a avaliação da população servil, [o Senador Candido de Oliveira-JFM] estimou-a em 2.500.000 indivíduos, o que corresponde proximamente à relação de 1 escravo para 2 habitantes livres." Os cálculos do Senador, para a população total do Império, produziram um total de 8 milhões de habitantes; notemos que esse mesmo total, na estimativa realizada pelo demógrafo italiano Giorgio Mortara em inícios dos anos de 1940, foi menor em cerca de três quartos de milhão (7.256 mil pessoas). A cifra de Mortara, bem como os dados publicados por David Eltis para a quantidade de africanos desembarcados no Brasil, foram extraídos de *Estatísticas Históricas do Brasil* (1990, p. 31 e 51).

No recenseamento geral do Império, realizado na primeira metade da década de 1870, esse contingente já diminuíra bastante. Os cativos eram aproximadamente 1.550.000, número que se reduziu para pouco mais de 700.000 por volta de 1887. Vale dizer, em paralelo aos desequilíbrios segundo sexo e idade dos contingentes deslocados, aumentava cada vez mais, entre as distintas províncias participantes daquele comércio, a desproporção em termos da própria presença de escravos em seus respectivos territórios. Assim,

> Os resultados do primeiro censo nacional, o de 1872, vieram confirmar as suspeitas e as apreensões em torno de um desequilíbrio que tornava a escravidão ainda mais vulnerável às pressões do poder, enfraquecendo o compromisso da grande lavoura nortista com a instituição servil ao concentrar nas províncias cafeeiras 2/3 de toda a população escrava do país. (MELLO, 1984, p. 33)[12]

A preocupação gerada por esse desequilíbrio acarretou evidente dilema para os interesses escravistas das regiões cafeeiras, a exemplo da província paulista.[13] De um lado, a demanda crescente da cafeicultura por braços pressionando em favor da aquisição de cativos provenientes do restante do Império; de outro, a também crescente possibilidade de um alinhamento cada vez maior à posição favorável ao término da escravidão, instituição que se via minada pelo gradual

---

12 Desequilíbrio, ademais, "(...) o qual punha em perigo a sobrevivência do sistema escravista e ameaçava repetir no Brasil o conflito regional que, nos Estados Unidos, levara à guerra de secessão". (MELLO, 1988, v. 1, p. 501) Ainda que a proporção referida por Evaldo Cabral de Mello só tenha sido atingida de fato na década de 1880, o desequilíbrio mencionado é inequívoco. Escreveu, por exemplo, Stanley Stein: "O fato de serem bastante disputados entre os fazendeiros do Sul deu origem ao espectro de uma nação potencialmente dividida entre um Sul escravocrata e um Norte sem escravos. O Conselheiro J. J. Teixeira Júnior advertiu seus companheiros parlamentares em 1877 que em São Paulo, Rio de Janeiro e Minas Gerais havia 776.344 escravos ou mais do que a metade do total em todas as províncias do Império. Três anos mais tarde, foi revelado que as 10 províncias ao sul do Espírito Santo tinham o dobro do número das 11 províncias ao norte da Bahia, aproximadamente 920.921 para 498.268" (STEIN, 1990, p. 95).

13 Em que pese o aludido desequilíbrio, convém lembrar, tal como feito por CONRAD (1985, p. 6), que: "Na década de 1870, todos os 643 municípios do Império dos quais havia estatísticas ainda continham escravos, desde 48.939 no Município Neutro (o distrito da capital) até três escravos registrados no município baiano de Vila Verde."

esvaziamento do estoque de escravos existente fora das províncias do café e também, não nos esqueçamos, pela aceitação cada vez mais difundida das ideias abolicionistas. Esse dilema viu-se patenteado, em 1878, pela tentativa malsucedida de estabelecimento de um pesado imposto à entrada de cativos na província paulista, conforme relatado por Emília Viotti da Costa (1989, p. 232):

> Em 1878, apresentava-se projeto criando um imposto de um conto sobre cada escravo chegado à Província. Aprovado pela Assembleia, depois de numerosos debates em plenário e discussões através da imprensa, não chegou a converter-se em lei, tendo sido vetado pelo executivo, pressionado pelos representantes de certos meios rurais, principalmente pelo Clube da Lavoura de Campinas, que solicitaram o veto à lei.[14]

Esse veto, contudo, não extinguiu o dilema mencionado. De fato, para muitos autores, terá sido exatamente aquela crescente concentração de escravos na cafeicultura a responsável pela promulgação, poucos anos mais tarde, em inícios da década de 1880, nas principais províncias do Centro-Sul cafeeiro, de uma legislação tributária, desta feita efetiva, que tornou proibitivo o tráfico interprovincial.[15]

---

14 Essa pressão exercida pelo Clube da Lavoura de Campinas foi questionada, por exemplo, por Zélia C. de Mello (1979, p. 13); segundo essa autora, mesmo que aceitássemos a suposição de que a dita pressão tenha mesmo existido, haveria que explicar as razões pelas quais ela não produziu seus frutos no âmbito da própria Assembleia Legislativa. O projeto aprovado na Assembleia e vetado pelo executivo provincial, mencionemos, havia sido proposto por Martinho Prado Júnior. No capítulo anterior mencionamos a existência de vínculos entre a família Prado e o município de Casa Branca, dentre as localidades selecionadas. A presença de membros dessa família no conjunto dos contratantes das escrituras compulsadas será objeto de nossa atenção na segunda parte deste livro.

15 "A Lei aprovada no Rio de Janeiro determinava uma taxa de registro de 1:500$ sobre os escravos trazidos de outras províncias, e foi decretada em meados de dezembro de 1880. A Lei de Minas Gerais criou uma taxa de 2:000$ e foi decretada em fins de dezembro de 1880. A Lei de São Paulo também criou uma taxa de dois contos e foi decretada em 15 de janeiro de 1881." (SLENES, 1976, p. 124-125). No caso de São Paulo, as discussões na Assembleia Legislativa foram acaloradas, tal como em 1878. Desta feita, a posição do Clube da Lavoura foi diferente: "Em 29 de agosto de 1880, a direção do Clube da Lavoura de Campinas tomava, entre outras medidas, a deliberação de representar aos deputados gerais, fazendo-lhes sentir a necessidade da aprovação pelo corpo legislativo do projeto de lei relativo à proibição do tráfico de escravos de umas para outras províncias." Uma análise das discussões com base nos *Anais da Assembleia Legislativa de São Paulo*, enriquecida pelo recurso aos periódicos *A Província*

Sobre esses tributos observou, por exemplo, Robert Conrad (1985, p. 202):

> (...) as altas taxas proibitivas impostas pelas províncias cafeeiras em 1880 e 1881 sobre a importação de escravos de outras províncias refletem o fato de que por esta data o tráfico escravista interprovincial já havia ajudado a criar na questão da escravidão as diferenças regionais que essas taxas pretendiam impedir, diferenças que ameaçavam o direito legal dos plantadores de café de possuírem "propriedade" que haviam comprado a preços elevados. Já era tarde demais, como declarou um membro da Câmara dos Deputados em 1884, para "evitar o desequilíbrio que se pode dar aglomerando-se uma grande massa de escravos em certas localidades, onde o preço é maior e mais útil o serviço por eles prestado, ao passo que em outras províncias desfalca-se ou se extingue, como no Ceará". Esse desequilíbrio, afirmou o mesmo orador, já era um "fato consumado".

Em seu estudo sobre os tributos e a administração tributária na província paulista, Viviane Tessitore observou que a lei de janeiro de 1881, além da elevada taxa de dois contos de réis, estabelecia novas normas para a matrícula dos escravos na província. Os proprietários teriam um prazo de trinta dias, a contar da entrada dos cativos em São Paulo, para a efetivação da matrícula e o recolhimento do correspondente tributo.[16] A autora arrolou, ademais, os casos de isenção previstos na lei:

> Estavam isentos da matrícula os escravos que acompanhassem os senhores a seu serviço, em número de, no máximo, 4 por família, e 1 por indivíduo.

---

de *São Paulo* e *Correio Paulistano*, e consideradas igualmente distintas interpretações historiográficas, encontra-se em SAES (2009, p. 54-84). Uma dessas interpretações, destoante da exposta por Conrad, foi defendida por Paula Beiguelman (cf., por exemplo, BEIGUELMAN, 1976 e 2005); a ela voltaremos mais adiante, ao término deste capítulo.

16 "A taxa excessivamente alta fez com que esse tributo fosse arrecadado uma só vez – no ano financeiro de 1881-1882 –, pois dificilmente entrariam escravos na Província com tal encargo, a não ser os que estivessem isentos, já que o negócio com eles entrou em franca decadência nos anos 1880." (TESSITORE, 1995, p. 239)

> A lei de 23 de janeiro de 1881 isentou os escravos que, por sucessão legítima, viessem a pertencer a habitantes da Província; os escravos de agricultores que possuíssem, na época, estabelecimentos agrícolas na Província, desde que provassem que os escravos haviam sido adquiridos antes da lei; e novamente os escravos que acompanhassem seus senhores não residentes na Província para seu serviço doméstico, agora em número máximo de 3, desde que não fossem alienados ou alugados.
> [...]
> Os casos de isenção referiam-se ao pagamento da taxa e não à matrícula em si, da qual deveria constar o motivo da isenção e a prova dele: no caso de sucessão legítima, aquelas na forma do direito; no caso da aquisição anterior à lei, a escritura pública; no caso de escravos destinados ao serviço doméstico, a declaração constante da averbação feita no Município de origem. (TESSITORE, 1995, p. 241)

Ao passo que as províncias cafeeiras adotavam, por fim, a proibição de fato do tráfico interprovincial, Evaldo Cabral de Mello (1988, p. 498-499) identificou uma "espécie de acordo tácito entre os escravistas e os emancipacionistas do norte", tanto uns como outros contrários à proibição:

> Para os primeiros, o problema da disponibilidade da mão de obra não é tão agudo como nas províncias cafeeiras – e tenderá a sê-lo cada vez menos. Ademais, devido à oferta inelástica de capitais, o tráfico representa, sobretudo durante a crise de meados dos setenta, a única fonte de recursos com que financiar as perdas resultantes de uma má safra, de uma queda mais forte dos preços ou do incremento da taxa de juros. (...)
> Quanto aos emancipacionistas, o tráfico constituía, como assinalara Tavares Bastos, "um bem definitivo", ao permitir às províncias setentrionais apressar, sem prejuízos, a transição do trabalho escravo para o livre.[17]

---

17   Aureliano Cândido Tavares Bastos (1839-1875) publicou suas *Cartas do Solitário* nos anos iniciais da década de 1860. Duas dessas cartas (X e XI) foram dedicadas ao tema do "tráfico de negros". Na carta XI escreveu o seguinte: "Não dissimularei que, para as províncias do norte, é útil, em vez de prejudicial, a exportação dos seus escravos para o sul do Império. (...) e esse comércio nos pode ser exprobrado pelo estrangeiro como uma das mais evidentes provas da imoralidade e irreligiosidade tradicional da nossa raça. Entretanto, para as províncias do norte, a exportação de seus escravos, mal passageiro, será um bem definitivo. As suas consequências morais e a revolução econômica que

Portanto, o tráfico interno de cativos, envolvendo centenas de milhares de pessoas e implicando os desequilíbrios acima descritos, estendeu-se, em sua vertente interprovincial, até inícios da década de 1880, tendo sido proibido de direito pela Lei Saraiva-Cotegipe – a Lei dos Sexagenários –, em 1885. Nos anos terminais da instituição escravista, tal comércio restringiu-se, em essência, ao deslocamento intraprovincial de escravos.[18] O período de 1850 a 1880, todavia, encerra distinções importantes no que respeita ao tráfico de cativos. Jacob Gorender (1985, p. 326), por exemplo, apresentou uma periodização dividindo-o em três fases: "nos anos cinquenta – intensa; nos anos sessenta – moderada; nos anos setenta – muito intensa." Tal periodização foi assim justificada pelo autor:

> Os anos cinquenta foram marcados pela grande prosperidade europeia, que suscitou extraordinária demanda dos produtos de exportação dos países escravistas sobreviventes (Brasil, Cuba e Estados Unidos). (...) É de supor que a força maior de atração das regiões cafeeiras encontrou resistência por parte dos plantadores de cana-de-açúcar, algodão e tabaco do Nordeste. A intensa transferência de escravos nordestinos para o Sudeste cafeeiro deve ter ocorrido (...) às custas dos setores onde o escravo era menos rentável do que nas plantagens exportadoras ou mais fácil de ser dispensado: escravos domésticos, artesãos e outros escravos urbanos, escravos empregados na pecuária.
> (...)
> Os anos sessenta foram marcados pela confluência de dois movimentos inversos. A Guerra de Secessão nos Estados Unidos (1861-1865) abriu

---

ele apressa, são evidentes. (...) Andam, pois, errados os governos e assembleias provinciais do Norte quando pretendem embaraçar a importação de escravos, impondo-lhes taxas pesadas. Era, ao contrário, o Sul que deveria repelir esse dom funesto da escravatura que o Norte despeja nas suas províncias." (BASTOS, 1975, p. 267-268)

18 A grande exceção a esta última afirmativa fica por conta do assim chamado "Regulamento Negro": "(...) em 1886, o Ministro da Agricultura, Antônio Prado, decidiu que, para a implementação dessa provisão, o distrito da Capital, o Município Neutro, não seria considerado, como normalmente era, uma entidade política separada independente da vizinha província do Rio de Janeiro. Para este único propósito, mais exatamente, o distrito da capital seria considerado como parte da província. O 'Regulamento Negro', como ficou conhecido pelos abolicionistas este ato do Ministro, reabriu assim a cidade do Rio de Janeiro ao tráfico escravista, expondo cerca de 30.000 à possível transferência para plantagens vizinhas." (CONRAD, 1985, p. 201)

o mercado inglês ao algodão brasileiro, o que beneficiou os plantadores nordestinos. (...) Enquanto isso, a produção cafeeira do Sudeste diminuiu o ritmo de crescimento, afetada pela crise bancária de 1864 e por alguns anos de cotações baixas. (...) Os plantadores nordestinos se encontraram, então, em melhores condições para disputar a mão de obra escrava de suas regiões e o tráfico em direção ao Sudeste sofreu decréscimo de intensidade.

Nos anos setenta, o boom algodoeiro se desvaneceu e a produção cafeeira retomou vigoroso impulso ascensional. A Lei do Ventre Livre de setembro de 1871 arrefeceu o movimento abolicionista e deu ao regime escravocrata renovada estabilidade política. Tais fatores conduziriam o preço do escravo ao ponto mais alto do século XIX, no Sudeste cafeeiro, alcançando o escravo masculino na força da idade, entre 20 e 25 anos, mais de 2:000$000 no final da década dos setenta. (GORENDER, 1985, p. 326-328)

Na caracterização da primeira fase desse comércio Gorender sugeriu, pois, que não teriam sido as *plantations* exportadoras nordestinas as principais fornecedoras dos escravos negociados para a região cafeeira.[19] De fato, numa discussão que não se restringiu ao tráfico realizado na década de 1850, criticou-se a proposição de que, em grande medida, esses cativos tenham sido originários das *plantations* açucareiras do Nordeste, unidades produtivas decadentes cujos proprietários não conseguiriam competir com os cafeicultores fluminenses, paulistas e mineiros pela mão de obra escrava.[20] Quanto a essa questão, SLENES (1976, p. 212) avançou o seguinte comentário:

> Tudo sopesado, os dados sobre as migrações sugerem que a comunidade da grande lavoura nas províncias açucareiras e cafeeiras provavelmente foi bastante estável, pelo menos quando comparada com a comunidade escrava nas cidades e na agricultura não ligada ao sistema de grande

---

19 Cabe observar que, ao fazer tal afirmação, Jacob Gorender fundamentou-se no artigo de KLEIN (1971).
20 Para um exemplo da posição alvo da crítica mencionada, ver TOPLIN (1975). Essa crítica coaduna-se, ademais, com a sugestão da existência de dois grandes mercados regionais de cativos, ligados entre si, porém desfrutando de significativa autonomia. Voltaremos a essa sugestão mais adiante, ao tratarmos da terceira fase da periodização proposta por Gorender.

lavoura. Os cativos nascidos em uma grande fazenda ou adquiridos por um fazendeiro provavelmente tiveram uma chance muito menor de ser vendidos do que os escravos não ligados aos plantéis da grande lavoura.[21]

À intensa transferência de escravos nos anos de 1850 correspondeu um comportamento ascensional de seus preços. Utilizando inventários em seu estudo sobre Vassouras, na província fluminense, STEIN (1990, p. 94) afirmou que, "em seguida ao término do tráfico de escravos, o preço dos escravos quase dobrou no curto espaço de dois anos, 1852-1854". VERSIANI & VERGOLINO (2002) corroboraram, para o caso de Pernambuco, o aumento dos preços dos cativos, e apontaram trajetórias similares observadas no município de Salvador, na Província de Minas Gerais e na ilha de Cuba.[22] Sugeriram, contudo, em especial pela comparação entre os dados de Pernambuco e os de Cuba, a necessidade de nuançar o vínculo direto usualmente aventado entre aquele aumento e a extinção do tráfico atlântico:

> O resultado dessa comparação (...) é realmente surpreendente, especialmente se se tem em conta a proposição, amplamente adotada e divulgada na literatura, de que o aumento de preços de escravos no Brasil, na segunda metade do século XIX, era essencialmente uma decorrência da abolição do tráfico. O quase exato paralelismo entre os preços de Pernambuco e Cuba, ao longo da década de 1850, deixa meridianamente

---

21 Para a mesma direção apontaram os resultados do estudo de Passos Subrinho, ao examinar as disparidades no declínio da escravaria ocorrido nas distintas províncias nordestinas: "O que nem sempre tem merecido o devido destaque é que essa redução da população escrava foi muito mais acentuada nas Províncias do Nordeste da pecuária e do algodão-agricultura de subsistência, onde o exemplo conspícuo é o Ceará, que, em 1873, possuía 33.960 escravos, enquanto, em 1887, praticamente não mais existiam escravos nessa Província. Como consequência da menor perda relativa de população escrava por parte das Províncias açucareiras, a participação destas na população escrava do Nordeste subiu de 76,88% em 1873, para 87,37%, em 1887. Ou seja, as Províncias do Nordeste Açucareiro – Bahia, Sergipe, Alagoas e Pernambuco – tiveram uma redução da população escrava menor que as do restante do Nordeste. Enquanto a redução da população escrava, no período 1873-1887, no Nordeste Açucareiro, foi de 54,97%, no restante do Nordeste foi de 68,52%." (PASSOS SUBRINHO, 2000, p. 104-105)

22 Para esses três casos basearam-se, respectivamente, nos trabalhos de ANDRADE (1988), BERGAD (2004) e BERGAD, IGLESIAS GARCIA & BARCIA (1995).

> claro que fatores do lado da demanda predominaram, na determinação de preços da mão de obra cativa, nesse período. Certamente o fato de que os preços do açúcar tenham atingido um pico, nessa década, no mercado internacional, está por trás do grande aumento observado nos preços de escravos, tanto em Pernambuco como em Cuba, nessa década. (VERSIANI & VERGOLINO, 2002, p. 9)[23]

Não nos parece, de fato, possível privilegiar de maneira unilateral, na explicação do comportamento dos preços dos escravos, seja a diminuição na oferta por conta do término do fluxo de cativos provenientes da África, seja a elevação na demanda, ilustrada por Versiani & Vergolino com a situação do açúcar, demanda a qual, de resto, era também inflada pelo avanço da lavoura cafeeira, conforme vimos no capítulo anterior. Oferta e demanda, portanto, somaram seu impacto na definição da intensidade assumida, na década em tela, pelas transações envolvendo escravos no comércio interno e, por conseguinte, nos preços praticados em tais transações. O ritmo pronunciado de negócios viu-se refletido, por exemplo, nas consequências apontadas por Robert Conrad (1985, p. 68):

> O tráfico interno de escravos criou novas companhias de negociação de escravos e uma nova profissão: a de comprador de escravos viajante, que percorria as províncias, convencendo os fazendeiros mais pobres ou os residentes das cidades a venderem um ou dois escravos por metal sonante. Os compradores de escravos iam de sítio em sítio, de porta em porta, disse um membro baiano da Câmara de Deputados em 1854, oferecendo aos proprietários mais pobres setecentos ou oitocentos mil-réis por um escravo que talvez estivesse produzindo para seu dono uma renda anual de trinta a quarenta mil-réis.

Mas há na literatura sobre o tema, de outra parte, também evidências de uma diminuição da quantidade de negócios envolvendo escravos na década de 1850, seja quando a comparamos com as transações ocorridas nos dois decênios subsequentes, seja se a confrontamos com a quantidade de negócios verificada nos

---

23 Cabe lembrar que "(...) a importação de escravos africanos em Cuba prosseguiu até os últimos anos da década de 1860, e que a escravidão foi abolida na ilha pouco antes do Brasil (1886)". (VERSIANI & VERGOLINO, 2002, p. 8)

anos de 1840. Esse o caso do estudo de Erivaldo Fagundes Neves, no qual são tabuladas 1.233 escrituras referentes a tais transações, registradas em 26 livros de notas de Caetité, localidade situada no Alto Sertão da Bahia, e cobrindo o período de 1840 a 1879. A extinção do tráfico negreiro transatlântico teria acarretado, segundo o autor, um arrefecimento nos negócios com cativos:

> No decênio 1850-1859, sob efeito do fim do tráfico externo, o número de escrituras de compra e venda de escravos declinou 23%, em relação aos 10 anos anteriores, enquanto nas duas décadas seguintes, estimulado pelo tráfico interno, expandiu respectivamente 40 e 52% em relação aos períodos precedentes. (NEVES, 2000, p. 99)

Não integra nossos objetivos neste livro elaborar uma análise mais detida dessa primeira etapa do tráfico interno de escravos pós-1850, consoante a periodização proposta por Jacob Gorender. O limite temporal inferior de nosso estudo foi estabelecido em grande medida pela maior disponibilidade, na documentação cartorial, das escrituras de transações envolvendo cativos a partir de 1861.[24] Essa mais pronunciada incidência de registros, ao que parece, decorreu da vigência de decreto imperial que previa o lançamento das escrituras de negócios com escravos de valor superior a duzentos mil-réis em livros de notas específicos para essa finalidade. Sobre esse registro, o Decreto nº 2.699, de 28 de novembro de 1860, dispunha o seguinte:

> Art. 3º A escritura pública é da substância de todo e qualquer contrato de compra e venda, troca e dação *in solutum* de escravos, cujo valor ou preço exceder de 200$000, qualquer que for o lugar em que tais contratos se celebrarem ou efetuarem.
>
> § 1º As escrituras serão lavradas por ordem cronológica em livro especial de notas, aberto, numerado, rubricado e encerrado na forma da Legislação em vigor, por Tabelião de notas legitimamente constituído (...), e conterão (...) os nomes e moradas dos contraentes, o nome,

---

[24] Não podemos descartar a possibilidade de que essa maior disponibilidade responda ao menos em parte pelos valores porcentuais fornecidos por Neves no trabalho citado sobre Caetité.

sexo, cor, ofício, ou profissão, estado, idade e naturalidade do escravo e quaisquer outras qualidades ou sinais que o possam distinguir. (*Coleção de Leis do Império do Brasil*)[25]

Os dados compulsados na segunda parte deste trabalho, a contar de 1861, não nos permitirão, portanto, corroborar o declínio, indicado por Gorender, na intensidade do tráfico entre as décadas de 1850 e 1860. Mas é interessante notar como a situação nos anos finais do primeiro desses decênios de modo algum prenunciava a ocorrência daquele declínio. Dessa forma, a severa seca então verificada em parte do Império parece ter imposto seus efeitos, mormente no movimento dos escravos baianos, conforme percebemos pela leitura, uma vez mais, do artigo de Erivaldo Neves sobre Caetité:

> A grande seca de 1857-1860, suas trágicas consequências e o tráfico interno deixaram o Nordeste com maioria de escravos idosos e crianças, proporcionando sobrevida à escravidão no Sudeste cafeeiro, postergando a gradual extinção com mancípios jovens, sadios e em pleno vigor físico.
> [...]
> [A seca-JFM] despovoou o Alto Sertão da Serra Geral, com milhares de mortes por inanição e fuga em massa da população. Ao senhoriato, sem condições de plantar suas lavouras ou desenvolver qualquer outra atividade econômica, vender parte de seus escravos foi a alternativa mais conveniente para se desonerar da manutenção de cativos ociosos ou pouco produtivos. (NEVES, 2000, p. 104 e 123)

A situação de grandes dificuldades causadas pelos vários anos de seca, no entanto, alterou-se ainda na metade inicial da década de 1860. Alguns dos elementos privilegiados por Gorender em sua justificativa para o ritmo moderado do tráfico interno de escravos na segunda etapa de sua periodização foram

---

25 O objeto precípuo desse decreto era regular a arrecadação do imposto da meia sisa devido nesses negócios. Na transcrição do trecho do decreto optamos por manter a pontuação do texto original, ao passo que atualizamos a ortografia, opção adotada em todos os casos similares ao longo do texto deste livro. Vale, ademais, a ressalva de que a abertura de livros especiais para registro dos negócios envolvendo cativos não foi um procedimento obedecido em todos os lugares (cf. Apêndice Metodológico).

igualmente contemplados por Maria José Souza de Andrade (1988, p. 125), outra estudiosa da escravidão baiana, que observou:

> Os dados oficiais mostram que no início da década de 60 aumentou o movimento de escravos que deixavam a Bahia. (...) [Todavia-JFM] O início da guerra civil nos EUA e o crescimento da produção do algodão no Nordeste contribuíram para reduzir o êxodo de escravos da Bahia, após 1861.

É possível que o foco da atenção da autora na Bahia explique a não menção de Andrade da crise bancária de 1864, entendida por Gorender como causadora de efeitos mais diretos sobre a produção cafeeira; ainda que o "êxodo de escravos da Bahia" dificilmente tenha permanecido alheio ao arrefecimento na fome de braços da cafeicultura causado pela dita crise.[26]

Percebemos, ademais, que tanto Gorender como Andrade não sugeriram ter havido efeitos da Guerra do Paraguai sobre o tráfico interno de escravos no Brasil. Não obstante, por certo o impacto da guerra terá sido significativo. Por exemplo, com fundamento em correspondência do chefe da Legação Espanhola no Brasil, De La Quadra, ao ministro dos Assuntos Exteriores da Espanha, datada no Rio de Janeiro aos 7 de fevereiro de 1868, Francisco Doratioto (2002, p. 272) afirmou que "o aumento da demanda por escravos elevou seu preço, e cada indivíduo era vendido por dois contos de réis no início de 1868, quando poucos meses antes o valor de venda não era superior a 900 mil-réis". Vale dizer, o Governo Imperial não apenas concedeu a liberdade aos "escravos da Nação" que servissem na guerra,[27] como também interferiu no mercado comprando e desapropriando cativos mediante o pagamento de indenizações aos seus proprietários. Além disso, "o envio de substitutos para cumprir o serviço militar era, à época, prática comum (...). No Brasil, particulares foram contratados para

---

26   Gorender, por seu turno, não fez qualquer menção à "praga da borboletinha", problema defrontado pela cafeicultura nos anos de 1860 e referido por TAUNAY (1939, v. 3, p. 51, 58-59; cf. Capítulo 1 deste livro).

27   Cf. Decreto nº 3.725 A, de 6 de novembro de 1866: "Hei por bem ordenar que aos escravos da Nação que estiverem nas condições de servir no exército se dê gratuitamente liberdade para se empregarem naquele serviço; e, sendo casados, estenda-se o mesmo benefício às suas mulheres." (*Coleção de Leis do Império do Brasil*)

substituir convocados e escravos foram enviados para lutar em nome de seus proprietários". (DORATIOTO, 2002, p. 272-273)[28] Em livro escrito na época da Guerra, Perdigão MALHEIRO (1944, v. 2, p. 118) afirmou:

> A guerra atual contra o Paraguai, sendo um grande mal, também tem concorrido para a alforria de não pequeno número de escravos, a título oneroso ou gratuito, a fim de servirem no exército e armada; – o que tem aproveitado igualmente às mulheres e filhos.

A influência do conflito bélico sobre o comércio de cativos no Brasil foi apontada também por Jorge Prata de Sousa, em sua dissertação focada no estudo dos cativos brasileiros na Guerra do Paraguai. Esse autor, valendo-se de documentos preservados no Arquivo Nacional do Rio de Janeiro e no Instituto Histórico e Geográfico Brasileiro, escreveu:

> Durante o período crucial da guerra – 1867 e 1868 –, o governo expediu vários avisos aos presidentes de províncias e aos capitães de portos, mostrando-lhes a falta de recrutas e a urgência da convocação. Entre a correspondência, localizamos listas de compras de escravos efetuadas pelo governo nas províncias do Norte e do Nordeste. Essas províncias vinham disseminando o tráfico interno desde os anos cinquenta; e, na segunda metade da década de sessenta, além de fornecerem mão de obra para a lavoura, municiavam com escravos os batalhões do Exército e da Marinha. Províncias litorâneas mantinham serviço de cabotagem

---

28 Para além dos efeitos da Guerra especificamente sobre o tráfico interno de escravos, Ricardo Salles, por exemplo, identificou o papel crucial do conflito, ao explicar seu entendimento da vitória brasileira como uma vitória de Pirro, "(...) nem tanto por suas perdas militares, mas porque se inscreveu no geral de crise – que muito contribuiu para acentuar – do escravismo e do regime monárquico que se desenvolveu a partir da década de 70 do século passado [XIX-JFM]." (SALLES, 1990, p. 51, grifo nosso) Para Salles, ademais, a Guerra teve relevância ímpar mas, ao mesmo tempo, seu impacto foi em alguma medida intangível: "(...) a presença do escravo como Voluntário da Pátria e Herói Nacional, assim mesmo, com as maiúsculas que o respeito da época lhes conferia, contribui para minar a estrutura social escravista, ao ser uma manifestação da contradição entre a estrutura político-jurídica liberal do Império e sua base escravocrata. [...]
"Essa contradição, é claro, não se fez aparente, e restringiu seus efeitos àqueles que diretamente nela estiveram envolvidos, os antigos combatentes e seus familiares." (SALLES, 1990, p. 74-75).

regular com o poder central, e isto facilitava o recrutamento para a Armada. (SOUSA, 1996, p. 101)[29]

A periodização proposta por Gorender compreendia ainda uma terceira etapa do tráfico interno de cativos, nos anos de 1870. Foi, por assim dizer, o seu auge. Como veremos no quarto capítulo deste livro, porém, as informações presentes nas escrituras de Areias, Guaratinguetá, Piracicaba e Casa Branca levaram-nos a introduzir uma pequena modificação com respeito à sugestão de Gorender. De fato, preferimos segmentar aquela terceira etapa em dois intervalos distintos: 1870 a 1873 e 1874 a 1880. A qualificação usada por aquele autor, de um tráfico "muito intenso" nessa terceira fase, ajustou-se com certeza de modo mais adequado apenas a partir de 1874 às condições do comércio de escravos observadas nas "nossas" localidades.[30] Os quatro anos anteriores, ao contrário, revelaram indisfarçável retraimento dos negócios, cujo ritmo esteve mesmo aquém do tráfico "moderado" apontado por Gorender como vigente no decênio de 1860, ainda que algo das características presentes na segunda metade dos anos de 1870 pudesse ser antevisto já no intervalo 1870-73.

A "onda negra" do tráfico interno a partir de meados da década de 1870 foi também combustível fundamental para a difusão, nas regiões de destino do fluxo

---

29 O comentário seguinte, de Robert Conrad (1978, p. 96), contém elementos adicionais que decerto evidenciam a influência da guerra no tráfico interno de cativos: "Durante essa longa guerra, na realidade, cerca de vinte mil pessoas (incluindo as mulheres dos soldados libertados) encontraram seu caminho para a liberdade como um resultado de alistamento voluntário ou pela substituição de seus donos na Guarda Nacional; o governo chegou mesmo a conceder títulos de nobreza a proprietários que forneciam escravos para serviço no exército. Ainda não satisfeito com o volume do recrutamento, Dom Pedro ofereceu, em 1867, 100 contos (ao tempo, cerca de 10 mil libras) de sua própria fortuna para comprar a liberdade de escravos que fossem lutar na guerra contra o Paraguai." Para uma análise recente acerca do evolver da historiografia sobre a Guerra do Paraguai, ver o interessante artigo de MAESTRI (2009).

30 E, sobre Rio Claro, DEAN (1977, p. 67) observou: "Livros especiais para o registro das vendas de escravos passaram a ser mantidos nos cartórios a partir de 1861. Desse ano até 1872, a média das vendas era de apenas 1,7, e a maioria dos escravos eram trazidos de municípios vizinhos. (...) Em geral essas primeiras vendas eram diretas, mas às vezes eram feitas por intermédio de agentes, que frequentemente pareciam ser parentes do comprador ou do vendedor. As vendas registradas a partir de 1873 eram maiores – uma média de 3,7– e quase todos os escravos eram oriundos de outras províncias. Os vendedores transacionavam através de pessoas que obviamente eram vendedores itinerantes profissionais."

de escravos, do "imaginário do medo", sem dúvida um condimento importante do dilema, acima mencionado, acerca da imposição ou não de uma barreira tributária intransponível à entrada de "novos" cativos na Província de São Paulo. Esse dilema, como vimos, marcou as discussões do legislativo provincial em especial nos últimos anos daquele decênio, discussões cada vez mais imbricadas à questão do imigrante como alternativa para o fornecimento de mão de obra para a lavoura. Como escreveu Célia Maria Marinho de Azevedo em seu livro intitulado *Onda negra, medo branco* (1987, p. 255-256):

> A preocupação com o aumento "avassalador" dos crimes e revoltas de escravos por toda a província de São Paulo constituiu um dos grandes temas de debate dos deputados provinciais que nos anos 70 confrontaram-se com o problema da próxima extinção da escravatura. Para muitos deles o crescimento destes eventos sangrentos estava relacionado à vinda massiva de negros do norte do país, a maioria "maus" e "criminosos" e por isso mesmo vendidos por seus proprietários. Acreditassem ou não que os negros vindos do norte eram piores do que aqueles já estabelecidos em São Paulo de longa data, o fato é que, ao dificultarem o tráfico interprovincial mediante pesadas barreiras pecuniárias, os deputados procuravam reverter uma perigosa predominância de não brancos escravos ou pobres livres sobre uma minoria branca e proprietária dos meios de produção.

Não obstante esse imaginário do medo, os preços dos cativos negociados atingiram os níveis mais elevados no século dezenove exatamente em fins da década de 1870. O comportamento de tais preços foi examinado, por exemplo, por Pedro Carvalho de Mello. Com a atenção voltada para a compra e venda de escravos no Rio de Janeiro e baseando-se, especialmente, em anúncios publicados em jornais e em avaliações de cativos constantes de processos de inventários *post-mortem* de fazendeiros de café, esse autor escreveu:

> Sumariando as conclusões sobre a pesquisa referente a preços reais de escravos: há um comportamento de crescimento rápido na década de 50, subsequente ao final do tráfico de escravos africanos; variações

cíclicas, porém com preços mais elevados, nas décadas de 60 e 70; e um firme declínio na década de 80. (MELLO, 1984, v. 1, p. 118)[31]

Para o caso da província de São Paulo, em estudo sobre duas localidades situadas no Vale do Paraíba – Guaratinguetá e Silveiras – no decurso do decênio de 1870, Motta & Marcondes, com fundamento em escrituras de compra e venda, identificaram uma trajetória ascensional dos preços dos cativos. Os autores verificaram que esses preços se elevaram entre a primeira e a segunda metade da década em tela, simultaneamente a uma intensificação do tráfico interprovincial. Para tanto, decerto, ao lado da demanda crescente por mão de obra proveniente da lavoura cafeeira em expansão, em muito contribuiu a situação que se configurou do lado da "oferta", vale dizer, as prolongadas secas que, uma vez mais, se abateram sobre a região nordestina naquele período.[32] Além disso, contribuiu para a aludida maior intensidade a disseminação do uso das embarcações a vapor, bem

---

[31] Cabe ressalvar, como o fez o próprio Mello, que as fontes utilizadas "não se referem ao resultado de um processo de negociação efetivamente realizado, em que o confronto das forças de oferta e demanda determina o preço de equilíbrio para cada escravo. No caso dos inventários, trata-se de uma avaliação dos escravos e no caso dos anúncios, trata-se do preço de venda (caso mais usual) ou do preço de compra pretendido. Em ambos os casos, embora as pesquisas efetuadas mostrem haver uma coerência interna quanto ao perfil dos preços, (...) [eles] não refletem negociações efetivamente realizadas". (MELLO, 1984, v. 1, p. 133) Entretanto, no mesmo trabalho, desta feita com base em 986 escrituras de vendas levantadas para o caso específico de Vassouras (RJ), no período 1861-86, o autor em foco ratifica as informações extraídas dos anúncios e inventários: "de um modo geral, os preços caem de 1861 a 1864, dado que em fins da década de 1850 tinha havido uma alta considerável dos preços. De 1865 a 1881 há uma tendência de alta, com flutuações. A partir desse ano os preços começam a cair continuamente, embora o pequeno número de observações a partir de 1884 não permita uma confiável definição quanto à representatividade dos preços médios apurados." (MELLO, 1984, vol. 1, p. 137-138)

[32] Como observou Peter Eisenberg: "O tráfico interprovincial chegou ao auge na década de 1870 em virtude das severas secas nordestinas que forçaram a liquidação dos ativos fixos, como os escravos. O total de escravos embarcados para o sul, após 1876, foi tão elevado que as províncias compradoras – Rio de Janeiro, São Paulo e Minas Gerais – impuseram elevados tributos à importação de escravos, em 1880 e 1881. (...) Os tributos acabaram com o tráfico interprovincial de escravos." (EISENBERG, 1977, p. 175-177)

como a melhoria nas comunicações acarretada pela instalação do telégrafo submarino ligando o Rio de Janeiro às cidades costeiras do Nordeste.[33]

No artigo em tela, o leitor atento poderia inferir já as vinculações entre o retraimento dos negócios com escravos nos primeiros anos da década de 1870 e as expectativas, suscitadas no bojo da assim chamada "questão servil", em torno das discussões e posterior implementação das disposições da Lei do Ventre Livre, de 1871. Assim, Motta & Marcondes, voltando sua atenção para o informe das idades, não apenas comprovaram preços mais elevados dos escravos em faixas etárias correspondentes ao maior vigor físico, como também verificaram um possível efeito diferenciado acarretado pela libertação dos nascituros:

> (...) a elevação de preços havida no caso dos cativos com idades de 10 a 14 anos (84,3% para os homens e 41,2% para as mulheres) supera as calculadas entre os escravos de 15 a 24 anos (25,2% para ambos os sexos) e de 25 a 34 anos (31,0% para homens e 25,8% para mulheres). É possível que, sob o efeito da Lei do Ventre Livre, de 1871, tenham-se valorizado de maneira mais que proporcional exatamente aqueles cativos, em especial os do sexo masculino, cuja expectativa de vida em cativeiro fosse mais longa. Afinal, ainda que a eficácia dessa lei para a efetiva libertação dos nascituros seja discutível, e a utilização dos "serviços" dos ingênuos uma prerrogativa dos seus "proprietários" – de fato, proprietários de suas mães –, é evidente que a reposição da mão de obra escrava não

---

33 "(...) uma enorme distância separava o Norte-Nordeste dos principais mercados de escravos do Centro-Sul. A viagem pelo interior entre essas regiões, além de longa, era árdua, mesmo sendo plausível supor que partes dela pudessem ser feitas de barco pelo rio São Francisco. Já a viagem marítima era bem mais rápida, particularmente nos anos de 1870, quando o navio a vapor tornara-se comum no tráfico brasileiro pela costa. Com frequência, ou talvez habitualmente, escravos do Norte-Nordeste eram transportados em navio a vapor nos anos de 1870, e a viagem entre as cidades de Salvador, Bahia e Rio de Janeiro podia ser feita em menos de quatro dias. [...] A rapidez do tráfico marítimo – combinada, após 1874, à rapidez das comunicações possibilitada pelo cabo telegráfico submarino que ligava o Rio de Janeiro às cidades costeiras do Nordeste até o Recife – permitia que dois comerciantes em portos diferentes negociassem um acordo antes que o exportador comprometesse seus recursos e que o importador desse sua palavra a um cliente de que forneceria escravos a um dado preço. (...) Foi assim, de fato, que o sistema funcionou, como indicado pelo grande número de cativos enviados a entregar por via marítima, cada qual levando um passaporte que especificava o indivíduo a quem ele se destinava." (SLENES, 1976, p. 149-152, grifos no original)

se daria mais nos mesmos moldes que antes. (MOTTA & MARCONDES, 2000a, p. 280)[34]

A evolução dos preços praticados em Guaratinguetá e Silveiras, ademais, permitiu a Motta & Marcondes corroborarem o efeito de alguns condicionantes dos preços dos cativos decorrentes de suas "qualidades intrínsecas, ou em outras palavras, do valor de uso" (GORENDER, 1985, p. 187). Assim, "(...) em nenhum dos dois períodos [considerados, 1871-74 e 1875-79,-JFM] os preços médios das escravas chegou a dois terços dos preços médios dos cativos do sexo masculino." (MOTTA & MARCONDES, 2000a, p. 278) Essa diversidade de preços de acordo com o gênero é um resultado usual na literatura, a exemplo do caso de Vassouras (RJ), sobre o qual Pedro C. de Mello observou: "em todos os anos [do período de 1861 a 1886-JFM], com apenas duas exceções, os preços dos escravos homens foram superiores aos das mulheres." (MELLO, 1984, v. 1, p. 138) Além disso, novamente para os municípios paulistas de Guaratinguetá e Silveiras, na maior parte dos casos foram observados, para os indivíduos utilizados no serviço da lavoura, preços médios inferiores aos das pessoas cujas atividades produtivas demandavam maior qualificação.

Se os preços dos escravos, no decurso das décadas de 1860 e 1870, mostraram-se em elevação nas Províncias de São Paulo e do Rio de Janeiro, crescia, no

---

34 Os efeitos da Lei do Ventre Livre e das secas de fins dos anos setenta convergiram, por exemplo, no caso do Ceará, província que se destacou em termos da exportação de cativos: "(...) com a aprovação em 1871 da Lei Rio Branco, que libertou as crianças nascidas de mulheres escravas, o fluxo de escravos para fora do Ceará aumentou subitamente. Oficialmente, o número de escravos da província era de apenas 31.985 em 1873, mas nos cinco anos entre 1872 e o final de 1876, registrou-se oficialmente a saída de 3.168 escravos pelo principal porto da província, Fortaleza. Em 1877, uma grande seca devastou o Nordeste brasileiro, especialmente o Ceará, empobrecendo centenas de milhares de habitantes da região e forçando-os a vender ao mercado sulista escravos em números sem precedentes, com frequência simplesmente para sobreviver. (...) Os especuladores percorriam as terras do interior à procura de proprietários de escravos desesperados, escreveu um historiador contemporâneo da seca, e rara era a semana em que bandos de escravos não eram trazidos do interior para Fortaleza para serem transportados para navios ao largo da costa e enviados ao Sul. (...) Em janeiro de 1881, quando uma campanha popular começou a interromper a exportação de escravos de Fortaleza, esse porto havia se transformado em um grande empório de escravos, não apenas daqueles trazidos do interior do Ceará, mas dos muitos mais que marchavam por terra vindos das províncias costeiras do Maranhão, Paraíba, Rio Grande do Norte e Piauí." (CONRAD, 1985, p. 199-200)

mesmo período, o hiato entre esses preços e aqueles verificados nas províncias não cafeeiras. Assim, se os cativos, via de regra, eram já mais caros no Sudeste cafeeiro nos anos de 1858 e 1859, eles passaram a ser, na maior parte dos casos, significativamente ainda mais caros em fins do decênio de 1870 e em inícios da década de 1880. Esse comportamento dos preços dos escravos pode ser visualizado a partir dos índices fornecidos por Robert Slenes e reproduzidos na Tabela 2.1; suas causas, consoante o autor, foram a dinâmica diferenciada das atividades de exportação nas distintas províncias e as secas sofridas pelo Nordeste entre 1877 e 1880.[35]

Tabela 2.1
Índice de Preços de Escravos em Nove Províncias Brasileiras
(1858-59 e fins dos anos 1870 – inícios dos anos 1880)

Província	Índice 1858-59 (São Paulo = 100)	Índice, fins dos anos de 1870 – inícios dos anos de 1880 (São Paulo = 100)
São Paulo	100	100
Alagoas	104	71
Paraíba	91	50
Pernambuco	87	65
Rio de Janeiro	86	102
Ceará	80	20
Bahia	78	67
Rio Grande do Sul	67	73
Pará	64	77
Média	**86**	**71**

Fonte: (SLENES, 1976, p. 183).[36]

---

35 "Há duas razões básicas para o aumento da disparidade entre os preços dos escravos no Centro-Sul e outras partes do Brasil entre 1858 e fins dos anos de 1870 e o consequente crescimento do tráfico de escravos inter-regional. Primeiro, ocorreu um declínio substancial nas economias exportadoras do Nordeste e do Sul em comparação com as províncias cafeeiras nos anos de 1870. Segundo, entre 1877 e 1880 certas províncias do Nordeste brasileiro foram assoladas por uma seca forte e prolongada, uma catástrofe humana e econômica sem paralelos na história brasileira." (SLENES, 1976, p. 181)

36 "a) 1858-59: o preço de São Paulo para 1858-59 é o preço de Campinas para escravos do sexo masculino de 14 a 28 anos naqueles anos. Os preços para as outras províncias são extraídos de relatórios do Consulado Britânico (...). Os relatórios consulares geralmente fornecem uma faixa de preços para diferentes categorias de cativos, abrangendo o primeiro ou o segundo semestre do ano. Os preços que usamos foram os pontos médios da faixa correspondente aos cativos do sexo masculino

Na interpretação desse comportamento dos preços dos cativos, repisemos, é importante sopesar com a devida cautela o entendimento simplista que proponha haver uma ligação direta manifesta num fluxo de escravos originado nas grandes unidades produtivas exportadoras de açúcar decadentes do Nordeste e direcionado à agroexportação cafeeira em franca ascensão no Sudeste do Império. Mais profícua a sugestão avançada por SLENES (2004, p. 325-326):

> (...) a existência no Brasil de dois fortes complexos exportadores competindo pela mão-de-obra escrava levou à formação de mercados regionais de cativos (um no Norte-Nordeste e um no Centro-Sul), os quais, embora ligados, eram significativamente autônomos. Essa descoberta ajuda a explicar o poder de permanência econômica e política da escravidão como uma instituição nacional no Brasil por toda a década de 1870, apesar do declínio da população escrava após 1850 e da sua crescente concentração no Centro-Sul.[37]

Essa sugestão de dois mercados de escravos regionais, de resto, compõe condimento interessante para a discussão do dilema descrito anteriormente neste capítulo, decorrente dos desequilíbrios entre províncias trazidos pelo tráfico interno de cativos, e refletido nas discussões, de fins dos anos de 1870 e inícios do decênio de 1880, acerca da proibição de fato desse comércio.

Disparidades entre províncias são, em verdade, nitidamente detectadas ao atentarmos para a legislação de natureza fiscal. Enquanto o Sudeste cafeeiro tributou pesadamente a entrada de cativos entre dezembro de 1880 e janeiro de 1881, encerrando de fato o comércio interprovincial da mercadoria humana, nas

---

jovens e fisicamente aptos empregados na agricultura, ou o equivalente mais próximo a essa categoria; b) fins dos anos de 1870-inícios dos anos de 1880: dos três índices de preços dos dados do Fundo de Emancipação [...], foi usado aqui o índice para 1871-85." (SLENES, 1976, notas 4 e 5, p. 215-216)

37   Slenes explicita sua crítica ao referido entendimento simplista: "Aparentemente, os dados apresentados para o crescente diferencial nos preços dos escravos entre o Nordeste e o Centro-Sul, bem como para o crescimento do mercado de escravos e das importações de cativos para esta última região, poderiam confirmar a clássica visão do tráfico interno no Brasil como uma transferência de trabalhadores das regiões açucareiras 'decadentes' para as regiões cafeeiras 'em grande crescimento' e, por conseguinte, das fazendas de açúcar para as de café. No entanto, a história é consideravelmente mais complexa do que isso." (SLENES, 2004, p. 333-334)

províncias de origem desse tráfico o estabelecimento de impostos cobrados na saída dos escravos foi uma prática que se iniciou com anterioridade e nunca teve o mesmo resultado drástico,[38] até porque refletiu um entrechoque de interesses no interior das ditas províncias, ou pelo menos em algumas delas, como foi percebido, por exemplo, por Passos Subrinho:

> A revitalização do tráfico interprovincial de escravos, em decorrência da proibição efetiva do tráfico internacional, a partir de 1850, provocou uma reação quase que imediata nas Províncias nordestinas visando coibir a exportação para o Sudeste, onde impulsionados pela economia cafeeira os preços dos escravos eram mais elevados que no resto do País. Essa reação, entretanto, estava permeada de contradições. Premidos por circunstâncias econômicas adversas, alguns proprietários de escravos desejavam vendê-los ao maior preço possível, e este só podia ser pago pelos comerciantes que revendiam escravos a outros comerciantes, fornecedores dos cafeicultores do Sudeste. Por outro lado, os senhores de engenho que estivessem em situação econômica estável ou próspera necessitavam de novos escravos para substituir os que morriam, envelheciam ou eram alforriados. Para eles a livre exportação não apenas trazia concorrentes que elevavam os preços dos escravos como também comprometia o futuro da Província, uma vez que a base do trabalho organizado, isto é, o trabalho escravo, estava sendo corroída pela exportação. Esses interesses antagônicos estavam presentes em todas as discussões de como e por que coibir ou liberalizar as exportações provinciais de escravos. O resultado foi o estabelecimento, no nível da Província, de impostos que colocavam algumas barreiras às exportações. (PASSOS SUBRINHO, 2000, p. 124-125)

De outra parte, o caso da Paraíba permite-nos vislumbrar que a política tributária seguida nas províncias exportadoras, no tocante aos cativos, oscilou acompanhando as distintas fases do tráfico de escravos e obedeceu, também, à demanda originada na situação das finanças provinciais. Este último condicionante, salientemos, implicava, provavelmente, a inexistência de uma efetiva vontade

---

38 "Na Bahia, já em 1862, taxava-se em 200$000 a saída de escravos. O mesmo sucedia em outras províncias do Norte." (COSTA, 1989, p. 232)

dos governos provinciais de impedir o negócio. Ao contrário, a perspectiva de cessar o comércio de escravos ver-se-ia substituída pela tentativa de aproveitar-se dele com o intuito de aumentar a arrecadação:

> O imposto sobre o escravo despachado teve uma acentuada redução na década de 1860, baixando de 100$000 para 25$000 (...). Que razões teriam levado a Assembleia Legislativa, juntamente com a Presidência da Província, a adotar tal medida? Supomos que essa redução foi porque a economia da Província estava em ascensão. Como as rendas provinciais continuassem a se elevar (...), não seria necessário manter-se alto o imposto de exportação do escravo.
> [...]
> Já nos meados da década de 1870, quando a crise da lavoura paraibana ocasionada pela depressão do comércio algodoeiro e açucareiro se acentuou, a exportação de escravos para o sul do país aumentou para atender às necessidades da lavoura cafeeira, que se expandia pelo oeste paulista. A legislação provincial, numa tentativa de conter a evasão de cativos, elevou o imposto sobre o escravo despachado [50$000 em 1874 e 1879-JFM]. Após a grande seca de 1877-79, esse tributo foi aumentado de novo [75$000 em 1880 e 80$000 em 1881-JFM], pois o tráfico interprovincial se intensificou assustadoramente durante o flagelo. (GALLIZA, 1979, p. 118-119)

Além dos tributos incidentes sobre a entrada e/ou a saída de escravos, cobrava-se também o imposto de meia sisa vinculado à transmissão da propriedade sobre os cativos, decorrente de venda ou de transações a ela assemelhadas.[39] Na província de São Paulo, a meia sisa, que era cobrada *ad valorem*, passou a ser devida, de meados da década de 1860 a meados da década subsequente, pelo valor específico de trinta mil-réis por escravo negociado, tendo então sido elevada para quarenta mil-réis. Em fins do decênio de 1870, por dois anos, voltou-se a praticar

---

39 Assim, a meia sisa era devida não apenas nas vendas mas também, por exemplo, nas dações *in solutum*; por outro lado, esse imposto não era cobrado, por exemplo, nos casos de doações. Não se cobrava também a meia sisa na "troca de escravo por escravo ou por bem de raiz, salvo quando se inteirasse com dinheiro o preço do objeto (*sic*) de maior valor". TESSITORE (1995, p. 248)

o valor de trinta mil-réis.[40] Em 1880, reajustou-se o imposto em questão, novamente, para quarenta mil-réis. A partir de 1883, passou-se a cobrar mais 20% de imposto adicional (oito mil-réis), parcela a qual, no ano seguinte, foi incorporada ao tributo original (vale dizer, a meia sisa foi aumentada para Rs 48$000).[41] A existência desse imposto, aliada à frequente presença de procuradores nas transações envolvendo escravos, conduziu Slenes à seguinte observação, fundamentada em dados sobre Campinas (SP) e Vassouras (RJ):

> Acontece que normalmente o tráfico interno de escravos (entre municípios e entre províncias) se fazia através de intermediários. Às vezes, o intermediário era um simples procurador (de verdade), representante do vendedor ou do comprador. Na grande maioria dos casos, no entanto, o intermediário era um negociante que comprava o escravo do vendedor original e vendia-o depois ao comprador final, quando não a outro mercador. Contudo, nesses casos, não se costumava fazer uma escritura de compra e venda para cada transação efetuada. Normalmente se disfarçava a transferência de posse para um negociante intermediário com uma procuração bastante, que conferia a este plenos poderes para vender o escravo onde e por quanto quisesse. Se o negociante passava o escravo para outro intermediário, também não o fazia por escritura mas por um subestabelecimento da procuração. Era comum, no caso de escravos vindos de longe, que houvesse uma sequência de subestabelecimentos entre o 'procurador' e o comprador final. O objetivo desses subterfúgios era de evitar o pagamento do imposto de compra e venda cada vez que o escravo passava de um dono para outro. (SLENES, 1986, p. 118)[42]

---

40 "Em 1879-80, na ausência de legislação específica para a continuidade da taxa a esse nível [quarenta mil-réis–JFM], a meia-sisa aparentemente caiu para 30$." (SLENES, 1976, nota 25, p. 165)

41 Acompanhamos esse comportamento do imposto de meia sisa incidente sobre a venda de cativos nas escrituras que compulsamos; tal comportamento foi, outrossim, descrito com grande minúcia em SLENES (1976, nota 25, p. 164-165). Ver, também, TESSITORE (1995, p. 245-250).

42 Não obstante o comentário de Slenes, Passos Subrinho detectou em Sergipe a cobrança de um imposto incidente exatamente sobre as vendas mediante procurações: "Em 1859, o total de imposto a ser pago pela exportação de cada escravo subiu com a criação de um novo imposto – ³/₆₀ imposto de 30$000 réis sobre cada escravo vendido por procuração. Como possivelmente a maior parte dos escravos exportados saía da Província com procuração do proprietário para sua venda, na prática, o imposto total por escravo exportado passava a 130$000 réis. (...) Em 1867, houve (...) a majoração do imposto

Uma vez que nossa análise não se restringe ao comércio de escravos entre distintas províncias do Império, é necessário ir além da periodização proposta por Gorender e considerar igualmente as transações efetuadas no decênio de 1880. Evidentemente, tais transações, registradas durante os anos de 1881 a 1887, apresentaram diversas peculiaridades. Entre elas destacou-se, tendo em vista a promulgação da Lei Áurea em maio de 1888, a proximidade do término do escravismo no Brasil. Em meio ao evolver da questão servil, sofrendo desde 1871 o impacto da Lei do Ventre Livre, o aludido comércio teve também de absorver, em sua etapa final, os efeitos da Lei dos Sexagenários, em 1885.

De fato, tanto as motivações como os efeitos dessas leis inscreveram-se no terreno da ambiguidade que medeia entre a concessão senhorial – entendida enquanto instrumento de controle social – e a conquista escrava. E, no caso específico da década de 1880, esse contexto de negociação/conflito é identificado, por exemplo, por Joseli Mendonça em estudo dedicado em especial à Lei Saraiva-Cotegipe:

> (...) parece evidente que os senhores e seus representantes no Legislativo souberam muito bem reconhecer o campo jurídico como um campo no qual teriam que arduamente se embrenhar para tentar fazer valer seus projetos de emancipação. Parece também evidente que os escravos – contando com o auxílio de advogados, curadores e algumas vezes até mesmo juízes – souberam muito bem reconhecer as possibilidades das leis e, recorrendo a elas, trilharam um dos caminhos possíveis para a liberdade. Caminhos que só se construíram na própria caminhada. (MENDONÇA, 1999, p. 372)[43]

---

sobre procurações para a venda de escravos para fora ou dentro da Província, para 40$000. (...) em 1879, estabeleceu-se o imposto em 240$000 e excluiu-se o imposto sobre procurações." (PASSOS SUBRINHO, 2000, p. 128-129) Também no caso da Província de São Paulo, Viviane Tessitore afirmou: "A taxa de 80$000 para as vendas por procuração subestabelecida, criada pelo art. 3º das disposições permanentes da lei nº 156, de 29 de abril de 1880, tinha como objetivo desestimular o uso desse meio, pois era, segundo informava o Tesouro em 1879, uma fonte constante de sonegação."

43 Na mesma linha ver também, entre outros, CHALHOUB (1990). Sobre o emprego da legislação em prol dos interesses dos escravos ver, por exemplo, os trabalhos de AZEVEDO (1999 e 2003); em sua tese, essa autora, adotando uma perspectiva instigante, questiona a costumeira segmentação entre o

Além disso, como expusemos anteriormente, o pano de fundo subjacente a esse período de sete anos viu-se caracterizado pelo grande obstáculo ao tráfico interprovincial da mercadoria humana representado pelo pesado tributo incidente sobre a entrada, na província paulista, de cativos comprados alhures, medida de resto similar à adotada em outras províncias cafeeiras de forma praticamente simultânea na virada de 1880 para 1881.[44] Mais ainda, é necessário termos em mente, como apontado por Robert Slenes (2004, p. 327), que

> (...) O tráfico interno no Brasil desenvolveu-se em um contexto de crescente mobilização nacional e internacional contra a escravidão. Isso (...) fez do comércio de seres humanos um foco da luta "política" em torno do futuro do trabalho escravo, envolvendo senhores, cativos e outros grupos sociais interessados; pode-se supor, até, que a queda do mercado escravo em 1881-83, reflexo de uma drástica mudança nas percepções sobre o "futuro da escravidão", tenha sido um marco histórico muito mais significativo do que os marcos legais que determinaram a emancipação parcial em 1871 e 1885 (...) e a abolição completa em 1888.

Em tal pano de fundo foi sim, decerto, fundamental o impacto das expectativas vigentes acerca do tempo de "sobrevida" da escravidão.[45] Pedro Carvalho de Mello, por exemplo, procurou avaliar o comportamento ao longo do tempo de tais expectativas para o caso de cafeicultores da província do Rio de Janeiro. Suas

---

abolicionismo paulista em suas fases "legalista" e "radical", segmentação da qual, não obstante, não nos apartamos completamente nos parágrafos que se seguem.

44 Como observou com justeza Robert Conrad, esse procedimento das legislaturas das províncias importadoras significou a "virtual abolição" do comércio interprovincial de escravos (cf. CONRAD, 1978, p. 64).

45 "A julgar pela documentação de Rio Claro, o imposto [de janeiro de 1881-JFM] não aumentou o comércio de escravos na província. Com a exceção de uma grande venda em 1885, as transações com escravos acabaram praticamente. E, o que é mais significativo ainda, os preços dos poucos escravos à venda caiu em dois anos à metade do nível de 1881. Isto constituiu a prova mais cabal de que a escravidão deixava de ser compensadora. (...) A suspeita de que um investimento num escravo talvez fosse dinheiro perdido deveria relacionar-se com as crescentes tensões nos quadrados [das senzalas-JFM]." (DEAN, 1977, p. 137)

estimativas permitiram-lhe sugerir, com razoável precisão, o momento a partir de quando se passou a contar com a iminente extinção do trabalho compulsório:

> Se em 1881 a expectativa era de que a escravidão duraria pelo menos até 1910, menos de dois anos depois as previsões eram bem outras. Já em 1883 os cafeicultores perceberam, corretamente, que a escravidão terminaria por volta de 1890. (...) Portanto, os proprietários de escravos previram sagazmente o rumo dos acontecimentos [a morte política da escravidão – JFM] cinco anos antes da abolição definitiva em 1888. (MELLO, 1992, p. 645)

Para o entendimento dessa "expressiva mudança de expectativas", Mello salientou o papel do que denominou "pressão abolicionista", manifesta de modo inequívoco no desempenho observado dos preços dos cativos.[46]

A dinâmica da instituição escravista, pois, foi obrigada a incorporar, mormente naqueles últimos anos de vigência da escravatura, o recrudescimento da dita pressão abolicionista. E teve de conviver também, é claro, com um dos componentes mais explosivos desta pressão, vale dizer, o movimento abolicionista em sua vertente mais radical, envolvendo segmentos populares mais amplos e penetrando mesmo nas próprias senzalas. Tal recrudescimento, ainda que evidenciado com maior nitidez no ambiente urbano, a ele não se restringiu. No caso da província de São Paulo, que aqui mais nos interessa, além da capital e de Santos, o abolicionismo radical mostrava-se ativo em algumas regiões ligadas à cafeicultura, e isso desde os anos iniciais da década de 1880.[47]

---

[46] "Tampouco o efeito da pressão abolicionista sobre os preços dos escravos escapou à atenção de alguns observadores. Como salientou em 1884 um membro do gabinete do império [Conselheiro Martim Francisco–JFM], a instituição da escravidão criou uma anomalia econômica, pois seu valor é determinado em proporção direta ao número de cativos: conforme a mão-de-obra escrava escasseia, o valor dos escravos remanescentes também declina. Ruy Barbosa, grande estadista brasileiro, argumentou nessa mesma linha e afirmou que a razão dessa anomalia é a 'ação espontânea' do movimento abolicionista." (MELLO, 1992, p. 643-644)

[47] Cf. MACHADO (1994). Essa autora atribui, em boa medida, a uma ação de encobrimento praticada pelas autoridades policiais a difusão, na historiografia, do entendimento daqueles que postergam para fins do referido decênio a intensificação do abolicionismo radical, e com ele da participação dos cativos: "(...) os movimentos abolicionistas – pelo menos em seus matizes mais radicalizados – podem ter

E nunca será demais enfatizar outra variável de extrema relevância, que capturou nossa atenção no capítulo anterior deste livro: a expansão cafeeira. Afinal, como sabido, de maneira concomitante a esse evolver da questão servil e em especial nos seus últimos anos, avançava com grande ímpeto a marcha da cafeicultura em direção ao Oeste Paulista, estimulada por – e estimulando – um conjunto de processos imbricados, em especial no âmbito da província de São Paulo, a exemplo da expansão ferroviária, do desenvolvimento do sistema bancário e do movimento imigratório. Estabelecia-se e sedimentava-se, em suma, o assim chamado complexo cafeeiro.[48]

Esses condicionantes todos – em especial os concernentes à mão de obra empregada na cafeicultura – afetaram, todavia não impediram a continuidade da realização de transações envolvendo escravos, não obstante limitadas às "mercadorias" previamente introduzidas no perímetro provincial. Nas localidades selecionadas para análise neste livro, com a exceção de Guaratinguetá, foram centenas as escrituras registradas, entre 1881 e 1887, relacionadas ao comércio humano; por conseguinte, centenas de cativos "mudaram de mãos" naqueles anos de 1880, e sobre eles voltaremos nossa atenção adiante, no Capítulo 5.[49] Afinal, como escreveu Robert Conrad (1978, p. xvii),

---

penetrado no campo, invadindo as senzalas, muito antes do que usualmente tem sido admitido. (...) Realmente, o tom frequentemente impreciso dessas fontes [disponíveis para os anos de 1880-JFM], construídas muitas vezes *a posteriori* e sob severas restrições impostas pela polícia, na divulgação de suas investigações sigilosas, não colaboraram para a explicitação do problema pelos estudiosos. [E] muitos continuaram a afirmar que, apenas a partir de 1887, com a penetração do abolicionismo nas senzalas, organizando as fugas em massa e o abandono das fazendas, é que o protesto dos escravos, antes de caráter imediatista e assistemático, ganhara um conteúdo e direção política efetivos." (MACHADO, 1994, p. 143) Entre os estudiosos que perfilharam o entendimento criticado pela autora citada, ver, por exemplo, SANTOS (1980).

48   Além de nossos comentários sucintos no Capítulo 1, ver, por exemplo: BEIGUELMAN (2005), SAES (1981, 1986a e 1986b) e SILVA (1976).

49   "Ainda há quem compre escravos até às vésperas da Abolição. O *Diário Popular* de 7 de fevereiro de 1887 noticiava que o cidadão José Leonardo, de Dois Córregos, comprara cerca de trinta a quarenta escravos, transportando-os num bonde especial, o que provocara espanto, por onde passavam, por serem 'raras essas cenas'. Admirava-se o articulista de que houvesse ainda quem empregasse capital na compra de 'seus semelhantes!'" (COSTA, 1989, p. 228-229)

Os plantadores de café de São Paulo, na verdade, constituíram um dos mais poderosos e obstinados grupos pró-escravatura no Brasil até a segunda metade de 1887, quando a situação nacional e local, mudando rapidamente, os forçou a realizar de uma só vez a conversão para o sistema de trabalho livre, que já estava sendo efetuada há décadas em outras regiões do país.

Finalizando essa nossa incursão na historiografia sobre o tráfico interno de cativos, há ainda dois temas que nos interessa salientar. O primeiro é o impacto desse comércio, em especial em sua vertente interprovincial, sobre as relações familiares possuídas pelos escravos. Sobre essa questão, escreveu uma vez mais Robert Conrad (1985, p. 191):

> Os plantadores do sul procuravam trabalhadores fortes e sadios para trabalhar em seus campos, e não famílias e casais unidos pelo casamento. Dessa forma, a vítima do tráfico interno brasileiro, como o africano antes dele, era normalmente vendido sozinho, ou acompanhado no início por alguns companheiros apenas. Em consequência disso, naturalmente, lhe era negado o conforto e segurança que poderia ter ganho partindo para uma nova localidade na presença de sua mulher e filhos, ou mesmo da família migrante e plantel de escravos de seu senhor, como ocorreu com frequência no movimento análogo de escravos nos Estados Unidos. Famílias brasileiras inteiras às vezes migravam para uma nova localidade, mas esta era a exceção. A maioria dos escravos era vendida separadamente e sofriam as consequências emocionais e humanas.

Entretanto, por exemplo, com base em dados de oito das maiores fazendas de Paraíba do Sul, na província do Rio de Janeiro, e mediante a utilização de inventários *post-mortem* como fontes documentais, João Fragoso e Manolo Florentino observaram que "dos 1171 escravos comprados até 1872, nada menos que 33,6% estavam unidos por laços de parentesco de primeiro grau (casais com filhos e mães solteiras e seus rebentos), dado que aponta na direção da existência de um mercado de famílias na região." (FRAGOSO e FLORENTINO, 1987, p. 164, grifos no original)[50]

---

50 Para uma crítica dessa sugestão aventada por Fragoso e Florentino ver, por exemplo, ANDRADE (1998). Esse autor, que estudou dois municípios cafeeiros da Zona da Mata de Minas Gerais (Juiz de

De outra parte, no estudo atinente às localidades vale-paraibanas paulistas de Guaratinguetá e Silveiras, MOTTA & MARCONDES (2000a, p. 297-298) evidenciaram a dificuldade de proceder a afirmativas mais categóricas sobre esse assunto:

> Observamos, antes do mais, o largo predomínio das transações envolvendo um único escravo, adulto e solteiro, no universo das escrituras que compulsamos. Todavia, encontramos também indícios tanto de ruptura como de preservação da família cativa. Tais indícios encontraram-se, de um lado, nos casos de vendas de indivíduos isolados que eram descritos como casados e, de outro, nos escravos transacionados "em família" (casais, com ou sem prole, e solteiros e viúvos com filhos), estes últimos correspondendo a pouco menos de um quinto do total. Vale dizer, ainda que o tráfico seja ilustrativo da violência inerente à escravidão, e que aponte para a fragilidade característica das famílias escravas, percebemos existir também, ao menos em alguns casos, um certo cuidado em manter essas famílias, eventualmente em decorrência da própria legislação vigente.[51]

De fato, a legislação proibitiva da separação, pela venda, de cônjuges e de pais e filhos menores foi um elemento adicional a condicionar o tráfico interno de cativos. Assim, o Decreto nº 1.695, de 15 de setembro de 1869, em cujo *caput* era dito "Proíbe as vendas de escravos debaixo de pregão e em exposição pública", fornecia já, em seu Artigo 2º, o amparo legal para a manutenção das relações familiares entre as pessoas transacionadas:

Fora e Muriaé), baseou-se em escrituras de compra e venda de cativos.

51 Cabe explicitar a ressalva feita pelos autores citados, referente às vendas de escravos em família: "É evidente que não sabemos ao certo se tais vendas envolveram todos os indivíduos que compunham essas famílias. Também é óbvio que, se sairmos do âmbito estrito da família nuclear ou matrifocal, e pensarmos no elenco dos tios, avós, sogros, cunhados etc., e mesmo, indo mais além, nas relações de compadrio, a 'preservação' observada da família não significa a manutenção da decerto complexa rede de relacionamentos firmada pelos escravos. Vale dizer, indiscutivelmente o tráfico representou um dos elementos da violência inerente ao sistema escravista. Todavia, apesar desta violência sempre presente, para quase um quinto daqueles cativos o dramático momento da venda não significou o completo esfacelamento da vida familiar." (MOTTA & MARCONDES, 2000a, p 293)

> Art. 2º Em todas as vendas de escravos, ou sejam particulares ou judiciais, é proibido, sob pena de nulidade, separar o marido da mulher, o filho do pai ou mãe, salvo sendo os filhos maiores de 15 anos. (*Coleção de Leis do Império do Brasil*)

Esse embasamento legal foi reiterado, quase exatamente dois anos depois, com alteração no limite de idade das crianças beneficiadas, no Artigo 4º da Lei nº 2.040, de 28 de setembro de 1871 – a Lei do Ventre Livre:

> § 7º Em qualquer caso de alienação ou transmissão de escravos é proibido, sob pena de nulidade, separar os cônjuges, e os filhos menores de 12 anos, do pai ou mãe. (*Coleção de Leis do Império do Brasil*)

O derradeiro tema a mencionar remete-nos novamente às atitudes visando a proibir a entrada de cativos nas províncias cafeeiras, que culminaram nos elevados impostos que passaram a viger no Rio de Janeiro, em Minas Gerais e em São Paulo, em fins de 1880 e princípios de 1881. Desta feita, destacamos a interpretação que vinculou esses tributos a uma estratégia adotada com vistas a estimular a "solução imigrantista", estratégia esta que refletia o não comprometimento com a utilização da mão de obra escrava, traço que distinguiria os cafeicultores do "Oeste Novo" de São Paulo. Nessa linha, escreveu, por exemplo, Paula Beiguelman (1976, p. 19):

> A disposição imigrantista do setor mais novo configura na lavoura cafeeira três áreas políticas principais, em conexão com o grau de abastecimento de braço: o Vale do Paraíba, já saturado de escravos; o Oeste mais antigo, com um quadro de trabalho escravo já organizado em parte; e o Oeste mais novo, ainda não suprido de braço [assim entendida a área paulista da Mogiana, que abrange os municípios de Casa Branca, São Simão, Ribeirão Preto, Cajuru etc.-JFM].
> (...)
> Definida sua posição, o setor cafeeiro de vanguarda procura interessar na reivindicação imigrantista a lavoura do Oeste mais antigo (Oeste campineiro) cujas necessidades de braço, referidas a um quadro de trabalho escravo a ser completado, podiam ser satisfeitas pelo tráfico interprovincial. Para esse fim, estabelece uma aliança com a área cafeeira já

plenamente abastecida (Vale do Paraíba) e passa a liderar um movimento pela proibição da entrada de novos escravos na Província.

A inclusão de Casa Branca entre as localidades selecionadas para nosso estudo permitir-nos-á evidenciar que não procede a hipótese acima explicitada acerca do propalado não comprometimento do "Oeste Novo" com o regime escravista. Como apontado por GORENDER (1985, p. 586), "entre 1854 e 1886, o crescimento da população escrava no Oeste Novo foi de 235%, traduzindo-se em fabuloso crescimento da produção cafeeira e superando de longe os aumentos do Vale do Paraíba e do Oeste Antigo". Ainda que o trabalho livre fosse presença importante naquela região paulista, parece-nos caminhar na direção correta o comentário seguinte, de autoria do mesmo Gorender:

> Na década dos setenta, começaram os fazendeiros paulistas do Oeste a praticar o que, desde há uns vinte anos, já vinham fazendo muitos plantadores do Norte e do Nordeste: a utilização de trabalhadores livres nacionais. Caboclos e agregados, até então marginalizados da plantagem, passaram a ser recrutados como jornaleiros para obras agrícolas, empregados, sob o comando de empreiteiros, na derrubada de matas e preparação das áreas destinadas à formação de novos cafezais. Mesmo a formação de cafezais passou a ser confiada, em alguns casos, a trabalhadores caboclos. No concernente, entretanto, ao trato regular e contínuo dos cafezais, persistiam os fazendeiros apegados ao trabalho escravo, pois este lhes dava longas jornadas sob um regime de rotina disciplinada. Na maioria das fazendas – observou Couty por volta de 1883 –, a cultura do café permanecia entregue somente a escravos. O eito era do escravo. (GORENDER, 1985, p. 592-593)[52]

---

52 O médico francês Louis Couty, que viveu no Brasil de 1879 a 1884, indica a presença de trabalhadores livres, regra geral, em unidades produtivas que não se incluiriam no conjunto das grandes fazendas de café: "Percorri atentamente diversas fazendas de café, vi os negros trabalhando, comendo, se divertindo, examinei suas senzalas, sua comida, seus hábitos e os diversos utensílios ou aparelhos que usam. [...] Além do mais, para melhor avaliar a qualidade e a quantidade de trabalho desse negro cativo, é fácil comparar as grandes fazendas de escravos com outras propriedades, geralmente menores, onde o café é cultivado por homens livres". (COUTY, 1988, p. 77-78) Na perspectiva do francês, em verdade, o "problema", por assim dizer, não estava restrito à cafeicultura: "Atualmente, é o negro cativo que fornece a maior parte do trabalho nacional; e, entre os escravos pouco numerosos e as classes abastadas ainda

Gorender não está sozinho nessa crítica à desvinculação das áreas cafeeiras paulistas mais novas com respeito ao emprego do trabalhador compulsório. Em COSTA (1989, p. 235), por exemplo, em texto anterior ao de Gorender, lemos:

> O braço escravo era ainda, até meados da década dos oitenta, predominante na lavoura do café. Mesmo em São Paulo, as zonas relativamente novas como Rio Claro, Araras, Jabuticabal, Araraquara, Descalvado, Limeira, São Carlos, pertencentes ao chamado Oeste Paulista, cujo desenvolvimento fora posterior a 1850, apresentavam, ainda em 1886, um elevado índice de população escrava: 12,9%, índice comparável ao das zonas mais antigas, como o Vale do Paraíba e o Oeste mais antigo que, nessa época, apresentavam respectivamente 8,5% e 10,5%.

Vale a pena, outrossim, transcrevermos o comentário de Robert Conrad no qual ele critica explicitamente a interpretação de Beiguelman, mesmo porque, em tal comentário, recoloca-se o enfoque alternativo, mencionado alguns parágrafos acima, centrado na questão do desequilíbrio que se ia estabelecendo paulatinamente, ao longo do tempo e a partir da extinção do tráfico negreiro transatlântico, entre as distintas províncias e regiões do Império, no tocante aos seus respectivos contingentes de escravos:

> Paula Beiguelman, argumentando a teoria de que os fazendeiros paulistas se encontravam entre os primeiros abolicionistas, apresentou recentemente a hipótese de que São Paulo procurara acabar com o comércio de escravos interprovincial pelo fato das mais novas regiões de café da província já não estarem interessadas em manter o sistema de escravos. Todavia, esta teoria é contrariada pelo próprio Moreira de Barros [um ardente político pró-escravatura-JFM], que declarou, em defesa de sua política, que ambos seus projetos, a legislação provincial de 1878 e o projeto de lei nacional de 1880, tinham a intenção de promover 'a vantagem

---

menos numerosas que os utilizam, não existem braços verdadeiramente produtivos. Há certamente uns quatro ou cinco milhões de camponeses espalhados pelo campo, há certamente, nas cidades, empregados domésticos, homens que executam trabalhos pesados, diversos artesãos que trabalham quando bem entendem. Entretanto, na cidade e no campo, esses homens livres deixam para os escravos ou para os trabalhadores estrangeiros a maior parte das produções úteis ou das exportações." (COUTY, 1988, p. 88)

política de sustar o antagonismo que eu vejo com pesar desenvolver-se entre as duas partes do Império, sobre esse assunto (da escravidão), e colocar todas as províncias no mesmo pé de interesses, para resolver, quando seja oportuno, a grande questão do elemento servil'. A tentativa para acabar com o comércio interprovincial não foi realizada pelo fato de novos e mais progressistas fazendeiros da província de São Paulo terem decidido rejeitar a escravatura em favor do trabalho livre. Ao contrário, conforme o próprio Moreira de Barros revelou, a legislação proposta tinha por intenção deter esse tráfico para fortalecer o compromisso dos fazendeiros do norte, que estava sendo corroído tão rapidamente, para com o sistema escravocrata. (CONRAD, 1975, p. 208-209)[53]

Se, por fim, resgatarmos dois dos elementos vistos acima, cuja presença assumiu contornos da maior relevância no pano de fundo conformado nos anos de 1880, a pressão abolicionista e a expansão cafeeira, eles se tornarão fatores explicativos adicionais das eventuais diferenças entre os cafeicultores das distintas regiões da Província de São Paulo.[54] Tais distinções não eram resultantes de serem

---

53   Sobre esse suposto atributo – "mais progressistas" – dos fazendeiros do "Oeste Novo" de São Paulo, ver, por exemplo, EISENBERG (1980), bem como a documentação da qual ele lançou mão nesse artigo (*Congresso Agrícola, Rio de Janeiro, 1878. Anais*; para um instigante referencial de comparação, ver também *Congresso Agrícola do Recife, 1878. Trabalhos*). Após efetuar um competente *survey* da historiografia, a análise de suas fontes permite ao autor " (...) negar a importância das diferenças de mentalidades regionais, e até a sua própria existência (...). A implicação central desta conclusão (...) é que, de fato, tanto os fazendeiros do Vale do Paraíba e do Sul de Minas, quanto os do Oeste Paulista, eram membros de uma só classe, uma classe baseada na exploração de grandes propriedades particulares e rurais, e trabalhadores diretos escravizados e, em grau menor, livres sem ser assalariados. Como qualquer classe, ela teve as suas divisões internas, mas em 1878 as divisões não obedeciam a divisões geográficas". (EISENBERG, 1980, p. 194)

54   Não deixemos de explicitar a ressalva seguinte, de José Murilo de Carvalho (2003, p. 327-328): "É preciso, no entanto, ao criticar o mito da abolição como doação, não cair no mito oposto de que foi conquistada apenas pela ação dos escravos, ou mesmo dos abolicionistas. As rebeliões e fugas em massa de escravos só se deram muito depois da Lei do Ventre Livre, contradizendo as próprias previsões do Conselho de Estado que as esperavam em maior número e mais cedo. (...) Por outro lado, o fato de não haver rebeliões, ou de haver poucas delas, também não pode ser interpretado como passividade dos escravos. No cotidiano das relações entre eles e os senhores surgiam inúmeras oportunidades de resistência que podiam levar a mudanças importantes embora às vezes pouco visíveis."

alguns fazendeiros mais "progressistas" do que outros; não se tratou também meramente da disseminação entre os cafeicultores das regiões mais novas da crença numa propalada superioridade do trabalho livre.[55] Tratou-se, isto sim, de renhida luta pelo poder. Nessa luta, foram postos em funcionamento mecanismos viabilizadores da continuidade da atividade produtiva agroexportadora. Tendo em vista as trajetórias divergentes dos dois elementos resgatados, tornou-se um requisito essencial para aquela continuidade que, entre os mecanismos adotados, figurassem os garantidores da disponibilidade da mão de obra necessária para uso da lavoura cafeeira. Nesse processo, a instituição escravista deixaria de existir. Alguns meses antes disso, como veremos, interromperam-se os registros de transações envolvendo cativos nas localidades por nós analisadas neste livro.

---

55 "No que se refere aos proprietários de escravos da grande lavoura de exportação, houve consistente oposição às medidas abolicionistas em todas as fases do processo. (...) Não há evidência de que qualquer grupo significativo de proprietários tenha optado pela abolição em virtude de convicção quanto à maior produtividade do trabalho livre. (...) A escravidão foi tida até o final como economicamente compensadora e a opção pela mão de obra livre era feita mais pela certeza do fim inevitável do braço escravo do que pela crença em sua ineficiência." (CARVALHO, 2003, p. 321) Ver também, entre outros, COSTA (2008) e SAES (2009).

Parte 2
Escravos daqui, dali e de mais além

Capítulo 3
Escravos daqui e dali (1861-1869)

Introdução

No conjunto das quatro localidades selecionadas, coletamos os informes de 431 escrituras lançadas no período de 1861 a 1869 e referentes a transações envolvendo 783 escravos, a grande maioria deles (737) sendo comprados/vendidos. Em aproximadamente dois terços desses documentos um único cativo foi transacionado. Negócios com quatro ou menos escravos foram objeto de 405 escrituras, ao passo que 210 cativos mudaram de mãos em grupos de cinco ou mais; o maior desses grupos era formado por 20 pessoas. Dos 783 escravos, 30 foram transacionados "em partes" (metade, um terço etc.). E, do total de 431 escrituras, 72 foram registradas em Areias, 149 em Guaratinguetá, 206 em Constituição e quatro em Casa Branca. Na Tabela 3.1 fornecemos a distribuição desse contingente de cativos segundo a localidade e o ano do lançamento do negócio nos respectivos livros de notas.

Notamos que os escravos transacionados nas duas localidades vale-paraibanas corresponderam a 48,5% do total, porcentual pouco inferior ao concernente a Constituição (51,0%). Apenas para este último município encontramos escrituras datadas em todos os anos do intervalo contemplado. Em Guaratinguetá, as lacunas localizaram-se nos dois primeiros anos da década. Em Areias, coletamos informes para o quatriênio 1866-69, mas o termo de abertura do primeiro livro compulsado era datado aos 22 de novembro de 1866. E em Casa Branca os tão somente quatro lançamentos computados foram efetuados em 1869. Tais lacunas decorreram muito mais, assim o cremos, da não preservação de parte dos registros – ou ainda meramente de nosso insucesso em localizá-los –, do que de uma eventual não realização de negócios com escravos em alguns daqueles anos.[1]

Tabela 3.1
Escravos Transacionados Segundo Localidade e Ano do Registro
(1861-1869)

Anos	Areias	Guaratinguetá	Constituição	Casa Branca	Totais
1861	–	–	32	–	32
1862	–	–	78	–	78
1863	–	49	26	–	75
1864	–	58	42	–	100
1865	–	27	44	–	71
1866	3	22	46	–	71
1867	52	21	28	–	101
1868	49	27	61	–	137
1869	37	35	42	4	118
Totais	141	239	399	4	783

Fonte: Escrituras de transações envolvendo escravos.

Esses quase oitocentos indivíduos, alguns africanos, brasileiros a maioria, homens, mulheres e crianças, foram, no tocante à sua movimentação, objeto de negócios de tipo variado (cf. Tabela 3.2). Dezenas dentre eles, mesmo nesses anos de 1860, quando o comércio interprovincial de cativos apresentou intensidade relativamente moderada,[2] foram adquiridos de outras províncias. Outros, embora naturais de províncias diversas, a exemplo da Bahia, Pernambuco, Rio de Janeiro ou Minas Gerais, haviam sido trazidos para o território de São Paulo em algum momento anterior, e foram negociados, no período examinado, por proprietários paulistas, muitos destes escravistas residentes nos municípios selecionados. Outros ainda compunham um fluxo de escravos originado nesses mesmos municípios e direcionado para distintas localidades de São Paulo ou até mesmo, uma minoria deles, para fora da província. Por fim, em algumas escrituras, nenhuma das partes ajustadas residia nos respectivos municípios em que

---

[1] Ver o Apêndice Metodológico para mais detalhes sobre a documentação notarial por nós utilizada.
[2] Cf., por exemplo, GORENDER (1985, p. 326).

se fazia o registro do negócio, havendo casos em que eram todos moradores de outras províncias.[3]

Como podemos perceber, nesse variado espectro de possibilidades, os negócios mais comuns foram os similares à operação de compra e venda da cativa Thereza, de 12 anos de idade, cuja escritura foi lançada em Constituição aos 22 de maio de 1866. Essa menina, crioula, preta, solteira e natural da província de São Paulo, foi vendida por Rs. 1:400$000. Tratou-se de uma transação restrita ao âmbito local, em que tanto o vendedor, Laureano Lopes de Morais, como o comprador, José Romão Leite Prestes, residiam no próprio termo de Constituição.[4] O preço ajustado foi pago no ato e ambos os contratantes assinaram a escritura, assim como as duas testemunhas de praxe. As características desta e das demais 430 transações efetuadas entre 1861 e 1869 são objeto da nossa atenção nas seções que se seguem, primeiramente levando em conta de maneira isolada cada uma das localidades selecionadas e, em seguida, comparando-as entre si.

---

[3] A transação era às vezes lançada em Cartório da localidade de moradia do procurador de uma das partes. O que para nós define, pois, a inserção do negócio realizado em um ou outro dos tipos de tráfico dispostos na Tabela 3.2 é o local de moradia dos contratantes. É possível, porém, que esses escravistas, embora residindo em determinadas localidades, possuíssem uma ou mais propriedades em municípios distintos. Vale dizer, não podemos descartar a possibilidade de que o critério que utilizamos, em alguns casos, implique aventarmos movimentações de cativos diferentes das que efetivamente ocorreram. Não obstante, não cremos que tais casos – os quais, se existentes, decerto abrangeram uma minoria das pessoas negociadas – comprometam os resultados de nossa análise.

[4] Os tabeliães valiam-se das expressões "morador", ou "residente", "desta cidade", "deste município", "deste termo". Quaisquer desses casos, desde que referidos a todos os contratantes, foram por nós computados como integrando o comércio local. Por conseguinte, embora façamos amiúde menção, de forma simplificada no texto, aos diversos municípios, entendemos como transações de natureza local as realizadas nos respectivos municípios e seus termos. Por exemplo, o termo de Constituição compreendia o município da Constituição (1º Distrito), a freguesia de São Pedro (2º Distrito) e o município de Santa Bárbara (3º Distrito) (cf. LUNÉ & FONSECA, 1985, p. 461).

Tabela 3.2
Escravos Negociados Segundo Localidade e Tipo do Tráfico
(1861-1869)

Tráfico	Areias	Guaratinguetá	Constituição	Casa Branca	Totais
Local	60	198	152	2	412
Intraprovincial					
entrada	7	12	75	1	95
saída	13	5	29	–	47
outros[1]	1	–	3	1	5
Interprovincial					
entrada	22	12	45	–	79
saída	4	1	1	–	6
outros[2]	2	1	7	–	10
Outros[3]	14[5]	–	–	–	14
Não identificado[4]	18	10	87	–	115
Totais	141	239	399	4	783

[1] de outras localidades paulistas para outras localidades paulistas;
[2] de outras províncias/outras localidades paulistas para outras localidades paulistas/outras províncias;
[3] de outras províncias para outras províncias e outros casos identificados não enquadrados nos tipos anteriores;
[4] desconhecido o local de moradia do vendedor ou do comprador, ou ainda de ambos;
[5] incluídos 12 escravos, vendidos para comerciantes sediados na praça do Rio de Janeiro, mas que ficaram em mãos do vendedor, residente em Areias.

Fonte: Escrituras de transações envolvendo escravos.

Areias

Em Areias, dos 141 escravos transacionados nos anos de 1860, 133 (94,3%) foram comprados/vendidos, sendo os oito restantes trocados. As duas permutas havidas ocorreram, conforme a expressão empregada pelo tabelião em um dos casos, "sem que de parte a parte haja a menor volta". Numa delas, aos 8 de fevereiro de 1869, seis pessoas foram barganhadas: o Capitão Laurindo José de Carvalho Pena, morador em Areias, entregou a Dona Izabel Rosa de Miranda dois casais escravos – José Congo, 53 anos, casado com Joana, 50; e Paulo, de Nação, 50 anos, casado com Luíza, 45; todos roceiros –; em troca, D. Izabel, também residente na localidade, cedeu ao Capitão Laurindo a crioula Felisberta,

29 anos, de serviços domésticos, bem como o filho desta, Antonio, com 3 anos de idade. A outra troca foi registrada aos 29 de março de 1869, ajustada entre Cândido Xavier Pinheiro e Agostinho da Fonseca Rodrigues; este último, residente em Silveiras, município também situado no Vale do Paraíba paulista, foi representado por seu procurador, Joaquim Carlos da Silveira. Agostinho trocou a preta Josefa, solteira de 25 anos, natural de Lorena e roceira, por Maria, crioula de 18 anos, de serviços domésticos, cuja cor e estado conjugal não foram descritos.

Em duas das compras e vendas foram comercializadas "partes ideais" de um mesmo cativo, Henrique. É oportuno descrever essas transações com maior detalhe. Elas ilustram algumas das dificuldades com as quais nos defrontamos na definição do tipo do tráfico de acordo com a movimentação atribuída aos indivíduos negociados. Em 7 de dezembro de 1866, Manoel Ferreira da Costa, morador no município vizinho de Bananal, vendeu uma parte que possuía no referido escravo para Francisco Ricardo de Oliveira, residente em Areias.[5] A dita parte de Henrique, um crioulo trabalhador da roça, então com 29 anos de idade, fora herdada por Manoel quando do falecimento de sua sogra. Tratou-se de uma venda condicional. Do preço ajustado, Rs. 400$000, o comprador ficou devendo cem mil-réis, a serem pagos no prazo de seis meses. Findo esse prazo, o pagamento do saldo tornaria a venda perfeita; alternativamente, a devolução pelo vendedor do valor já recebido mais despesas (a exemplo do imposto de meia sisa e do selo) anularia o negócio.[6] Francisco decerto quitou essa dívida, pois, oito meses mais tarde, em 9 de agosto de 1867, foi registrada a compra que fez dos outros dois terços de Henrique, por Rs. 900$000, desta feita pagos no ato. O vendedor, Benedito Cornélio de Oliveira, declarou, sobre a aludida parte possuída no escravo, que "sua mulher houve por herança da mãe".[7]

---

5 Os dez mil-réis recolhidos por conta do imposto de meia sisa incidente sobre a venda de cativos – na data em questão igual a Rs. 30$000 por escravo – revelaram que, na transação em tela, foi vendido um terço de Henrique.

6 O vendedor, conforme lemos na escritura, "(...) disse mais que a parte que em dito escravo lhe coube no inventário de sua sogra é de trezentos e vinte mil, novecentos e cinquenta e sete réis". Dessa forma, uma vez concretizada a venda, Manoel da Costa obteria um lucro próximo de 25% com relação ao valor constante da partilha.

7 A bem da verdade, os Rs. 900$000 não foram pagos por Francisco em espécie. Naquele mesmo dia, e por igual valor, foi registrada a escritura de compra e venda da escrava Germana, crioula de 20 anos de idade e de serviços domésticos, na qual figuravam, como vendedor, Francisco Ricardo de Oliveira, e,

Não podemos estabelecer com maior precisão o trajeto percorrido por Henrique. Sabemos que os vendedores eram casados com duas filhas da escravista à qual ele antes pertencera. Mas residira esta senhora em Bananal, a exemplo de um de seus genros? Ou morara em Areias, tal como o outro? E Henrique, esteve com sua proprietária até a morte desta, ou teria feito parte de algum eventual adiantamento objeto de ajuste quando da partilha dos bens inventariados? Após a partilha e até a transação de agosto de 1867, com quem Henrique teria permanecido? Com a filha que herdara um terço do escravo ou com a herdeira dos outros dois terços? Não conhecemos as respostas para estas questões. Não obstante, optamos por considerar de maneira distinta cada uma das transações descritas, muito embora o mesmo indivíduo tenha sido comercializado em ambas. Computamos a venda efetuada em 1866 como implicando a movimentação de Henrique de Bananal para Areias, portanto um exemplo do tráfico intraprovincial. E o negócio concretizado em 1867 foi tabulado junto com as demais transações realizadas localmente.[8]

Também de classificação difícil foi o negócio registrado em 3 de maio de 1867. Joaquim Alves de Souza Magalhães, lavrador residente na Fazenda da Barra, Município da Vila de Barreiro, Termo de Areias, vendeu 12 escravos para Vidal Leite & Araújo, comerciantes sediados na praça do Rio de Janeiro. A transação foi bastante complexa, como lemos na escritura respectiva:

> Pelo outorgante me foi dito (...) que tendo se constituído devedor aos outorgados da quantia de vinte e três contos, setecentos e cinquenta e sete mil, quatrocentos e cinquenta e cinco réis, de transações comerciais havidas até esta data, (...) contratou com os outorgados aplicar para pagamento dos mesmos, o café colhido e o que colher na presente colheita, sendo que do café já colhido, e que se acha empaiolado oitocentas

---

como comprador, Benedito Cornélio de Oliveira. Não sabemos o motivo pelo qual eles preferiram registrar duas vendas em vez de uma única operação de troca (talvez pelo fato de ser vendida apenas parte de um dos cativos?). E, a despeito do sobrenome comum – de fato, comum em mais de uma acepção do termo! –, nada podemos afirmar sobre a existência de algum parentesco unindo Francisco e Benedito.

8 Embora exista, a rigor, uma imprecisão no tratamento do comércio local como distinto do intraprovincial, adotamos esse procedimento com vistas a facilitar a redação e a leitura. A alternativa seria, por exemplo, a recorrente menção explícita da exclusão dos negócios locais sempre que quiséssemos nos referir apenas às transações entre diferentes municípios da província paulista.

arrobas, além de duas carregações que já se acham em caminho e que perfazem outras oitocentas arrobas, mas cuja conta ainda não veio e por isso tem seu líquido de ser levado a seu crédito; (...) cujo café quer empaiolado, quer o que for colhendo se compromete a enviar sucessivamente e à proporção que o for aprontando. Disse mais que vende aos outorgados visto com pacto de retro vendendo doze escravos de sua propriedade (...) cuja venda é feita pela quantia de treze contos de réis que os outorgados levarão em conta de seu débito se o mesmo outorgante no tempo estipulado não cumprir as condições a que se sujeita, <u>ficando tais escravos em propriedade dele outorgante</u>, que não só lhe fica correndo o risco, como também fica com direito a vendê-los dentro do prazo marcado, e se assim o fizer, tendo satisfeito os compromissos a que se obriga, fica a venda de nenhum vigor, e do contrário ficará a mesma pura e simples, como se tal condição não houvesse, podendo os outorgados chamá-los a seu poder, como seus. (grifo nosso)

Sabemos que dita venda não foi posteriormente anulada, pois, em 4 de novembro daquele mesmo ano de 1867, foi lançada uma escritura pela qual os comerciantes Vidal Leite & Araújo transferiram os direitos ajustados em maio para o Tenente Francisco Álvares de Magalhães. Infelizmente, não foi informado o local de moradia do Tenente Francisco.[9] Vale dizer, ficamos sem saber se houve afinal algum deslocamento daquela dúzia de escravos (sete homens, três deles africanos, e cinco mulheres crioulas), em direção à Corte ou qualquer outro lugar, ou se eles permaneceram na Fazenda da Barra. O certo é que em maio, quando a aludida transação foi realizada, os cativos foram mantidos na propriedade do vendedor, que os conservou pelo menos pelos seis meses subsequentes, e a movimentação entre províncias colocou-se como mera possibilidade, motivo pelo qual classificamos essa transação, no que respeita ao tipo de tráfico, na categoria "outros".

---

[9] A escritura de novembro, cumpre observar, não foi objeto de uma nova coleta dos dados sobre os 12 cativos vendidos, uma vez que se tratou tão somente de uma transferência de direitos. Outrossim, neste caso, à semelhança da venda dos dois terços de Henrique, anteriormente descrita, a igualdade de sobrenomes entre vendedor e comprador não nos permite supor que o Tenente Francisco fosse parente de Joaquim Alves e, menos ainda, residente, tal como este último, na Vila do Barreiro.

Essa categoria, no caso de Areias, compreende também um negócio registrado aos 12 de outubro de 1868. Manoel José Ferreira Coelho vendeu para João Baptista da Silva a escrava Ignácia, de trinta a quarenta anos de idade, bem como o filho dela, José, de oito anos, por Rs. 1:250$000. O vendedor e o comprador compareceram ao ato; o primeiro assinou a escritura e o segundo não o fez por não saber escrever, razão pela qual, como frequentemente ocorria, um terceiro assinou "a rogo" dele.[10] Embora presentes, foram ambos os contratantes identificados no documento como moradores na província do Rio de Janeiro. Por conseguinte, neste caso, e daí sua inclusão na categoria em tela, é até possível, embora não muito provável, que Ignácia e José nunca tenham estado em território paulista.

A distribuição dos escravos negociados em Areias de acordo com sexo, origem (africanos ou não) e tipo do tráfico é por nós fornecida na Tabela 3.3.[11] Notamos que, apesar do tempo decorrido desde a extinção do "infame comércio", em 1850, as pessoas originárias da África correspondiam ainda a mais de um quinto (21,3%) do contingente transacionado na década de 1860. Essa proporção igualou-se a 18,5%, considerados conjuntamente o tráfico local e o intraprovincial, e elevou-se para 27,5% no comércio entre províncias. Dos 30 cativos "de nação", 22 eram homens, o que implica uma razão de sexo elevada (275,0), bastante superior à calculada para os demais escravos (113,5). Essa diferença só não é observada para o tráfico interprovincial.

---

10 Com base no Recenseamento Geral do Império de 1872, José Murilo de Carvalho, por exemplo, observou que menos de um quinto (18,56%) da população livre no Brasil era alfabetizada. Tal proporção era inferior a um quarto (23,43%) entre os homens, e pouco maior do que um décimo (13,43%) entre as mulheres (cf. CARVALHO, 2003, p. 80).

11 Salientemos que o reduzido número de observações, verificado em vários dos recortes contemplados na Tabela 3.3, mormente no caso dos africanos, compromete a interpretação do resultado do cálculo da razão de sexo para esses mesmos recortes.

Tabela 3.3
Escravos Negociados Segundo Sexo, Origem e Tipo do Tráfico
(Areias, 1866-1869)

Tráfico/Origem	Homens	Mulheres	Razões de Sexo
Local			
africanos	9	3	300,0
demais	25	23	108,7
total	34	26	130,8
Intraprovincial			
africanos	3	–	–
demais	10	8	125,0
total	13	8	162,5
Interprovincial			
africanos	5	3	166,7
demais	13	7	185,7
total	18	10	180,0
Outros			
africanos	3	1	300,0
demais	5	5	100,0
total	8	6	133,3
Não identificado			
africanos	2	1	200,0
demais	6	9	66,7
total	8	10	80,0
Totais	**81**	**60**	**135,0**

A razão de sexo é definida como o número de homens para cada grupo de 100 mulheres.
Fonte: Escrituras de transações envolvendo escravos.

Tomados apenas os cativos não africanos, notamos uma razão de sexo mais próxima do equilíbrio nos tráficos local (108,7) e intraprovincial (125,0), em comparação ao comércio entre províncias (185,7). No tráfico de tipo não identificado, envolvendo 18 escravos, as mulheres predominaram. Apenas para dois dentre os 18 não conhecemos os locais de residência tanto de compradores como de vendedores; para os 16 em que a falta de informação atinge apenas uma das partes contratantes, a outra morava, a maioria das vezes, em Areias (dez casos, três na ponta da venda e sete na da compra, que negociaram cinco homens e cinco mulheres) ou em outras localidades da província paulista (cinco casos, três no lado da venda, envolvendo dois cativos do sexo masculino e três escravas). Apenas um vendedor foi identificado como morador em Resende, no Rio de Janeiro.

Se levarmos em conta tão somente os 123 cativos para os quais o tipo de tráfico foi identificado, aí incluídos os classificados na categoria "outros", notamos que o comércio local abrangeu praticamente a metade (48,8%), proporção que atinge quase dois terços (65,9%) se a ela adicionarmos o tráfico intraprovincial. Desse contingente de 81 escravos negociados nesse circuito mais restrito, apenas um foi descrito como natural de outra província. Era Bebiano, um baiano com "trinta e tantos anos", apto para o serviço da roça, embora "tendo princípios de alfaiate e cozinheiro", vendido aos 28 de dezembro de 1866 junto com sua mulher Felicidade, também roceira, por Rs. 1:200$000 (preço do casal). O vendedor, Luciano Gomes de Souza, e o comprador, Miguel da Silva Carneiro, moravam em Areias, não havendo qualquer indicação sobre a movimentação anterior de Bebiano, da Bahia para São Paulo: teria vindo só ou com sua mulher? Teria migrado na companhia de um seu proprietário anterior, ou sido negociado no comércio interprovincial? Estas questões ficarão por enquanto sem resposta. Contudo, e é o que mais nos interessa saber aqui, com a venda realizada nos últimos dias de 1866, Bebiano e Felicidade passaram da propriedade de um para a de outro escravista, sem no entanto sofrerem deslocamento para além dos limites de Areias.

Na Tabela 3.4 fornecemos as quantidades de escravos que entraram ou saíram da localidade, de acordo com o sexo e o tipo do tráfico. O conjunto dessas pessoas correspondeu a pouco menos de um terço (32,6%) do total de cativos negociados. Apesar das relativamente poucas observações, notamos que o comércio interprovincial envolveu um número de escravos superior ao movimentado pelo tráfico intraprovincial, e em ambos houve um predomínio similar dos indivíduos do sexo masculino. Percebemos também que, no caso das movimentações limitadas ao território paulista, as saídas superaram as entradas, situação que se inverteu no comércio interprovincial. Além disso, o tráfico intraprovincial não foi além da região do Vale do Paraíba, e se ateve apenas a outros quatro municípios – Queluz, Silveiras, Bananal e Lorena –, todos situados a menos de 50 quilômetros de distância de Areias.[12]

---

12 As distâncias entre localidades, referidas neste e nos dois próximos capítulos deste livro, não pretendem ser precisas, tendo tão somente o intuito de fornecer indicações aproximadas. Foram calculadas a

Tabela 3.4
Entradas e Saídas Segundo Sexo e Tipo do Tráfico
(Areias, 1866-1869)

Tráfico/Sentido do fluxo	Homens	Mulheres	Totais
Intraprovincial			
entradas	4	3	7
saídas	9	4	13
totais[1]	13	7	20
Interprovincial			
entradas	15	7	22
saídas	1	3	4
totais[2]	16	10	26

[1] Excluída uma escrava negociada por vendedor e comprador residentes em Silveiras, no Vale do Paraíba paulista.
[2] Excluídos dois cativos homens, um deles negociado por vendedor residente em Resende (RJ) e comprador residente em Bananal (SP); e o outro negociado por vendedor residente em Bananal (SP) e comprador residente em Resende (RJ).
Fonte: Escrituras de transações envolvendo escravos.

Mesmo o trânsito interprovincial restringiu-se às províncias limítrofes do Rio de Janeiro e de Minas Gerais. E, nelas, a municípios relativamente próximos a São Paulo, como Resende (RJ), Pouso Alto (MG) e a própria Corte, sendo Macaé (RJ) a localidade mencionada mais distante (a cerca de 300 quilômetros de Areias). Assim, no fluxo interprovincial de entrada, dez cativos foram vendidos, em duas transações, por pessoas jurídicas sediadas na Corte; três outros foram negociados por um escravista de Macaé e os nove restantes vendidos por proprietários mineiros, sete deles por um único vendedor residente em Pouso Alto. No fluxo de saída, quatro escravos foram objeto de duas transações nas quais os compradores moravam em Resende, no Vale do Paraíba fluminense.

---

partir de retas unindo os pontos indicados no *Atlas Nacional do Brasil* (2000), convertidas em quilômetros com fundamento na escala informada no mapa respectivo.

Gráfico 3.1
Escravos Negociados: Faixas Etárias, Origem e Sexo
(Areias, 1866-1869)

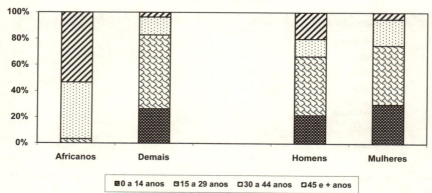

Fonte: Escrituras de transações envolvendo escravos.

Acrescentamos a informação acerca das idades dos cativos negociados às variáveis sexo e origem para a elaboração do Gráfico 3.1. Nele patenteia-se a esperada disparidade na distribuição etária segundo a origem dos escravos. Apenas um africano tinha idade inferior a 30 anos – Crispim, transacionado localmente em outubro de 1867, com 28 anos – e mais da metade deles (53,4%) tinha 45 anos ou mais. Entre os não africanos, 82,8% tinham menos de 30, e a proporção de crianças na faixa etária de 0 a 14 anos era superior a um quarto (26,4%). Ademais, a presença ainda expressiva (21,3%) e a elevada razão de sexo (275,0) dos africanos afetaram a distribuição etária segundo o sexo dos cativos. Dessa forma, 37,5% dos homens tinham 30 ou mais anos de idade, porcentual que se igualou a 30,0% entre as mulheres. Independentemente do sexo, a maioria relativa das pessoas transacionadas compunha a faixa dos 15 aos 29 anos: 43,8% dos cativos do sexo masculino e 46,7% das escravas. Essa faixa etária correspondia aos adultos jovens, de maior vigor físico, segmento particularmente adequado ao trabalho na lavoura.

Gráfico 3.2
Escravos Negociados: Faixas Etárias e Tipo do Tráfico
(Areias, 1866-1869)

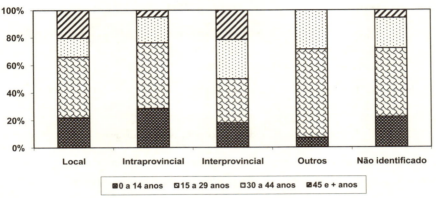

Fonte: Escrituras de transações envolvendo escravos.

No que respeita ao tipo do tráfico (cf. Gráfico 3.2), o maior peso relativo dos africanos no tráfico interprovincial, *vis-à-vis* o local e o intraprovincial, refletiu-se na maior participação dos indivíduos com idade igual ou superior a 30 anos: 50,0%, *versus*, respectivamente, 33,9% e 23,8%. Já o perfil da distribuição etária dos casos não identificados mostrou-se mais semelhante ao do comércio intraprovincial. A categoria "outros" foi decerto a mais destoante, traduzindo em especial as características dos 12 cativos da Fazenda da Barra, vendidos, contudo não entregues, como vimos, para os comerciantes da Corte, Vidal Leite & Araújo: afora os três africanos (com 35, 35 e 40 anos), os outros 9 escravos presentes nesta transação integravam a faixa de 15 a 29 anos. De fato, como esperado, essa faixa etária dos adultos jovens foi, também para os demais tipos de tráfico, a que compreendeu a maioria, ao menos relativa, dos cativos negociados (32,1% no comércio interprovincial, 44,1% nas transações locais, 47,6% no tráfico intraprovincial e 50,0% nos casos de trânsito "não identificado").[13]

---

13 Tenhamos presente, uma vez mais, o número relativamente reduzido de observações, razão pela qual, por exemplo, restringimo-nos a apenas 4 faixas etárias, bem como nos abstivemos de "recortar" os dados segundo faixas etárias, tipo de tráfico e também sexo dos escravos.

Tabela 3.5
Preços Médios Nominais dos Escravos em Geral
e dos Cativos Adultos Jovens, Segundo Sexo
(Areias, 1866-1869)

Sexo	Número de escravos	Preço médio (em réis)
Homens	22	1:137$318
Mulheres	17	1:081$647
Homens de 15 a 29 anos	12	1:532$583
Mulheres de 15 a 29 anos	8	1:123$500

Fonte: Escrituras de transações envolvendo escravos.

Na Tabela 3.5 apresentamos os preços médios nominais praticados no comércio de escravos em Areias. Esses preços são fornecidos, segundo o sexo, para o conjunto das pessoas negociadas, bem como especificamente para a faixa etária de 15 a 29 anos.[14] Uma vez que a identificação dos preços individuais foi muitas vezes impossível nos casos de transações envolvendo mais de um cativo (ou "menos" de um, nas compras e vendas de "partes ideais"), compusemos a tabela mencionada também com o informe acerca do número de observações.[15] Como esperado, os adultos jovens atingiram valor em média superior àquele calculado levando-se em conta os escravos de todas as idades. Essa diferença foi maior no caso dos homens (34,8%) *vis-à-vis* as mulheres (3,9%), o que decorreu, em boa medida, da maior participação dos africanos – e, por conseguinte, das pessoas com idade igual ou superior a 45 anos – entre os cativos do sexo masculino. Igualmente esperados foram os menores preços médios das escravas.[16] Os ho-

---

14 Deixamos para uma seção posterior deste capítulo, na qual consideramos os informes do conjunto das localidades examinadas, a análise dos eventuais diferenciais de preços, para homens e mulheres inseridos na faixa etária em questão, segundo os diferentes tipos de tráfico.

15 Excluímos, adicionalmente, o preço de Vicente, africano de 40 anos de idade, negociado aos 23 de fevereiro de 1867 por Rs. 300$000, e que era, conforme escreveu o tabelião, "zambro de ambas as pernas, das quais tem uma voltada para dentro e outra para fora".

16 Vale observar que essa disparidade entre os valores de mercado dos escravos de acordo com o sexo seria posteriormente referendada pela legislação. De fato, na matrícula dos cativos brasileiros determinada pela Lei nº 3.270, de 28 de setembro de 1885, e regulamentada pelo Decreto nº 9.517, de 14 de novembro de 1885, estabeleceu-se que "o valor seria declarado pelo proprietário do escravo, não excedendo o preço máximo regulado pela idade do matriculado, conforme tabela que consta do artigo 1º da Lei [...] Sendo que o valor dos escravos do sexo feminino teria um abatimento de 25% sobre os

mens foram em média 5,2% mais caros do que as mulheres; tal diferença alçou-se a 36,4% ao tomarmos isoladamente os cativos de 15 a 29 anos de idade.[17] Uma vez mais, os africanos do sexo masculino, relativamente "velhos", ajudam-nos a entender a magnitude reduzida do primeiro desses dois porcentuais.[18]

Para 111 indivíduos, correspondentes a 91,7% do contingente de escravos negociados com 10 ou mais anos de idade, obtivemos o informe da ocupação. A grande maioria deles era de trabalhadores da roça: 94 casos (62 homens e 32 mulheres). A segunda ocupação mais frequente foi a de serviços domésticos, mas desta feita predominaram as escravas: 11 *versus* apenas dois homens. Dois outros cativos foram descritos com ocupações notadamente masculinas: um ferreiro e um carapina. Por fim, uma crioula era "do serviço de roça e doméstico" e o escravo restante era o já mencionado Bebiano, roceiro que tinha também "princípios de alfaiate e cozinheiro".[19]

---

preços estabelecidos." (GRAF, 1974, p. 20, grifo nosso) Voltaremos a esta questão no capítulo dedicado às escrituras registradas no período de 1881 a 1887.

17 Vale ressaltar que não foram estatisticamente significativas as diferenças entre as médias de preços de homens e mulheres em geral. Todavia, considerados apenas os indivíduos de 15 a 29 anos, as aludidas diferenças mostraram-se estatisticamente significativas (a um nível de significância de 2%).

18 De fato, excluídos os africanos com 45 anos ou mais, o preço médio dos homens foi 12,8% superior ao das mulheres. Já o efeito da presença de crianças foi em sentido contrário. Dos 21 escravos com 12 ou menos anos de idade (13 deles meninos), obtivemos os preços individuais de apenas cinco, sendo três meninas. O cômputo dos preços médios, excluídas essas crianças, resultou em menor diferença entre homens e mulheres, sendo os primeiros tão somente 1,2% mais caros.

19 Vínculos entre o sexo e a atividade produtiva foram corroborados, por exemplo, pelos informes acerca de Ouro Preto, Província de Minas Gerais, no decurso do século dezenove: "as atividades artesanais (alfaiate, carpinteiro e outras) eram quase exclusivamente masculinas. (...) No serviço doméstico predominavam as mulheres, mas os homens também trabalhavam no setor. A lavoura ocupava trabalhadores dos dois sexos, predominando o masculino." (PARREIRA, 1990, p. 149)

Tabela 3.6
Preços Médios Nominais dos Escravos Segundo Sexo e Ocupação
(Areias, 1866-1869)

Ocupação	Homens Número de escravos	Homens Preços médios (em réis)	Mulheres Número de escravos	Mulheres Preços médios (em réis)
Serviço da roça	16	1:195$063	6	1:116$667
Serviço doméstico	2	1:300$000	8	1:273$500
Carapina	1	1:000$000	–	–
Ferreiro	1	1:700$000	–	–

Fonte: Escrituras de transações envolvendo escravos.

Não obstante, somente para 34 desses indivíduos com ocupação descrita foi possível conhecer o preço individual (cf. Tabela 3.6). Com a ressalva do pequeno número de casos em mente, notamos serem os roceiros em média um pouco mais caros do que as roceiras (7,0%), relação que se manteve, embora apenas ligeiramente (2,1%), para os cativos vinculados ao serviço doméstico. Adicionalmente, estes últimos custaram mais do que os ocupados na lavoura (8,8% mais, os homens, e 14,0% mais, as mulheres).[20] O carapina Ângelo foi negociado, em outubro de 1867, por um conto de réis, preço baixo tendo em vista sua ocupação relativamente especializada; era, no entanto, um africano com 50 anos de idade.[21] Na

---

20 Salientemos que nenhuma dessas diferenças (entre ocupações para um dado sexo ou entre os sexos para uma dada ocupação) foi estatisticamente significante. Para a freguesia do Pilar da cidade de Salvador, na província da Bahia, com fundamento em escrituras de compra e venda referentes ao período de 1838 a 1882, Marcílio et alii verificaram que "para a ocupação 'lavoura', conquanto o preço médio dos homens – 685$710 – fosse maior do que o das mulheres – 615$319 –, esta diferença não se revelou estatisticamente significante… Este resultado sugere que uma vez presente a ocupação lavoura o sexo deixa de ser relevante." (MARCÍLIO et alii, 1973, p. 191) Já para os cativos baianos "de profissão doméstica", as diferenças observadas pelos autores do estudo citado entre o preço médio dos homens (Rs. 882$096) e o das escravas (Rs. 772$915) mostrou-se significante do ponto de vista estatístico.

21 Carlos Lima propôs uma classificação dos ofícios artesanais de escravos no Rio de Janeiro de 1789 a 1839 segundo o grau de qualificação. Embora "carapina" não conste entre os ofícios por ele listados, o de "carpinteiro" está entre os considerados pouco qualificados, juntamente com pedreiro, barbeiro, pintor, sapateiro, padeiro, entre outros. Exemplos dos ofícios considerados mais qualificados são: canteiro, serralheiro, ferreiro, ourives, tanoeiro etc. Escreveu o autor: "Vários critérios foram utilizados para realizar esta classificação, incluindo as fortunas médias atingidas por artesãos livres de ocupações análogas; o número de escravos detidos por estes últimos; o número de escravos em cada uma das

restante atividade de natureza artesanal, o ferreiro Adão, crioulo de 26 anos, foi comercializado localmente em janeiro de 1868 por Rs.1:700$000, cifra 42,3% superior ao preço médio dos homens trabalhadores da roça.

Por fim, cumpre referir a presença, no contingente escravo analisado, dos indivíduos que foram negociados junto com um ou mais familiares.[22] Foram seis casais sem prole presente, um casal e seus três filhos, além de nove mães com estado conjugal não especificado, oito delas acompanhadas por um único rebento e a restante com duas crianças. Por conseguinte, no conjunto, 36 cativos, isto é, um quarto (25,5%) do total de indivíduos transacionados. Um terço desses escravos negociados "em família" tinha menos de dez anos de idade. Quatro dos grupos de mães e filhos e cinco dentre os seis casais sem prole foram objeto do tráfico local. O sexto casal sem filhos, assim com a família de Vicente, sua mulher Eva, e os filhos José, de 8 anos, Agostinho, 5, e Felipe, 2, integraram a venda realizada pelo mineiro residente em Pouso Alto. As demais famílias compostas por mães e filhos inseriram-se: duas no comércio de trânsito não identificado e uma em cada um dos tráficos intraprovincial, interprovincial e "outros".

Os indivíduos com idade inferior a dez anos transacionados junto com seus pais e/ou mães corresponderam a 60,0% do total de cativos nessa faixa etária. Logo, mostrou-se também bastante expressiva a participação das crianças negociadas, ao menos aparentemente, sem a companhia de familiares. É possível, porém, que ao menos para quatro dos oito escravos comercializados nessas condições o parentesco apenas não tenha sido descrito pelo tabelião. Joaquim, de 6 anos, foi vendido para um morador de Bananal junto com Marcos (21), Josepha (22) e Henrique (12), talvez os quatro compondo uma família nuclear. Ambrósio, de 7 anos, foi vendido para Lorena com duas mulheres, de 38 e 18 anos. Catharina (4 anos) e Luíza (2), foram negociadas localmente junto com

---

ocupações ..[e o].. tempo do aprendizado." (LIMA, 2008, p. 147-148) De fato, Lima afirmou o seguinte: "Atentar para os homens com ofícios artesanais em conjunto revela auges de preços substancialmente mais tardios que os de todas as outras categorias. Isto deixa patente a maior complexidade de seus ofícios, produzindo períodos mais longos de aprendizado. Artesãos pouco qualificados ficavam 'prontos' ao atingir idades próximas dos trinta anos, ao passo que os de ocupações mais sofisticadas só o faziam quase com quarenta." (LIMA, 2008, p. 177-178) Entendemos, pois, que a idade foi determinante na definição do preço do carapina Ângelo.

22 Sobre as transações envolvendo famílias escravas, ver, por exemplo, FRAGOSO e FLORENTINO (1987), ANDRADE (1998), MOTTA & MARCONDES (2000a) e MOTTA (2001 e 2002).

três africanos (dois homens e uma mulher com 70, 60 e 60 anos). Já os quatro casos restantes referiram-se a crianças que constaram como o único bem objeto das respectivas escrituras. Eram dois meninos de 4 anos e duas meninas, de 6 e 9 anos, esta última comprada de um morador em Silveiras, casos estes que podem ser ilustrativos do contexto prévio à vigência da legislação proibitiva da separação de cônjuges e de pais e filhos escravos pela venda.

Guaratinguetá

Ao tratarmos do comércio de escravos em Guaratinguetá nos anos de 1860, é oportuno atentarmos, antes do mais, para duas transações que, registradas em outubro de 1864, foram anuladas em inícios de novembro do mesmo ano mediante o lançamento de duas "escrituras de distrato". Embora a não concretização desses negócios tenha implicado sua não inclusão no conjunto que é tabulado nesta seção, eles não deixam de ser de interesse para ilustrar as características do tráfico analisado. O protagonista, em ambos os casos, chamava-se João Luis dos Reis e residia no vizinho município de Pindamonhangaba.

Aos 27 de outubro de 1864, João Luis vendeu Sabino, por Rs. 1:200$000, ao Barão de Guaratinguetá. O cativo, com 13 anos de idade, era de "cor pouco fula, corpo regular, dentadura boa, ofício da roça, natural da província do Rio de Janeiro" e havia sido comprado de um morador de Bananal. No dia seguinte, João Luis vendeu outros cinco escravos, desta feita para o Reverendo Antonio Luis dos Reis França, por oito contos de réis, todos eles – os crioulos Hermenegildo, Tibúrcio, Maurício e Theresa, além de Jerônymo, de Nação –, comprados de um escravista do Rio de Janeiro. O motivo da anulação dessas duas escrituras, conforme lemos nos lançamentos "de distrato", é que o vendedor as "tinha passado, sem que apresentasse procuração para ser naquela transcrita".

Ao que parece, portanto, os escravos negociados não eram, a bem da verdade, propriedade de João Luis dos Reis, com o que ele necessariamente deveria apresentar as procurações dos respectivos proprietários para realizar as vendas. Todavia, em ambas as transações, ele declarou ter havido por compra a meia dúzia de cativos negociada. É possível que, embora não possuidor "de direito" daqueles indivíduos, João Luis o fosse "de fato". Se esta sugestão for acertada, deparamo-nos aqui com exemplos "incompletos" do procedimento, empregado amiúde no tráfico interno de cativos, de mascarar as vendas por intermédio do estabelecimento – e eventuais subestabelecimentos – de procurações, com o intuito de evitar (melhor seria dizer sonegar) o pagamento do tributo incidente sobre as compras e vendas de escravos.[23]

Duas outras inferências devem ser feitas a partir do "caso João Luis dos Reis". A primeira refere-se à definição sobre quem efetivamente arcava com o imposto de meia sisa. Em princípio, o responsável pelo recolhimento desse tributo na Coletoria da localidade era o comprador.[24] Contudo, uma das "escrituras de distrato" em tela sugere que às vezes poderia não ser assim. De fato, João Luis devolveu ao Reverendo os oito contos de réis anteriormente recebidos, porém restituiu ao Barão tão somente Rs. 1:170$000 (quinhentos mil-réis em dinheiro e mais um vale de Rs. 670$000); uma diferença, pois, de trinta mil-réis, que pode corresponder ao imposto de meia sisa incidente sobre a venda de Sabino. É possível, pois, que o vendedor recebesse, eventualmente, o valor da venda "líquido" do imposto devido.

A segunda das inferências aludidas diz respeito à movimentação dos cativos. Sabino, nascido na província fluminense, transitou pelo menos por Bananal, talvez também por Pindamonhangaba e poderia, não fosse a anulação da venda, ter chegado a Guaratinguetá. Mesmo num exemplo rico em informações como esse, desconhecemos se o escravo em questão viveu em outros municípios paulistas antes de sua vinda para Bananal; igualmente nada sabemos sobre eventuais deslocamentos sofridos por ele ainda no território do Rio de Janeiro. Vale

---

23 Cf. SLENES (1986, p. 118). Foram inúmeros os exemplos desses efetivos "encadeamentos" de procurações observados nos negócios realizados nas localidades que examinamos, alguns dos quais serão explicitados ao longo do texto.

24 Ainda que a sisa devesse ser dividida entre vendedor e comprador, sua cobrança no Brasil, no caso dos escravos, ocorreu desde sua introdução como meia sisa: "A sisa foi introduzida em Portugal no reinado de D. Afonso II, como um tributo extraordinário e temporário, tal como as décimas para atender a despesas de guerra. Incidia sobre a venda de quase tudo – dos gêneros de consumo aos bens de raiz – e era paga metade pelo comprador e metade pelo vendedor. A partir de D. João I, a sisa tornou-se um imposto permanente e ordinário em favor da Coroa, através de sucessivas prorrogações e, finalmente, de sua perpetuação. A sisa dos escravos já era citada em duas resoluções de 15 de outubro de 1751. Mas foi efetivamente introduzida no Brasil, com o nome de meia sisa dos escravos ladinos, pelo alvará de 3 de junho de 1809, juntamente com a sisa dos bens de raiz. Consistia numa taxa de 5% (metade da porcentagem da sisa, que era de 10%) sobre a compra e venda, arrematação e adjudicação de escravos ladinos, isto é, aqueles que não se comprou de negociante de escravo, os que já estavam no Brasil." (TESSITORE, 1995, p. 244-245) O comportamento desse imposto ao longo das décadas finais do período escravista brasileiro foi por nós descrito no Capítulo 2.

dizer, nunca será demais ressalvarmos que, para pelo menos parte das transações examinadas neste estudo, decerto evidenciamos apenas um segmento do trajeto trilhado previamente pelos indivíduos negociados. E, nesse segmento, alguns dos deslocamentos aventados podem na verdade não ter ocorrido. No caso de Sabino, por exemplo, não sabemos se ele estaria em Pindamonhangaba, ou se viria diretamente de Bananal para Guaratinguetá, uma vez que não podemos descartar a possibilidade de o primeiro desses três municípios ser somente o local de residência do eventual mero intermediário do negócio, João Luis dos Reis.

Em que pese, pois, não computarmos algumas das transações, tendo em vista seu posterior desfazimento, 239 cativos foram negociados em Guaratinguetá entre 1863 e 1869. A maioria deles (225) foi objeto de compra e venda, aí incluídos os 15 casos nos quais se negociaram "partes ideais" dos escravos. Houve também cinco permutas envolvendo 10 pessoas. Em somente uma delas a barganha implicou algum pagamento em dinheiro. Em setembro de 1867, Manoel Baptista dos Santos trocou Benta, de 13 anos de idade, cujo preço era um conto de réis, por Gertrudes, de 6 anos, cativa de Benjamin Teixeira Guimarães, cujo valor era quinhentos mil-réis; a diferença foi paga no ato por Benjamin.

Adicionalmente, um escravo foi doado, aos 21 de abril de 1863, por Francisca Maria de Jesus para seu filho, João José de Moura. Era Antonio, crioulo de 7 anos, de cor clara, "havido por produção" de uma cativa de Francisca. O valor atribuído a essa doação foi de Rs. 400$000. Em outro negócio, contratado em julho de 1869 entre dois moradores de Guaratinguetá, foram vendidos, por Rs. 1:100$000 e pelo prazo determinado de exatos cinco anos e três meses, os serviços de Custódio e Catharina, ambos pretos, com 40 anos de idade e de estado conjugal não especificado. Por fim, Policena, uma viúva fula de 52 anos, crioula, foi objeto de uma escritura de penhor, datada aos 24 de março de 1863, no valor de Rs. 500$000: "este dinheiro o penhorador dá ao penhorado emprestado pelo tempo que o penhorado queira tirar a escrava entregando-lhe a dita quantia acima mencionada e sem prêmios, mas a escrava pagará com seu serviço o dito prêmio". Acordada localmente, esta transação recebeu ainda o seguinte adendo, que lemos ao fim do documento: "Em tempo, o penhorado não poderá vender a dita escrava a qualquer pessoa sem que satisfaça com dinheiro ao penhorador".

Na Tabela 3.7, apresentamos a distribuição dos indivíduos negociados segundo sexo, origem e tipo do tráfico. Destacamos, de um lado, a reduzida participação dos africanos e, de outro, o marcado predomínio das transações realizadas entre moradores da própria Guaratinguetá. De fato, eram "de Nação" apenas 18 (7,5%) dos 239 cativos. E 198 escravos foram transacionados no comércio local, correspondentes a 82,8% do total de indivíduos computados, porcentual que se eleva para 86,5% se considerarmos somente os negócios nos quais o tipo de tráfico pôde ser identificado. Houve, pois, um número bastante reduzido de observações nos trânsitos intra e interprovincial.

Torna-se, por conseguinte, prejudicada a interpretação dos resultados do cálculo da razão de sexo para quase todos os recortes da Tabela 3.7. Não obstante, considerado o tráfico local, podemos afirmar ter existido uma situação de equilíbrio entre os sexos, que se refletiu também no valor do mencionado indicador para o total dos escravos negociados. Além disso, podemos sugerir que o comércio intraprovincial não se afastou muito desse equilíbrio, sugestão que não se estende, porém, ao tráfico entre províncias, no qual os homens foram mais numerosos. Os cativos do sexo masculino também foram maioria nos casos em que o tipo do tráfico não foi identificado; quatro transações, uma envolvendo quatro escravos vendidos por um morador de Guaratinguetá, duas em que duas pessoas foram comercializadas (numa o vendedor e noutra o comprador eram da localidade examinada) e, as duas restantes, vendas de um cativo, sendo o comprador residente em Guaratinguetá.

Do contingente de 183 escravos não africanos negociados no âmbito local, obtivemos o informe sobre a naturalidade de 61 indivíduos, dos quais a grande maioria (42) era natural do próprio município. Outros sete, três homens e quatro mulheres, também eram paulistas, seis do Vale do Paraíba (Cunha, Taubaté e Pindamonhangaba) e um da Capital. Nesses sete casos, portanto, houve ao menos um deslocamento intraprovincial prévio às transações descritas nas escrituras que compulsamos. E a dúzia de cativos restantes (somente três deles mulheres) foi anteriormente objeto de movimentação entre províncias: eram dois baianos, três mineiros e sete fluminenses. Desconhecemos os municípios de origem dos baianos, mas os mineiros eram de Itajubá e de Pouso Alegre, e os naturais do Rio de Janeiro, exceto um, descrito apenas como "carioca", eram da Corte e de Piraí. Dos municípios identificados, paulistas ou não, os mais distantes de Guaratinguetá eram a capital de São Paulo e o Município Neutro. Assim sendo, dos deslocamentos anteriores inferidos a partir dos informes sobre a naturalidade, os mais extensos foram originados na Bahia.

Tabela 3.7
Escravos Negociados Segundo Sexo, Origem e Tipo do Tráfico
(Guaratinguetá, 1863-1869)

Tráfico/Origem	Homens	Mulheres	Razões de Sexo
Local			
africanos	6	9	66,7
demais	93	90	103,3
total	99	99	100,0
Intraprovincial			
africanos	–	2	zero
demais	8	7	114,3
total	8	9	88,9
Interprovincial			
africanos	1	–	–
demais	10	3	333,3
total	11	3	366,7
Não identificado			
africanos	–	–	–
demais	7	3	233,3
total	7	3	233,3
Totais	**125**	**114**	**109,6**

A razão de sexo é definida como o número de homens para cada grupo de 100 mulheres.
Fonte: Escrituras de transações envolvendo escravos.

No que respeita aos tráficos intra e interprovincial, cabe considerá-los segundo os fluxos de entrada e de saída (cf. Tabela 3.8). Guaratinguetá importou ou exportou 30 escravos, pouco mais de um décimo (12,5%) do total de cativos negociados. As saídas, apenas cinco, não ultrapassaram o território paulista: Lorena (dois), Cunha (dois) e Itapeva da Faxina (um escravo identificado como natural da Corte, embora vendido por morador de Guaratinguetá). Os indivíduos entrados por intermédio do comércio intraprovincial foram, com uma única exceção, vendidos por residentes no Vale do Paraíba (Lorena, seis; Cunha, dois; Pindamonhangaba, um; e Areias, um). Em uma dessas transações, em que o vendedor morava em Lorena, foi comercializada a escrava Benedita, de 19 anos, natural de Piraí (RJ), junto com seu filho João, com menos de um ano de vida, cuja naturalidade não foi informada.

A exceção mencionada merece descrição mais detalhada. Em junho de 1864, Dona Isabel Leopoldina Onistarda vendeu para o Barão de Guaratinguetá as escravas Marcelina, de 25 anos, solteira, e sua filha Adriana, de 2 anos. Muito embora os contratantes residissem em Guaratinguetá, no documento foi dito que as cativas se achavam em Cunha, em poder do Reverendo Vigário Antonio Gomes. De fato, Marcelina e Adriana eram naturais de Cunha. Passado cerca de um mês, o Barão revendeu as duas para o Reverendo Gomes.[25] Conquanto possamos duvidar que as escravas tenham em algum momento saído da companhia do padre, optamos por classificar as duas vendas como integrando o comércio intraprovincial, a primeira de entrada, de Cunha para Guaratinguetá, e a segunda de saída, de Guaratinguetá para Cunha.

Tabela 3.8
Entradas e Saídas Segundo Sexo e Tipo do Tráfico
(Guaratinguetá, 1863-1869)

Tráfico/Sentido do fluxo	Homens	Mulheres	Totais
Intraprovincial			
entradas	6	6	12
saídas	2	3	5
totais	8	9	17
Interprovincial			
entradas	10	3	13
saídas	–	–	–
totais[1]	10	3	13

[1] Excluído um homem vendido por negociante sediado na Corte para comprador residente em Lorena (SP).

Fonte: Escrituras de transações envolvendo escravos.

Por fim, ainda no que tange aos informes presentes na Tabela 3.8, dos 13 indivíduos negociados entre províncias, seis eram propriedade de moradores de Minas Gerais, outros seis de escravistas do Rio de Janeiro e o restante foi vendido

---

25 Não podemos ir além de conjecturas acerca dos motivos pelos quais mãe e filha se encontravam em junho na cidade de Cunha, em vez de em Guaratinguetá com sua proprietária: teriam fugido de volta para o município onde nasceram, talvez para perto do companheiro de Marcelina e pai de Adriana, e solicitado ajuda ao padre? Seria o próprio Reverendo Antonio o pai de Adriana? Também não sabemos a razão da intermediação do Barão de Guaratinguetá. Ele talvez estivesse tão somente realizando uma boa ação, mas com certeza sua recompensa foi material e imediata, pois comprou as escravas de Dona Isabel por Rs. 1:500$000 e as revendeu para Cunha por Rs. 2:000$000.

por um proprietário do Pará. Os vendedores mineiros estavam presentes em Guaratinguetá, ao passo que os fluminenses e o paraense foram representados por procuradores. Um dos vendedores mineiros residia em São Sebastião do Paraíso e o outro, que negociou cinco cativos, era uma firma sediada em Baependi (Antonio Deocleciano Nogueira & Irmão). Dos escravos vendidos por esta pessoa jurídica, três eram naturais de Baependi, um de Campo Grande (RJ) e o restante "do Norte". Um vendedor fluminense residia em Itaguaí, e outros cinco em Parati, de onde eram naturais pelo menos três dos cativos que negociaram. O indivíduo cujo proprietário morava no Pará era natural dessa mesma província. Prevaleceram, portanto, os negócios envolvendo as províncias limítrofes do Rio de Janeiro e de Minas Gerais. E nelas observamos que, dos municípios nomeados, Itaguaí (RJ), Parati (RJ) e Baependi (MG) são todos mais próximos de Guaratinguetá do que, por exemplo, a cidade de São Paulo, sendo São Sebastião do Paraíso (MG) a localidade mais distante, mesmo assim situada a menos de 300 quilômetros.

A venda do cativo Manoel, de Itaguaí para Guaratinguetá, ilustra o "encadeamento" de procurações ao qual nos referimos anteriormente. Aos 30 de novembro de 1865, Antonio de Oliveira Gago nomeou, no cartório da Vila de São Francisco Xavier de Itaguaí, onde residia, "seu bastante procurador para a Corte do Rio de Janeiro e onde preciso for, ao Padre Francisco Manoel Marques Pinheiro, especialmente para fazer venda do escravo Manoel pardo, (...) idade de quinze anos mais ou menos, solteiro, do serviço de roça de propriedade dele outorgante". Em 6 de dezembro daquele ano, na Corte, o Padre Francisco, também morador em Itaguaí, subestabeleceu a procuração para João Joaquim Gonçalves Porto. No dia seguinte, ainda na Corte, João Joaquim, por seu turno, procedeu a um novo subestabelecimento da procuração, para Joaquim da Silva Maia Leitão, residente em Guaratinguetá e quem, aos 4 de fevereiro de 1866, consumou a venda para o "consumidor final", José dos Santos Oliveira Velho.

O exemplo da venda de Torquato, natural do Pará, é bastante similar e envolve em parte as mesmas pessoas. Em setembro de 1865, naquela província, Antonio Francisco Pinheiro, proprietário de Torquato, outorgou uma procuração a Miguel José Alves, da Província de Pernambuco, para vendê-lo. Em dezembro, há um subestabelecimento da procuração, no qual é mencionado o nome de Antonio Pinheiro, mas que é feita por João Joaquim Gonçalves Porto, agora na Corte do Rio de Janeiro, para Joaquim da Silva Maia Leitão; nesse documento, Joaquim Gonçalves Porto declarou ter recebido procuração por subestabelecimento de Ramos &

Companhia. Joaquim Maia Leitão, novamente, foi quem consumou a venda, aos 2 de janeiro de 1866, para Francisco Vieira Novaes, morador de Guaratinguetá.

Nessas procurações sucessivas, importa ressaltar, não há como saber ao certo se houve uma correspondente sucessão de deslocamentos dos cativos. Por exemplo, não sabemos se Torquato esteve em Pernambuco e na Corte, ou se transitou direto do Pará para Guaratinguetá. Assim como desconhecemos se Manoel foi trazido de Itaguaí para a localidade em foco, ou se passou algum tempo no Município Neutro. Levando em consideração as datas referidas, Torquato e Manoel podem até mesmo ter convivido brevemente na Corte, ambos sob a guarda de João Joaquim Gonçalves Porto, ao que tudo indica um negociante de escravos. De toda forma, uma vez que, como apontamos, boa parte dessas procurações poderiam encobrir efetivas vendas, é viável sugerir que, ao menos nesses casos, tenham existido as respectivas movimentações das pessoas negociadas.[26]

Os Gráficos 3.3 e 3.4 introduzem na análise a variável idade dos cativos. No primeiro deles, os escravos são distribuídos de acordo com quatro faixas etárias, origem e sexo. Como vimos, os africanos negociados em Guaratinguetá não somavam duas dezenas. O gráfico mostra-nos que quase nove décimos deles (88,3%) tinham 30 ou mais anos de idade, proporção que não atingiu um quinto (19,6%) para os demais cativos. No perfil etário do conjunto dos escravos, destacou-se a elevada participação relativa, entre os homens, daqueles com idade inferior a 15 anos: 40,3%. Esse porcentual igualou-se a 25,2% no caso das mulheres. Vale dizer, as crianças do sexo masculino eram mais numerosas do que os adultos jovens de 15 a 29 anos (39,5% dos homens); relação que não foi verificada entre as cativas, das quais a maioria relativa compunha o contingente das adultas jovens (44,9%). Para a explicação do elevado peso relativo dos indivíduos na faixa etária de zero a 14 anos comercializados em Guaratinguetá, precisamos considerar a presença de crianças negociadas em conjunto com um ou mais familiares, tema ao qual dedicaremos nossa atenção mais adiante no texto.

---

26 É possível que essa situação tenha-se alterado "(...) após 1874, com a rapidez das comunicações possibilitada pelo cabo telegráfico submarino que ligava o Rio de Janeiro às cidades costeiras do Nordeste até Recife". (SLENES, 1976, p. 151)

Gráfico 3.3
Escravos Negociados: Faixas Etárias, Origem e Sexo
(Guaratinguetá, 1863-1869)

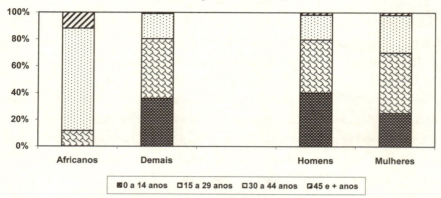

Fonte: Escrituras de transações envolvendo escravos.

Na análise da distribuição dos escravos de acordo com faixas etárias e tipo do tráfico (cf. Gráfico 3.4), lembremos antes do mais que, com exceção do comércio local, os demais casos padecem de reduzido número de observações. Nessas condições, seria arriscado afirmar que o perfil etário da categoria "não identificado" aproximou-se mais do observado no tráfico interprovincial, em especial no que tange às crianças de zero a 14 anos, as quais corresponderam, respectivamente, à metade e a pouco mais da metade (53,8%) dos cativos transacionados em cada um desses dois tipos de tráfico. Não obstante, apontamos para a relevância das pessoas com menos de 30 anos – característica compartilhada pelos deslocamentos local, intra e interprovincial –, que perfizeram 74,2%, 88,2% e 84,6% desses respectivos contingentes. E, sobretudo, salta aos olhos a quase inexistência de negócios envolvendo escravos com 45 ou mais anos de idade (limitados às transações locais e, mesmo aí, perfazendo tão somente 2,2% dos casos).

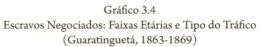

Gráfico 3.4
Escravos Negociados: Faixas Etárias e Tipo do Tráfico
(Guaratinguetá, 1863-1869)

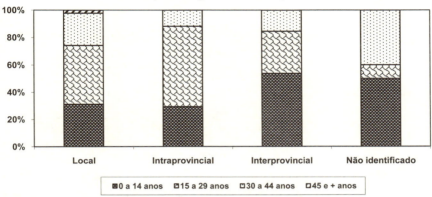

Fonte: Escrituras de transações envolvendo escravos.

Do conjunto de 239 indivíduos negociados em Guaratinguetá, obtivemos os preços individuais de menos da metade (46,4%): 59 homens e 52 mulheres. Fornecemos os preços médios nominais, segundo sexo, na Tabela 3.9, na qual também informamos os preços médios nominais calculados considerando apenas os cativos de 15 a 29 anos. Os escravos do sexo masculino, independentemente da idade, foram em média 19,5% mais caros do que as escravas. Tomados os adultos jovens isoladamente, o porcentual correlato elevou-se para 27,7%.[27] Várias das pessoas comercializadas tiveram descrita alguma característica física; em nenhum dos casos, porém, tais atributos eram "defeitos" que afetassem negativamente os preços praticados.[28]

---

27 Essas diferenças de preços entre homens e mulheres foram ambas – no geral e na faixa etária mencionada – estatisticamente significantes (nível de significância de 1%). Tal como observamos na seção anterior, o recorte dos preços dos adultos jovens consoante o tipo do tráfico será feito mais adiante neste capítulo, computados os informes agregados das localidades estudadas.

28 Como exemplos desses caracteres físicos descritos, temos, entre vários: "boa altura, corpo fino, bons dentes, sem barba"; "estatura regular, fina de corpo, feia de cara, beiços grossos, testa pequena".

Tabela 3.9
Preços Médios Nominais dos Escravos em Geral
e dos Cativos Adultos Jovens, Segundo Sexo
(Guaratinguetá, 1863-1869)

Sexo	Número de escravos	Preço médio (em réis)
Homens	59	1:220$763
Mulheres	52	1:021$346
Homens de 15 a 29 anos	28	1:432$857
Mulheres de 15 a 29 anos	23	1:121$739

Fonte: Escrituras de transações envolvendo escravos.

Houve casos em que o comprador procurava se precaver de algum atributo desconhecido, como o Tenente Coronel João Francisco Vieira Novais. Em fevereiro de 1864, Novais comprou de Cândido José de Oliveira a escrava Eva, preta de dez anos de idade: "pelo comprador foi mais dito que se dentro do prazo da Lei descobrisse alguma moléstia ou defeito na dita escrava ficaria de nenhum efeito a compra entregando ele a escrava e recebendo a mencionada quantia de setecentos e oitenta mil-réis".[29]

Para 101 escravos (47 homens e 54 mulheres) obtivemos o informe acerca da ocupação (cf. Tabela 3.10). Para ambos os sexos predominaram os trabalhadores da roça (80,8% deles e 38,9% delas). Entre as cativas também foram numerosas as utilizadas nos serviços domésticos (29,6%) e as cozinheiras (20,4%). Em vários casos foram declaradas ocupações duplas, amiúde mulheres que exerciam duas das atividades mais frequentes (por exemplo, "serviço de casa e roça", "serviço de roça e cozinha"), ou combinavam uma dessas três com alguma outra (por exemplo, "costureira e serviços domésticos", "cozinheira e engomadeira"). Para a

---

29 Sidney Chalhoub, servindo-se de exemplo extraído de uma ação cível iniciada em março de 1881, em que Manoel Talhão procurava anular a compra de Carlota, que fizera de Manoel Viana, menciona a existência de um período de teste, prévio ao registro da escritura: "temos aqui (...) uma transação de compra e venda na qual não é feita a escritura definitiva, contentando-se o comprador com uma procuração e um recibo. A explicação oferecida por Viana para essa forma de realizar a negociação, porém, é interessante: não se trata apenas de evitar despesas maiores na transferência, mas também de ficar com o escravo por um período de teste. (...) a prática do período de teste parecia bastante difundida, pelo menos nas transações realizadas na Corte na segunda metade do século XIX, e tal prática deixava aos negros um certo espaço de pressão ou interferência no rumo que teriam suas vidas." (CHALHOUB, 1990, p. 52) No Capítulo 4 descreveremos alguns casos que, ao menos em seus efeitos, aproximam-se dessa prática.

maioria das ocupações descritas, havia uma nítida correspondência com o sexo dos respectivos trabalhadores.

Tabela 3.10
Escravos Negociados Segundo Sexo e Ocupação
(Guaratinguetá, 1863-1869)

Ocupação	Homens	Mulheres
Serviço da roça	38	21
Serviço doméstico	–	16
Serviço de casa e roça	–	1
Serviço de roça e cozinha	–	1
Cozinheira(o)	1	11
Cozinheira e engomadeira	–	1
Costureira e cozinheira	–	1
Costureira e serviços domésticos	–	1
Lavadeira e costureira	–	1
Pajem	1	–
Pedreiro	2	–
Canteiro	1	–
Carpinteiro	1	–
Carapina	1	–
Campeiro	1	–
Sapateiro	1	–

Outros 15 homens e uma mulher foram descritos como "sem ofício".
Fonte: Escrituras de transações envolvendo escravos.

Somente para 55 indivíduos com ocupação descrita obtivemos o informe sobre o preço individual (cf. Tabela 3.11). Com poucas exceções, os preços médios dos roceiros, homens e mulheres, foram inferiores aos demais. Para as pessoas alocadas na lavoura, verificamos que o preço médio dos homens foi 54,2% superior ao das mulheres. Ademais, as 13 cativas empregadas no serviço doméstico custaram em média 22,0% a mais *vis-à-vis* as roceiras.[30] Consideradas as atividades com relativa especialização, os indivíduos mais caros foram o carapina e o campeiro. O primeiro deles era Romualdo, crioulo de 23 anos de idade, solteiro, vendido em dezembro de 1863 por dois contos de réis. O campeiro era Manoel, pardo de 24 anos, também crioulo, negociado em abril de 1866 por Rs.

---

30 A diferença entre preços médios de homens e mulheres empregados na roça mostrou-se estatisticamente significante (ao nível de significância de 2%); o mesmo não ocorreu, porém, com a diferença entre preços médios de mulheres roceiras e cativas ocupadas com tarefas domésticas.

1:800$000; este escravo era casado, porém foi vendido isoladamente, não constando da escritura qualquer menção à sua mulher.

Tabela 3.11
Preços Médios Nominais dos Escravos Segundo Sexo e Ocupação
(Guaratinguetá, 1863-1869)

Ocupação	Homens		Mulheres	
	Nº de escravos	Preços médios (em réis)	Nº de escravos	Preços médios (em réis)
Serviço da roça	22	1:325$909	5	860$000
Serviço doméstico	–	–	13	1:049$231
Serviço de casa e roça	–	–	1	500$000
Serviço de roça e cozinha	–	–	1	1:000$000
Cozinheira	–	–	4	1:075$000
Cozinheira e engomadeira	–	–	1	1:400$000
Costureira e serviços domésticos	–	–	1	1:360$000
Lavadeira e costureira	–	–	1	1:500$000
Pedreiro	1	1:200$000	–	–
Canteiro	1	1:700$000	–	–
Carpinteiro	1	1:500$000	–	–
Carapina	1	2:000$000	–	–
Campeiro	1	1:800$000	–	–
Sapateiro	1	1:200$000	–	–

Fonte: Escrituras de transações envolvendo escravos.

Tal como Manoel, outros cinco cativos, três do sexo feminino, descritos como casados, foram transacionados desacompanhados de seus cônjuges. É evidente que esses casos podem ser ilustrativos do impacto deletério do tráfico sobre as famílias escravas. Todavia, ao menos em um deles, ao contrário, a venda pode ter sido benéfica para a relação familiar. Aos 23 de março de 1863, Jesuíno Pereira Fróes vendeu para Manoel de Souza Arruda, os dois residentes em Guaratinguetá, "uma parte do escravo João de Nação", por Rs. 559$000, sendo João "de idade de trinta e oito anos pouco mais ou menos, casado com Margarida escrava do mesmo comprador". Infelizmente não consta(m) do documento o(s) nome(s) do(s) outro(s) proprietário(s) do cativo negociado.

Alguns dias antes, em 2 de março, um registro trazia exemplos do possível rompimento de laços familiares, ainda que esta ruptura talvez possa ser em alguma medida matizada pelo fato de tratar-se de uma transação efetuada no âmbito local.³¹ Àquela data, Dona Maria Francisca dos Santos vendeu 20 cativos para Fernando Augusto Simões. No grupo figurava Ignácia, de 28 anos, casada com Francisco, mas este não foi vendido. Catharina (10 anos), Benedita (11) e Eva (2) eram filhas de Ignácia e também compunham o conjunto. Foram negociadas três crianças (Justa, 8 anos; Theodora, 5; e Angélica, 7) filhas da escrava Anna, e outra ainda, Antonio, de ano e meio, filho da cativa Rosa; entretanto, nem Anna nem Rosa acompanharam suas proles. Por fim, há mais crianças (Fortunato, 13; Francelino, 9; Mariano, 8; Elias, 4) que integraram o grupo comercializado – 10 dos 20 cativos tinham idades inferiores a 12 anos – sem que tenha sido feita qualquer referência a seus pais.

Não obstante as possíveis rupturas familiares, 60 (25,1%) das pessoas negociadas em Guaratinguetá estavam junto com pelo menos um membro de suas famílias. Quatro quintos dentre elas foram objeto de negócios no âmbito local, proporção que chega aos 90% considerada a soma dos tráficos local e intraprovincial. Eram casais, com ou sem filhos, mães acompanhadas de sua prole (casadas, viúvas, solteiras ou de estado conjugal não especificado), e irmãos (ao menos com a mesma mãe escrava). Mais da metade (32) desses cativos tinham 12 ou menos anos de idade. De maneira sintomática, enquanto as 32 crianças comercializadas "em família" repartiam-se de forma equilibrada no que respeita ao sexo (16 meninos e 16 meninas), os demais 27 escravos negociados com 12 ou menos anos eram predominantemente meninos (20; uma razão de sexo igual a 285,7). Em torno de 80% dessas crianças, com ou sem familiares presentes, foram transacionadas no comércio local.

---

31 Por exemplo, e muito embora referindo-se a uma separação entre pais e filho ocorrida sobre um pano de fundo bastante distinto do verificado em Guaratinguetá, Motta & Valentin discutem o entendimento dos plantéis de escravos como universos estanques: "até que ponto seria de fato razoável entender um desmembramento familiar tal como esse (...) como implicando uma ruptura efetiva num contexto como o de Apiaí nas décadas iniciais do Oitocentos? Em uma comunidade pequena, que vivenciara sim um certo apogeu no século anterior, com fundamento na extração aurífera, mas que empobrecera e estagnara numa produção de subsistência, a qual provavelmente não avançava muito além do autoconsumo, faria sentido pensarmos os distintos plantéis, os inúmeros agregados forros, os múltiplos domicílios chefiados por ex-escravos, os variados fogos habitados por indivíduos livres, amiúde pobres ou possuidores de modestos recursos, enfim, esses diversos microcosmos como conformando universos estanques?" (MOTTA & VALENTIN, 2002, p. 185)

Encerramos esta seção com um exemplo adicional das dificuldades defrontadas pelas famílias escravas. Aos 28 de março de 1864, Prudente José Lourenço trocou Fortunata, de 20 anos, por Graciana, de 24, ambas crioulas, pretas, solteiras e avaliadas em um conto de réis, esta última pertencente ao Barão de Guaratinguetá. Mas havia um "detalhe" a mais, pois Fortunata, disse Prudente, "tem uma filha de nome Benedita com idade de sete meses, fica nesta mesma declarada sua liberdade, e de cuja liberdade só poderá gozar depois de minha morte". Assim sendo, Benedita continuou escrava de Prudente, e sua mãe passou a ser cativa do Barão. É suscitada, de pronto, a questão: com quem de fato ficou o bebê de sete meses? Quem a amamentaria? Graciana? A própria Fortunata, uma vez que os dois contratantes moravam em Guaratinguetá, e talvez os respectivos plantéis de escravos não fossem radicalmente separados em termos da socialização possível entre seus membros? Menos de um mês depois, em 21 de abril, Prudente Lourenço vendeu Graciana de volta ao Barão, o qual teria, pois, ficado de posse das duas mulheres, ao passo que Prudente teria permanecido senhor da pequena Benedita.

Constituição

Um primeiro comentário a ser feito acerca das quase quatro centenas de cativos negociados em Constituição nos anos de 1860 tem a ver com o elevado contingente para o qual não foi possível identificar o tipo do tráfico. Foram 87 escravos, mais de um quinto (21,8%) do total (cf. Tabela 3.12).[32] Tivéssemos nos valido tão somente das escrituras essa cifra teria sido maior. Porém, a consulta ao *Almanak da província de São Paulo para 1873* (LUNÉ & FONSECA, 1985) permitiu-nos computar como moradores na própria localidade muitos dos contratantes cuja residência não foi declarada no documento.[33] Nos 73 casos de compras e vendas que ainda assim permaneceram não identificados, notamos o seguinte: para 24 não sabemos onde moravam os compradores e em 62 desconhecemos o

---

[32] A maioria deles foi comprada/vendida (73, um deles apenas "em parte"), 9 foram permutados e 5 doados (uma das doações somente de parte do cativo).

[33] O recurso ao *Almanak* foi um procedimento adotado igualmente, frisemos, e sempre com bons resultados, para as demais localidades examinadas.

local de residência dos vendedores;[34] dez escravos foram vendidos e 48 comprados por moradores em Constituição; um comprador residia em Capivari (SP) e um vendedor em Vassouras (RJ). Esses números refletem, assim o cremos, de um lado, a importância que tiveram em Constituição as transações que extrapolaram o universo local e, de outro, um dinamismo econômico, em boa medida assentado na expansão da cafeicultura na região, que implicava maior relevância do fluxo de entrada de cativos.

Tabela 3.12
Escravos Negociados Segundo Sexo, Origem e Tipo do Tráfico
(Constituição, 1861-1869)

Tráfico/Origem	Homens	Mulheres	Razões de Sexo
Local			
africanos	22	7	314,3
demais	54	69	78,3
total	76	76	100,0
Intraprovincial			
africanos	4	2	200,0
demais	68	33	206,1
total	72	35	205,7
Interprovincial			
africanos	1	–	–
demais	47	5	940,0
total	48	5	960,0
Não identificado			
africanos	11	5	220,0
demais	42	29	144,8
total	53	34	155,9
Totais	**249**	**150**	**166,0**

A razão de sexo é definida como o número de homens para cada grupo de 100 mulheres.
Fonte: Escrituras de transações envolvendo escravos.

Compunham essas movimentações não identificadas 16 africanos, 11 deles do sexo masculino. Dentre os 71 não africanos, dispomos do informe da naturalidade para 30 indivíduos: quatro eram da própria Constituição (dois de cada sexo),

---

34 Para 13 desses cativos comprados/vendidos não identificamos o local de moradia tanto de vendedores como de compradores.

outros oito eram paulistas (quatro homens e quatro mulheres: de Campinas, um; Indaiatuba, dois; Jundiaí, dois; Botucatu, um; Rio Claro, um; e o restante descrito como natural "desta província"), um único homem era do Rio de Janeiro e 17 escravos eram naturais de províncias do Norte-Nordeste (16 homens, 13 da Bahia e três identificados como "do Norte"; e uma mulher, de Pernambuco).

Se tomássemos esses dados da naturalidade dos cativos como critério alternativo para estabelecermos o tipo do tráfico, esses 30 casos apontariam o predomínio das entradas.[35] Por exemplo, os escravos baianos, a pernambucana e os "do Norte" foram todos vendidos por indivíduos cuja residência não foi declarada, mas sabemos que 11 dos baianos e a pernambucana foram comprados por residentes em Constituição (12 entradas, pois, no conjunto de 18 pessoas naturais de outras províncias). Mais ainda, enquanto no hipotético comércio intraprovincial haveria equilíbrio entre os sexos e os municípios arrolados seriam todos próximos à localidade examinada (os mais distantes seriam Jundiaí e Botucatu, ambos a menos de 100 quilômetros), no interprovincial a supremacia masculina seria quase absoluta e apenas um cativo seria fluminense, ao passo que os demais teriam provavelmente trilhado percursos bem mais extensos.

Em suma, em Constituição na década de 1860 foram vários os casos de cativos negociados cuja movimentação não pudemos determinar. Não obstante, tudo indica ser bastante plausível supormos que esse contingente formou-se também com a participação do comércio interprovincial. O impacto dessa participação estaria, de resto, refletido no valor da razão de sexo (155,9). Efetivamente, se excluíssemos os indivíduos identificados como naturais de outras províncias, o mencionado indicador reduzir-se-ia para 109,1, cifra muito mais próxima do equilíbrio entre os sexos.

Enquanto aproximadamente um quinto dos escravos foi classificado na categoria do tráfico "não identificado", quase dois quintos (38,1%) foram transacionados localmente.[36] Em um desses negócios, destaquemos, uniram-se uma

---

35 O raciocínio desenvolvido neste parágrafo, portanto, tem tão somente um caráter hipotético, uma vez que não é possível sabermos se os deslocamentos aventados estariam vinculados às transações registradas ou se eles teriam ocorrido em algum momento anterior. De fato, como veremos mais adiante, muitos dos indivíduos vendidos em Constituição por meio dos comércios local e intraprovincial foram descritos como naturais de outras províncias.

36 Foram 152 cativos, dos quais 146 (96,1%) comprados/vendidos (oito deles apenas "em parte"), quatro permutados e dois doados.

operação de compra e venda de um casal de cativos e a cessão aos cônjuges de liberdade sob condição, estabelecida pela contratante que os adquiriu. Aos 10 de agosto de 1868, Manoel Bueno de Godói vendeu para Dona Isabel de Siqueira Cardoso, por Rs. 1:400$000, Adão e sua mulher Felisberta, ambos com 50 anos de idade e naturais da província de São Paulo. Consoante lemos na escritura, "pela compradora também foi dito que aceitava a presente, conforme se acha declarada, e concede pela presente aos ditos escravos plena liberdade, com a única condição de a servirem durante sua vida".

No conjunto das pessoas negociadas no âmbito local, os africanos somaram 29 (19,1%), com marcado predomínio masculino. As mulheres, por seu turno, compuseram a maioria dos 123 cativos não africanos. Para pouco mais da metade (64) destes últimos obtivemos o informe da naturalidade: 29 eram de Constituição, outros 28 eram igualmente paulistas (um de Indaiatuba, um de Santana de Parnaíba, dois de Itu e 24 "naturais desta província") e tão somente sete eram de outras regiões (três baianos, dois fluminenses, um pernambucano e um maranhense). Por conseguinte, nas transações locais, nos casos em que podemos afirmar ter existido ao menos um deslocamento prévio dos escravos crioulos negociados, a maioria dessas movimentações não foi além do território de São Paulo, embora não fossem inexistentes os trânsitos mais extensos.

Por fim, ainda com fundamento na Tabela 3.12, o tráfico intraprovincial envolveu 107 cativos, cerca do dobro do interprovincial (53). Em ambos, os africanos quase não se fizeram presentes. Em ambos também a supremacia numérica dos homens foi expressiva, sobretudo no comércio entre províncias. E, novamente em ambos, as entradas em Constituição foram mais numerosas do que as saídas (cf. Tabela 3.13); de fato, no trânsito interprovincial, uma única escritura referiu-se a um indivíduo deslocado para fora de São Paulo.

O documento mencionado dizia respeito a uma permuta acordada, aos 12 de agosto de 1862, entre um escravista morador em Constituição e outro residente na Corte do Rio de Janeiro. O primeiro, Carlos de Arruda Botelho, trocou seu cativo José, de 18 anos de idade, por Isidoro, de 16 anos, pertencente ao segundo, José Maria Pinto Guimarães.[37] Os dois escravos eram crioulos, pretos, solteiros e valiam Rs. 1:500$000. Entendemos a mudança de proprietário de José como acarretando a movimentação do cativo de Constituição para a Corte, portanto

---

37 Os demais 44 escravos indicados na Tabela 3.13 e transacionados no tráfico interprovincial foram todos comprados por moradores em Constituição.

um negócio afeto ao comércio interprovincial de saída; em contrapartida, Isidoro foi computado como integrando o mesmo tipo de tráfico, porém de entrada.

Tabela 3.13
Entradas e Saídas Segundo Sexo e Tipo do Tráfico
(Constituição, 1861-1869)

Tráfico/Sentido do fluxo	Homens	Mulheres	Totais
Intraprovincial			
entradas	50	25	75
saídas	21	8	29
totais[1]	71	33	104
Interprovincial			
entradas	40	5	45
saídas	1	–	1
totais[2]	41	5	46

[1] Excluídos um homem e duas mulheres, ele negociado por moradores em Pirapora (SP) e elas por contratantes residentes em Capivari (SP).

[2] Excluídos sete homens, seis deles comercializados por vendedor residente no Rio de Janeiro e comprador de Capivari (SP), e o outro cujo vendedor morava em Porto das Caixas (RJ) e o comprador em Botucatu (SP).

Fonte: Escrituras de transações envolvendo escravos.

Uma das escravas negociadas no comércio intraprovincial integrou duas transações que convém descrever com mais detalhes. Em novembro de 1867 foi registrada uma escritura em que se conjugava uma dação em pagamento e uma operação de venda, no total de Rs. 11:692$240. Nela, o Alferes Antonio de Almeida Leite, morador em Constituição, quitava uma dívida que detinha para com o Barão de Limeira; este, residente em São Paulo, fazia-se representar por seu procurador, o Coronel Alexandre Luis de Almeida Barros, igualmente morador em Constituição e que participou também como um terceiro contratante a compor o negócio, conforme transcrevemos a seguir:

> (...) foi dito pelo primeiro [o Alferes] que sendo devedor ao segundo da quantia de onze contos, seiscentos e noventa e dois mil, duzentos e quarenta réis de principal e prêmios de uma escritura de dívida e hipoteca de sítio e escravos, que passou ao Comendador Francisco José da Conceição que a transferiu a aquele Barão, pela presente dava a pagamento ao mesmo a sua escrava de nome Constança crioula de dez anos,

pela quantia de oitocentos e noventa e dois mil duzentos e quarenta réis, e vendia ao Coronel Alexandre Luis de Almeida Barros os oito escravos seguintes (...) pela quantia de dez contos de réis, digo de dez contos e oitocentos mil réis que serão pelo comprador aplicados a pagamento da mencionada dívida a que estavam sujeitos estes escravos por hipoteca, dando-lhe desta a competente quitação, visto ficar sua dívida saldada.

Esse negócio foi por nós desmembrado em dois. A venda dos oito cativos, do Alferes Antonio para o Coronel Alexandre, foi computada entre as transações efetuadas no âmbito local. Já a dação em pagamento de Constança foi classificada no tráfico intraprovincial de saída. É bem possível, porém, que a escrava não tenha saído efetivamente de Constituição, pois, em janeiro do ano seguinte, 1868, foi registrada escritura no valor de novecentos mil-réis, mediante a qual o Barão de Limeira, por seu bastante procurador, Dr. Prudente José de Morais Barros, doou Constança de volta para seu antigo senhor, o Alferes Antonio Leite, "(...) com a condição de não poder ser vendida, tirada por dívida, ou alienada por qualquer forma, devendo por sua morte passar a seus herdeiros". Optamos por tabular essa doação, tal como a dação em pagamento da mesma Constança, juntamente com os demais negócios intraprovinciais, desta feita de entrada.[38]

Os municípios nos quais residiam os contratantes nomeados nas escrituras atinentes aos escravos negociados no comércio intraprovincial estão listados na Tabela 3.14. Tais localidades aparecem ordenadas de acordo com a distância computada a partir de Constituição, desde as mais próximas, as vizinhas Limeira e Capivari, situadas a menos de 30 quilômetros, até a mais distante, Xiririca (atual Eldorado), localizada a pouco menos de 200 quilômetros. Foram 21 os municípios paulistas onde moravam proprietários que venderam seus escravos para Constituição; em nove deles residiam também indivíduos que realizaram negócios no sentido inverso.[39] Se traçássemos uma circunferência com centro em Constituição e um raio de 100 quilômetros, verificaríamos que a maioria dos municípios arrolados (13) estaria nela inserida, ao passo que apenas quatro de-

---

38 Além das duas transações envolvendo a cativa em tela, os outros 102 indivíduos movimentados de outras localidades paulistas para Constituição, ou de Constituição para outras localidades paulistas, foram todos comprados/vendidos (dois deles "em parte").

39 Não será demais lembrarmos que esses números estão limitados às transações cujas escrituras foram lançadas em Constituição, com o que decerto não se referem à totalidade dos negócios havidos.

les ficariam de fora de uma circunferência cujo raio fosse de 150 quilômetros (Jacareí, Itapeva, Santos e Xiririca).

A informação acerca da naturalidade dos cativos brasileiros negociados internamente aos limites do território paulista evidenciou que, ao menos em alguns casos, essas pessoas haviam já sofrido deslocamentos anteriores. Assim, dos 29 escravos "exportados" da localidade, um era natural de Itu e foi vendido para um morador em Capivari, outro era natural de Cuiabá, na Província de Mato Grosso, e o terceiro era do Maranhão, os dois últimos comprados por escravistas residentes em Rio Claro. Dentre as 75 pessoas "importadas" de outras localidades paulistas, 20 foram descritas como naturais de outras províncias e negociados por moradores em Itu, Porto Feliz, Jacareí, Santana de Parnaíba e Itapeva; sete desses cativos eram naturais de Pernambuco, quatro do Rio de Janeiro, quatro de Minas Gerais, quatro da Bahia e um do Ceará. Houve também um cativo natural de São Sebastião (SP), vendido por um morador em Itu. E identificamos ainda quatro casos de escravos naturais de Constituição que estavam "voltando" para a localidade, vendidos por residentes em São Paulo (um), São Carlos (dois) e Capivari (um).

Tabela 3.14
Escravos Negociados no Tráfico Intraprovincial
(Constituição, 1861-1869)

Distância/Local de moradia dos contratantes	Entradas	Saídas
menos de 50 km		
Limeira	1	3
Capivari	3	5
Rio Claro	1	4
de 50 a 100 km		
Porto Feliz	9	1
Indaiatuba	1	–
Campinas	3	2
Brotas	1	–
Itu	8	1
Tatuí	12	2
São Carlos	2	–
Botucatu	1	1
Sorocaba	2	9
Pirapora	1	–
de 101 a 150 km		
Santana de Parnaíba	3	–
Araraquara	5	–
Cotia	1	–
São Paulo	17	1
de 151 a 200 km		
Jacareí	1	–
Itapeva	1	–
Santos	1	–
Xiririca	1	–
Totais	**75**	**29**

Fonte: Escrituras de transações envolvendo escravos.

Na Tabela 3.15 centramos nossa atenção nos cativos transacionados no tráfico interprovincial, os quais são distribuídos de acordo com os locais de moradia dos vendedores, bem como do único comprador – este último, José Maria Guimarães, como vimos, adquiriu o escravo José, trocado por seu cativo Isidoro. Para um terço das entradas (15) sabemos tão somente a província onde os vendedores residiam; para os demais casos, obtivemos o nome do município. Mais da metade (24) dos escravos foram adquiridos de contratantes moradores na província do Rio de Janeiro, outros três na também limítrofe Minas Gerais e 18 (40,0%) em províncias localizadas no Nordeste: Bahia (dez), Maranhão (três), Piauí (dois), Ceará (dois) e Pernambuco (um). Para 34 desses indivíduos negociados no tráfico entre províncias foi informada a naturalidade, a qual revela uma distribuição entre províncias um tanto diferente *vis-à-vis* a disposta na tabela em questão. Em especial, os fluminenses foram apenas sete, enquanto os baianos somaram 13.[40] As demais naturalidades foram: do Maranhão (quatro), Minas Gerais (três), do Ceará (dois), Piauí (dois), Pernambuco (um), Sergipe (um) e Rio Grande do Norte (um).

Do conjunto de 399 cativos negociados em Constituição no período em tela, para 99 (24,8%) houve a intermediação de procuradores representando ao menos uma das partes contratantes. Essa proporção, como esperado, foi menor no tráfico local (11,2%) em comparação ao intra (26,2%) e interprovincial (86,8%). No comércio entre províncias, apenas sete escravos foram transacionados por proprietários que se fizeram presentes na lavratura das respectivas escrituras, todos eles residentes no Rio de Janeiro. Ademais, nas operações de compra e venda de 36 pessoas no tráfico interprovincial, obtivemos o informe acerca do local de moradia dos procuradores dos vendedores: cidade de São Paulo (dois casos), Jacareí (três), província paulista (nove) e Rio de Janeiro (22). A consideração conjunta das informações sobre a naturalidade dos cativos, os locais de residência de vendedores, compradores e eventuais procuradores, bem como acerca dos subestabelecimentos de procurações realizados, permitiu-nos verificar ter sido decerto bastante extenso o caminho percorrido por alguns dos escravos transacionados.

---

[40] Sobre essa presença relativamente expressiva dos baianos, há que reiterar algumas das considerações feitas no capítulo anterior. Assim, não obstante a menor intensidade relativa do tráfico interprovincial no geral da década de 1860, identificada por GORENDER (1985, p. 327-328), Maria José Souza de Andrade observou: "Os dados oficiais mostram que no início da década de 60 aumentou o movimento de escravos que deixavam a Bahia. (...) [Todavia] O início da guerra civil nos EUA e o crescimento da produção do algodão no Nordeste contribuíram para reduzir o êxodo de escravos da Bahia, após 1861." (ANDRADE, 1988, p. 125) A severa seca verificada em fins do decênio anterior parece ter imposto seus efeitos, mormente no movimento dos escravos baianos (cf. NEVES, 2000, p. 104).

Tabela 3.15
Escravos Negociados no Tráfico Interprovincial
(Constituição, 1861-1869)

Local de moradia dos contratantes	Entradas	Saídas
Cabo Frio (RJ)	1	–
Campos (RJ)	1	–
Niterói (RJ)	2	–
Corte (RJ)	10	1
Rio de Janeiro	10	–
Alfenas (MG)	3	–
Inhambupe (BA)	4	–
Jacobina (BA)	1	–
Vitória (BA)	1	–
Salvador (BA)	4	–
Príncipe Imperial (PI)	1	–
Teresina (PI)	1	–
Aracati (CE)	1	–
Ceará	1	–
Pernambuco	1	–
Maranhão	3	–
Totais	**45**	**1**

Fonte: Escrituras de transações envolvendo escravos.

Por exemplo, aos 24 de novembro de 1868, Antonio Bruno de Araújo Leite, morador no Rio de Janeiro, vendeu nove cativos para Albano de Toledo Silva, residente em Constituição. Antonio Leite efetivou essa venda na qualidade de procurador de sete escravistas. Florentino, uma das pessoas comercializadas, era natural do Piauí. Seu proprietário, Francisco Ignácio da Fonseca, morava no município de Príncipe Imperial (PI); todavia, estava outorgando a procuração em Fortaleza (CE). Florentino, portanto, pode ter transitado pelas províncias do Piauí, Ceará, Rio de Janeiro e São Paulo. Outro dos escravistas residia e passou sua procuração em Aracati (CE) para venda de um seu cativo natural do Rio Grande do Norte. Antonio Bruno recebeu também procuração da firma Morais & Irmão, sediada no Maranhão, para venda de Julião (piauiense) e Francisco (baiano). Mais dois baianos foram vendidos por proprietários moradores em Teresina (PI) e na Corte do Rio de Janeiro. Por fim, completando a aludida transação, Leon

Cohen, negociante da Corte, outorgou procuração a Antonio Leite para venda de dois escravos fluminenses.

No Gráfico 3.5 fornecemos a distribuição dos cativos negociados segundo faixas etárias, origem e sexo. No tocante à origem, notamos o esperado perfil relativamente envelhecido do contingente de africanos: 86,5% deles com idades iguais ou superiores a 30 anos; porcentual que se reduziu para 13,9% considerados os demais escravos. Quanto ao sexo, percebemos a maior frequência de indivíduos na faixa dos 15 aos 29 anos, tanto homens (46,4%) como mulheres (47,0%). As cativas, de fato, apresentaram-se relativamente mais jovens comparadas aos escravos do sexo masculino: 35,6% delas tinham menos de 15 anos de idade, proporção que ia pouco além de um quarto (26,6%) entre eles. Essa diferença explica-se, ao menos em parte, pela participação distinta dos africanos de acordo com o sexo: eles perfaziam 15,3% dos homens e 9,3% das mulheres.

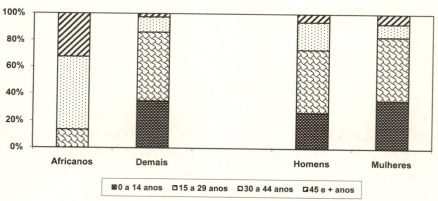

Gráfico 3.5
Escravos Negociados: Faixas Etárias, Origem e Sexo
(Constituição, 1861-1869)

Fonte: Escrituras de transações envolvendo escravos.

As mesmas faixas etárias dos cativos, agora consideradas juntamente com o tipo do tráfico, compõem o Gráfico 3.6. Verificamos o peso relativo crescente das pessoas com menos de 30 anos: 67,6% no comércio local, 86,8% no intraprovincial e 92,4% no tráfico entre províncias; neste último, não foi negociado nenhum escravo de idade igual ou superior a 45 anos. A esse comportamento correspondeu uma razão de sexo igualmente crescente (100,0, 205,7 e 960,0, respectivamente, nos três tipos de comércio; cf. Tabela 3.12). Vale dizer, embora as transações em geral privilegiassem os cativos mais jovens, em especial os de 15 a 29 anos, a "qualidade" da escravaria negociada, em termos de sua distribuição sexual e etária, mormente da perspectiva do trabalho na lavoura, crescia à medida que os negócios envolviam deslocamentos por maiores distâncias. Por seu turno, o comércio "não identificado" apresentou uma distribuição etária que mais se assemelhou à dos indivíduos transacionados localmente.[41]

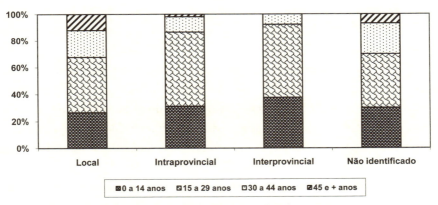

Gráfico 3.6
Escravos Negociados: Faixas Etárias e Tipo do Tráfico
(Constituição, 1861-1869)

Fonte: Escrituras de transações envolvendo escravos.

Para cerca de dois quintos (40,6%) dos cativos negociados obtivemos o informe do preço (cf. Tabela 3.16). Não consideramos os preços individuais de sete escravos que foram descritos com os seguintes atributos: "meia idiota", "rendido das virilhas", "doente de uma ferida na perna", "com defeitos", "louco", "tem falta de vista e é surdo" e "tem duas rendeduras nas virilhas". Restaram 162 observações: eram os preços de 97 homens e 65 mulheres. Eles custaram em média 20,5% mais do que elas. Levando em conta apenas o contingente dos adultos

---

41 Muito embora, como vimos, o informe da naturalidade dos escravos indicar ser possível haver movimentações entre províncias no conjunto dos trânsitos não identificados. Considerando, no aludido conjunto, apenas os 18 indivíduos que sabemos serem naturais de outras províncias, observamos, com efeito, uma distribuição etária que se diferencia da verificada no comércio local e se aproxima da percebida no trânsito interprovincial: todos os 18 tinham menos de 30 anos de idade e cinco deles inseriam-se na faixa dos zero aos 14 anos.

jovens, mais caros do que os escravos em geral, notamos que se manteve praticamente inalterada essa diferença em favor do sexo masculino (20,2%).[42]

Tabela 3.16
Preços Médios Nominais dos Escravos em Geral
e dos Cativos Adultos Jovens, Segundo Sexo
(Constituição, 1861-1869)

Sexo	Número de escravos	Preço médio (em réis)
Homens	97	1:537$766
Mulheres	65	1:275$954
Homens de 15 a 29 anos	49	1:819$388
Mulheres de 15 a 29 anos	35	1:513$171

Fonte: Escrituras de transações envolvendo escravos.

E para mais da metade dos escravos (56,6%) constou das escrituras a ocupação (cf. Tabela 3.17). Verificamos o predomínio das pessoas empregadas no serviço da lavoura, independentemente do sexo, ainda que essa supremacia numérica dos roceiros fosse mais intensa entre os homens. Os serviços domésticos compunham a segunda ocupação mais frequente, com maior peso relativo entre as cativas. Além dessas duas, o elenco de ocupações era mais limitado para o sexo feminino (seis cozinheiras e uma costureira e roceira) comparado ao masculino (entre os quais foram descritas as atividades de pedreiro, alfaiate, copeiro, carapina, carpinteiro, sapateiro e ferreiro). Os escravos identificados com suas ocupações, ademais, foram negociados em todos os tipos de tráfico considerados. Por exemplo, um dos sapateiros e o copeiro foram vendidos para Constituição por proprietários residentes na Corte do Rio de Janeiro. O outro sapateiro, o alfaiate e a costureira foram objeto do tráfico intraprovincial.[43] Os ferreiros, pedreiros e o carapina foram transacionados no âmbito local.

---

42 Em ambos os casos – no geral e na faixa etária mencionada – as diferenças entre preços médios de homens e mulheres mostraram-se estatisticamente significantes (nível de significância de 0,2%). Repetindo o lembrete que fizemos nas duas seções anteriores, o recorte dos preços dos adultos jovens consoante o tipo do tráfico será feito mais adiante neste capítulo, computados os informes para o conjunto das localidades estudadas.

43 Em um desses negócios intraprovinciais, o Dr. Manoel de Morais Barros, de Constituição, vendeu, por Rs. 1:800$000, para Justiniano de Mello Oliveira, morador em Rio Claro, o cativo Bernardo, crioulo de 18 anos de idade, natural do Maranhão. Lemos na escritura que Bernardo era trabalhador de roça e cozinheiro; mas, escreveu também o tabelião, "declarou mais [o vendedor] que o motivo da venda era

Tabela 3.17
Escravos Negociados Segundo Sexo e Ocupação
(Constituição, 1861-1869)

Ocupação	Homens	Mulheres
Serviço da roça	138	45
Serviço doméstico	5	17
Serviço de roça e cozinha	1	1
Cozinheira	–	6
Costureira e roceira	–	1
Serviço de roça e pedreiro	1	–
Pedreiro	1	–
Alfaiate	1	–
Copeiro	1	–
Carapina	2	–
Sapateiro	2	–
Ferreiro	4	–

Outros 5 homens foram descritos como "sem ofício", e uma mulher como "de todo o serviço".
Fonte: Escrituras de transações envolvendo escravos.

Na Tabela 3.18 fornecemos a distribuição dos indivíduos para os quais obtivemos tanto o informe do preço como o da ocupação. Com poucas exceções – os ferreiros e as cozinheiras –, os preços médios de roceiros e de cativos empregados no serviço doméstico foram menores *vis-à-vis* as demais ocupações. Entre os homens, os trabalhadores domésticos foram ligeiramente mais caros do que os do serviço da roça, inversamente ao verificado entre as mulheres. Ainda no que tange às duas atividades mais frequentes, notamos que os preços médios dos homens foram superiores aos das mulheres.[44]

---

por não servir dito escravo para pajem, por ser velhaco e ter fugido". Tais atributos, ao que parece, não afetaram o preço pelo qual o negócio foi fechado.

44 No entanto, dentre as diferenças de preços referidas nesse parágrafo, apenas a atinente às pessoas utilizadas nos serviços domésticos (homens *versus* mulheres) mostrou-se estatisticamente significante (nível de significância de 5,2%). Por exemplo, no caso dos roceiros (homens *versus* mulheres), a refutação da hipótese de igualdade das médias exigiria um nível de significância de 33,0%.

Tabela 3.18
Preços Médios Nominais dos Escravos Segundo Sexo e Ocupação
(Constituição, 1861-1869)

Ocupação	Homens		Mulheres	
	Número de escravos	Preços médios (em réis)	Número de escravos	Preços médios (em réis)
Serviço da roça	51	1:601$790	17	1:453$000
Serviço doméstico	5	1:680$000	11	1:345$546
Serviço de roça e cozinha	1	1:800$000	–	–
Cozinheira	–	–	2	1:050$000
Costureira e roceira	–	–	1	1:800$000
Pedreiro	1	2:000$000	–	–
Alfaiate	1	2:000$000	–	–
Sapateiro	2	2:000$000	–	–
Ferreiro	4	1:662$500	–	–

Fonte: Escrituras de transações envolvendo escravos.

Observamos, por fim, que 94 (23,6%) dos 399 escravos foram negociados junto com ao menos um familiar.[45] Foram 16 casais sem filhos, cinco casais com sua prole (11 crianças), 19 mães (13 solteiras, três viúvas e três de estado conjugal não especificado) com seus filhos (18 delas com um rebento e a restante com dois), e um homem casado, João, de 40 anos de idade, acompanhado por sua filha, Benedita, de 20 anos. Desse conjunto, a maioria (58,5%) foi objeto do comércio local. Aos demais tipos de tráfico corresponderam os seguintes porcentuais: 14,9% (intraprovincial), 5,3% (interprovincial) e 21,3% (não identificado). Já as participações relativas dos indivíduos negociados "em família" sobre os totais de cada tipo de tráfico oscilaram de um mínimo inferior a um décimo (9,4%) no comércio entre províncias a um máximo superior a um terço (36,2%) nos negócios locais.[46]

Pouco menos de um terço (31,9%) dos escravos acompanhados de familiares inseria-se na faixa etária de zero a 12 anos. Eram 12 meninos e 18 meninas. Outras 60 crianças nessa mesma faixa etária foram transacionadas, 35 delas do sexo masculino; é possível que, em alguns casos, houvesse parentes presentes. Por exemplo, em dezembro de 1861 foi registrada uma venda de 12 cativos,

---

[45] Outros 12 (oito homens e quatro mulheres) eram casados e foram transacionados desacompanhados dos respectivos cônjuges (sete deles em escrituras em que um único indivíduo foi negociado).

[46] Igualando-se a 13,1% no tráfico intraprovincial e a 23,0% no não identificado.

sendo dois casais, dois homens e uma mulher solteiros adultos e cinco crianças (três de 9 anos, uma de 5 e a outra de 2). Não foi mencionado qualquer vínculo de parentesco ligando essas crianças às demais pessoas vendidas, mas seria plausível supor que houvesse entre esses cinco menores um ou mais filhos de um ou mesmo dos dois casais negociados, ou ainda da mulher solteira. Todavia, a maioria desses 60 meninos e meninas não contava com a presença de familiares; em 31 das respectivas escrituras, os negócios envolviam apenas um cativo. Esse o caso de Theodora, crioula de 7 anos de idade, vendida aos 2 de janeiro de 1862 por D. Ana Delfina do Amaral para José Antonio Gonçalves de Oliveira e, cinco dias depois, revendida para Joaquim Antonio do Couto, os três escravistas moradores em Constituição.[47]

Casa Branca

Das quatro transações registradas em Casa Branca em 1869 cujos informes coletamos, duas foram efetuadas entre moradores da própria localidade. Ambas eram escrituras de compra e venda, datadas de outubro daquele ano, em que um único escravo foi comercializado. Numa delas, Joaquim, de 28 anos e estado conjugal não descrito, foi vendido por Rs. 2:200$000; na outra, Maria, de 8 anos, solteira, foi negociada por Rs. 600$000.[48] Os dois cativos vendidos eram naturais, respectivamente, de Batatais e Caconde, esta última distando pouco menos de 50 e aquela pouco mais de 100 quilômetros de Casa Branca. Os vendedores, em ambos os casos, declararam haver adquirido as pessoas vendidas pela compra, negócios que poderiam responder pelo prévio deslocamento de Joaquim e de Maria desde os municípios onde nasceram até Casa Branca.

As duas escrituras restantes referiram-se a negócios intraprovinciais. Na primeira, de 24 de novembro, o Dr. José Bernardo de Loyola, residente no

---

47 Desse conjunto de 60 crianças, pelo menos metade foi negociada fora do âmbito local: 21 no tráfico intraprovincial e 10 no comércio entre províncias. Foram 12 as crianças transacionadas no tráfico de tipo "não identificado".

48 Se as vendas de Theodora, em Constituição, possivelmente eram ilustrativas do contexto prévio à vigência da legislação proibitiva da separação entre pais e filhos menores no comércio de cativos, lembremos que o Decreto que trazia tal proibição foi datado de 15 de setembro de 1869 (cf. Capítulo 2), anteriormente, portanto, à venda de Maria, ocorrida em outubro em Casa Branca. A proximidade temporal dos dois eventos quiçá explique a realização do negócio, apesar da vigência da lei; ou, talvez, os pais de Maria fossem falecidos (hipótese também válida para o caso de Theodora).

município próximo de São João da Boa Vista, vendeu Theresa, crioula de 16 anos de idade, para o Dr. Eleutério da Silva Prado, morador na cidade de São Paulo. A escrava, preta, de estado conjugal não informado, era natural de São João e custou Rs. 1:500$000. O comprador esteve presente ao ato do registro, enquanto o vendedor fez-se representar por seu procurador, Capitão José Caetano de Lima, residente em Casa Branca. Uma vez que nenhum dos contratantes, somente esse procurador, é descrito como morador na localidade onde se registrou a escritura, não é possível ter certeza se Theresa lá esteve em algum momento, ou se foi deslocada diretamente de São João da Boa Vista para a capital da província. Não obstante, como veremos adiante, no Capítulo 4, nos anos de 1870 identificamos a presença significativa da família Prado no comércio de cativos registrado em Casa Branca. Com interesses e propriedades familiares na região, não nos deve surpreender que o Dr. Eleutério tenha efetivado pessoalmente a compra de Theresa naquele dia de novembro de 1869; talvez, então, fosse mais acertado sugerir que o destino daquela jovem era mesmo Casa Branca, e não a cidade de São Paulo.

O segundo dos negócios aludidos pôde ser classificado com maior certeza: tratou-se de um exemplo de tráfico intraprovincial "de entrada". Na véspera do Natal de 1869, Serafim Caldeira Brant vendeu, por quinhentos mil-réis, sua cativa Luísa, crioula de dez anos de idade, para Antonio Vieira Fernandes. A menina era natural de São João da Boa Vista, município onde também residia seu proprietário, Serafim. O vendedor foi representado por seu procurador, Urias Gonçalves dos Santos, que, tal como o comprador, morava em Casa Branca.

Comparando as localidades

Tendo em vista o limitado número de escrituras coletadas para Casa Branca, a análise comparativa concernente aos anos de 1860, objeto desta seção, centraliza-se nas três outras localidades selecionadas. A média anual de escravos negociados igualou-se a 46,0 em Areias, 34,1 em Guaratinguetá e 44,3 em Constituição.[49] No caso de Areias, tal média correspondeu a 1,0% do total da população cativa lá existente em 1854, porcentual que se alçou a 3,2% em Constituição. Como vimos no Capítulo 1, em 1854, os 4.492 escravos de Areias

---

49 Essas médias foram calculadas para os seguintes períodos: 1867-1869 (Areias), 1863-1869 (Guaratinguetá) e 1861-1869 (Constituição).

(incluídos nessa cifra os cativos do Barreiro) perfaziam 50,4% do total de habitantes, enquanto os 1.370 de Constituição (aí inseridos os de Santa Bárbara) compunham 22,0%. Aquelas mesmas médias anuais, confrontadas com os totais de escravos computados em 1874, corresponderam a 1,0% em Areias e a 0,8% em Guaratinguetá e Constituição.[50] Quando da realização do primeiro recenseamento geral do Império na província paulista, os cativos de Areias, somados aos de São José do Barreiro, eram 4.442 (39,0% da população), os de Guaratinguetá perfaziam 4.352 (20,9% da população) e os de Constituição, adicionados aos de Santa Bárbara, eram 5.627 (26,1% da população).

Esses dados de 1854 e de 1874 evidenciam de pronto os pólos de nossa comparação. De um lado, Areias, com um crescimento demográfico relativamente reduzido, vivenciando mesmo um decréscimo absoluto em seu contingente de cativos; de outro, Constituição, onde a população total mais que triplicou e os escravos praticamente quadruplicaram seu número naquele intervalo de vinte anos. De um lado, Areias, há décadas incorporada à expansão cafeeira em São Paulo e, de outro, Constituição, há pouco alcançada pela "onda verde". E, entre esses dois polos, Guaratinguetá, na qual o comércio de escravos, em especial o realizado além do universo local, mostrou-se relativamente menos importante até do que em Areias, mas apresentou características semelhantes, em boa medida, ao verificado em Constituição.

Uma primeira aproximação, pautada na mera distribuição dos escravos negociados segundo o tipo do tráfico fornecida no Gráfico 3.7, não evidencia, porém, todas as nuances da polaridade referida.[51] De fato, muito embora o peso relativo das transações locais fosse maior em Areias (55,0%) *vis-à-vis* Constituição (48,7%), nesta última foi também menor a participação relativa do comércio entre províncias (17,0%, *versus* 25,7% em Areias); em contrapartida, o tráfico intraprovincial assumiu proporções mais significativas na localidade da zona Central (34,3% *versus* 19,3% em Areias). Mas o gráfico em questão é suficiente para explicitar já, e com nitidez, a peculiaridade de Guaratinguetá, onde os negócios

---

50 Lembremos que os dados do levantamento populacional de 1854, não disponíveis para Guaratinguetá, bem como os do recenseamento de 1874, foram extraídos de BASSANEZI (1998).

51 Nesta seção, como regra geral, não levamos em conta os informes dos negócios que, no tocante ao tipo de tráfico, foram classificados nas categorias "outros" e "não identificado". Quando, não obstante, a consideração de tais informes mostrar-se pertinente, isto será explicitamente mencionado no texto.

provinciais (7,4%) e interprovinciais (6,1%) tiveram relevância semelhante e muito pequena em comparação às transações locais (86,5%).

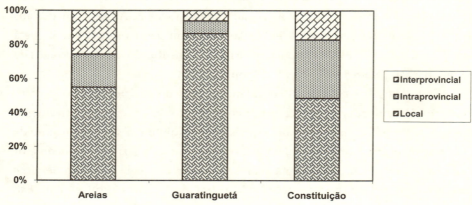

Gráfico 3.7
Escravos Negociados Segundo Tipos do Tráfico
(localidades selecionadas, anos de 1860)

Fonte: Escrituras de transações envolvendo escravos.

Tabela 3.19
Razões de Sexo Segundo Localidade e Tipo do Tráfico
(anos de 1860)

Tráfico	Areias	Guaratinguetá	Constituição
Local	130,8	100,0	100,0
Intraprovincial	162,5	88,9	205,7
Interprovincial	180,0	366,7	960,0

Fonte: Escrituras de transações envolvendo escravos.

Avançando mais um passo em nossa comparação, notamos que as características dos cativos negociados em cada tipo de tráfico não eram as mesmas nas distintas localidades.[52] A distribuição sexual, bem como a etária, atestam essas disparidades, conforme podemos verificar mediante a observação dos valores calculados das razões de sexo (cf. Tabela 3.19) e dos porcentuais de escravos com 30 ou mais anos de idade (cf. Tabela 3.20). Com a exceção do comércio in-

---

52 Lembremos sempre o número relativamente reduzido de pessoas negociadas nos tráficos intra e interprovincial em Areias (respectivamente 21 e 28) e, sobretudo, em Guaratinguetá (17 e 14).

traprovincial em Guaratinguetá, percebemos ser comum uma crescente participação relativa dos homens, à medida que transitamos dos negócios locais para os intraprovinciais e daí para aqueles efetuados entre províncias. E esse crescimento da razão de sexo foi muito mais expressivo em Constituição do que em Areias.

Tabela 3.20
Peso Relativo dos Escravos com 30 ou Mais Anos de Idade
(segundo localidade e tipo do tráfico, anos de 1860)

Tráfico	Areias	Guaratinguetá	Constituição
Local	33,9	25,8	32,4
Intraprovincial	23,8	11,8	13,2
Interprovincial	50,0	15,4	7,6

Porcentuais calculados, para cada localidade, sobre os totais de escravos negociados em cada um dos tipos de tráfico considerados.
Fonte: Escrituras de transações envolvendo escravos.

As diferenças em termos das idades dos indivíduos transacionados foram igualmente marcadas.[53] Assim, enquanto no comércio local a participação dos cativos com 30 ou mais anos de idade oscilou entre um quarto (em Guaratinguetá) e um terço (nas outras duas localidades) do respectivo contingente total, nos negócios que extrapolaram o âmbito local duas situações distintas puderam ser visualizadas com clareza. Em Areias, o peso relativo daqueles escravos mais velhos manteve-se importante e atingiu mesmo os 50,0% no comércio interprovincial; em Guaratinguetá e Constituição, tais indivíduos tornaram-se menos presentes, correspondendo, nesta última localidade, a menos de um décimo do conjunto de pessoas negociado entre províncias. No que tange a esse tráfico interprovincial, os informes das Tabelas 3.19 e 3.20 mostram Guaratinguetá numa posição intermediária comparada a Areias e Constituição.[54]

---

53 E refletiam, em certa medida, os diferentes pesos relativos dos africanos que, como visto, eram 21,3% dos escravos negociados em Areias, 7,5% em Guaratinguetá e 13,0% em Constituição, porcentuais estes calculados sobre todos os tipos de tráfico, aí incluídas as categorias "outros" e "não identificado".

54 Considerando, tal como na nota anterior, o total das pessoas transacionadas, as idades médias igualaram-se a 25,62 (Areias), 20,41 (Guaratinguetá) e 21,84 (Constituição), com os respectivos desvios--padrão: 14,65, 11,25 e 12,79.

Gráfico 3.8
Escravos Negociados, Tráficos Intra e Interprovincial
(localidades selecionadas, anos de 1860)

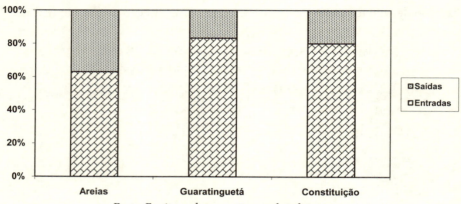

Fonte: Escrituras de transações envolvendo escravos.

Algumas variáveis adicionais, atinentes aos negócios intra e interprovinciais, permitem-nos complementar o confronto entre as localidades em tela. A primeira delas é o sentido do fluxo de cativos (cf. Gráfico 3.8). Embora o predomínio das entradas fosse uma característica comum, ele não alcançou os dois terços (63,0%) em Areias, alçando-se a quatro quintos (80,0%) em Constituição e a pouco mais do que isso (83,3%) em Guaratinguetá. Mais ainda, as saídas chegaram mesmo a superar as entradas no tráfico intraprovincial em Areias (65,0% *versus* 35,0%), enquanto as entradas foram absolutas (100,0%) ou quase (97,8%) nos negócios entre províncias registrados, respectivamente, em Guaratinguetá e Constituição.

Outra variável que nos interessa salientar é o local de moradia dos contratantes. Como vimos nas seções anteriores deste capítulo, as transações lançadas em Areias, quando concernentes ao comércio intraprovincial, envolveram tão somente quatro municípios, todos situados no Vale do Paraíba e próximos de Areias; e, quando atinentes ao tráfico interprovincial, foram acordadas com moradores nas províncias limítrofes do Rio de Janeiro e de Minas Gerais e, nelas, em municípios também relativamente próximos. Em Constituição, o comércio intraprovincial realizou-se com um elenco bem mais diversificado de localidades (21) e envolveu muitas vezes distâncias maiores em comparação ao verificado em Areias, ao passo que, no tráfico interprovincial, foram vários os negócios contratados com escravistas residentes em províncias do Nordeste brasileiro. Guaratinguetá, uma vez mais, assumiu uma posição intermediária, pois, embora as transações intraprovinciais lá registradas tenham se concentrado no Vale do Paraíba e as interprovinciais com o Rio de Janeiro e Minas Gerais, o conjunto de municípios foi um pouco mais diversificado do que em Areias, havendo casos nos quais o deslocamento dos cativos fez-se por distâncias maiores (a exemplo de Itapeva da Faxina, na província paulista e, entre províncias, da transação realizada com um escravista do Pará).

No Gráfico 3.9, reportamo-nos a alguns informes acerca dos escravos negociados juntamente com familiares. Foram computados – para todos os tipos de tráfico, aí incluídas as categorias "outros" e "não identificado" – os casais, com ou sem filhos, os viúvos, casados, solteiros e aqueles com estado conjugal não identificado, nos quatro casos acompanhados por um ou mais filhos, e os irmãos (ao menos filhos da mesma mãe). As três barras à esquerda, no gráfico aludido, permitem-nos perceber que, nos três municípios em foco, o peso relativo do conjunto desses indivíduos no total de escravos transacionados era muito similar, oscilando em torno dos 25%. Todavia, quando calculamos a participação das crianças com 12 ou menos anos nesse contingente de cativos vendidos em companhia de um ou mais familiares, Guaratinguetá apresenta uma situação nitidamente distinta. Tais crianças, em Areias e Constituição, corresponderam a aproximadamente um terço do contingente referido, proporção que superou a metade (53,3%) em Guaratinguetá. Foram 74 as crianças com 12 ou menos anos de idade negociadas junto com pelo menos um familiar, apenas 8 delas (10,8%) inseridas no tráfico interprovincial. Pouco mais de dois quintos dessas crianças (32 delas, 43,2%) foram transacionadas em Guaratinguetá.

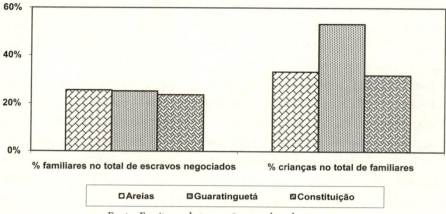

Gráfico 3.9
Cativos Negociados Junto com Familiares no Total de Escravos
Transacionados e Crianças de 12 ou Mais Anos
no Conjunto dos Negociados com Familiares
(localidades selecionadas, anos de 1860)

Fonte: Escrituras de transações envolvendo escravos.

As distinções entre as localidades examinadas mostraram-se, ademais, também de maneira pronunciada, quando consideramos os preços dos escravos negociados. Tomando de início os três municípios conjuntamente, calculamos os preços médios de homens e mulheres com idades de 15 a 29 anos de acordo com o tipo do tráfico e apresentamos os resultados na Tabela 3.21. Tais preços são fornecidos tanto em termos nominais como reais.[55]

---

[55] Optamos pela utilização, como deflator, do índice de preços construído por Mircea Buescu no livro intitulado 300 anos de inflação (BUESCU, 1973). Entre 1861 e 1869, esse índice apresentou variação positiva de 22,7%, ocorrida em especial a partir de 1865. Não compuseram o índice de Buescu os preços dos escravos, pois, nas palavras do autor, "(...) é impossível afirmar, como foi feito, que o preço dos escravos acompanhava a marcha geral dos preços. Havia indiscutível interdependência entre os vários preços, mas cada um guardava sua individualidade, e o preço do escravo revestiu-se sempre de aspectos muito peculiares". (BUESCU, 1973, p. 186)

Tabela 3.21
Preços Médios, Nominais e Reais, dos Escravos com 15 a 29 Anos
Segundo Sexo e Tipo do Tráfico
(localidades selecionadas, anos de 1860)

Tipo do Tráfico	Homens		Mulheres	
	Número de escravos	Preços médios (em réis)	Número de escravos	Preços médios (em réis)
Preços Nominais				
Local	32	1:595$000	41	1:292$707
Intraprovincial	23	1:682$609	15	1:319$200
Interprovincial	26	1:759$654	4	1:275$000
Preços Reais				
Local	32	1:396$173	41	1:148$261
Intraprovincial	23	1:497$675	15	1:166$649
Interprovincial	26	1:526$260	4	1:120$665

Fonte: Escrituras de transações envolvendo escravos.

Além dos valores mais elevados dos cativos do sexo masculino, observamos que, regra geral – a exceção diz respeito aos preços médios das mulheres no tráfico entre províncias, recorte que mais padece do reduzido número de observações (apenas quatro)–, os preços, fossem nominais, fossem reais, mostraram-se crescentes à medida que as transações respectivas envolviam maiores distâncias.[56]

Consideremos agora os mesmos informes geradores das médias mostradas na Tabela 3.21, mas segmentados segundo localidade, sexo e tipo do tráfico. Os resultados compõem a Tabela 3.22, na qual nos ativemos às médias calculadas com base nos preços reais. Esse novo recorte, como não poderia deixar de ser, ao incluir uma variável a mais, a localidade de registro das transações, amplifica o incontornável problema do número reduzido de observações.

---

56 Tanto para preços nominais como reais, as diferenças entre os preços médios de homens e mulheres mostraram-se estatisticamente significantes (nível de significância de 0,01%, 0,6% e 2,7%, respectivamente, nos tráficos local, intra e interprovincial). Porém, tanto para homens como para mulheres, quer tomemos os preços nominais, quer os reais, a rejeição da hipótese de igualdade das médias, para os preços praticados nos distintos tipos de tráfico, na melhor das situações, exigiria um nível de significância de 8,5% (homens, valores nominais, comércio local *versus* interprovincial).

Tabela 3.22
Preços Médios Reais dos Escravos com 15 a 29 Anos
Segundo Sexo, Localidade e Tipo do Tráfico
(localidades selecionadas, anos de 1860)

| Localidade/ | Homens | | Mulheres | |
Tipo do Tráfico	Número de escravos	Preços médios (em réis)	Número de escravos	Preços médios (em réis)
Areias				
Local	5	1:328$851	3	995$253
Intraprovincial	2	1:449$150	3	769$460
Interprovincial	3	1:032$768	1	1:141$180
Guaratinguetá				
Local	19	1:327$307	20	1:043$611
Intraprovincial	5	1:216$244	2	805$508
Interprovincial	3	1:319$512	1	941$265
Constituição				
Local	8	1:601$807	18	1:290$039
Intraprovincial	16	1:591$688	10	1:358$034
Interprovincial	20	1:631$296	2	1:200$107

Fonte: Escrituras de transações envolvendo escravos.

Não obstante, os valores fornecidos na Tabela 3.22 permitem perceber uma discrepância relevante: como regra geral, nos três tipos de tráfico, os preços dos cativos transacionados em Constituição, tanto nos casos de escravos homens como nos de mulheres, foram mais elevados em comparação aos praticados nos dois municípios do Vale do Paraíba. Ademais, as diferenças entre os preços médios calculados para Areias e para Guaratinguetá foram menos pronunciadas e não permitiram o vislumbre de um padrão definido, ora sendo mais elevadas as cifras praticadas em Areias, ora em Guaratinguetá.[57] De fato, por exemplo, no comércio local, que concentrou a maior frequência de preços individuais coletados, os valores das escravas negociadas em Guaratinguetá pouco superaram os

---

57 Em termos estatísticos, o confronto entre os preços médios praticados em Constituição *versus* os verificados nas localidades vale-paraibanas produziu os seguintes resultados: a) homens: as diferenças entre as médias foram estatisticamente significantes em todos os casos (comércios local, intra e interprovincial; preços nominais e reais; níveis de significância iguais ou inferiores a 2,3%); mulheres: as diferenças entre as médias foram estatisticamente significantes nos tráficos local e intraprovincial, tanto para preços nominais como reais (níveis de significância iguais ou inferiores a 0,5%).

computados em Areias, valores esses que foram praticamente iguais no caso dos homens. Em Constituição, porém, os cativos do sexo masculino custaram cerca de 20,8% mais em comparação às localidades do Vale do Paraíba, porcentual que foi ainda maior no caso das mulheres. Essa hierarquia de preços viu-se mantida nos tráficos intra e interprovincial.

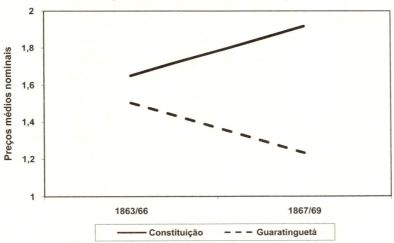

Gráfico 3.10
Preços Médios Nominais, em Contos de Réis,
dos Escravos Homens com 15 a 29 Anos
(localidades selecionadas, 1863-1869)

Fonte: Escrituras de transações envolvendo escravos.

É oportuno, também, retomarmos aqui um dos tópicos discutidos no Capítulo 2. Ao mencionarmos a Guerra do Paraguai, levantamos o argumento presente na historiografia de que um aumento nos preços dos cativos ocorrido no auge do conflito (1867, 1868) teria sido forte evidência do impacto da guerra no comércio interno da mercadoria humana (por exemplo, cf. DORATIOTO, 2002, p. 272).[58] No Gráfico 3.10, acompanhamos o comportamento dos preços médios nominais de homens adultos jovens nas duas localidades com maior número de

---

58 Evidentemente, a guerra foi um fator explicativo importante, ainda que não o único, do comportamento crescente dos preços em geral, de resto captado pelo índice de Buescu: "Pela lei de 12 de setembro de 1866, o Banco do Brasil perdia o direito de emitir, mas é exatamente a partir de então que o Tesouro, único emissor, pressionado pelas necessidades da guerra do Paraguai, começa a expandir as suas emissões de papel-moeda." (BUESCU, 1973, p. 191)

observações dessa variável, a saber, Constituição e Guaratinguetá. Calculamos as médias, em cada um desses municípios, para o quatriênio 1863/66 e para o triênio 1867/69.

É patente o alargamento, no decurso da década de 1860, do diferencial dos preços praticados entre as duas localidades. Os preços crescentes em Constituição e decrescentes em Guaratinguetá refletiram mudança significativa no tocante à participação relativa dos distintos tipos do tráfico interno de escravos. Em Constituição, o comércio interprovincial respondeu por 28,6% das observações que geraram a média de preços no quatriênio 1863/66 (Rs. 1:650$000), porcentual que se alçou a 51,7% no cômputo da média correlata no triênio 1867/69 (Rs. 1:917$241). Os porcentuais correspondentes, no município vale-paraibano, foram iguais a 14,3% e zero. Essa menor proporção, em Guaratinguetá, dos negócios interprovinciais em 1863/66, que se torna nula em 1867/69, coaduna-se com os respectivos valores das médias dos preços nominais, nos dois períodos: Rs. 1:503$333 e Rs. 1:233$333. Vale dizer, Constituição recorreu ao tráfico interprovincial de maneira relativamente mais intensa nos anos de 1860, e crescentemente mais intensa nos anos finais daquela década, exatamente quando se verificou um comportamento ascensional dos preços, para o qual contribuiu o impacto sobre o mercado de cativos acarretado pela Guerra do Paraguai.

Tabela 3.23
Preços Médios Reais dos Escravos Homens com 15 a 29 Anos
Segundo Região de Naturalidade
(localidades selecionadas, anos de 1860)

Região de Naturalidade	Números absolutos	Preços médios (em réis)
São Paulo	16	1:412$496
Rio de Janeiro e Minas Gerais	10	1:428$442
Norte e Nordeste	14	1:596$021

Nas regiões Norte e Nordeste foram computados, para a construção desta tabela, preços de cativos oriundos das seguintes províncias: Bahia, Pernambuco, Maranhão, Piauí, Rio Grande do Norte e Pará.
Fonte: Escrituras de transações envolvendo escravos.

Os deslocamentos sofridos pelas pessoas negociadas implicavam, decerto, a existência de custos diferenciais naturalmente vinculados às maiores distâncias percorridas pelos escravos.[59] Esses custos acabavam muitas vezes, permitimo-

---

[59] Um dos componentes de tais custos é examinado, por exemplo, por Robert Slenes, quando arrola as vantagens do transporte interprovincial de escravos pela via marítima *vis-à-vis* a terrestre, referindo-se à

-nos sugerir, sendo agregados, em boa medida, aos preços dos cativos em futuras transações, ainda que estas não fossem além do universo local. De fato, como notamos a partir dos informes da Tabela 3.23, tabulados independentemente do tipo de tráfico, os preços dos indivíduos naturais de províncias situadas nas regiões Norte e Nordeste do país foram em média cerca de 12% superiores aos dos naturais das províncias limítrofes do Rio de Janeiro e de Minas Gerais, porcentual que foi praticamente o mesmo (13%) quando consideramos os escravos naturais da própria província paulista (aí incluídos os nascidos nas localidades sob exame).[60]

Portanto, nos anos de 1860, as características do tráfico de escravos nas localidades paulistas de Areias, Guaratinguetá e Constituição eram em boa medida distintas e, assim o cremos, sofriam a influência da cafeicultura, lavoura que vivenciava estágios diferenciados de desenvolvimento em cada um daqueles municípios. Tal condicionamento fez-se presente, como vimos no Capítulo 1, desde Areias, no Vale do Paraíba, uma das "portas" por onde se verificou, ainda no Setecentos, a introdução do cultivo da rubiácea no território de São Paulo, passando por Guaratinguetá, cidade também vale-paraibana, alcançada pelo café um pouco mais tarde do que Areias, até Constituição, situada na zona Central da província, naquela década de 1860 relativamente próxima à fronteira da expansão cafeeira em direção ao oeste. Mais ainda, as mencionadas características concernem a uma etapa de relativamente baixa intensidade do comércio interprovincial de cativos, *vis-à-vis* o decênio anterior (os anos de 1850, subsequentes à extinção do tráfico atlântico) e o seguinte (os anos de 1870, em que o ritmo da

---

década de 1870: "Obviamente era preciso pagar pelo transporte dos escravos que viajavam por mar, ao passo que tal custo não existia quando os cativos eram enviados por terra. Contudo, o custo da passagem marítima era mínimo. Cobrava-se dos cativos despachados a entregar uma tarifa mais baixa do que dos demais passageiros ou dos escravos que viajavam com seus proprietários. A tarifa para transportar escravos de Salvador, Bahia, até o porto do Rio de Janeiro em 1877 era de 10$000 a 15$000, menos de 1 por cento do preço que um escravo jovem do sexo masculino alcançaria nessa época no mercado do Centro-Sul (cerca de 2:170$000 em Campinas em 1878)." (SLENES, 1976, p. 151)

60 Desnecessário enfatizar que, ao empregarmos a expressão "independentemente do tipo de tráfico", estamos nos referindo à tipologia das transações específicas registradas pelas escrituras por nós compulsadas. O deslocamento sofrido pelo escravo será sempre uma variável importante, ainda que essa movimentação tenha sido pretérita e só possa ser captada, como procuramos fazer na Tabela 3.23, por intermédio do informe sobre a naturalidade.

expansão cafeeira acentuou-se de maneira significativa, como veremos na continuidade deste trabalho).

Notamos, em suma, que em Constituição, comparada às duas cidades do Vale do Paraíba, o comércio de escravos possuía características que traduziam eventualmente um dinamismo econômico mais pronunciado, que não deixava decerto de vincular-se ainda à atividade açucareira, mas cuja intensidade já refletia também o avanço da cafeicultura. Dessa forma, naquela localidade, observamos a mais elevada razão de sexo entre os indivíduos negociados, a mais significativa parcela de homens adultos jovens, bem como o maior peso relativo, no total de transações, daquelas envolvendo o trânsito intra e interprovincial de cativos. Adicionalmente, no comércio entre províncias foram de grande relevância os escravos oriundos do Norte e Nordeste do Império, em especial aqueles vindos da Bahia.[61] Esse maior dinamismo econômico refletiu-se nas cifras mais elevadas concernentes aos preços médios, quer nominais ou reais, praticados no município aludido, tanto no caso dos escravos homens como no das mulheres, seja no comércio local, seja nos negócios que extrapolaram os limites da localidade.

Em Areias, por seu turno, marcada por uma economia cafeeira já madura, o comércio de cativos também era caracterizado pelo predomínio de homens. Todavia, as pessoas lá negociadas eram relativamente mais velhas e o tráfico entre províncias, ainda que envolvesse uma parcela relativa mais importante de escravos transacionados do que em Constituição, era composto de maneira quase absoluta pelos cativos provenientes das províncias limítrofes do Rio de Janeiro e de Minas Gerais. Além disso, as idades em média mais elevadas foram observadas não apenas no comércio realizado internamente à província paulista, mas também, e ainda mais intensamente, no tráfico entre províncias. Uma vez mais, tais características traduziram-se nos preços médios obtidos nas escrituras, os quais, em Areias, eram significativamente menores do que na localidade da zona Central.

Por fim, Guaratinguetá, onde o desenvolvimento cafeeiro colocava-se "a meio caminho" entre Areias e Constituição, vivenciou um comércio de escravos com alguns traços peculiares. No que respeita ao tráfico interprovincial – e em

---

[61] É plausível supor que o fluxo de cativos da Bahia para São Paulo privilegiasse a rota terrestre em detrimento da alternativa marítima. Discutiremos essa possibilidade no Capítulo 4, em especial comparando informes de Guaratinguetá e de Casa Branca nos anos de 1870, localidades e período nos quais se tornaram mais passíveis de identificação as distinções em termos das rotas de abastecimento pelo tráfico de escravos.

que pese sua menor importância relativa –, percebemos lá características também intermediárias em comparação aos dois outros municípios. De fato, é esse o caso da razão de sexo, da participação relativa dos homens com 30 ou mais anos de idade e, outrossim, da variedade de municípios e distâncias envolvidas nos tráficos intra e interprovincial. O traço mais distintivo de Guaratinguetá, entretanto, foi identificado nos comércios local e intraprovincial, a saber, a destacada presença de crianças no conjunto dos cativos negociados juntamente com um ou mais familiares.

É evidente que as características por nós observadas do comércio de escravos em Areias, Guaratinguetá ou Constituição, não decorriam meramente de determinações advindas do avanço cafeeiro. No entanto, a importância já possuída pela cafeicultura, nos anos de 1860, nos municípios por nós estudados, e o dinamismo definidor dessa atividade em ascensão, respaldam nosso entendimento daquele avanço como elemento condicionante fundamental a conformar as aludidas características.

Capítulo 4
Escravos daqui, dali e de mais além
(1870-1880)

Introdução

Para o segundo dos períodos considerados, de 1870 a 1880, coletamos 927 escrituras. Em quase três quartos delas (681) um único cativo foi negociado. Essa proporção igualou-se a 74,7% em Areias, 76,5% em Guaratinguetá, 65,9% em Constituição e 78,6% em Casa Branca. Em apenas dez documentos o número de escravos transacionados foi superior a 20; oito desses lançamentos ocorreram em Constituição e os restantes nas localidades do Vale do Paraíba. O grupo mais numeroso comercializado em Casa Branca era integrado por 17 pessoas. Foram, no total, 2.193 os cativos negociados, 39,7% deles em Constituição, 32,8% em Casa Branca, 14,2% em Areias e 13,3% em Guaratinguetá (cf. Tabela 4.1). As maiores lacunas verificaram-se nos dois municípios vale-paraibanos, para os quais, em vários dos anos do período em tela, não foi localizada nenhuma escritura atinente a transações envolvendo escravos.[1]

Tomando o conjunto dos 2.193 cativos transacionados, percebemos que mais de dois quintos deles (42,6%) foram objeto do tráfico local (cf. Tabela 4.2). Os negócios envolvendo escravistas moradores em outras localidades da Província de São Paulo abarcaram entre um quinto e um quarto dos escravos (22,9%), enquanto o comércio interprovincial respondeu pela movimentação de cerca de três décimos do total das pessoas negociadas (29,5%). Contudo,

---

[1] Tal como observamos no capítulo anterior ao tratarmos dos anos de 1860, a nosso ver essas lacunas decorreram, sobretudo, da não preservação de parte dos registros e/ou de nosso insucesso em localizá--los. Para mais detalhes sobre a documentação notarial por nós utilizada remetemos o leitor, uma vez mais, para o Apêndice Metodológico que acompanha este estudo.

esses porcentuais foram bastante díspares quando comparados os distintos municípios selecionados. Assim, em uma primeira aproximação, há que destacar o tráfico interprovincial registrado em Casa Branca (44,2%), bem como os negócios locais em Constituição (62,3%).

Tabela 4.1
Escravos Transacionados Segundo Localidade e Ano do Registro
(1870-1880)

Anos	Areias	Guaratinguetá	Constituição	Casa Branca	Totais
1870	20	36	93	24	173
1871	–	14	10	62	86
1872	–	6	95	63	164
1873	–	37	116	39	192
1874	–	26	69	118	213
1875	62	–	120	88	270
1876	65	4	41	77	187
1877	86	55	32	81	254
1878	10	88	124	108	330
1879	1	26	116	32	175
1880	68	–	55	26	149
Totais	312	292	871	718	2.193

Fonte: Escrituras de transações envolvendo escravos.

A análise desenvolvida nas próximas seções deste capítulo, tal como a realizada no Capítulo 3, é feita de início para cada uma das localidades consideradas isoladamente e, em seguida, comparando-as entre si. Contemplamos, ademais, dois outros recortes: 1) com a exceção de Casa Branca, incorporamos à análise o referencial comparativo dado pelas características do tráfico de escravos na década de 1860; 2) e optamos por segmentar os anos de 1870, quando o ritmo do tráfico interno de cativos foi, nas palavras de GORENDER (1985, p. 326), "muito intenso", em dois subperíodos: o quatriênio de 1870 a 1873 e os sete anos de 1874 a 1880; tal segmentação só não foi efetuada no caso de Areias, tendo em vista não dispormos para aquele município de nenhuma escritura datada de 1871 a 1874.

Tabela 4.2
Escravos Negociados Segundo Localidade e Tipo do Tráfico
(1870-1880)

Tráfico	Areias	Guaratinguetá	Constituição	Casa Branca	Totais
Local	90	126	543	175	934
Intraprovincial					
entrada	33	26	131	128	318
saída	64	3	38	22	127
outros[1]	3	–	9	45	57
Interprovincial					
entrada	93	81	118	275	567
saída	8	–	–	12	20
outros[2]	14	4	12	30	60
Outros[3]	5	–	1[5]	22[6]	28
Não identificado[4]	2	52	19	9	82
Totais	312	292	871	718	2.193

[1] de outras localidades paulistas para outras localidades paulistas;
[2] de outras províncias/outras localidades paulistas para outras localidades paulistas/outras províncias;
[3] de outras províncias para outras províncias e outros casos identificados não enquadrados nos tipos anteriores;
[4] desconhecido o local de moradia do vendedor ou do comprador, ou ainda de ambos;
[5] homem vendido por escravista residente "no Reino de Portugal" para um morador de Piracicaba.
[6] escravos negociados em vendas condicionadas, com prazos para efetivação ou anulação.
Fonte: Escrituras de transações envolvendo escravos.

No intervalo de 1870 a 1873, verificamos que o tráfico de cativos, no máximo, preservou o ritmo "moderado" característico do decênio anterior, ainda que, eventualmente, tenhamos vislumbrado alguns traços prenunciadores do que viria a ocorrer no restante daquele decênio. Para o comércio de escravos relativamente carente de intensidade de inícios da década em tela, decerto contribuíram as incertezas decorrentes das discussões travadas acerca da questão servil, manifestas de maneira nítida, por exemplo, no ambiente parlamentar. Tais discussões tiveram seu corolário, naqueles anos, com a promulgação da lei nº 2.040, de 28 de setembro de 1871, a Lei do Ventre Livre.[2] Especificamente no decurso de

---

2 Sobre o evolver da questão servil, em especial nos planos legislativo e político-partidário, ver, entre outros, BEIGUELMAN (2005, primeira parte, p. 19-85) e CARVALHO (2003, p. 291-328).

1871, de fato, mesmo o mencionado ritmo moderado do comércio de escravos não foi atingido em muitas das localidades que demandavam a mão de obra compulsória. Foi significativo, como sabido, o impacto dessa lei sobre a escravidão brasileira; e o foi, igualmente, sobre o comércio de cativos.

O segundo dos subperíodos mencionados (de 1874 a 1880), em plena vigência da libertação dos nascituros, foi marcado, este sim, pelo ritmo "muito intenso" do tráfico de escravos. Subjacente à intensidade sem precedentes atingida naqueles anos por esse comércio, destacou-se, do "lado da demanda", o maior dinamismo econômico da região Sudeste do Império, radicado, sobretudo, nos municípios vinculados à produção cafeeira; e, do "lado da oferta", tiveram papel relevante as vicissitudes defrontadas por diversas das províncias de origem do comércio interprovincial direcionado em especial para as regiões cafeicultoras.[3] Durante esses anos, ainda como um desdobramento da Lei do Ventre Livre, as escrituras forneciam os dados concernentes à matrícula das pessoas negociadas, o que nos permitiu conformar uma noção um pouco mais acurada dos deslocamentos por elas sofridos.[4]

Areias

Das 170 escrituras coletadas em Areias entre 1870 e 1880, sete foram lançadas em 1870 e as demais a partir de 1875. Um desses registros referiu-se a uma troca de cativas. Aos 26 de outubro de 1876, o Dr. Manoel José da Silva, residente em Areias, permutou Constantina, de 32 anos de idade e matriculada na Corte do Rio de Janeiro, por Maria, de 44 anos e matriculada em Resende (RJ), esta última pertencente a D. Mariana Francisca de Souza Almada, moradora em São José do Barreiro; as mulheres barganhadas, cada uma no valor de um conto de réis, eram ambas pardas e de serviços domésticos. Os outros 169 documentos

---

[3] São conhecidas as dificuldades vivenciadas à época pelo Nordeste do Império, violentamente castigado pelas secas; ver, entre outros, EISENBERG (1977, p. 175-177).

[4] Por intermédio do Decreto nº 4.835, de 1º de dezembro de 1871, D. Pedro II aprovou o regulamento para a matrícula especial dos escravos e dos filhos livres de mulher escrava. E, de fato, desde os últimos meses de 1872 os informes dessa matrícula passaram a ser descritos nas escrituras. Em Constituição, por exemplo, o primeiro registro a trazer tais informes era datado de 29 de outubro de 1872. Tratava-se da venda de Mathias por quinhentos mil-réis; os dados da matrícula desse senhor, de 60 anos de idade, são acrescidos mediante um "em tempo", após as assinaturas, evidenciando o esquecimento do tabelião, decerto ainda não acostumado com a nova exigência legal.

diziam respeito às transações de compra e venda de 310 pessoas, oito delas negociadas "em parte".

Em várias dessas transações evidenciou-se o efeito da legislação proibitiva da separação entre pais e filhos menores.[5] Por exemplo, em 11 de outubro de 1877 foram vendidas as meninas Theresa, de 13 anos de idade, e Maria, de 11, fazendo-se constar da escritura respectiva a seguinte ressalva: "Disse mais [o vendedor-JFM] que conquanto a escrava seja menor de doze anos, (...) é filha de Joanna, que foi escrava dele outorgante que já se acha liberta." Observamos, pois, a preocupação em legitimar o negócio perante a lei, ainda que o espírito da lei não se visse, necessariamente, obedecido. De fato, embora pudéssemos até mesmo supor que Joanna se mantivesse por perto de sua filha Maria – bem como de Thereza, possivelmente também sua filha, ainda que com idade superior ao limite legal de 12 anos, o que sancionaria uma eventual separação –, suposição análoga torna-se mais difícil de ser aceita, por exemplo, com relação à venda, registrada aos 25 de agosto de 1880, do menino Luis, de 9 anos de idade, natural da Província da Paraíba e descrito como "filho de mãe liberta".

A comercialização desse menino suscita questionamentos para os quais não temos respostas, embora permitam levantar algumas conjecturas. Haveria quem se interessasse em averiguar a veracidade dessa informação acerca do *status* social da mãe que, ao fim e ao cabo, tornou legítima a venda? A conformidade com o espírito da lei não exigiria que se fizessem constar da escritura informações mais detalhadas sobre essa mulher liberta? Em verdade, a impressão passada pelo documento é que a declarada liberdade da mãe "funcionou" como se fora um "atestado de orfandade" de Luis,[6] isentando o vendedor da responsabilidade pela quase certa separação (pois é difícil imaginar a vinda para São Paulo, desde

---

5 É oportuno mencionarmos, novamente – cf. Capítulo 2 –, o Decreto nº 1.695, de 15 de setembro de 1869, além da própria Lei nº 2.040.

6 Mesmo uma declaração de orfandade poderia, é claro, não ser verdadeira. Warren Dean (1977, p. 69) deu a entender que episódios assim poderiam ser bastante comuns: "As vendas de escravos registradas em Rio Claro a partir de 1872 consistiam na maior parte – é interessante observar – de meninos de 10 a 15 anos. Raramente eles eram acompanhados dos pais, sendo declarados – quase sempre, é provável, falsamente – de mãe desconhecida ou morta."

a longínqua Paraíba e por sua própria conta, da genitora da criança), como que transferindo essa responsabilidade para aquela ex-escrava que se tornara livre.[7]

Houve casos, e é importante salientá-los, em que vislumbramos as tentativas dos próprios escravos de interferirem em seus destinos, sendo possível a identificação de sucessos e também de fracassos. Uma tentativa fracassada foi, por exemplo, a empreendida pela cozinheira Rosaura, crioula de 28 anos de idade vendida em março de 1876, pelo preço de um conto e quinhentos mil-réis, por Antonio de Miranda e Silva para o Dr. Manoel José da Silva, ambos moradores em Areias.[8] Na respectiva escritura, o Tabelião escreveu:

> Ainda pelo outorgante foi declarado que tendo sua senhora [esposa- -JFM] em dezessete de março de mil oitocentos e setenta e três facultado licença à dita escrava para tirar esmolas a fim de obter a quantia de um conto e quinhentos mil réis, preço em que arbitrava a sua liberdade, recebeu a mulher dele outorgante da dita preta em vinte e dois de outubro do mesmo ano a quantia de trinta mil réis da qual passou recibo, e cuja quantia ele outorgante passa para o novo possuidor.

Rosaura, portanto, conseguiu levantar, ao longo de sete meses, 2% do total estabelecido por seu senhor para a obtenção da liberdade.[9] Ao que parece, porém,

---

[7] Com o intuito de evitar a impressão de que perfilhamos qualquer entendimento marcado por um maniqueísmo simplista, pondo de um lado escravos bons oprimidos e de outro escravistas maus opressores, não deixemos de referir a possibilidade de a mãe liberta de Luis tê-lo simplesmente abandonado após obter a liberdade, possibilidade que, de resto, não eximiria o vendedor da crueldade de sujeitar o menino de 9 anos às vicissitudes do deslocamento desde a Paraíba até Areias.

[8] Além da compra de Rosaura, que, como veremos adiante, posteriormente vendeu, bem como da troca entre Constantina e Maria, descrita no primeiro parágrafo desta seção, o Dr. Manoel José da Silva figurou como contratante, ora comprador, ora vendedor, em outras sete escrituras também lavradas em Areias nos anos de 1876 e 1877.

[9] A importância do reconhecimento legal, constante da Lei Rio Branco, da possibilidade de acumulação de um pecúlio por parte dos escravos e seu impacto sobre os fundamentos da sociedade escravista foram salientados, por exemplo, por Sidney Chalhoub. Esse autor propugna "(...) a necessidade de uma reinterpretação da lei de 28 de setembro de 1871: em algumas de suas disposições mais importantes, como em relação ao pecúlio dos escravos e ao direito à alforria por indenização de preço, a lei do ventre livre representou o reconhecimento legal de uma série de direitos que os escravos vinham adquirindo pelo costume, e a aceitação de alguns dos objetivos das lutas dos negros. Na realidade, é possível

o esforço de Rosaura não teve continuidade entre outubro de 1873, quando passado o recibo dos trinta mil-réis, e março de 1876, quando efetivada a venda da cozinheira. Não sabemos as razões da aparente interrupção na formação do pecúlio, mas temos ciência de que Rosaura foi revendida, em maio de 1876, desta feita por Rs. 1:750$000, sendo que, no registro desta revenda, não se fez qualquer menção ao ajuste feito entre a cativa e a esposa de seu proprietário original. Não seria surpreendente se o Dr. Manoel da Silva, além do lucro decorrente da majoração do preço da escrava no curto intervalo de dois meses durante os quais ela foi sua propriedade, houvesse se apropriado também dos suados trinta mil-réis juntados a duras penas pela cozinheira.[10]

---

interpretar a lei de 28 de setembro, entre outras coisas, como exemplo de uma lei cujas disposições mais essenciais foram 'arrancadas' pelos escravos às classes proprietárias." (CHALHOULB, 1990, p. 27) É oportuno reproduzirmos aqui a letra da lei: "Art. 4º. É permitido ao escravo a formação de um pecúlio com o que lhe provier de doações, legados e heranças, e com o que, por consentimento do senhor, obtiver do seu trabalho e economias. O Governo providenciará nos regulamentos sobre a colocação e segurança do mesmo pecúlio. § 1º. Por morte do escravo, metade do seu pecúlio pertencerá ao cônjuge sobrevivente, se houver, e a outra metade se transmitirá aos seus herdeiros, na forma da lei civil. (...) § 2º. O escravo que, por meio do seu pecúlio, obtiver meios para indenização de seu valor, tem direito à alforria. Se a indenização não for fixada por acordo, o será por arbitramento. (...)" (*Coleção de Leis do Império do Brasil*)

10 Às vezes, a ação dos escravos era mais bem-sucedida, a exemplo do caso de Luzia, mulher comercializada em outra localidade vale-paraibana paulista: "em Silveiras, levantamos uma 'escritura de desfazimento', datada de maio de 1878, feita por João Cirino da Silva e João José Raimundo. Este último, como proprietário da escrava Luzia, vendera-a algum tempo atrás para João Cirino, por Rs. 1:200$000. A cativa, de serviço de casa e roça, tinha 16 anos de idade, era preta, solteira e natural de Silveiras. No documento em que se cancela o negócio podemos ler o motivo do cancelamento, conforme declarado pelos contratantes: 'e por eles me foi dito, em presença das testemunhas abaixo assinadas, que eles estão de acordo recíproco de desfazer, como de fato desfazido têm, a escritura passada neste livro à folha treze verso, pelo motivo de não querer a escrava Luzia servir ao mesmo João Cirino da Silva; e assim revogam a dita escritura, ficando de nenhum efeito a venda e compra.'" (MOTTA, 2001, p. 70, grifo nosso)

Tabela 4.3
Escravos Negociados Segundo Sexo, Origem e Tipo do Tráfico
(Areias, 1870; 1875-1880)

Tráfico/Origem	Homens	Mulheres	Razões de Sexo
Local			
africanos	–	–	–
demais	40	50	80,0
total	40	50	80,0
Intraprovincial			
africanos	12	3	400,0
demais	44	41	107,3
total	56	44	127,3
Interprovincial			
africanos	1	–	–
demais	74	40	185,0
total	75	40	187,5
Outros e Não identificado			
africanos	–	–	–
demais	4	3	133,3
total	4	3	133,3
Totais	**175**	**137**	**127,7**

A razão de sexo é definida como o número de homens para cada grupo de 100 mulheres.
Fonte: Escrituras de transações envolvendo escravos.

Na Tabela 4.3 fornecemos a distribuição dos 312 indivíduos negociados segundo origem, sexo e tipo do tráfico. Como resultado do maior tempo decorrido desde a extinção do comércio negreiro para o Brasil, a participação dos africanos, que se igualara a 21,3% na localidade em foco nos anos de 1860, diminuiu para 5,1%; eram apenas 16 as pessoas originárias da África, 13 delas do sexo masculino e 15 comercializadas internamente aos limites do território paulista. O cômputo das razões de sexo evidenciou a supremacia numérica das cativas nos negócios locais e dos homens nos demais tipos de tráfico, sobretudo no interprovincial. Foram apenas sete os escravos classificados nas categorias de comércio "não identificado" e "outros". De fato, não foi possível identificar o local de residência do vendedor em apenas um caso, em outro desconhecemos o local de moradia do comprador e, em três escrituras, nas quais se negociou um total de cinco cativos, todos os contratantes eram residentes na Província do Rio de Janeiro, em Resende ou Piraí.

Gráfico 4.1
Escravos Negociados Segundo Tipo do Tráfico
(Areias, anos de 1860 e de 1870)

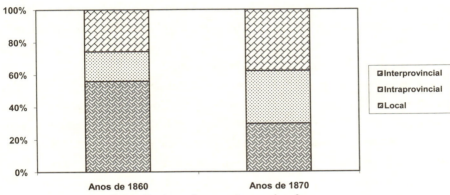

Fonte: Escrituras de transações envolvendo escravos.

Atendo-nos aos comércios de tipo local, intra e interprovincial, percebemos terem sido bastante nítidas as mudanças em seus pesos relativos, comparados os anos de 1870 aos de 1860 (cf. Gráfico 4.1): diminuiu a relevância das transações realizadas no universo local, ao passo que cresceu a importância dos outros dois tipos de tráfico. Tais alterações, porém, no tocante aos negócios locais e intraprovinciais, foram, em parte, devidas à mudança no enquadramento de São José do Barreiro, que deixou de integrar o termo de Areias. De fato, no *Almanak da província de São Paulo para 1873* lemos, na descrição do 3º Distrito do Termo de Areias: "A Vila do Barreiro, sendo limitado ao sul pelo rio de Sant'Anna, e ao norte pelo alto do Máximo, que divide o Termo de Areias do do Bananal. (Este Distrito constitui hoje um termo)." E, no mesmo *Almanak*, na descrição do Município de São José do Barreiro, lemos: "A Vila de São José do Barreiro foi criada Freguesia em 1842, e elevada à categoria de Vila a 9 de Março de 1859. Hoje é cabeça de Termo." (LUNÉ & FONSECA, 1985, p. 243 e 250, grifos nossos) Se recalculássemos os porcentuais concernentes à barra representativa dos anos de 1870 no Gráfico 4.1, tratando os negócios realizados por moradores do Barreiro como de âmbito local, os pesos relativos do tráfico local e intraprovincial alterar-se-iam, respectivamente, de 29,5% e 32,8% para 50,2% e 12,1%, cifras bem mais próximas daquelas observadas nos anos de 1860 (56,0% e 18,3%).

Não obstante, foi inequívoco o incremento da frequência, absoluta e relativa, de escravos trazidos de outras províncias. Em outras palavras, mesmo em Areias – e, por conseguinte, a boa distância do dinamismo característico da fronteira da expansão cafeeira paulista –, sentiu-se o impacto da intensificação do tráfico interno de cativos, ocorrida em especial na segunda metade da década de 1870. Considerando tão somente os anos do intervalo 1870-1880 para os quais aparentemente não houve lacunas no que respeita às escrituras coletadas (e que foram três: 1876, 1877 e 1880), a média anual de indivíduos negociados igualou-se a 73,0, cifra 58,7% superior à verificada no triênio 1867-69 (46,0).

Os negócios locais também forneceram indícios da aludida intensificação. Em que pese o fato de os cativos matriculados na própria Coletoria de Areias perfazerem a grande maioria (78,9%) dos 90 indivíduos comercializados localmente, em 14 casos houve, com certeza, ao menos um deslocamento prévio, intra ou interprovincial.[11] Assim, cinco (5,6%) dessas pessoas foram matriculadas em outras localidades paulistas (Lorena, três; Silveiras e São José do Barreiro, uma em cada), enquanto para nove (10,0%) a matrícula foi feita em outras províncias do Império (Maranhão, quatro; Minas Gerais, duas; Espírito Santo, Rio de Janeiro e Ceará, uma em cada).

Os fluxos de entrada e saída de homens e mulheres escravos em Areias são fornecidos na Tabela 4.4. No comércio intraprovincial, tanto para eles como para elas, as saídas foram mais numerosas do que as entradas. Tomadas as pessoas de ambos os sexos, quase dois terços (66,0%) compuseram o fluxo originado em Areias e direcionado para outras localidades paulistas, proporção bastante similar à observada no período de 1866 a 1869 (63,2%).[12] O elenco de localidades envolvidas nesse trânsito intraprovincial, bastante restrito nos anos de 1860, ampliou-se de quatro para sete – mantendo-se, pois, ainda bastante restrito – na década subsequente (cf. Quadro 4.1). Além disso, em uma única transação, cuja escritura foi registrada em 25 de agosto de 1880, a distância percorrida pelos escravos foi bastante superior a 50 quilômetros, limite não ultrapassado no quatriênio 1866-69. Conforme lemos na escritura referida, Cláudio Louzada, morador em São Simão – município situado na região

---

11 Para quatro indivíduos comercializados localmente as transações ocorreram em 1870, antes da realização da matrícula; e o dito informe não constou da escritura de venda da escrava Maria, registrada em 25 de março de 1880.

12 Cabe a ressalva de que 56 dos 64 casos de saídas de pessoas no tráfico intraprovincial nos anos de 1870 tiveram como destino a Vila de São José do Barreiro, que no decênio anterior, como vimos, integrava o termo de Areias.

da Mogiana, a quase 300 quilômetros de Areias –, vendeu, por procuração, os cativos Pedro e Luís para José Joaquim de Oliveira Morais, residente na localidade vale-paraibana examinada.

Tabela 4.4
Entradas e Saídas Segundo Sexo e Tipo do Tráfico
(Areias, 1870; 1875-1880)

Tráfico/Sentido do fluxo	Homens	Mulheres	Totais
Intraprovincial			
entradas	20	13	33
saídas	34	30	64
totais[1]	54	43	97
Interprovincial			
entradas	58	35	93
saídas	5	3	8
totais[2]	63	38	101

[1] Excluída uma escrava negociada por vendedor e comprador residentes em S. José do Barreiro, e dois homens, um deles vendido por um escravista de Araraquara para outro de Queluz, e o segundo por um proprietário de S. José do Barreiro para outro do Bananal.

[2] Excluídos 14 cativos (12 deles homens) negociados, de um lado, por escravistas moradores nas localidades vale-paraibanas paulistas de Silveiras, Queluz e S. José do Barreiro e, de outro, por proprietários residentes nos municípios de Formiga (MG), Bom Sucesso (MG), Vassouras (RJ), Valença (RJ), São Luís (MA), Valença (PI) e na Corte.

Fonte: Escrituras de transações envolvendo escravos.

Dos 97 escravos entrados em ou saídos de Areias no comércio intraprovincial, obtivemos os informes da matrícula para 83.[13] A maior parte dessas pessoas havia sido matriculada na província paulista, na própria localidade (60 casos), em São José do Barreiro (três) e em Silveiras (três). Algumas, porém, foram matriculadas nas províncias limítrofes do Rio de Janeiro (cinco, sendo três no município da Corte e as demais em Resende e Angra dos Reis) e Minas Gerais (uma, em Mar de Espanha). Dois indivíduos foram matriculados no Rio Grande do Sul, um deles em Porto Alegre. E foram oito os casos de matrículas nas províncias do Nordeste, dois no Piauí (nas localidades de Barras e Icatu), dois no Ceará (um deles em Quixeramobim) e os demais nos seguintes municípios: Laranjeiras (SE), São Bento (MA), Pombal (PB) e Atalaia (AL).

13 Outros 13 foram negociados em 1870, antes da matrícula, e houve um caso no qual o informe acerca do local da matrícula estava ilegível.

Quadro 4.1
Localidades Participantes do Tráfico Intraprovincial
Segundo Distância de Areias
(anos de 1860 e de 1870)

Distância/ Local de moradia dos contratantes. Anos de 1860	Distância/ Local de moradia dos contratantes. Anos de 1870
menos de 30 km Queluz Silveiras de 30 a 50 km Bananal Lorena	menos de 30 km Queluz São José do Barreiro Silveiras de 30 a 50 km Bananal Lorena Guaratinguetá de 250 a 300 km São Simão

Fonte: Escrituras de transações envolvendo escravos.

Assim, mesmo as transações locais e intraprovinciais permitem-nos perceber a intensificação ocorrida nos anos de 1870 no deslocamento de cativos entre províncias. E o comércio interprovincial, é claro, patenteia esse movimento. Verificamos, por exemplo, nesse comércio, a presença de traficantes de escravos, identificados à figura do procurador bastante. Esse o caso de José de Castro Eusébio, residente em São Luís do Maranhão e descrito na documentação como "negociante de escravos". Atuante em diversas transações, numa delas Eusébio aparece como procurador da firma Belmiro Barbosa Ribeiro & Irmão, sediada em Amarante (PI), e vende, para um morador em Areias, o cativo Manoel, de 32 anos de idade, natural do Piauí e matriculado também em Amarante.

Foram frequentes os negócios realizados por proprietários residentes na província de Minas Gerais. Elias Carlos de Souza Teixeira, por exemplo, morador no município de Bom Sucesso, atuou como procurador de escravistas residentes nas localidades mineiras de Juiz de Fora, Grão-Mogol, Bom Sucesso e São João Del Rei. Dessa forma vendeu 13 pessoas, nove delas matriculadas em Minas Gerais, duas no Rio de Janeiro e duas na Bahia. Um outro exemplo, Martinho de Freitas Mourão, por si ou como sócio da firma Mourão & Souza, igualmente sediada em

Bom Sucesso, vendeu 40 escravos para vários compradores em Areias. As vendas foram, amiúde, de grupos de três ou dois cativos, em geral homens jovens e "do Norte". A lista das províncias em que foram matriculados esses 40 indivíduos dá ideia da atuação de Mourão & Souza: Ceará (8), Bahia (7), Pernambuco (5), Rio de Janeiro (5), Maranhão (3), Rio Grande do Sul (2), Rio Grande do Norte (2), Sergipe (2), Minas Gerais (1), Paraná (1), Santa Catarina (1), Piauí (1), Alagoas (1) e Paraíba (1). Outras três pessoas, todas matriculadas na província do Rio de Janeiro e possuídas por escravistas moradores na Corte, foram transacionadas tendo Martinho Mourão ou a Mourão & Souza como procuradores.[14]

Ainda com fundamento na Tabela 4.4, foram 93 os escravos entrados em Areias por intermédio do tráfico interprovincial, e apenas oito os saídos para outras províncias. A predominância das entradas (92,1%) foi superior à verificada no quatriênio 1866-69 (84,6%). Além disso, o elenco dos municípios e/ou províncias onde os proprietários que negociaram com os escravistas de Areias residiam foi bem mais variado (cf. Quadro 4.2). De um lado, destacou-se o já mencionado incremento na participação relativa dos vendedores radicados na Província de Minas Gerais (de 34,6% para 56,4%). De outro, ao passo que, nos anos de 1860, a totalidade dos contratantes "de fora" de Areias que participaram do comércio interprovincial morava nas Províncias limítrofes do Rio de Janeiro e de Minas Gerais, nos anos de 1870 fizeram-se presentes, embora minoritariamente (7,9%), escravistas do Ceará, Piauí, Alagoas, Maranhão e Rio Grande do Sul.

Os mesmos 101 escravos cuja comercialização foi representada na segunda coluna do Quadro 4.2 fundamentam a elaboração do Quadro 4.3. Desta feita, são arrolados os municípios e/ou províncias nos quais aquelas pessoas foram matriculadas. Comparando os dois quadros, percebemos a concentração bem maior nos locais de moradia dos contratantes, em especial nas localidades de Minas Gerais e do Rio de Janeiro. No que respeita aos locais de matrícula, houve uma expressiva dispersão. Em outras palavras, muitos dos escravos negociados em Areias com base no circuito interprovincial – a maior parte deles comprada por proprietários lá residentes – foram adquiridos de escravistas que não eram os possuidores originais daqueles cativos, os quais, por conseguinte, haviam sofrido

---

14 Não temos suficiente certeza para afirmar que Elias Carlos de Souza Teixeira fosse o sócio de Martinho de Freitas Mourão na firma Mourão & Souza, hipótese que, no entanto, entendemos não deva ser de modo algum descartada.

ao menos um deslocamento prévio, entre a localidade de matrícula e a de residência de seus últimos vendedores.

Quadro 4.2
Localidades Participantes do Tráfico Interprovincial
(Areias, anos de 1860 e de 1870)

Local de moradia dos contratantes, número de escravos. Anos de 1860	Local de moradia dos contratantes, número de escravos. Anos de 1870
Corte (RJ), 10 Resende (RJ), 4 Macaé (RJ), 3 Pouso Alto (MG), 7 Minas Gerais, 2	Corte (RJ), 18 Resende (RJ), 11 Piraí (RJ), 6 Rio de Janeiro, 1 Bom Sucesso (MG), 42 Juiz de Fora (MG), 9 Pouso Alto (MG), 1 Grão-Mogol (MG), 1 São João Del Rei (MG), 2 Minas Gerais, 2 Amarante (PI), 1 Piauí, 2 Icó (CE), 1 Maranguape (CE), 1 Maceió (AL), 1 Maranhão, 1 Rio Grande do Sul, 1

Fonte: Escrituras de transações envolvendo escravos.

Quadro 4.3
Localidades Onde Foram Matriculados os Escravos
Entrados em/Saídos de Areias no Tráfico Interprovincial
(anos de 1870)

Local de matricula, número de escravos.	Local de matricula, número de escravos.
Areias (SP), 3	Baependi (MG), 1
Guaratinguetá (SP), 3	Caldas (MG), 2
Cunha (SP), 1	Grão-Mogol (MG), 1
	Lavras (MG), 2
Resende (RJ), 3	Bom Sucesso (MG), 1
Itaguaí (RJ), 1	Araxá (MG), 3
Santo Antônio de Sá (RJ), 1	Santa Bárbara (MG), 2
Campos (RJ), 2	Tamanduá (MG), 1
São João do Príncipe (RJ), 1	Ayuruoca (MG), 1
Niterói (RJ), 3	Minas Gerais, 1
Corte (RJ), 10	
	São Luís (MA), 1
São Bernardo (CE), 1	Alcântara (MA), 1
Santa Quitéria (CE), 1	Coroatá (MA), 1
Icó (CE), 2	São Vicente Ferrer (MA), 1
Quixeramobim (CE), 4	Itapicuru (MA), 1
Saboeiro (CE), 1	
Tamboril (CE), 1	Amarante (PI), 1
Granja (CE), 1	Oeiras (PI), 1
Fortaleza (CE), 1	Picos (PI), 1
	Piauí, 1
Feira de Santana (BA), 1	
São Francisco (BA), 1	Atalaia (AL), 2
Monte Alto (BA), 1	Nossa Sra. dos Prazeres (AL), 1
Alagoinhas (BA), 1	Palmeira dos Índios (AL), 1
Abrantes (BA), 1	
Bahia, 4	Belém (PA), 1
	Pará, 1
Recife (PE), 1	
Bom Conselho (PE), 1	São João (RN), 1
Piancó (PE), 1	Rio Grande do Norte, 1
Panelas (PE), 1	
Escada (PE), 1	Conceição do Norte (GO), 1
Pernambuco, 1	
	Santa Catarina, 1
Divina Pastora (SE), 5	
Ilha do Ouro (SE), 1	Curitiba (PR), 1
Sergipe, 1	
	Jaguarão (RS), 1
	Pelotas (RS), 1
Bananeiras (PB), 1	Rio Grande do Sul, 1

Fonte: Escrituras de transações envolvendo escravos.

Para muitos cativos, decerto, houve deslocamentos anteriores à realização da matrícula. Foi esse o caso, por exemplo, de Izabel, preta, crioula, de serviços domésticos e com 21 anos de idade aos 7 de janeiro de 1876, data em que foi registrada a escritura de sua venda, pelo valor de Rs. 1:500$000. Seu proprietário, José de Barros Franco, morador na Corte do Rio de Janeiro, vendeu-a, por intermédio de seu procurador, Tenente João Francisco de Moraes, residente em Queluz, Província de São Paulo, para Antonio José Fernandes, morador em Areias. Izabel era natural da Província do Maranhão e sua matrícula havia sido efetuada no Município da Corte.

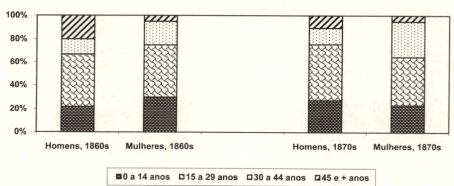

Gráfico 4.2
Escravos Negociados: Faixas Etárias e Sexo
(Areias, anos de 1860 e de 1870)

Fonte: Escrituras de transações envolvendo escravos.

As características que vimos analisando do tráfico de escravos em Areias refletem-se na distribuição etária dos homens e mulheres negociados (cf. Gráfico 4.2). A intensificação do comércio entre províncias e a presença pouco significativa de africanos são sem dúvida importantes fatores explicativos do perfil relativamente mais jovem dos indivíduos do sexo masculino transacionados nos anos de 1870 *vis-à-vis* os comercializados no decênio anterior, e isto não obstante a libertação dos nascituros em setembro de 1871.[15] Assim, dois terços dos homens descritos nas escrituras da década de 1860 tinham menos de 30 anos de idade, proporção que ultrapassou ligeiramente os três quartos (75,3%) no período

---

15 De fato, tomados conjuntamente ambos os sexos, a participação relativa dos escravos com menos de 15 anos no intervalo 1870-80 igualou-se a 25,2% (havia sido de 20,7% em 1866-69); se somássemos a esse contingente as 32 crianças ingênuas identificadas nas escrituras, dita participação elevar-se-ia para 32,2%.

subsequente. Ao contrário, as cativas negociadas, predominantes no comércio local, mostraram-se relativamente mais velhas: 36,0% delas com 30 ou mais anos no decênio de 1870 *versus* 25,0% nos anos de 1860.[16]

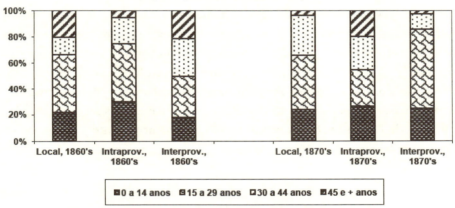

Gráfico 4.3
Escravos Negociados: Faixas Etárias e Tipo de Tráfico
(Areias, anos de 1860 e de 1870)

Fonte: Escrituras de transações envolvendo escravos.

O incremento no ritmo do trânsito interprovincial de escravos vê-se corroborado ao considerarmos a distribuição etária das pessoas negociadas segundo o tipo do tráfico (cf. Gráfico 4.3). Em especial, verificamos que 61,1% dos indivíduos comercializados entre províncias na década de 1870 eram adultos jovens, vale dizer, inseriam-se na faixa de 15 a 29 anos de idade, e 85,9% tinham menos de 30 anos. Esses porcentuais haviam sido bastante inferiores nos anos de 1860, quando se igualaram, respectivamente, a 32,1% e 50,0%. No comércio intraprovincial, ao contrário, os cativos transacionados nos anos de 1870 foram relativamente mais velhos: 44,9% deles com 30 ou mais anos, *versus* 25,0% no decênio anterior. Como vimos no início desta seção (cf. Tabela 4.3), 15 dos 16 africanos negociados no período 1870-80 foram-no no âmbito intraprovincial, correspondendo a 15,0% do total de pessoas nesse tipo de tráfico. Quanto aos negócios locais, a alteração mais significativa, que parece vinculada à inexistência de africanos e ao predomínio das escravas nos anos de 1870, ocorreu entre as faixas de

---

16 As idades médias calculadas foram as seguintes: a) homens: 26,70 nos anos de 1860 e 23,75 nos de 1870 (desvios-padrão iguais a, respectivamente, 15,40 e 12,22); b) mulheres: 24,18 nos anos de 1860 e 24,93 nos de 1870 (desvios-padrão iguais a, respectivamente, 13,58 e 11,61).

30 a 44 e de 45 e mais anos; a primeira dessas faixas etárias teve seu peso relativo elevado, no decurso dos dois decênios contemplados, de 13,3% para 30,7%, ao passo que a segunda decresceu de 20,0% para 3,4%.[17]

Na Tabela 4.5 fornecemos os preços médios nominais das pessoas transacionadas nos anos de 1870. Obtivemos os preços individuais de 72 homens e 48 mulheres, 45 deles e 22 delas com idades na faixa de 15 a 29 anos. Notamos que os cativos do sexo masculino eram em média 53,7% mais caros, computados todos os preços obtidos, e 43,7% mais caros ao levarmos em conta apenas os adultos jovens.[18] Esses porcentuais foram iguais, no período 1866-69, respectivamente a 5,2% e a 36,4%, o que sugere uma valorização mais pronunciada dos homens a acompanhar o movimento de intensificação do tráfico de escravos. De fato, tomada a faixa etária dos 15 aos 29 anos e comparados os preços praticados nos anos de 1860 e de 1870, verificamos um incremento de 21,6% no preço médio das mulheres e de 28,1% no das pessoas do sexo masculino.

Tabela 4.5
Preços Médios Nominais dos Escravos em Geral
e dos Cativos Adultos Jovens, Segundo Sexo
(Areias, 1870; 1875-1880)

Sexo	Número de escravos	Preço médio (em réis)
Homens	72	1:864$250
Mulheres	48	1:212$917
Homens de 15 a 29 anos	45	1:963$333
Mulheres de 15 a 29 anos	22	1:365$909

Fonte: Escrituras de transações envolvendo escravos.

---

17 As idades médias calculadas foram as seguintes: a) comércio local: 26,97 nos anos de 1860 e 24,41 nos de 1870 (desvios-padrão iguais, respectivamente, a 16,65 e 11,07); b) tráfico intraprovincial: 21,76 nos anos de 1860 e 27,67 nos de 1870 (desvios-padrão iguais, respectivamente, a 11,78 e 15,09); c) comércio interprovincial: 27,96 nos anos de 1860 e 21,46 nos de 1870 (desvios-padrão iguais, respectivamente, a 15,34 e 8,42).

18 As diferenças entre as médias de preços de homens e mulheres em geral, bem como dos indivíduos de 15 a 29 anos, mostraram-se estatisticamente significantes (a um nível de significância de 0,01%).

Parte desse acréscimo refletiu, decerto, um movimento mais geral dos preços no período em questão.[19] Contudo, tal movimento não comprometeu a valorização diferenciada segundo o sexo das pessoas negociadas. Dessa forma, empregando como deflator o índice de Buescu e escolhendo como base o ano de 1861, observamos que os preços médios reais dos homens adultos jovens elevaram-se de Rs. 1:271$280 nos anos de 1860 para Rs. 1:510$928 nos de 1870, e os das cativas na mesma faixa etária de Rs. 940$752 para Rs. 1:053$242. Esses aumentos, respectivamente iguais a 18,9% e 12,0%, implicaram que os adultos jovens do sexo masculino foram 35,1% mais caros do que as mulheres, em termos reais, nas escrituras datadas na década de 1860, e 43,5% mais caros, também em termos reais, no decênio subsequente.[20]

Outrossim, a Lei do Ventre Livre produziu efeitos nos preços dos escravos, e esses efeitos podem ser aquilatados com maior nitidez com base nos casos inseridos na faixa etária dos 10 aos 14 anos.[21] Ao considerarmos os preços reais desses jovens, observamos novamente um comportamento díspar de acordo com o sexo. Os preços médios reais dos rapazes experimentaram um incremento de 59,4% dos anos de 1860 para os de 1870, de Rs. 863$632 para Rs. 1.377$001, ao passo que os das moças sofreram uma diminuição de 11,1%, de Rs. 1:085$274 para Rs. 964$571. Tais variações, é claro, devem ser ponderadas pelo fato de serem poucos os preços individuais coletados para a faixa etária em questão:

---

19 Como visto no capítulo anterior, o índice de preços construído por Mircea Buescu apontou, entre 1861 e 1869, para uma variação positiva de 22,7%, ocorrida em especial a partir de 1865. Dita elevação continuou até 1870, acarretando uma variação de +26,3% entre 1861 e 1870. Deste último ano até 1875, o índice em questão evidenciou relativa estabilidade (variação de –0,4%), elevando-se novamente na segunda metade da década de 1870, porém num ritmo menos pronunciado em comparação ao segundo lustro do decênio anterior (variações de +6,7% entre 1875 e 1880 e +15,5% entre 1865 e 1870).

20 Cumpre mencionar que as diferenças entre os preços médios reais de homens e mulheres na faixa etária de 15 a 29 anos foram estatisticamente significantes, seja nos anos de 1860 (nível de significância de 1,6%), seja nos de 1870 (nível de significância de 0,01%). Cabe mencionar também que, num procedimento análogo ao adotado no Capítulo 3, deixamos para outra seção – na qual comparamos as quatro localidades examinadas – a análise dos eventuais diferenciais de preços segundo os distintos tipos de tráfico.

21 Para as crianças com idades nos anos iniciais dessa faixa etária, bem como para aquelas com menos de dez anos, a proibição das separações dos pais quando das vendas, aliada à frequente informação do preço do conjunto quando os cativos eram negociados em grupo, dificultaram a obtenção de preços individuais.

15 jovens na década de 1870, sendo seis deles do sexo feminino, e apenas seis no decênio anterior, tão somente um deles do sexo masculino. Não obstante, a depreciação das mulheres, em decorrência da "extinção" do ventre gerador de escravos, bem como a valorização mais que proporcional dos cativos homens com menos idade, para os quais era mais longa a expectativa da vida em cativeiro, colocam-se como resultados esperados da vigência da lei de setembro de 1871.[22]

Para 281 (90,1%) dos 312 escravos transacionados no período 1870-1880 constou, nas respectivas escrituras, algum informe sobre a ocupação (cf. Tabela 4.6). Em 18 casos (11 deles homens), foi dito que as pessoas eram "sem ofício"; outros sete indivíduos (cinco mulheres) foram descritos como "aptos para o trabalho", "aptos para o serviço", ou ainda "aptos para qualquer trabalho".[23] A ocupação mais frequente, em especial entre os cativos do sexo masculino, foi o serviço da roça. Computamos também dezenas de pessoas ocupadas com o serviço doméstico, sobretudo mulheres. Tal como essas duas ocupações principais, o conjunto dos cozinheiros foi integrado por elementos de ambos os sexos. As demais atividades eram exercidas exclusivamente por cativas (mucama e lavadeira) ou por escravos homens (todas as 13 ocupações restantes).

---

22 Em MOTTA & MARCONDES (2000a, p. 280; trecho já citado no Capítulo 2 retro), identificamos o impacto diferenciado, por sexo e idade, da dita lei sobre os preços das pessoas negociadas.

23 Para esses últimos sete casos valem os mesmos comentários presentes no estudo de Nilce Rodrigues Parreira acerca do comércio de cativos em Ouro Preto (MG): "(...) o fato de um escravo ser considerado apto para o trabalho não permite a identificação do tipo de trabalho que exercia. (...) Todos estes escravos fazem parte de escrituras posteriores a 1871, portanto, posteriores à Lei Rio Branco, que criou o Fundo de Emancipação de escravos. As listas de classificação de escravos para emancipação continham, entre outros, o item 'aptidão para o trabalho', o que leva a crer que o surgimento deste item em algumas escrituras posteriores à referida lei pode estar relacionado com as exigências legais para preenchimento das listas de classificação de escravos para emancipação." (PARREIRA, 1990, p. 148) De fato, de tais listas constavam os quesitos "aptidão para o trabalho" e "profissão". Enquanto este último contemplava o informe da ocupação/atividade produtiva do cativo, o primeiro trazia uma apreciação de suas condições ("bom", "ruim", "sofrível", "doente" etc.).

Tabela 4.6
Escravos Negociados Segundo Sexo e Ocupação
(Areias, 1870; 1875-1880)

Ocupação	Homens	Mulheres
Serviço da roça	113	59
Serviço doméstico	11	36
Cozinheira(o)	3	13
Mucama	–	2
Lavadeira	–	1
Serviço de roça e domador de animais	1	–
Serviço de roça e tropeiro	2	–
Serviço de roça e pedreiro	1	–
Pajem	1	–
Pedreiro	1	–
Pintor	2	–
Servente	1	–
Tropeiro	1	–
Marinheiro	1	–
Carpinteiro	4	–
Alfaiate	1	–
Copeiro	1	–
Jornaleiro	1	–

Outros 11 homens e 7 mulheres foram descritos como "sem ofício", e 2 homens e 5 mulheres foram descritos como "apto para o trabalho", "apto para o serviço", ou ainda, "apto para qualquer trabalho".
Fonte: Escrituras de transações envolvendo escravos.

As distintas ocupações, demandantes de maior ou menor especialização, fizeram-se presentes em todos os tipos de tráfico. Por exemplo, indivíduos aptos ao serviço da roça, cozinheiros e carpinteiros foram transacionados localmente, no comércio intraprovincial e também entre províncias. Em comparação aos anos de 1860, na década subsequente o maior número de pessoas negociadas em Areias traduziu-se num mais variado elenco de ocupações.

Em alguns casos, evidenciou-se certo distanciamento entre a aptidão do cativo e as características da demanda de mão de obra, possível reflexo da intensificação do tráfico da mercadoria humana. É o que pode ter ocorrido com Manoel, marinheiro com 28 anos de idade e matriculado no Rio Grande do Sul. Dito marinheiro foi vendido por uma firma sediada naquela mesma província (Pereira & Viana), por intermédio de outra, radicada na Corte do Rio de Janeiro (Castro Bittencourt Filho & Companhia), para o Tenente Domingos Moreira da Silva, residente em Areias e, segundo consta do *Almanak da província de São Paulo para 1873*, fazendeiro e proprietário, além de suplente de Juiz de Paz (cf. LUNÉ & FONSECA, 1985, p. 245-247).

A dupla informação, da ocupação e do preço individual, foi obtida para 106 pessoas. Os preços médios nominais desses 63 homens e 43 mulheres, de acordo com a atividade descrita, são fornecidos na Tabela 4.7. Os cativos do sexo masculino foram mais caros do que as escravas nas três ocupações exercidas por indivíduos dos dois sexos.[24] Adicionalmente, para homens e mulheres, os roceiros foram em média mais baratos do que a maior parte das demais pessoas para as quais a aptidão foi descrita.[25] De fato, apenas Jorge e Victorino foram vendidos por cifras inferiores à média dos indivíduos alocados na lavoura. O primeiro era alfaiate, ainda que também "apto para todo serviço", tinha 44 anos de idade e foi vendido, em novembro de 1875, de São José do Barreiro para Areias; o segundo era tropeiro, além de roceiro, e tinha 29 anos de idade quando foi negociado, no comércio local, em abril de 1876. Jorge havia sido matriculado na Corte e averbado em São José do Barreiro, ao passo que Victorino fora matriculado em Areias. Comparando os informes das décadas de 1860 e 1870, e sempre tendo em conta o reduzido número de observações, em especial para os anos de 1860, percebemos, nos casos de escravos roceiros e do serviço doméstico, que se elevaram os preços nominais médios dos homens, ao passo que diminuíram os das mulheres.

---

24 As diferenças entre as médias de preços de homens e mulheres roceiros, bem como dos utilizados no serviço doméstico, mostraram-se estatisticamente significantes (a um nível de significância de 0,01%). No caso dos cozinheiros, porém, tais diferenças foram estatisticamente significantes apenas a um nível de significância de 11%.

25 Os testes de igualdade das médias produziram os seguintes resultados: a) homens: "serviço da roça" *versus* "serviço doméstico", nível de significância de 25,1%; b) homens: "serviço da roça" *versus* demais ocupações, exceto "serviço doméstico", nível de significância de 14,7%; c) mulheres: "serviço da roça" *versus* "serviço doméstico", nível de significância de 14,3%; d) mulheres: "serviço da roça" *versus* demais ocupações, exceto "serviço doméstico", nível de significância de 1%.

Tabela 4.7
Preços Médios Nominais dos Escravos Segundo Sexo e Ocupação
(Areias, 1870; 1875-1880)

Ocupação	Homens Número de escravos	Homens Preços médios (em réis)	Mulheres Número de escravos	Mulheres Preços médios (em réis)
Serviço da roça	44	1:846$614	13	1:030$769
Serviço doméstico	6	2:037$500	20	1:227$500
Cozinheira(o)	1	2:000$000	9	1:416$667
Mucama	–	–	1	1:500$000
Serviço de roça e tropeiro	1	1:500$000	–	–
Serviço de roça e domador de animais	1	2:000$000	–	–
Pajem	1	2:000$000	–	–
Pedreiro	1	2:400$000	–	–
Pintor	2	2:100$000	–	–
Carpinteiro	3	2:233$333	–	–
Alfaiate	1	1:200$000	–	–
Copeiro	1	2:200$000	–	–
Jornaleiro	1	2:150$000	–	–

Fonte: Escrituras de transações envolvendo escravos.

Por fim, das 312 pessoas negociadas em Areias nos anos de 1870, 60 (19,2%) estavam acompanhadas por um ou mais familiares.[26] Foram nove casais (sete deles sem prole), duas mulheres de estado conjugal não especificado com filhos escravos, seis cativas com filhos escravos e ingênuos (cinco delas solteiras e a restante de situação conjugal não descrita) e 17 mulheres com filhos ingênuos (dez solteiras e sete de estado conjugal não informado). Em consequência da Lei do Ventre Livre, portanto, àquelas 60 pessoas foram acrescidas 32 crianças ingênuas que seguiram com suas mães. Nesses casos, e muito embora sem a estipulação explícita de um dado preço, os vendedores das mães repassavam aos compradores também a posse dos "serviços" dos ingênuos.

Lembremos que, possivelmente, alguns dos laços familiares existentes entre os cativos transacionados não puderam ser identificados. Assim, por exemplo,

---

[26] Além delas, mencionemos o caso de Maria, vendida por João Alexandre Jorge, em março de 1880, para Dona Tarquínea Domingues da Silva, ambos moradores em Areias, pelo preço de Rs. 1:300$000. Maria, com 27 anos de idade, era "casada com pessoa livre"; na procuração passada pelo vendedor, lemos, ademais, que o marido "acha-se ausente".

aos 9 de setembro de 1875, o Dr. Joaquim Francisco Ribeiro Coutinho, de Areias, vendeu para Antonio Ferreira Leite de Souza, morador em São José do Barreiro, um grupo formado por 49 escravos, por oitenta contos de réis. Nesse conjunto havia quatro mulheres acompanhadas por crianças ingênuas; mas havia também outras 17 crianças cativas com idades inferiores a 15 anos, não se fazendo qualquer menção às eventuais relações de família existentes entre elas e os demais indivíduos vendidos.

O fato é que, se adicionássemos os ingênuos aos cativos negociados em família, o peso relativo dessas pessoas elevar-se-ia para pouco mais de um quarto (26,7%) do total.[27] É um porcentual bastante próximo àquele calculado para o período de 1866 a 1869 (25,5%), quando ainda não havia ingênuos. Bastante expressivas foram, nas duas décadas em tela, as participações relativas, no total de escravos comercializados em família, daqueles com menos de 10 anos de idade: um terço nos anos de 1860 e pouco menos de dois quintos (38,0%) nos de 1870. Também nos dois períodos referidos, as famílias escravas fizeram-se presentes nos tráficos intra e interprovincial e, sobretudo, no comércio local. Nas escrituras coletadas para o decênio de 1870, metade dos cativos negociados em família e dos ingênuos foi objeto de negócios locais, distribuindo-se a metade restante de forma equitativa entre os dois outros tipos de tráfico aludidos.

Como um fecho para esta seção, é oportuno descrever com maior detalhe o caso verificado aos 6 de setembro de 1877. Àquela data, o Major Laurindo José de Carvalho Penna vendeu cinco escravos, por seis contos de réis, para José Joaquim Ferreira Penna. Tratava-se, de fato, de uma família relativamente numerosa, composta por nove pessoas. Os escravos eram a solteira Eva, de 37 anos de idade, e seus quatro filhos: Estevão, 23; Margarida, 15; Delfina, 13; e Rita, 7. Junto com Eva seguiram dois outros filhos, ingênuos: João, de 3 anos, "e outro menino nascido que ainda não está batizado". Ademais, a uma das filhas de Eva, Margarida, "acompanha um ingênuo de onze meses, o qual também não está batizado". Temos, pois, uma família formada por escravos e libertos com três gerações; avó, filhos e neto; os cinco cativos dentre eles eram todos descritos como naturais de Areias, município onde também todos haviam sido matriculados. Uma vez que os dois Penna, quiçá parentes, lá residiam, essa família provavelmente manter-se-ia por mais tempo naquela localidade valeparaibana, eventualmente

---

27 Evidentemente, estamos somando os ingênuos também ao total de indivíduos transacionados. Em outras palavras, o porcentual fornecido resulta da seguinte operação: [(60 + 32)x100]/(312 + 32).

permanecendo em contato com os companheiros de Eva e de Margarida, quem sabe dois escravos do Major Laurindo, ou mesmo de José Joaquim. Enfim, apesar da venda, talvez essa família pudesse desfrutar de estabilidade suficiente para ampliar-se ainda mais no decurso do tempo.

Guaratinguetá

Foram 183 as escrituras localizadas em Guaratinguetá e registradas no período objeto de nossa atenção neste capítulo, nenhuma delas datada nos anos de 1875 e de 1880. Nessas escrituras foram negociados 292 escravos, 286 deles (97,9%) sendo comprados/vendidos. Em sete dessas compras e vendas foram transacionadas "partes ideais" dos cativos. Outras cinco pessoas compuseram duas operações de troca. Na primeira, aos 20 de janeiro de 1873, Dona Maria Teixeira Guimarães barganhou Benedito, preto de 20 anos de idade, por Bento, pardo de 22 anos, este último propriedade de Manoel Baptista dos Santos. Ambos os jovens eram crioulos, do serviço da roça, nascidos e matriculados em Guaratinguetá; desconhecemos seus preços, mas Manoel dos Santos, além de entregar Bento, pagou Rs. 800$000 a D. Maria.

A segunda das permutas mencionadas, registrada em 15 de março de 1877, é mais um exemplo da multiplicidade de deslocamentos que, muitas vezes, marcava as vidas das pessoas em cativeiro. Àquela data, Luíza, solteira de 28 anos de idade, e sua filha Benedita, de 6 anos, foram trocadas por Rufino, também solteiro, de 21 anos. Na barganha, quem cedia mãe e filha era o Padre Antonio Luis dos Reis França, morador em Guaratinguetá. Não foi descrito o local de residência de Marcos José Vieira, senhor de Rufino, mas o escravo era natural de Cunha. Luíza e Benedita foram matriculadas em Lorena em julho de 1872, averbadas na Coletoria de Itajubá, na Província de Minas Gerais, em novembro de 1874, e novamente averbadas na Coletoria de Silveiras, no Vale do Paraíba paulista, em julho de 1875. Dessa forma, num intervalo de aproximadamente cinco anos o trajeto seguido por mãe e filha envolveu cinco distintas localidades em duas diferentes províncias: Lorena, Itajubá, Silveiras, Guaratinguetá e, provavelmente, Cunha.[28]

Além dos 286 escravos comprados/vendidos e dos cinco trocados, houve ainda um caso no qual se comercializou apenas o usufruto de Egydio, cabra de

---

28 Desnecessário enfatizar as dificuldades que esses deslocamentos decerto trouxeram para o eventual relacionamento familiar de Luíza com o pai de Benedita, sobre quem nada sabemos.

32 anos de idade e roceiro, natural do município de Cunha. Aos 23 de setembro de 1873, José Lino de Campos, residente em Cunha, vendeu 12 cativos para José dos Santos Oliveira Velho, de Guaratinguetá. Desse grupo, formado por sete homens e cinco mulheres, todos matriculados na localidade onde morava o vendedor, fazia parte Egydio, do qual, conforme esclarece o tabelião, se fazia "venda somente do usufruto durante a vida do vendedor, por lhe ter sido legado em verba testamentária por sua finada mãe, com a cláusula de por morte dele legatário passar a seus filhos". Assim sendo, a forma pela qual se realizou o negócio, ou ao menos a maneira pela qual ele foi descrito na escritura, procurou viabilizá-lo sem que fosse descumprida a referida disposição testamentária, embora não possamos ter certeza se, ao fim e ao cabo, a vontade da "finada mãe" de José Lino foi obedecida. Ademais, uma vez que o documento não trouxe o informe dos preços individuais da dúzia de pessoas transacionada, não foi possível verificar se a peculiaridade da transação de Egydio teve algum impacto sobre seu valor.

Na Tabela 4.8 fornecemos a distribuição dos 292 escravos negociados segundo sexo, origem e tipo de tráfico. Comparado aos anos de 1860, quando houve relativo equilíbrio entre os sexos (razão de sexo igual a 109,6), o comércio de cativos na década de 1870 em Guaratinguetá envolveu maior predomínio de indivíduos do sexo masculino (razão de sexo de 170,4). Essa diferença não se explica, ao menos diretamente, pelo tráfico interprovincial, para o qual o cômputo do indicador aludido resultou, em ambos os períodos, em cifras superiores a 300. O que se elevou foi a supremacia numérica masculina nos negócios locais (152,0) e intraprovinciais (123,1), com razões de sexo iguais, respectivamente, a 100,0 e 88,9 no decênio de 1860, contudo permanecendo bem menos expressiva do que nas transações entre províncias.[29] Nas duas décadas, adicionalmente, foi negociado um número igual de africanos (18), com o que seu peso relativo diminuiu de 7,5% para 6,2%. E, nos anos de 1870, foram bem mais frequentes os casos nos quais não pudemos identificar o tipo de tráfico (17,8% das pessoas comercializadas, *versus* 4,2% no decênio anterior).

---

[29] Tenhamos em mente o reduzido número de observações que caracterizou os comércios intra e interprovincial na localidade em foco no intervalo 1863-69, por nós salientado no Capítulo 3.

Tabela 4.8
Escravos Negociados Segundo Sexo, Origem e Tipo do Tráfico
(Guaratinguetá, 1870-1874; 1876-1879)

Tráfico/Origem	Homens	Mulheres	Razões de Sexo
Local			
africanos	7	3	233,3
demais	69	47	146,8
total	76	50	152,0
Intraprovincial			
africanos	2	–	–
demais	14	13	107,7
total	16	13	123,1
Interprovincial			
africanos	2	1	200,0
demais	62	20	310,0
total	64	21	304,8
Não identificado			
africanos	2	1	200,0
demais	26	23	113,0
total	28	24	116,7
Totais	**184**	**108**	**170,4**

A razão de sexo é definida como o número de homens para cada grupo de 100 mulheres.
Fonte: Escrituras de transações envolvendo escravos.

O Gráfico 4.4, construído tão somente com os informes sobre os tráficos local, intra e interprovincial, evidencia as mudanças significativas ocorridas ao longo do tempo. O comércio local e o intraprovincial, que responderam conjuntamente por mais de nove décimos (93,9%) dos escravos transacionados naqueles três tipos de tráfico no período 1863-69, mantiveram uma proporção bastante similar no quatriênio 1870-73 (90,2%), e perderam relevância, de forma pronunciada, no intervalo 1874-79 (51,3%).[30] Em contrapartida, os negócios entre províncias mantiveram seu peso relativo inferior aos 10% em inícios dos anos de 1870 (alçando-se de 6,1% em 1863-69 para 9,8% em 1870-73), porém abarcaram quase metade dos cativos comercializados entre 1874 e 1879 (48,7%). Muito embora, subjacente aos porcentuais somados das transações locais e in-

---

[30] Lembremos, em todas as referências ao intervalo 1874-79 em Guaratinguetá, que dele não constou nenhuma escritura datada de 1875 (cf. Tabela 4.1).

traprovinciais, tenha havido um incremento no peso relativo do comércio intraprovincial em detrimento do local entre os anos de 1860 e inícios do decênio subsequente, ainda assim, em uma primeira aproximação, o intervalo 1870-73 mostrou-se mais assemelhado ao período anterior do que à etapa de maior intensificação do tráfico interprovincial de escravos, a partir de 1874.[31]

Este último comentário vê-se corroborado mesmo quando nos atemos às operações efetuadas no âmbito local. No período 1863-69, como vimos no Capítulo 3, no contingente de 198 indivíduos objeto dos negócios locais, pudemos identificar dois cativos naturais da Bahia, três mineiros e sete fluminenses. Para o quatriênio 1870-73, contamos parcialmente com os dados das matrículas. Das 58 pessoas comercializadas localmente naqueles anos, obtivemos esses dados para 27, todas matriculadas na própria localidade; desses 27 escravos, 22 eram naturais da província paulista (19 de Guaratinguetá, dois da capital e um de Lorena, no Vale do Paraíba), dois eram africanos e apenas um era natural de outra província (Bahia).[32] Dos 31 casos para os quais não temos a informação da matrícula, sabemos que três eram africanos e outros seis eram naturais de Guaratinguetá.[33]

---

[31] A média anual de pessoas negociadas, que havia sido de 34,1 no período 1863-69, igualou-se a 29,0 nos anos de 1870, 1871 e 1873, e se elevou para 48,8 nos de 1874, 1877, 1878 e 1879. No cálculo dessas médias consideramos todos os anos para os quais havia escrituras datadas em sete ou mais meses. Para alguns dos anos computados, porém, há lacunas evidentes na documentação para o caso de Guaratinguetá (cf. Apêndice Metodológico). Tais lacunas afetam, todavia, os dois intervalos nos quais segmentamos a década de 1870. Ainda que não possamos saber se esse efeito teria sido equivalente, o aumento na frequência de transações entre 1870-73 e 1874-79, assim o cremos, para além da perda de alguns documentos, revela, no primeiro subperíodo, o impacto negativo sobre os negócios da legislação (ou, numa perspectiva mais ampla, das discussões afetas à questão servil naqueles anos, que tiveram seu corolário na promulgação da Lei do Ventre Livre), e, no segundo, o impacto positivo do aumento no ritmo do comércio interprovincial.

[32] Para os dois escravos restantes matriculados na localidade em tela não foi informada a origem (brasileiro ou africano) ou a naturalidade.

[33] Dentre esses 31 casos, quatro referiram-se a dois escravos objeto de duas transações que envolveram um contratante de outra província. Em 31 de dezembro de 1870, Antonio Leite do Prado, morador em Guaratinguetá, vendeu João, africano de 45 anos, e Francisca, crioula de 40 anos, para Manoel Roque de Carvalho, residente em Caldas, na província de Minas Gerais. Dois dias depois, Manoel revendeu os dois cativos para Mariano Leite do Prado, morador em Guaratinguetá. Ainda que um residente em outra província figurasse como comprador em uma e como vendedor em outra das operações descritas, entendemos que João e Francisca decerto permaneceram na localidade examinada e, por conseguinte,

Escravos daqui, dali e de mais além   195

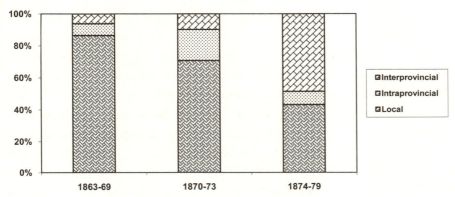

Gráfico 4.4
Escravos Negociados Segundo Tipo do Tráfico
(Guaratinguetá, anos de 1860 e 1870)

Fonte: Escrituras de transações envolvendo escravos.

O panorama altera-se muito quando consideramos os 68 indivíduos negociados localmente entre 1874 e 1879. Apenas para três deles não sabemos o local de matrícula. A maior parte dessas pessoas (60,3%) foi matriculada na Província de São Paulo (38 em Guaratinguetá, duas em Taubaté e uma em São Luís do Paraitinga). Três cativos foram matriculados nas Províncias limítrofes do Rio de Janeiro (dois) e de Minas Gerais. Cerca de três décimos (30,9%) desses escravos, no entanto, haviam sido matriculados em municípios localizados em seis províncias do Nordeste do Império: Ceará (sete), Pernambuco (sete), Paraíba (três), Bahia (dois), Maranhão (um) e Alagoas (um). Assim sendo, mesmo nas transações restritas a Guaratinguetá e seu termo, as evidências de deslocamentos prévios nos quais os escravos percorreram muitas vezes grandes distâncias tornaram-se muito mais frequentes no intervalo 1874-79.

Esse mesmo padrão pôde ser identificado nos negócios inseridos na categoria de tráfico "não identificado". De fato, foram 11 os cativos assim classificados no período 1870-73. Para nenhum deles há o informe de matrícula e, no tocante

---

classificamos as duas vendas como integrantes do conjunto de negócios locais. Desconhecemos, vale frisar, as razões dessa aparente intermediação de Manoel Roque de Carvalho na transferência da posse dos escravos em tela de um Leite do Prado, Antonio, para outro, Mariano (os dois prováveis parentes, talvez irmãos). Mesmo porque ambas as vendas foram registradas pelo mesmo valor (um conto de réis) e, segundo consta nas respectivas escrituras, ao menos na primeira as despesas do selo e do imposto de meia sisa foram arcadas pelo contratante residente em Caldas.

à origem/naturalidade, sabemos haver entre eles um africano e um natural de Minas Gerais.[34] No conjunto das 41 pessoas inseridas na categoria em questão entre 1874 e 1879, os escravos "do Norte" compunham já a maioria relativa: pouco menos de um terço (31,7%) foram matriculadas na Província de São Paulo e pouco mais de um quarto (26,8%) no Rio de Janeiro ou em Minas Gerais, enquanto aproximadamente dois quintos (39,0%) em províncias da região nordestina (Ceará, Pernambuco, Bahia, Paraíba, Rio Grande do Norte, Piauí e Maranhão), havendo ainda um único escravo matriculado no Rio Grande do Sul.

Evidentemente, essas alterações não poderiam deixar de ser igualmente detectadas nas transações que envolviam movimentos de entrada em ou saída de Guaratinguetá. Esses trânsitos são por nós sumariados na Tabela 4.9, segundo sexo e de acordo com o tipo de tráfico. Percebemos que o deslocamento entre províncias compreendeu um número de cativos quase três vezes o observado nas movimentações entre Guaratinguetá e outros municípios paulistas. Ademais, as entradas responderam por 89,7% do comércio intraprovincial, proporção que atingiu a totalidade do tráfico entre províncias. E os homens predominaram nos dois tipos de comércio considerados, sobretudo no interprovincial. O predomínio das entradas sobre as saídas também havia se verificado no intervalo 1863-69, mas naqueles anos os negócios intraprovinciais foram mais numerosos do que os interprovinciais.

Tabela 4.9
Entradas e Saídas Segundo Sexo e Tipo do Tráfico
(Guaratinguetá, 1870-1874; 1876-1879)

Tráfico/Sentido do fluxo	Homens	Mulheres	Totais
Intraprovincial			
entradas	15	11	26
saídas	1	2	3
totais	16	13	29
Interprovincial			
entradas	62	19	81
saídas	–	–	–
totais[1]	62	19	81

[1] Excluídos dois homens e duas mulheres vendidos por escravistas residentes na província do Rio de Janeiro para moradores nas localidades paulistas de Pindamonhangaba e Lorena.

Fonte: Escrituras de transações envolvendo escravos.

---

34 Nos anos de 1860, dos 10 indivíduos negociados no tráfico "não identificado", nenhum era africano e conhecemos a naturalidade de apenas um caso (de Lorena, SP).

Quadro 4.4
Localidades Participantes do Tráfico Intraprovincial
Segundo Distância de Guaratinguetá
(Anos de 1860 e de 1870)

Distância/ Local de moradia dos contratantes. 1863-69	Distância/ Local de moradia dos contratantes. 1870-73	Distância/ Local de moradia dos contratantes. 1874-79
menos de 30 km Lorena Pindamonhangaba de 30 a 50 km Cunha Areias de 350 a 400 km Itapeva da Faxina	menos de 30 km Pindamonhangaba de 30 a 50 km Cunha de 51 a 100 km Bananal	menos de 30 km Lorena Pindamonhangaba de 30 a 50 km Cunha São Luís do Paraitinga Taubaté Queluz

Fonte: Escrituras de transações envolvendo escravos.

Tomadas tão somente as entradas e saídas verificadas no comércio intraprovincial, não houve grandes mudanças no que respeita aos locais de moradia dos contratantes que não residiam em Guaratinguetá, fossem vendedores ou compradores (cf. Quadro 4.4). Foram identificados cinco municípios no período 1863-69, três em 1870-73 e seis em 1874-79; as quantidades de escravos computadas foram, respectivamente, iguais a 17, 16 e 13. Das nove distintas localidades referidas, sete situavam-se a menos de 50 quilômetros de Guaratinguetá: Lorena, Pindamonhangaba, Cunha, São Luís do Paraitinga, Taubaté, Queluz e Areias. Outro município também vale-paraibano, Bananal, distava pouco mais de 80 quilômetros da localidade analisada. A cidade mais distante, a cerca de 360 quilômetros, foi Itapeva da Faxina, mencionada nos anos de 1860.

Ainda que os escravistas partícipes dessas transações intraprovinciais morassem, o mais das vezes, independentemente da data das escrituras respectivas, em poucos municípios relativamente próximos de Guaratinguetá, os informes sobre a matrícula das pessoas negociadas permitem vislumbrar, uma vez mais, o impacto do maior vigor que o tráfico humano atingiu à medida que avançavam os anos de 1870. Assim, dos 16 cativos transacionados no quatriênio 1870-73, 15 haviam sido matriculados na província paulista e um no Rio de Janeiro. Por seu turno, dos 13 comercializados entre 1874 e 1879, sete foram matriculados na

Província de São Paulo, um em Minas Gerais e os demais no Nordeste do Império (Ceará, Sergipe, Bahia, Pernambuco e Rio Grande do Norte).

Quadro 4.5
Localidades Participantes do Tráfico Interprovincial
(Guaratinguetá, anos de 1860 e de 1870)

Local de moradia dos contratantes, número de escravos. 1863-69	Local de moradia dos contratantes, número de escravos. 1870-73	Local de moradia dos contratantes, número de escravos. 1874-79
Parati (RJ), 5	Corte (RJ), 7	Corte (RJ), 16
Itaguaí (RJ), 1	Piraí (RJ), 1	Resende (RJ), 6
Baependi (MG), 5		Niterói (RJ), 3
São Sebastião do Paraíso (MG), 1		Rio de Janeiro, 2
		Itajubá (MG), 6
Pará, 1		Maranhão, 27
		Acaraú (CE), 1
		Lavras (CE), 1
		Icó (CE), 1
		Ceará, 2
		Cabrobó (PE), 2
		Itambé (PE), 1
		Recife (PE), 1
		Pombal (PB), 1
		Paraíba, 1
		Salvador (BA), 1
		Bahia, 1

Fonte: Escrituras de transações envolvendo escravos.

Essa caracterização que vimos fazendo encontra sua melhor ilustração ao examinarmos os 81 escravos entrados em Guaratinguetá nos anos de 1870 por meio do comércio entre províncias. Levemos em conta, de início, os locais de moradia dos vendedores (cf. Quadro 4.5). Desses 81 cativos, somente oito (9,9%) foram comercializados entre 1870 e 1873; nos oito casos, os vendedores residiam no Rio de Janeiro (na Corte ou em Piraí). Nos anos de 1860, de forma em boa medida análoga, à exceção de um vendedor que morava no Pará, os outros 12 indivíduos vindos de outras províncias pertenciam a escravistas residentes nas vizinhas

Rio de Janeiro (seis) e Minas Gerais (seis). No período 1874-79, não apenas se elevou o número de pessoas compradas de proprietários de fora do território paulista, mas o elenco de municípios/províncias onde esses proprietários moravam mostrou-se muito mais variado: em localidades fluminenses e mineiras residiam os escravistas detentores de menos da metade (45,2%) dos escravos negociados no tráfico interprovincial; em contrapartida, 54,8% desses cativos foram vendidos por moradores nas províncias do Maranhão, Ceará, Pernambuco, Paraíba e Bahia.

Como vemos na última coluna do Quadro 4.5, destacaram-se os casos do Maranhão e do Município da Corte. Quanto ao primeiro, tratou-se, de fato, de um único negócio. Aos 9 de junho de 1877, dois indivíduos, prováveis negociantes de escravos, Correa Gonçalves e Coriolano Martins Correa, residentes no Maranhão e "de passagem pelo Rio de Janeiro", venderam, por intermédio de seu bastante procurador, José Vilella de Oliveira Marcondes, um grupo de 27 cativos para Alexandre da Silva Vilella, morador em Guaratinguetá. As pessoas vendidas, 17 homens e 10 mulheres, custaram, no conjunto, quarenta contos de réis e haviam sido matriculadas, em sua maioria, em diversos municípios do Maranhão, além de alguns do Piauí. Duas dentre as dez escravas vendidas, ambas solteiras, eram acompanhadas cada qual por uma criança ingênua.

No tocante aos vendedores da Corte, em alguns casos deparamo-nos com o "encadeamento" de procurações ao qual já nos referimos anteriormente neste estudo. Por exemplo, em 16 de fevereiro de 1877, Domingos Alves Guimarães Cotia, residente na capital do Império e negociante matriculado no Tribunal do Comércio do Rio de Janeiro, vendeu Fhilomena – preta, solteira, com 14 anos de idade e matriculada na Coletoria de Caruaru, em Pernambuco – para Francisco de Paula Santos, de Guaratinguetá. A venda foi feita pelo procurador do vendedor, Theófilo Pinto Rodrigues Lara. Na escritura constou o informe de que a procuração fora, de fato, subestabelecida; todavia, uma vez que o documento não foi transcrito, ficamos sem saber quem era o outorgante "original", possivelmente radicado na província pernambucana.

Quadro 4.6
Localidades Onde Foram Matriculados
os Escravos Entrados em Guaratinguetá no Tráfico Interprovincial
(1874-1879)

Local de matricula, número de escravos	Local de matricula, número de escravos
Areias (SP), 1	Brejo (MA), 6
Niterói (RJ), 4	Caxias (MA), 2
Corte (RJ), 2	Chapada (MA), 2
Jacarepaguá (RJ), 1	Carolina (MA), 2
	Batalha (MA), 2
Itajubá (MG), 4	São Bento (MA), 1
Minas Gerais, 2	São José dos Mártires (MA), 1
Santo Amaro (BA), 1	Pinheiro (MA), 1
Itaparica (BA), 1	Barros (MA), 1
Salvador (BA), 1	Codó (MA), 1
Cachoeira (BA), 1	Alcântara (MA), 1
	São Luís (MA), 1
Santo Antônio (PB), 1	Maranhão, 3
São João (PB), 1	
Cuité (PB), 1	Acaraú (CE), 4
Pombal (PB), 1	São João do Príncipe (CE), 3
Mamanguape (PB), 1	Santa Quitéria (CE), 2
Souza (PB), 1	São Francisco (CE), 1
	São Bernardo das Russas (CE), 1
Itambé (PE), 2	Lavras (CE), 1
Caruaru (PE), 1	Icó (CE), 1
Garanhuns (PE), 1	Jaguaribe-Mirim (CE), 1
Ouricuri (PE), 1	
Pernambuco, 2	Teresina (PI), 2
	União (PI), 1
Santa Ana do Seridó (RN), 1	

Fonte: Escrituras de transações envolvendo escravos.

O mesmo Domingos Alves Guimarães Cotia intermediou outra transação ilustrativa do aludido "encadeamento", registrada em abril de 1878. Eram cinco vendedores, cada qual fazendo venda de um escravo para João José da Motta, de Guaratinguetá. O primeiro desses vendedores era o próprio Cotia. Os demais, moradores nas províncias da Paraíba, Pernambuco e Bahia, outorgaram procurações, seja diretamente para aquele negociante fluminense, nomeado entre outros outorgados, seja para terceiros que subestabeleceram as procurações para

Domingos Cotia. Nos cinco casos, o ponto final desse "encadeamento" foi o procurador Diogo Antonio de Souza Castro, que concretizou a venda na localidade em foco.

Tomemos como exemplos dois desses cinco vendedores para explicitar como as procurações não necessariamente conformariam uma sequência única, podendo às vezes apresentar várias ramificações. Uma dispersão que talvez fosse útil para obter maior rapidez na concretização dos negócios. O Tenente-Coronel Clementino Leite Ferreira, da cidade de Pombal, na Paraíba, para negociar seu cativo Nicolau nomeou, aos 14 de outubro de 1876, João Fernandes Lopes e Antonio Ignácio da Silva, "ou cada um de per si", como seus procuradores na praça do Recife. Aos 28 de outubro, na capital pernambucana, João Fernandes Lopes subestabeleceu a procuração para a venda de Nicolau, na mesma Recife, a Gratuliano dos Santos Vidal e, no Rio de Janeiro, a Victoriano Pinto da Silva Passos & Companhia e a Domingos Alves Guimarães Cotia, J. A. Alves de Carvalho & Companhia. Por fim, na Corte, quase dois anos depois, em 26 de abril de 1878, Domingos Cotia procedeu a novo subestabelecimento, desta feita para Diogo Antonio de Souza Castro.

Na mesma escritura, Dona Maria Isabel Nancy Rios, moradora na capital da Bahia e proprietária do escravo Elpídio, nomeou, aos 9 de janeiro de 1877, os seguintes procuradores: em Salvador, Miranda Leon & Companhia; e no Rio de Janeiro, Domingos Alves Guimarães Cotia, Delfino Val e Andrade Bastos Loura, José Antonio do Amaral e Victoriano Pinto da Silva Passos & Companhia. Aos 26 de abril de 1878, houve também o subestabelecimento feito por Domingos Cotia para Diogo Castro, que "completou" a transação.

Aos locais de moradia dos vendedores explicitados na última coluna do Quadro 4.5 corresponderam os municípios/províncias de matrícula dos escravos por eles vendidos arrolados no Quadro 4.6. É digna de nota a quantidade relativamente elevada de localidades de matrícula dos cativos nas províncias do Nordeste. De fato, identificamos uma dúzia de municípios do Maranhão, oito do Ceará, seis da Paraíba, quatro de Pernambuco, outros quatro da Bahia, dois do Piauí e um do Rio Grande do Norte. Essa multiplicidade de locais de matrícula dos famigerados escravos provenientes "do Norte" indicia um movimento prévio de vendas do qual decorrera certa concentração na posse daqueles cativos, muitos deles decerto adquiridos já com a finalidade precípua do posterior direcionamento, via tráfico interprovincial, para o território paulista, particularmente para as localidades cuja economia era dinamizada pela cafeicultura.[35] O caso descrito acima, da venda efetuada pelos moradores no Maranhão, Correa Gonçalves e Coriolano Martins Correa,[36] sugere fortemente essa ação de negociantes "recolhendo" a mercadoria pelo interior daquela província e revendendo-a pelos maiores preços do mercado paulista.

A estrutura etária dos indivíduos negociados, computados de acordo com o sexo, permite também que percebamos as alterações verificadas no comércio de escravos na localidade em foco (cf. Gráfico 4.5). A participação relativa dos homens de 15 a 29 anos de idade, que se igualara a 39,5% no intervalo 1863-69, alçou-se a pouco mais do que isso (42,6%) em 1870-73, atingindo quase dois terços do total (64,2%) em 1874-79. Os porcentuais correlatos calculados para o caso das mulheres (44,9%, 41,7% e 55,2%) evidenciaram em boa medida um comportamento semelhante, principalmente em termos da diferenciação do último dos intervalos contemplados.

Gráfico 4.5
Escravos Negociados: Faixas Etárias e Sexo
(Guaratinguetá, anos de 1860 e de 1870)

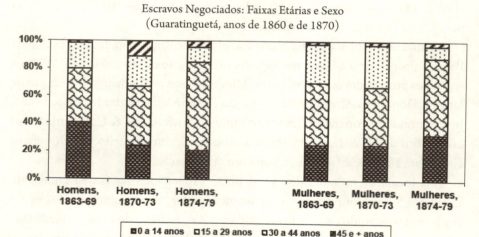

Fonte: Escrituras de transações envolvendo escravos.

---

35 Acerca do adjetivo por nós utilizado ("famigerados"), ver, por exemplo, o estudo de AZEVEDO (1987). E sobre a estrutura da posse de escravos, para diversos municípios localizados em distintas províncias, em especial na década de 1870, ver, entre outros, MARCONDES (2009) e MOTTA, NOZOE e COSTA (2004).

36 No Capítulo 2 mencionamos "a criação de uma nova profissão", pelo tráfico interno, a de comprador de escravos viajante, identificada por CONRAD (1985, p. 68) já na década de 1850.

De fato, entre as escravas mostraram-se mais próximos os perfis etários observados nos anos de 1860 e em princípios da década de 1870. Entre os homens, o segmento com idades inferiores a 15 anos, correspondente a dois quintos do total (40,3%) em 1863-69, teve seu peso relativo diminuído para a metade (20,3%) em 1874-79, queda já percebida em 1870-73 (24,1%). A expressiva presença das crianças, que havia sido um traço distintivo do tráfico em Guaratinguetá nos anos de 1860, perdeu, pois, muito de sua relevância no decênio subsequente. Decerto, para esse resultado contribuiu, por um lado, o privilégio dado aos adultos jovens do sexo masculino no comércio de cativos dos anos de 1870; por outro, há que considerar o efeito da libertação dos nascituros, em termos da necessariamente decorrente diminuição da importância relativa das crianças escravas negociadas, diminuição esta que parece ter sido maior também entre os meninos. Computados conjuntamente ambos os sexos, a participação relativa das crianças com menos de 15 anos de idade, que se igualara a 33,2% no período 1863-69, reduziu-se para 24,6% nos anos de 1870. Se recalculássemos este último porcentual levando em conta igualmente os dez ingênuos identificados nas escrituras registradas em Guaratinguetá, o resultado alçar-se-ia para 27,2%.

Como podemos visualizar no Gráfico 4.6, o predomínio marcado, no período 1874-79, dos escravos na faixa etária dos 15 aos 29 anos, ocorreu tanto no comércio entre províncias (64,9%) como no tráfico local (60,9%). É perceptível, na maneira pela qual evoluiu esse "viés" em favor dos adultos jovens, o ritmo crescente vivenciado pelo comércio daquela mercadoria humana.[37] No trânsito interprovincial, o perfil etário observado na parte final dos anos de 1870 já se prenunciava no intervalo 1870-73: dos apenas oito cativos transacionados nesse quatriênio, cinco (62,5%) inseriam-se na faixa etária em questão. Nos negócios locais, por seu turno, em princípios do decênio de 1870 a participação relativa dos adultos jovens (43,1%) era praticamente a mesma computada em 1863-69 (43,0%).[38] O incremento da presença de escravos oriundos de províncias "do Norte" no conjunto das transações locais, apontado anteriormente e agora

---

[37] Foram, respectivamente, 77 e 68 as pessoas comercializadas, no período 1874-80, nos tráficos interprovincial e local. No comércio intraprovincial, não contemplado no Gráfico 4.6, foram apenas 13 os indivíduos negociados, e o porcentual correlato igualou-se a 53,8%.

[38] Foram, respectivamente, 198 e 58 as pessoas negociadas localmente em 1863-69 e 1870-73.

evidenciado em termos das idades dos indivíduos negociados, exerceu seu impacto, pois, sobretudo, no intervalo 1874-79.[39]

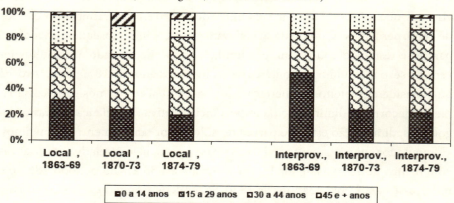

Gráfico 4.6
Escravos Negociados: Faixas Etárias e Tipo do Tráfico
(Guaratinguetá, anos de 1860 e de 1870)

Fonte: Escrituras de transações envolvendo escravos.

O exame dos preços praticados permite visualizar, a partir de uma perspectiva alternativa, esse mesmo movimento de intensificação do comércio de cativos que vimos enfatizando. De início, na Tabela 4.10, fornecemos os preços médios nominais computados em todo o período de 1870 a 1879. Segmentamos os indivíduos negociados segundo sexo e, além dos totais de homens e mulheres, contemplamos também os contingentes formados pelos adultos jovens. Obtivemos os preços individuais de 83 pessoas do sexo masculino e 51 do feminino; eles foram 55,4% mais caros do que elas. Esse porcentual pouco diminuiu (50,8%) quando comparamos os preços praticados na faixa etária de 15 a 29 anos.[40] As cifras concernentes aos adultos jovens, comparadas àquelas observadas nos anos de 1860, revelaram

---

39 Assim, dentre o conjunto de indivíduos transacionados localmente no intervalo 1874-79 e para os quais obtivemos o informe da idade (inexistente em quatro casos), a idade média daqueles matriculados em Guaratinguetá foi de 23,35 (desvio-padrão igual a 10,69); eram 34 escravos, 17 deles (50%) adultos jovens. Para os matriculados em províncias "do Norte", a idade média foi de 21,33 (desvio-padrão igual a 6,07); eram 21 cativos, 14 deles (66,7%) na faixa etária de 15 a 29 anos. Cabe ressalvar que as diferenças entre as idades médias desses dois contingentes, de 34 e 21 pessoas, não se mostraram estatisticamente significantes (nível de significância de 43,4%).

40 Para os escravos em geral, bem como para os adultos jovens, as diferenças entre os preços médios de homens e mulheres mostraram-se estatisticamente significantes a um nível de significância de 0,01%.

um incremento, ao longo do tempo, de 17,4% no caso das escravas, e uma valorização bem mais pronunciada, de 38,7%, dos cativos do sexo masculino.[41]

Tabela 4.10
Preços Médios Nominais dos Escravos em Geral
e dos Cativos Adultos Jovens, Segundo Sexo
(Guaratinguetá, 1870-1874; 1876-1879)

Sexo	Número de escravos	Preço médio (em réis)
Homens	83	1:837$831
Mulheres	51	1:182$392
Homens de 15 a 29 anos	50	1:986$800
Mulheres de 15 a 29 anos	25	1:317$280

Fonte: Escrituras de transações envolvendo escravos.

Essa disparidade no comportamento dos preços segundo o sexo das pessoas transacionadas pode ser analisada com maior detalhe a partir dos informes dispostos na Tabela 4.11. Centramos nossa atenção no segmento dos adultos jovens, consideramos três intervalos temporais (1863-69, 1870-73 e 1874-79) e computamos os preços reais tomando como base para a aplicação do deflator o ano de 1861.[42] No que tange aos preços dos homens de 15 a 29 anos, percebemos uma variação de apenas 3,1% do primeiro para o segundo dos períodos aludidos, ao passo que houve um acréscimo bem maior (de 20,1%) entre 1870-73 e 1874-79. No caso das mulheres, houve um declínio de 6,7% nos preços médios em inícios dos anos de 1870 comparados à década anterior. No intervalo de 1874-79 verificamos o incremento também nos preços reais das escravas, os quais cresceram 10,5% comparados ao período 1870-73, e 3,1% *vis-à-vis* os anos de 1860. Como resultado dessas variações distintas, os homens, que já eram 27,4% mais caros do que as mulheres em 1863-69, tornaram-se ainda mais caros em 1870-73 (41,0%), disparidade que continuou se ampliando (53,2%) em 1874-79.[43]

---

[41] Nos anos de 1860, os preços médios nominais calculados para a faixa etária dos adultos jovens foram iguais a Rs. 1:432$857 (homens) e Rs. 1:121$739 (mulheres; cf. Capítulo 3).

[42] Valemo-nos, uma vez mais, do índice de preços elaborado por Buescu, cujo comportamento, entre 1861 e 1880, foi por nós descrito na seção anterior deste mesmo capítulo, dedicada a Areias.

[43] Nos três intervalos temporais considerados, as diferenças entre os preços médios reais de homens e mulheres adultos jovens mostraram-se estatisticamente significantes (nível de significância de 0,01%).

Tabela 4.11
Preços Médios Reais dos Cativos Adultos Jovens Segundo Sexo
(Guaratinguetá, anos de 1860 e de 1870)

Sexo	Preço médio, 1863-69 (em réis; ano-base 1861)	Preço médio, 1870-73 (em réis; ano-base 1861)	Preço médio, 1874-79 (em réis; ano-base 1861)
Homens	1:297$895	1:339$197	1:607$834
Mulheres	1:018$456	949$579	1:049$749

Fonte: Escrituras de transações envolvendo escravos.

Nos primeiros anos da década de 1870, o pequeno aumento nos preços médios reais dos cativos do sexo masculino, assim como a diminuição verificada no caso das escravas, decerto refletiu o momento decisivo então vivenciado no tocante ao evolver da questão servil, com o mercado assimilando o impacto causado pela legislação – em especial pela Lei Rio Branco – que consagrou a opção pela abolição gradual da escravidão. No restante do decênio, a recuperação menos vigorosa dos preços das mulheres sugere um efeito de caráter permanente acarretado pela libertação do ventre, mormente tendo em conta a inequívoca elevação no preço dos homens. Para eles e para elas, as consequências da lei entrelaçaram-se aos estímulos provenientes da expansão da cafeicultura e, mesmo, às vicissitudes sofridas pelo Nordeste castigado pela seca, conformando um pano de fundo no qual o tráfico de escravos encontrou um novo alento, assumindo um ritmo em certa medida febricitante.

É plausível supor que os preços dos jovens na faixa etária de 10 a 14 anos sofressem mais intensamente os efeitos conjugados acima explicitados. Com a devida cautela decorrente do número reduzido de observações, tal suposição vê-se corroborada a partir dos informes dispostos na Tabela 4.12.[44] Notamos que os preços médios reais declinaram entre 1863-69 e 1870-73, tanto para cativos do sexo masculino (-5,4%) como, sobretudo, do feminino (-28,5%). Ademais, comparados os anos iniciais da década de 1870 com o período 1874-79, verificamos acréscimos nos preços médios das moças (+28,3%) e, em especial, dos rapazes (+49,2%). Assim sendo, para a faixa etária em tela, que reunia os escravos para os quais a expectativa de vida em cativeiro era mais longa, os do sexo masculino, que foram transacionados com base em preços em média semelhantes aos das

---

44 Obtivemos os preços individuais das seguintes quantidades de pessoas de 10 a 14 anos de idade: a) rapazes: 15 (1863-69), 4 (1870-73) e 13 (1874-79); b) moças: 8 (1863-69), 5 (1870-73) e 12 (1874-79).

cativas nos anos de 1860, tornaram-se 33,1% mais caros no quatriênio 1870-73 e 54,8% mais caros em 1874-79.

Tabela 4.12
Preços Médios Reais dos Cativos com Idades de 10 a 14 Anos Segundo Sexo
(Guaratinguetá, anos de 1860 e de 1870)

Sexo	Preço médio, 1863-69 (em réis; ano-base 1861)	Preço médio, 1870-73 (em réis; ano-base 1861)	Preço médio, 1874-79 (em réis; ano-base 1861)
Rapazes	1:026$729	971$056	1:449$225
Moças	1:020$814	729$524	936$144

Fonte: Escrituras de transações envolvendo escravos.

Do contingente de 292 cativos comercializados no decênio de 1870, para 123 (42,1%) não foi feita qualquer referência às ocupações desempenhadas. Adicionalmente, oito indivíduos foram descritos como "sem ofício", "aptos para o trabalho", "aptos para o serviço", ou ainda "aptos para qualquer trabalho". Dos 161 restantes, discriminados na Tabela 4.13, a maioria era composta por roceiros (77,1% dos homens e 35,4% das mulheres) e pessoas ocupadas no serviço doméstico (14,6% dos homens e 50,8% das mulheres). As demais ocupações descritas foram: costureira (uma), pajens (dois), pedreiros (dois), padeiro (um), ferreiro (um), taifeiro (um) e copeiro (um). As atividades descritas, fossem elas demandantes de menor ou maior grau de especialização, distribuíram-se por todos os tipos de tráfico, indistintamente. Comparando essas informações com aquelas referentes aos anos de 1860, percebemos o continuado predomínio dos serviços da lavoura e afazeres domésticos, bem como a ocorrência de algumas mudanças no elenco das demais ocupações. Assim, engomadeira, lavadeira, canteiro, carpinteiro, carapina, campeiro e sapateiro, atividades presentes no intervalo 1863-69, cederam lugar para padeiro, ferreiro, taifeiro e copeiro. É impossível ter certeza da utilização dos cativos negociados de acordo com os ofícios ou ocupações descritos na documentação; em especial, no tocante àqueles que estavam sendo comprados por conta da demanda emanada da cafeicultura, não podemos descartar a possibilidade de aquelas habilidades acabarem por se "diluir" nas tarefas mais diretamente ligadas ao trabalho nos cafezais.

Tabela 4.13
Escravos Negociados Segundo Sexo e Ocupação
(Guaratinguetá, 1870-1874; 1876-1879)

Ocupação	Homens	Mulheres
Serviço da roça	74	23
Serviço doméstico	14	33
Cozinheira	–	8
Costureira	–	1
Pajem	2	–
Pedreiro	2	–
Padeiro	1	–
Ferreiro	1	–
Taifeiro	1	–
Copeiro	1	–

Outros 3 homens e 1 mulher foram descritos como "sem ofício" e 4 homens foram descritos como "apto para o trabalho", "apto para o serviço". ou ainda. "apto para qualquer trabalho".

Fonte: Escrituras de transações envolvendo escravos.

Para 44 homens e 35 mulheres obtivemos tanto o informe da ocupação como o preço individual (cf. Tabela 4.14). Tanto no serviço da roça como no doméstico, os preços médios deles foram superiores aos delas. As mulheres com aptidão declarada para o serviço doméstico foram em média mais caras do que as roceiras. O taifeiro, o pajem e, em especial, o pedreiro, foram todos negociados por valores superiores aos dos homens da roça e do serviço doméstico.[45] O mesmo não se verificou no caso do padeiro. Este último, Manoel, preto de 25 anos de idade e natural da Bahia, foi negociado localmente em agosto de 1873. Tratava-se de um escravo crioulo, de "altura regular, fino de corpo", e seu vendedor o tinha "havido por compra". Manoel, embora baiano, fora matriculado em Guaratinguetá,

---

45 As diferenças entre os preços médios de homens e mulheres foram estatisticamente significantes tanto para roceiros como para as pessoas do serviço doméstico (níveis de significância iguais, respectivamente, a 0,01% e a 0,3%). Assim também o foram as diferenças entre os preços médios das mulheres nessas duas ocupações (nível de significância de 2,6%). Apenas não se diferenciaram, do ponto de vista estatístico, os preços médios dos homens de acordo com a ocupação (serviço da roça e serviço doméstico *versus* pajem, pedreiro e taifeiro; nível de significância de 16,2%), o que corrobora o comentário com que fechamos o parágrafo anterior.

não existindo, na respectiva escritura, nenhuma indicação que justifique o preço relativamente baixo pelo qual foi transacionado.[46]

Tabela 4.14
Preços Médios Nominais dos Escravos Segundo Sexo e Ocupação
(Guaratinguetá, 1870-1874; 1876-1879)

Ocupação	Homens		Mulheres	
	Número de escravos	Preços médios (em réis)	Número de escravos	Preços médios (em réis)
Serviço da roça	35	1:822$857	6	861$667
Serviço doméstico	5	1:820$000	24	1:251$333
Cozinheira	–	–	5	1:240$000
Pajem	1	2:050$000	–	–
Pedreiro	1	2:300$000	–	–
Padeiro	1	1:550$000	–	–
Taifeiro	1	2:000$000	–	–

Fonte: Escrituras de transações envolvendo escravos.

Consideremos, por fim, o peso relativo e as características das relações familiares identificadas entre as pessoas negociadas. Tais vínculos de família não foram observados para a maioria dos cativos (255). Desse conjunto fizeram parte três indivíduos casados transacionados sós. Um deles, Alexandre, crioulo de 27 anos de idade, fora matriculado na província do Ceará; vendido em Guaratinguetá, aos 22 de julho de 1878, por um escravista morador de Resende (RJ), era "casado com mulher liberta". Outro, comercializado em fevereiro daquele mesmo ano por Rs. 2:200$000, era Matheus, de 38 anos, preto e roceiro. Uma observação constante da escritura, e que foi nela inserida para resguardar o comprador de eventual perda futura, permite-nos inferir que a esposa de Matheus pertencia a um terceiro proprietário:

> E como o referido escravo acha-se nas condições de ser considerado na primeira classe dos escravos sujeitos à liberdade pelos fundos de emancipação, obriga-se [o vendedor-JFM] também a lhe indenizar da quantia

---

[46] De acordo com a classificação dos ofícios artesanais de escravos proposta por Carlos Lima com base em dados para o Rio de Janeiro de 1789 a 1839, e à qual já nos referimos no Capítulo 3, padeiro era um ofício considerado pouco qualificado; todavia, assim também o era o ofício de pedreiro (cf. LIMA, 2008, p. 147).

que faltar para os dois contos e duzentos mil-réis, quando porventura seja avaliado, nessa ocasião, por menor quantia daquela que ele vendeu e recebeu do comprador.[47]

Nos anos de 1860, como vimos no Capítulo 3, cerca de um quarto (25,1%) dos cativos comercializados na localidade em tela foram-no junto com pelo menos um membro de sua família. Na década de 1870, esse porcentual reduziu-se a 12,7%. Foram 37 pessoas: seis casais (quatro sem prole e dois com uma criança), um viúvo vendido com seu filho, e 14 mães (solteiras ou de estado conjugal não especificado) acompanhadas por seus rebentos (sendo sete crianças escravas e dez ingênuas). Somados os ingênuos aos 37 cativos, o porcentual mencionado alçou-se para 15,6%, ainda assim bem inferior ao calculado para o período 1863-69.[48] Os números correlatos, computados para os intervalos 1870-73 e 1874-79 igualaram-se, respectivamente, a 14,0% e a 16,3%. Adicionalmente, ao aumento da participação do tráfico interprovincial no total dos negócios, correspondeu a elevação no peso relativo dos escravos transacionados entre províncias no conjunto daqueles com familiares presentes: eram 3,3% do total de familiares nos anos de 1860 e 21,3% nos de 1870.[49]

---

47 "O Decreto nº 5.135, de 13 de novembro de 1872, aprovou o regulamento geral para a execução da Lei nº 2.040, de 28 de setembro de 1871 – a Lei do Ventre Livre. O capítulo II do aludido regulamento tratava do Fundo de Emancipação; em seu artigo 27, estabeleceu-se que a alocação dos recursos para emancipação deveria obedecer a seguinte ordem: em primeiro lugar, libertar-se-iam as famílias escravas; em sequência, os indivíduos. Na libertação por famílias, a classificação prevista era: 1º) os cônjuges que fossem escravos de diferentes senhores; 2º) os cônjuges que tivessem filhos nascidos livres em virtude da lei nº 2.040 e menores de oito anos; 3º) os cônjuges que tivessem filhos livres menores de vinte e um anos; 4º) os cônjuges com filhos menores escravos; 5º) as mães com filhos menores escravos; 6º) os cônjuges sem filhos menores. Os demais cativos eram também ordenados: 1º) mãe ou pai com filhos livres; 2º) os de doze a cinquenta anos de idade, começando pelos mais moços do sexo feminino, e pelos mais velhos do sexo masculino." (MOTTA & MARCONDES, 2000b, p. 95) Não constou da escritura de venda de Matheus o local de moradia do comprador, mas é interessante observar que a inserção do cativo na "primeira classe dos escravos sujeitos à liberdade" não impediu a concretização do negócio.

48 A cifra de 15,6%, frisemos, foi obtida somando-se os ingênuos tanto aos 37 escravos comercializados "em família" (o numerador), como ao conjunto dos 292 indivíduos negociados (o denominador).

49 No tráfico interprovincial foram negociados 5,9% do total de escravos computado em 1863-69 e 29,8% em 1870-79 (neste último porcentual foram considerados três ingênuos transacionados entre províncias).

As 19 crianças com menos de 12 anos de idade (cativas e ingênuas) perfaziam aproximadamente dois quintos (40,4%) das pessoas que compunham as famílias escravas em 1870-79, proporção que havia superado a metade (53,3%) na década de 1860. Outras nove crianças foram vendidas sem que identificássemos quaisquer vínculos familiares, a exemplo de Benedito, negociado localmente em maio de 1871 com apenas 2 anos de idade, o qual fora havido "por produção de uma escrava do vendedor, de nome Paulina, já falecida"; ou ainda Jeremias, de 3 anos, que Antonio Homem de Mello havia adquirido por legítima materna e vendeu, também localmente, em setembro de 1871, para José Homem de Mello, sem que fosse feita na escritura qualquer menção à mãe do pequeno escravo.[50]

Dessa forma, em Guaratinguetá, o impacto da legislação proibitiva das separações de cônjuges e de pais e filhos pela venda, aliado à intensificação do comércio de cativos observada ao longo dos anos de 1870, refletiu-se, ao que parece, na diminuição da importância relativa do contingente de pessoas negociadas junto com familiares. Diminuiu, ademais, naquele contingente agora reduzido, o peso relativo das crianças menores de 12 anos, entre as quais a maioria já era formada pelos ingênuos "criados" pela Lei do Ventre Livre. Assim, apenas oito (21,6%) dos 37 escravos transacionados "em família" haviam sido matriculados em províncias do Nordeste do Império (Maranhão, três; Ceará, três; Piauí e Pernambuco). Um desses oito cativos, não obstante matriculado em Recife (PE), foi objeto de uma venda realizada no âmbito local. Tratava-se de Delfina, fula com 24 anos de idade e de estado conjugal não especificado, a qual, acompanhada de dois filhos ingênuos, foi vendida em julho de 1877 por Nicolau Botina, proprietário de uma loja de ferragens, para o tenente Manoel Pires Barbosa. Entre as outras sete pessoas matriculadas "no Norte", havia duas crianças (de 8 e 9 anos de idade) e duas mulheres solteiras acompanhadas, cada uma, por um ingênuo.

---

50 É provável que a venda de Jeremias apenas desfizesse uma separação aparente entre pais e filhos escravos decorrente da divisão entre herdeiros de um patrimônio inventariado. Como observaram MOTTA & VALENTIN (2002, p. 186-187), ao discutir as separações familiares causadas pela partilha de bens: " (...) trabalhamos a ideia de que os desmembramentos, e mesmo os eventuais esfacelamentos sofridos pelas famílias escravas, em alguns casos, poderiam assumir uma natureza meramente 'ideal', ou pouco mais que isso, neste último caso havendo em seguida à partilha reajustamentos quase imediatos entre os herdeiros, no que tange à alocação dos cativos."

Constituição/Piracicaba[51]

As escrituras com características particulares examinadas nos próximos parágrafos, exame com o qual iniciamos esta seção, suscitam um comentário introdutório. Isto porque tanto o documento datado aos 19 de julho de 1872, tratado logo a seguir, como a barganha realizada em 1º de abril de 1876, descrita um pouco mais adiante, evidenciam a presença, em Piracicaba, de interesses ligados a alguns dos ramos mais ilustres das famílias paulistas, caso dos Souza Queiroz, dos Souza Barros, dos Paes de Barros e dos Paula Souza.[52] Um dos expoentes desses interesses, decerto, foi o Brigadeiro Luiz Antonio. Já no acervo dos Bens Rústicos de 1818, era o então coronel "(...) Luiz Antonio de Souza, proprietário de cinco imóveis rurais em São Carlos (atualmente Campinas), um em Taubaté e dois em Piracicaba (...)." (NOZOE, 2008, p. 231)[53] E alguns dos seus descendentes mantiveram vínculos estreitos com o município de Constituição:

> Dois filhos do brigadeiro Luiz Antonio fixaram-se em Piracicaba, de posse das suas respectivas heranças. A filha, d. Ilídia Mafalda de Souza Rezende era casada com Estevão Ribeiro de Rezende, marquês de Valença, ambos progenitores do futuro barão de Rezende (dr. Estevão Ribeiro de Souza Rezende), que foi se instalar à margem direita do

---

51 Dentre os documentos por nós compulsados, foi na escritura lançada aos 21 de maio de 1877 que, pela primeira vez, o Tabelião fez referência à "cidade de Piracicaba"; até então – o assento anterior era datado de 25 de abril do mesmo ano – escreveu-se sempre "Constituição". Neste capítulo adotamos o seguinte procedimento: quando nos referirmos no texto a datas específicas, utilizaremos o nome então vigente da localidade; e quando nos referirmos a períodos que compreendam tanto datas anteriores a 25 de abril como posteriores a 21 de maio de 1877, valer-nos-emos de qualquer um dos dois nomes, indistintamente.

52 Como visto no Capítulo 1, em Piracicaba houve certa especificidade em termos do entrelaçamento desses interesses com a cafeicultura. É o que também observou, por exemplo, Maria Celestina Torres (1966, p. 26): "os Souza Queiroz, os Souza Barros, os Rezendes e os Vergueiros, serão, por muito tempo ainda, grandes proprietários rurais, com grande produção de açúcar e aguardente, mas os que têm suas propriedades nas terras do município de São Carlos serão mais cedo atraídos pela lavoura do café do que os que se radicaram nas terras piracicabanas."

53 Ainda com base nesse Censo de Terras realizado no quarto lustro do Oitocentos, Nelson Nozoe (2008, p. 231) observou que "(...) o coronel Luiz Antonio mantinha seus 270 cativos espalhados por todas as terras de sua propriedade, onde se ocupavam com a lavoura, a criação e o engenho".

rio Piracicaba, junto ao Salto, com engenho de açúcar e escravaria, na Fazenda São Pedro. [...]
Na margem esquerda, fronteiriça, a Fazenda Engenho d'Água foi herdada por outro filho, Vicente de Souza Queiroz, barão de Limeira, residente na capital e pai de Luiz Vicente de Souza Queiroz. (PERECIN, 2004, p. 109-110)

Décadas depois, 50 escravos alocados na Fazenda São Pedro integraram também a herança do Marquês de Valença. Da partilha dos bens do marquês decorreu a transação que passamos a descrever. Aos 19 de julho de 1872 registrou-se o negócio envolvendo a maior quantidade de escravos em Constituição no decurso da década de 1870. O major Pedro Ribeiro de Souza Rezende, "Bacharel em Matemática e Ciências Físicas, Engenheiro Geógrafo, Cavaleiro da Ordem de Cristo e [ilegível] Fidalgo em exercício" vendeu, por Rs. 46:500$000, a metade que possuía em 50 cativos para seu irmão, o Dr. Estevão Ribeiro de Souza Rezende. Estevão, morador em Constituição, compareceu ao Cartório e assinou a escritura; Pedro, residente na província do Rio de Janeiro, fez-se representar por seu bastante procurador, o Comendador Francisco José da Conceição. Conforme lemos no documento, tratou-se da venda "da meação de cada um dos cinquenta escravos que lhe couberam [ao vendedor-JFM] por herança paterna em comunhão com o comprador, existentes na fazenda São Pedro deste município" (grifo nosso). Assim sendo, muito embora o major Rezende morasse em outra província, as pessoas comercializadas estavam, antes e depois do negócio realizado, nos limites do município de Constituição, motivo pelo qual essa venda foi por nós classificada juntamente com as demais transações locais.

A segunda maior venda de cativos, ocorrida na localidade em foco nos anos de 1870, foi registrada aos 17 de dezembro de 1879. O vendedor, residente em Piracicaba, era José Rodrigues Caldeira; o negócio envolveu 47 escravos e foi fechado simultaneamente à venda da propriedade onde eles viviam:[54]

escravos estes empregados na cultura da fazenda Boa Esperança, neste Município, e que estão hipotecados com a mesma ao Banco do Brasil

---

54 A rigor, essa transação de 1879 foi mesmo maior do que a anteriormente mencionada, de 1872. De fato, entre as 47 pessoas comercializadas em dezembro de 1879, havia quatro casais acompanhados, no total, de oito filhos ingênuos; vale dizer, a bem da verdade, foram 55 os indivíduos "negociados".

por escritura passada a vinte de novembro de mil oitocentos e setenta e sete nas Notas do Tabelião Sayão Lobato Sobrinho e ao Comendador Joaquim Gomes de Alvim e Moisés Gomes Travassos por escritura de vinte e um de novembro do mesmo ano e nas Notas do mesmo Tabelião, vende os mencionados quarenta e sete escravos, assim onerados, ao segundo contratante Arsênio Corrêa Galvão pelo preço de oitenta contos de réis assumindo o comprador todas as responsabilidades contraídas pelo vendedor pelas mencionadas escrituras de hipotecas [...] Os oitenta contos de réis preço destes escravos, bem como os cinquenta contos de réis preço por que <u>vendeu hoje ao mesmo comprador a fazenda Boa Esperança</u> serão pagos com a exoneração da responsabilidade do vendedor pelas mencionadas hipotecas e o excesso dessas responsabilidades em dinheiro, tudo na forma e condições constantes da escritura firmada nas Notas deste Tabelião em data de hoje e pela qual vendeu ao mesmo comprador a fazenda Boa Esperança, obrigando-se a fazer sempre boa a presente venda. (grifos nossos)

Essa transação foi, no tocante ao enquadramento quanto ao tipo de tráfico, em certa medida similar à anteriormente mencionada. Isto porque, em 1879, Arsênio Corrêa Galvão, à semelhança do major Pedro Rezende em 1872, não residia na localidade analisada. Galvão foi descrito no documento como capitalista e morador em Itu, município situado a cerca de 65 quilômetros de Piracicaba. Ainda que seja plausível supormos que esse capitalista detivesse outras propriedades em Itu, as quais poderiam ter implicado a movimentação intraprovincial de ao menos alguns dentre os cativos comprados, a informação de que ele também adquiriu a fazenda Boa Esperança levou-nos a optar pela classificação do negócio, tal como o realizado entre os irmãos Pedro e Estevão, como de âmbito local.

Esses dois casos, sobretudo o de 1879, atestam a oportunidade da ressalva que fizemos em nota inserida na introdução do capítulo anterior: o que para nós define a classificação do negócio realizado em um ou outro dos tipos de tráfico considerados é o local de moradia dos contratantes. É possível, porém, que esses escravistas, ou familiares seus, embora residindo em determinadas localidades, possuíssem uma ou mais propriedades em municípios distintos. Vale dizer, não podemos descartar a possibilidade de que o critério que utilizamos, em alguns casos, implique aventarmos movimentações de cativos diferentes das que efetivamente ocorreram. Não obstante, salientemos uma vez mais, não cremos que tais situações – as quais decerto abrangeram um reduzido subconjunto das pessoas negociadas – comprometam os resultados de nossa análise. Mesmo porque, podemos agora acrescentar, como os dois exemplos apresentados acima evidenciaram, as transações que envolveram maior número de cativos, amiúde mais complexas, foram objeto de maior detalhamento por conta dos tabeliães, o que permitiu a identificação desses casos nos quais a aplicação do critério utilizado, se essa identificação não fosse feita, ter-se-ia mostrado inadequada.

Além das duas vendas já descritas, outras 291 escrituras foram registradas em Piracicaba no período de 1870 a 1880. No total, foram negociadas 871 pessoas, a grande maioria delas (866, isto é, 99,4%) objeto de operações de compra e venda. Para um dos cinco escravos restantes, a compra/venda foi concomitante a uma doação. Aos 20 de setembro de 1873, o Dr. André Dias de Aguiar, morador em Constituição, vendeu a seu irmão, o Dr. Manuel Dias de Toledo Júnior, residente em São Paulo, o cativo Theodoro, de 31 anos de idade, casado, preto, natural da província paulista e jornaleiro. O valor da transação – Rs. 1:401$140 – correspondeu ao montante da dívida do Dr. André (principal mais prêmio) representada por uma letra que o Dr. Manuel considerou então quitada. No mesmo documento, o procurador do comprador, conforme poderes que lhe foram outorgados na procuração transcrita, doou Theodoro para os filhos do vendedor, com a condição de não poderem aliená-lo, espontânea ou obrigatoriamente.

No tocante a esse negócio, entendemos que Theodoro permaneceu em Constituição, o que talvez justifique não se ter feito na escritura qualquer menção à esposa do escravo; vale dizer, a transação não teria implicado, ao fim e ao cabo, a separação dos cônjuges. Além disso, não computamos o preço ajustado entre os demais preços individuais obtidos e tabulados mais adiante no texto, pois nos pareceu ter sido determinado muito mais à vista do montante da dívida existente entre os irmãos André e Manuel do que pelas características do escravo ou pelos condicionantes do mercado; de fato, o valor da venda mostrou-se reduzido quando comparado aos preços praticados em outras transações envolvendo pessoas do mesmo sexo e faixa etária que Theodoro.

Outra escrava, Joaquina, uma preta africana e solteira, com 44 anos de idade, foi também doada, aos 9 de abril de 1877. O doador, Luciano Soares de Morais, morava em Constituição, assim como a donatária, sua irmã, D. Theolinda Soares de Barros. Dois dias antes do registro dessa doação, no mesmo Cartório, lançou-se a compra feita por Luciano daquela senhora natural da África, no valor de Rs. 750$000. Lemos no documento de compra/venda, adicionalmente, que a mulher comercializada havia sido matriculada no município de Monte Alto, na Bahia. Não obstante, o vendedor, Agostinho de Oliveira Lopes, igualmente residia em Constituição. As duas transações efetuadas em abril de 1877, portanto, ocorreram no universo local e, em algum momento entre 1872, ocasião da matrícula, e 1877, Joaquina sofreu o deslocamento iniciado na Bahia e terminado na zona Central da província paulista.

Os três indivíduos negociados restantes compuseram uma operação de troca. Em 1º de abril de 1876, o Comendador Luiz Antonio de Souza Barros, da cidade de São Paulo, valeu-se de um procurador para permutar suas escravas Thomasia (de 16 anos de idade) e Antonia (de 13) por Marcolino (de 25), este último propriedade de Francisco de Souza Barros, morador em Constituição. As duas jovens, paulistas, cada qual no valor de um conto de réis, haviam sido matriculadas em São Carlos do Pinhal (SP), enquanto Marcolino, avaliado em dois contos de réis e natural de Pernambuco, fora matriculado no município de Bom Conselho, na província onde nascera. Nada sabemos sobre os trajetos intraprovinciais vivenciados previamente por Thomasia e Antonia, tampouco sobre o trânsito entre províncias trilhado por Marcolino. Mas sabemos que o Comendador Souza Barros era outro dos filhos do Brigadeiro Luiz Antonio de Souza, e é possível que Francisco de Souza Barros seja um dos netos do brigadeiro.[55]

Na Tabela 4.15 fornecemos a distribuição dos 871 cativos negociados segundo sexo, origem e tipo do tráfico. Observamos, antes do mais, a reduzida participação dos africanos: tão somente 32 (3,7% do total), a grande maioria deles do sexo masculino (27) comercializada localmente (24). Como esperado, tendo em vista o maior tempo transcorrido desde a extinção do tráfico atlântico de escravos para o Brasil, dito contingente foi menos importante, em termos absolutos e relativos, do que havia sido nos anos de 1860 (52 africanos, 13,0% do total de indivíduos transacionados em 1861-69). Considerado o conjunto dos

---

[55] A troca de escravos em questão teria se dado, de fato, entre pai e filho, pois tem o nome de Francisco o sexto filho do primeiro casamento do Comendador Souza Barros, com sua sobrinha Ilídia Mafalda (cf. TORRES, 1966, p. 21 e 68). Mencionemos que D. Maria Paes de Barros, nascida em 1851, filha primogênita do segundo casamento do Comendador, com D. Felicíssima de Campos, deixou-nos interessante livro de memórias cobrindo a maior parte da segunda metade do século dezenove (cf. BARROS, 1998).

cativos, africanos ou não, percebemos o incremento na razão de sexo entre o período anterior e os anos de 1870, de 166,0 para 199,3. Esse aumento ocorreu tanto nas transações locais (de 100,0 para 175,6) como nas intraprovinciais (de 205,7 para 242,3).

Tabela 4.15
Escravos Negociados Segundo Sexo, Origem e Tipo do Tráfico
(Constituição, 1870-1880)

Tráfico/Origem	Homens	Mulheres	Razões de Sexo
Local			
africanos	21	3	700,0
demais	325	194	167,5
total	346	197	175,6
Intraprovincial			
africanos	5	1	500,0
demais	121	51	237,3
total	126	52	242,3
Interprovincial			
africanos	1	–	–
demais	96	33	290,9
total	97	33	293,9
Outros e Não identificado			
africanos	–	1	zero
demais	11	8	137,5
total	11	9	122,2
Totais	**580**	**291**	**199,3**

A razão de sexo é definida como o número de homens para cada grupo de 100 mulheres.
Fonte: Escrituras de transações envolvendo escravos.

Todavia, ainda que os negócios entre províncias fossem caracterizados pelo mais elevado predomínio de homens, a razão de sexo calculada para esse tipo de tráfico decresceu entre 1861-69 (960,0) e 1870-80 (293,9). O mesmo indicador também diminuiu para o tráfico do tipo "não identificado"; porém, essa categoria, que congregava mais de um quinto (21,8%) das pessoas transacionadas nos anos de 1860, passou a abranger apenas 2,3% do total na década subsequente.[56]

A divisão dos anos de 1870 em dois subperíodos permite-nos avançar nossa interpretação das mudanças acontecidas no comércio de escravos em Piracicaba. A média de indivíduos comercializados a cada ano, que fora de 44,3 em 1861-69, elevou-se para 78,5 em 1870-73 e 79,6 em 1874-80.[57] Em que pese as duas últimas cifras serem muito próximas, foi inequívoca a queda no ritmo dos negócios em 1871, ano de promulgação da Lei do Ventre Livre.[58] Mais ainda, se nos restringimos aos comércios local, intra e interprovincial, e atentamos para o evolver dos seus respectivos pesos relativos (cf. Gráfico 4.7), percebemos que no quatriênio 1870-73 teve lugar uma pronunciada queda na participação dos negócios realizados por residentes em outros municípios e províncias do Império. Em contrapartida, as transações locais responderam por cerca de metade (48,7%) dos cativos nas escrituras registradas em 1861-69, proporção que superou os três quartos (76,6%) em 1870-73.

Dessa forma, naqueles anos fundamentais para o evolver da legislação abolicionista e, subjacente a ela, da questão servil, os negócios com escravos em Constituição estiveram em especial concentrados nos limites da própria localidade. No restante do decênio, o impacto da intensificação do tráfico interprovincial fez-se sentir. Contudo, ao menos em uma primeira aproximação, esse impacto foi apenas suficiente para tornar o peso relativo do comércio entre províncias (16,6%) – que declinara para 13,0% em 1870-73 – praticamente igual àquele possuído nos anos de 1860 (17,0%). Os negócios locais, apesar de menos importantes do que em inícios da década, ainda respondiam, no período 1874-80, pela maioria absoluta (56,6%) dos indivíduos comercializados nos três tipos de tráfico em tela. Por fim, o comércio intraprovincial, à semelhança do realizado entre províncias, também se recuperou, mas não atingiu a mesma relevância observada em 1861-69 (34,3% *versus* 10,4% em 1870-73 e 26,8% em 1874-80).

---

56 Computado, neste último porcentual, o homem classificado na categoria "outros", vendido por escravista residente no Reino de Portugal para um morador em Piracicaba.

57 No cálculo dessas médias levamos em conta os anos nos quais foram registradas escrituras datadas em sete ou mais meses, critério que, no caso de Constituição, significou a consideração de todos os anos nos três intervalos temporais mencionados.

58 Somente 10 pessoas foram negociadas em 1871 (cf. Tabela 4.1).

Gráfico 4.7
Escravos Negociados Segundo Tipo do Tráfico
(Constituição, anos de 1860 e de 1870)

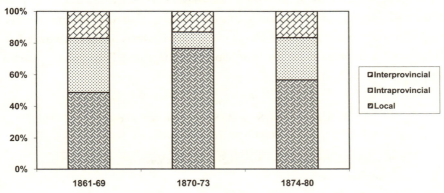

Fonte: Escrituras de transações envolvendo escravos.

Não obstante, os efeitos da intensificação do trânsito de cativos entre províncias em termos de mudanças nas características das pessoas negociadas mostraram-se presentes e bastante nítidos. Consideremos com um pouco mais de detalhe os negócios locais. Neles foram negociados 152 escravos em 1861-69, 235 em 1870-73 e 308 em 1874-80. No primeiro desses períodos, como vimos no Capítulo 3, apenas sete pessoas eram naturais de outras províncias (Bahia, três; Rio de Janeiro, duas; Pernambuco e Maranhão); elas correspondiam a 4,6% do total de indivíduos transacionados localmente, ou a 10,9% se computados apenas os não africanos para os quais obtivemos o informe da naturalidade. Para o quatriênio 1870-73 os porcentuais correlatos mostraram-se semelhantes, igualando-se, respectivamente, a 4,2% e a 9,3%: foram 107 os cativos não africanos com a naturalidade descrita e dez dentre eles eram naturais de outras províncias (Bahia e Maranhão, três; Rio de Janeiro, dois; Minas Gerais e Pernambuco). Em meio ao intervalo 1870-73, passamos a dispor também da informação da matrícula das pessoas negociadas: 113 casos no tráfico local, todos eles matriculados na província de São Paulo (na própria Constituição, 108; em Rio Claro, dois; Itu, dois; e Campinas).

Para os anos de 1874 a 1880, o informe sobre a matrícula foi obtido para a totalidade dos indivíduos comercializados. Como esperado, a grande maioria dos negócios locais envolveu cativos matriculados na própria localidade (76,3%) ou em outros municípios paulistas (7,5%). Todavia, foi inequívoco o aumento no peso relativo dos escravos matriculados em outras províncias: de zero em 1870-73 para 16,2%. Esse "aquecimento" no comércio da mercadoria humana evidenciou-se igualmente na maior diversidade observada no tocante ao elenco de províncias onde essas pessoas haviam sido matriculadas: Bahia, 15; Minas Gerais, dez; Rio de Janeiro e Maranhão, seis em cada; Paraíba, três; Santa Catarina e Rio Grande do Sul, dois em cada; Espírito Santo, Paraná, Piauí, Pernambuco, Pará e Sergipe, um em cada.

Tabela 4.16
Entradas e Saídas Segundo Sexo e Tipo do Tráfico
(Constituição, 1870-1880)

Tráfico/Sentido do fluxo	Homens	Mulheres	Totais
Intraprovincial			
entradas	94	37	131
saídas	25	13	38
totais[1]	119	50	169
Interprovincial			
entradas	88	30	118
saídas	–	–	–
totais[2]	88	30	118

[1] Excluídos sete homens e duas mulheres vendidos por escravistas moradores em Itu, Capivari e Iguape, e comprados por residentes em Capivari, Jaú, Limeira, Monte Mor, Rio Claro e Tietê.

[2] Excluídos nove homens e três mulheres, vendidos por escravistas moradores nas províncias da Bahia (6), Rio de Janeiro (4) e Minas Gerais (2), e comprados por residentes nas localidades paulistas de Capivari, Monte Mor, Pirassununga, Rio Claro e São Carlos do Pinhal.

Fonte: Escrituras de transações envolvendo escravos.

No que diz respeito aos tráficos intra e interprovincial, apresentamos na Tabela 4.16 os fluxos de entrada e saída de cativos de Constituição ao longo dos anos de 1870. Nos dois tipos de tráfico aludidos – e à semelhança do verificado no período 1861-69 – predominaram os homens. Ademais, no comércio intraprovincial, as entradas corresponderam a cerca de 3,4 vezes o total de saídas. Contudo, essa proporção, que se igualara a 2,6 nos anos de 1860, reduziu-se para 1,3 em 1870-73 e atingiu 4,6 em 1874-80. Em outras palavras, patenteia-se, de um lado, o arrefecimento que marcou, em inícios da década de 1870, as transações de escravos ajustadas entre moradores em Constituição e proprietários residentes em outros municípios paulistas; de outro, o novo alento que caracterizou esses negócios no restante do decênio. De fato, tomando conjuntamente entradas e saídas, foram negociados no âmbito intraprovincial, em média, 11,6 pessoas por ano em 1861-69, cifra que diminuiu para 7,5 em 1870-73 e se elevou para 19,9 em 1874-80.

Desses dois movimentos acima identificados, ocorridos no decênio de 1870, o primeiro – o arrefecimento nos negócios intraprovinciais em 1870-73¾ é igualmente percebido ao arrolarmos os distintos locais de moradia dos contratantes de tais transações (cf. Quadro 4.7). Assim, o elenco de 21 municípios mencionados nas escrituras de 1861-69 mostrou-se bem menos diversificado no quatriênio 1870-73: apenas 13 localidades foram referidas. Além disso, enquanto oito dos municípios arrolados nos anos de 1860 distavam mais de 100 quilômetros de Constituição, e quatro deles mais de 150 quilômetros, tão somente dois distavam mais de 100 e nenhum mais de 150 quilômetros em 1870-73. Quanto à segunda parte dos anos de 1870, os locais de moradia dos contratantes não permitem inferir um maior ritmo do tráfico intraprovincial em comparação ao período 1861-69; porém observamos, no mínimo, a retomada de características das quais se havia afastado em inícios da década. Dessa forma, em 1874-80, foram descritos 20 municípios paulistas no tráfico em tela, seis deles distantes mais de 100, três mais de 150 e um, Apiaí, mais de 200 quilômetros de Piracicaba.

Ainda com relação ao comércio intraprovincial, os informes sobre as naturalidades, bem como os locais de matrícula dos indivíduos comercializados, confirmam, por sua vez, os dois movimentos referidos. Se, nos anos de 1860, pouco mais de um quinto (21,2%) dos cativos "importados" de ou "exportados" para diversos municípios paulistas foram identificados como naturais de outras províncias (Pernambuco, sete; Rio de Janeiro, Minas Gerais e Bahia, quatro de cada; Ceará, Mato Grosso e Maranhão, um de cada), o mesmo ocorreu em tão somente dois casos (6,7%) em 1870-73: um alagoano e um fluminense. No período 1874-80 verificamos que as 43 pessoas matriculadas em outras províncias – 34 delas no Nordeste do Império – corresponderam a 30,9% do conjunto "importado" para/"exportado" de Piracicaba.

Quadro 4.7
Localidades Participantes do Tráfico Intraprovincial
Segundo Distância de Constituição
(Anos de 1860 e de 1870)

Distância/ Local de moradia dos contratantes. 1861-69	Distância/ Local de moradia dos contratantes. 1870-73	Distância/ Local de moradia dos contratantes. 1874-80
menos de 50 km	menos de 50 km	menos de 50 km
Limeira	Limeira	Limeira
Capivari	Capivari	Capivari
Rio Claro	Monte Mor	Rio Claro
de 50 a 100 km	Rio Claro	de 50 a 100 km
Porto Feliz	de 50 a 100 km	Porto Feliz
Indaiatuba	Porto Feliz	Campinas
Campinas	Itu	Tatuí
Brotas	São Carlos	Botucatu
Itu	Botucatu	Cabreúva
Tatuí	Sorocaba	Pirassununga
São Carlos	São Roque	Sorocaba
Botucatu	Jaú	Itatiba
Sorocaba	de 101 a 150 km	Jundiaí
Pirapora	Lençóis	Itapetininga
de 101 a 150 km	São Paulo	São Roque
Santana de Parnaíba		de 101 a 150 km
Araraquara		Araraquara
Cotia		São Paulo
São Paulo		de 151 a 200 km
de 151 a 200 km		Itapeva
Jacareí		Santos
Itapeva		Xiririca
Santos		de 201 a 250 km
Xiririca		Apiaí

Fonte: Escrituras de transações envolvendo escravos.

Em suma, a consideração mais minuciosa que vimos fazendo, nos últimos parágrafos, dos tráficos local e intraprovincial em Constituição, permite-nos afirmar que, para além do comportamento dos pesos relativos desses tráficos durante os três períodos contemplados até aqui (1861-69, 1870-73 e 1874-80; cf.

Gráfico 4.7), no último desses intervalos temporais não apenas se recompuseram em certa medida as participações relativas calculadas para os anos de 1860, mas essa recomposição lastreou-se, decerto, em um mercado de escravos que se mostrava muito mais aquecido do que estivera na década anterior, alimentado agora também por um afluxo bem mais significativo de cativos vindos "do Norte".

Essas assertivas veem-se corroboradas pelo cômputo das entradas de escravos registradas em Constituição por intermédio do comércio interprovincial. Essas entradas, no período 1861-69, equivaleram à média de 5,0 indivíduos por ano, cifra que se alçou a 9,0 em 1870-73 e a 11,7 em 1874-80. Os locais de moradia dos contratantes residentes em outras províncias complementam o informe dessas médias (cf. Quadro 4.8). Comparado aos anos de 1860, quando foram vários os escravistas moradores nas províncias "do Norte" (Bahia, Piauí, Ceará, Pernambuco e Maranhão), no quatriênio 1870-73 a totalidade dos proprietários residia em Minas Gerais e no Rio de Janeiro. Em 1874-80, as províncias "do Norte" fizeram-se novamente presentes. De fato, a diversidade dessas províncias – Bahia, Maranhão, Pernambuco, Piauí, Paraíba, Rio Grande do Norte, Ceará, Sergipe e Pará – foi maior do que em 1861-69, e a elas se juntaram, além das sempre presentes Rio de Janeiro e Minas Gerais, as províncias do sul: Paraná, Santa Catarina e Rio Grande do Sul.

Quadro 4.8
Localidades Participantes do Tráfico Interprovincial
(Constituição, anos de 1860 e de 1870)

Local de moradia dos contratantes, número de escravos. 1861-69	Local de moradia dos contratantes, número de escravos. 1870-73	Local de moradia dos contratantes, número de escravos. 1874-80
Cabo Frio (RJ), 1 Campos (RJ), 1 Niterói (RJ), 2 Corte (RJ), 11 Rio de Janeiro, 10 Alfenas (MG), 3 Inhambupe (BA), 4 Jacobina (BA), 1 Vitória (BA), 1 Salvador (BA), 4 Príncipe Imperial (PI), 1 Teresina (PI), 1 Aracati (CE), 1 Ceará, 1 Pernambuco, 1 Maranhão, 3	Corte (RJ), 25 Niterói (RJ), 2 Rio de Janeiro, 1 Minas Novas (MG), 5 Bagagem (MG), 2 Grão-Mogol (MG), 1	Corte (RJ), 11 Rio de Janeiro, 2 Grão-Mogol (MG), 5 Montes Claros (MG), 2 Rio Pardo (MG), 1 Castro (PR), 4 São José (SC), 3 Lages (SC), 1 Tijucas (SC), 1 Porto Alegre (RS), 1 Rio Grande do Sul, 1 Caetité (BA), 11 Monte Alto (BA), 7 Salvador (BA), 2 Macaúbas (BA), 1 Bahia, 10 São Luís (MA), 1 Cururupu (MA), 1 Maranhão, 4 Recife (PE), 1 Bom Conselho (PE), 1 Trunfo (PE), 1 Teresina (PI), 1 Oeiras (PI), 1 Campo Maior (PI), 1 Piauí, 1 Pilar (PB), 1 Paraíba, 1 Rio Grande do Norte 1 Ceará, 1 Sergipe, 1 Pará, 1

Fonte: Escrituras de transações envolvendo escravos.

Essa relativamente grande diversidade de locais de moradia dos contratantes em 1874-80 é bastante sugestiva. Se a presença de várias das províncias do Nordeste patenteia as vicissitudes da seca sofrida naquela região no período em tela, a venda de cativos a partir das províncias do Sul evidencia, sobretudo, o lado da demanda, isto é, as condições propícias de realização do ativo representado pelos escravos num mercado condicionado pela expansão dos cafezais.[59] Adicionalmente, aos locais de moradia dos vendedores, discriminados na última coluna do Quadro 4.8, corresponderam as localidades e/ou províncias dispostas no Quadro 4.9, nas quais foram matriculadas as pessoas negociadas para Piracicaba, no período 1874-80, pelo comércio entre províncias. Comparando os dois quadros, percebemos que os escravos transacionados por escravistas residentes no Rio de Janeiro, quase todos na Corte, eram mais numerosos do que os cativos matriculados naquela província, ocorrendo o inverso, em especial, no caso do Maranhão. Tal observação aponta, tal como foi o caso em Guaratinguetá, para a intermediação dos negociantes especializados na mercadoria humana.

Essa intermediação dos traficantes de escravos, evidentemente, continuava ocorrendo, também, mediante o artifício do "encadeamento" de procurações. Como vimos no capítulo anterior, para quase um quarto (24,8%) dos cativos negociados em 1861-69, ao menos um dos contratantes fez-se representar por um bastante procurador. Essa proporção cresceu nos anos de 1870, igualando-se a 36,9% em 1870-73 e a 36,3% em 1874-80. Tomando o primeiro e o último desses períodos, notamos que esse crescimento foi comum aos distintos tipos de tráfico: local (de 11,2% para 20,8%), intraprovincial (de 26,2% para 34,9%) e entre províncias (de 86,8% para 88,9%). Claro está que nem todos os procuradores eram traficantes de escravos, mas vários deles sem dúvida o eram, mormente nas transações envolvendo maiores distâncias.

---

59 Como visto no Capítulo 2 (ver Tabela 2.1), Robert Slenes observou que, se os cativos amiúde eram já mais caros no Sudeste cafeeiro nos anos de 1858 e 1859, eles passaram a ser, na maior parte dos casos, significativamente ainda mais caros em fins do decênio de 1870 e em inícios da década de 1880. Para o caso de Desterro, na Província de Santa Catarina, ver SCHEFFER (2006).

Quadro 4.9
Localidades Onde Foram Matriculados os
Escravos Entrados em Piracicaba no Tráfico Interprovincial
(1874-1880)

Local de matrícula, número de escravos.	Local de matrícula, número de escravos.
Santos (SP), 1	Cururupu (MA), 5
Corte (RJ), 3	Codó (MA), 2
	São Luís (MA), 1
Grão-Mogol (MG), 5	Coroatá (MA), 1
Montes Claros (MG), 2	Viana (MA), 1
Rio Pardo (MG), 1	N. Sra. da Conceição (MA), 1
Castro (PR), 4	Maranhão, 2
São José (SC), 4	Teresina (PI), 1
Tijucas (SC), 1	Oeiras (PI), 1
	Campo Maior (PI), 1
Porto Alegre (RS), 1	Piauí, 1
Bagé (RS), 1	
	Bom Conselho (PE), 1
Caetité (BA), 11	Triunfo (PE), 1
Monte Alto (BA), 8	Pernambuco, 1
Salvador (BA), 2	
Cachoeira (BA), 2	Catolé do Rocha (PB), 1
Campo Largo (BA), 2	Pilar (PB), 1
Maragogipe (BA), 1	Paraíba, 1
Caité (BA), 1	
Macaúbas (BA), 1	Fortaleza (CE), 1
Nazaré (BA), 1	Santa Quitéria (CE), 1
Pilão Arcado (BA), 1	Estância (SE), 1
Ouriçangas (BA), 1	Belém (PA), 1
Brejo Grande (BA), 1	

Fonte: Escrituras de transações envolvendo escravos.

Esse o caso, por exemplo, de José de Castro Eusébio, traficante ao qual já nos referimos anteriormente neste capítulo, na seção dedicada à localidade de Areias. Enquanto nas escrituras registradas naquele município valeparaibano Eusébio era descrito como residente em São Luís (MA), em Constituição ele foi identificado como morador na Corte do Rio de Janeiro. Entre 28 de fevereiro e 13 de março de 1874, conforme documentado em várias escrituras, dito traficante vendeu 13 pessoas, oito de sua propriedade e as demais como procurador. Três dos seus representados residiam no Piauí e os outros dois eram comerciantes matriculados no Tribunal do Comércio do Maranhão. Um dos cativos vendidos, maranhense, havia sido matriculado no município de Santos (SP); os 12 restantes, todos nascidos no Maranhão ou no Piauí, foram matriculados nessas mesmas províncias.

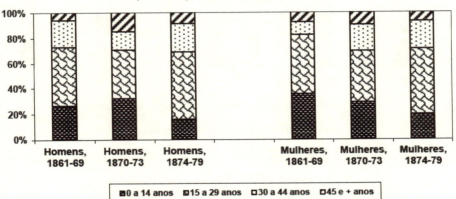

Gráfico 4.8
Escravos Negociados: Faixas Etárias e Sexo
(Constituição, anos de 1860 e de 1870)

Fonte: Escrituras de transações envolvendo escravos.

O Gráfico 4.8 apresenta a distribuição, para os anos de 1860 e de 1870, dos escravos negociados segundo sexo e faixas etárias. É nítido o efeito da Lei do Ventre Livre. A participação relativa das pessoas com menos de 15 anos de idade, que oscilou no período 1861-69 entre pouco mais de um quarto (26,6% dos homens) e pouco mais de um terço (35,6% das mulheres), reduziu-se, no intervalo 1874-80, para menos de um quinto (15,9% deles e 19,7% delas). Tomados eles e elas conjuntamente, tal participação igualou-se a 17,2% em 1874-80; entretanto, se somássemos ao contingente de cativos as 59 crianças ingênuas que acompanharam seus pais e/ou mães negociados naqueles sete anos, o mesmo porcentual elevar-se-ia para 25,1%, bem mais próximo do observado no decênio anterior (30,0%). Como esperado, a presença de ingênuos foi pouco expressiva no quatriênio 1870-73: apenas sete crianças. Levando em conta os 66 ingênuos identificados de 1870 a 1880, notamos que a participação relativa dos adultos jovens (de 15 a 29 anos de idade, homens e mulheres), diminuiu entre 1861-69 e 1870-73, retornando aproximadamente aos mesmos níveis em 1874-80. Assim, no total dos dois sexos, a dita participação foi, respectivamente nos três períodos analisados, de 46,6%, 38,6% e 47,5%.

Gráfico 4.9
Escravos Negociados: Faixas Etárias e Tipo do Tráfico
(Constituição, anos de 1860 e de 1870)

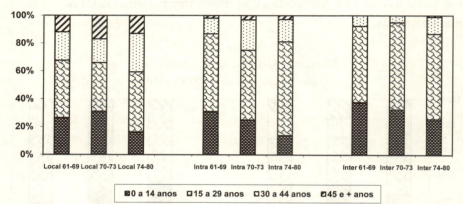

Fonte: Escrituras de transações envolvendo escravos.

A consideração da distribuição etária mostra-se mais reveladora quando vinculada ao tipo do tráfico (cf. Gráfico 4.9). Verificamos, no comércio entre províncias, o incremento da participação relativa dos adultos jovens – de 54,7% em 1861-69 para 62,5% em 1870-73 e 61,1% em 1874-80 –, mormente em detrimento da faixa etária de zero a 14 anos. Salientemos que esses porcentuais em quase nada se alterariam pelo cômputo dos ingênuos, uma vez que tão somente uma dentre as 66 crianças nessas condições foi transacionada no tráfico interprovincial. Por seu turno, nos negócios locais inseriram-se mais de dois terços dos ingênuos (69,7%). Os pesos relativos dos adultos jovens negociados localmente, representados no Gráfico 4.9, e respectivamente iguais, nos três períodos contemplados, a 41,1%, 34,9% e 43,0%, alterar-se-iam, pelo cômputo das 46 crianças ingênuas, para 41,1%, 34,2% e 37,9%. E no comércio intraprovincial, muito embora respondendo por 28,8% dos ingênuos presentes, percebemos, ao menos na segunda parte dos anos de 1870, o aumento na participação relativa dos adultos jovens, à semelhança do tráfico entre províncias. Dessa forma, os porcentuais representados no gráfico em tela para a faixa de 15 a 29 anos no trânsito intraprovincial – 55,7% em 1861-69, 50,0% em 1870-73 e 67,3% em 1874-80 –, "ajustados" pelo número respectivo de ingênuos, modificar-se-iam para 55,7%, 47,1% e 60,2%.

Em suma, o que podemos inferir de todos esses números extraídos a partir da distribuição etária das pessoas comercializadas em Constituição? Em primeiro lugar, e em que pese haver crescido a média de escravos negociados por ano entre 1861-69 e 1870-73, vemos reafirmada a ideia de que, em certa medida, e, sobretudo, nos comércio intra e interprovincial, o tráfico de cativos perdeu, em inícios do decênio de 1870, algo do vigor que apresentara nos anos de 1860. Em segundo lugar, notamos que o fôlego do comércio humano apresentou novo alento no restante da década de 1870, para o que foi decisiva a presença dos adultos jovens, muitos dos quais trazidos de outras províncias do Império, quer esse deslocamento tenha ocorrido por força das transações cujas escrituras examinamos ou em algum momento anterior.

Obtivemos a informação do preço individual para 219 das 871 pessoas transacionadas de 1870 a 1880. Foram 148 homens e 71 mulheres, dos quais, respectivamente, 93 e 43 inseriam-se na faixa etária dos 15 aos 29 anos. Além desses, um preço individual a mais foi identificado, todavia o descartamos, por ter sido o escravo em questão caracterizado como "doentio". Em verdade, os problemas físicos descritos foram um tanto mais frequentes, porém envolvendo cativos para os quais o preço individual não foi informado. Esse o caso de Escolástica, de 17 anos de idade, vendida aos 22 de setembro de 1870 junto com seu filho Sebastião, bebê de 3 meses; a transferência da posse e domínio dessa jovem foi feita

> sob a declaração de que a dita escrava sofre de ataques, que por uns médicos têm sido qualificados de histéricos, e por outros de epiléticos, circunstância esta pela qual, tendo-a comprado sem declaração alguma a Joaquim de Meira Penteado, propôs-lhe ação competente para [ilegível], fazendo ao mesmo tempo depósito judicial da escrava: em vista do que vendendo-a agora sem responsabilidade por qualquer enfermidade tanto da dita escrava como de seu filho, com ela vendido, se compromete somente a desistir daquela ação, e levantar o depósito para regularizar a [ilegível] do comprador.[60]

---

[60] Em algumas escrituras percebemos a preocupação dos compradores em defender-se de eventuais compras de "gatos por lebres". Assim, por exemplo, na venda de Jacintha, intermediada por um procurador e registrada em maio de 1874, sem que se fizesse qualquer descrição de doenças de que sofresse essa mulher de 33 anos, estipulou-se o seguinte: "(...) obrigando-se [o vendedor] a fazer boa a presente venda [...] e especialmente a receber dita escrava e a restituir o preço, só o principal, ficando os

Tabela 4.17
Preços Médios Nominais dos Escravos em Geral
e dos Cativos Adultos Jovens, Segundo Sexo
(Constituição, 1870-1880)

Sexo	Número de escravos	Preço médio (em réis)
Homens	148	1:865$135
Mulheres	71	1:220$155
Homens de 15 a 29 anos	93	2:053$763
Mulheres de 15 a 29 anos	43	1:372$814

Fonte: Escrituras de transações envolvendo escravos.

Na Tabela 4.17 fornecemos os preços médios nominais, segundo sexo, dos escravos em geral, bem como dos adultos jovens. Os homens foram em média 52,9% mais caros do que as mulheres. Esse porcentual reduziu-se ligeiramente, para 49,6%, quando computamos apenas os indivíduos de 15 a 29 anos de idade.[61] E os adultos jovens, como esperado, foram negociados a preços, em média, mais elevados do que os dos escravos de todas as idades (10,1% maiores, no caso das pessoas do sexo masculino e 12,5% no caso das cativas).

Com o intuito de enfocarmos o comportamento dos preços de homens e mulheres ao longo do tempo, levamos em conta os períodos 1861-69, 1870-73 e 1874-80 e fixamos nossa atenção no contingente dos adultos jovens. Além disso, deflacionamos os valores coletados valendo-nos, uma vez mais, do índice

---

juros pelos serviços da escrava, no caso desta apresentar-se com sintomas de morfeia no prazo de um ano, responsabilidade esta que ele procurador também assume pessoalmente." Ou ainda a venda de Brás, de 22 anos, registrada também em maio de 1874: "Em tempo disse o procurador do vendedor que esta venda fazia do escravo mencionado livre de achaques e defeitos e tendo tal escravo uma cicatriz em um braço comprometia-se a recebê-lo e retribuir o preço no caso de tal ferida voltar." E, por fim, a venda feita "no escuro" dos cativos Fabiano (36 anos) e Constantino (17), aos 29 de agosto de 1872, na qual o vendedor "(...) transfere toda posse e domínio, obrigando-se a fazer sempre boa a presente venda quer quanto ao domínio quer quanto a moléstias e defeitos visto não terem sido examinados". (grifo nosso) Essa preocupação dos compradores parece-nos em certa medida próxima da situação encontrada por CHALHOUB (1990, p. 52 e 73) na Corte do Rio de Janeiro na segunda metade do século XIX, na qual a escritura definitiva da transação de compra e venda era feita após o comprador ficar com o cativo por um período de teste; fizemos a citação desse achado de Chalhoub anteriormente neste livro, no Capítulo 3.

61 Em ambos os casos, as diferenças entre os preços médios de homens e mulheres foram estatisticamente significantes (nível de significância de 0,01%).

elaborado por Buescu. Trabalhamos com preços reais do início do período, vale dizer, tomando 1861 como ano-base. Os resultados desse procedimento são apresentados na Tabela 4.18. Antes do mais, notamos que, nos três períodos considerados, os homens foram em média mais caros; esse diferencial, igual a 17,8% em 1861-69, cresceu apenas ligeiramente em 1870-73 (19,4%), e sofreu pronunciado incremento em 1874-80 (64,4%).[62]

Tabela 4.18
Preços Médios Reais dos Cativos Adultos Jovens Segundo Sexo
(Constituição, anos de 1860 e de 1870)

Sexo	Preço médio, 1861-69 (em réis; ano-base 1861)	Preço médio, 1870-73 (em réis; ano-base 1861)	Preço médio, 1874-80 (em réis; ano-base 1861)
Homens	1:603$834	1:447$586	1:687$234
Mulheres	1:361$349	1:212$660	1:026$145

Fonte: Escrituras de transações envolvendo escravos.

Houve, pois, um comportamento distinto dos preços médios reais de homens e mulheres ao longo do tempo. De fato, as escravas adultas jovens sofreram contínua desvalorização. Seus preços médios em 1870-73 eram 10,9% menores do que em 1861-69; e, em 1874-80, eram 15,4% menores do que em 1870-73. Os homens adultos jovens igualmente experimentaram uma desvalorização em inícios da década de 1870, quando seus preços médios reais foram 9,7% menores do que no decênio anterior. Entretanto, tomados os sete anos de 1874 a 1880, observamos que os preços dos homens se recuperaram, sendo mesmo superiores (5,2%) aos observados em 1861-69. Entre os fatores explicativos desses comportamentos distintos, decerto não foram dos menos importantes o impacto da legislação abolicionista – mormente a libertação do ventre escravo como condicionante da desvalorização das cativas – e a expansão da cafeicultura paulista, esta última condimentada, também, pelas condições vivenciadas pelas demais atividades econômicas em São Paulo, bem como nas outras províncias brasileiras.

Os preços dos adultos jovens corroboram, portanto, a ocorrência dos dois movimentos aventados anteriormente: de um lado, o arrefecimento que em

---

[62] Nos três períodos, as diferenças entre os preços médios reais de homens e mulheres mostraram-se estatisticamente significantes (níveis de significância iguais, respectivamente, a 0,01%, 2,1% e 0,01%). Lembremos que a análise dos preços segundo o tipo do tráfico será objeto de nossa atenção mais adiante no texto, na seção dedicada à comparação entre as quatro localidades selecionadas.

alguma medida marcou o comércio de escravos em Constituição nos anos iniciais da década de 1870; de outro, a retomada do ritmo dos negócios em 1874-80, ainda que com características em parte modificadas. Tal corroboração vê-se reafirmada a partir das cifras dispostas na Tabela 4.19. Essa tabela é análoga à anterior, porém construída com base nas pessoas de 10 a 14 anos de idade.

Tabela 4.19
Preços Médios Reais dos Cativos com Idades de 10 a 14 Anos Segundo Sexo
(Constituição, anos de 1860 e de 1870)

Sexo	Preço médio, 1861-69 (em réis; ano-base 1861)	Preço médio, 1870-73 (em réis; ano-base 1861)	Preço médio, 1874-80 (em réis; ano-base 1861)
Rapazes	1:510$346	1:070$519	1:430$992
Moças	1:271$338	1:016$999	863$363

Fonte: Escrituras de transações envolvendo escravos.

Esses indivíduos, dentre aqueles para os quais dispomos do informe do preço individual, comporiam, eventualmente, o segmento mais sensível aos efeitos conjugados da Lei Rio Branco e do avanço cafeeiro, tendo em vista a maior expectativa relativa de vida em cativeiro que representavam. Com a cautela decorrente da existência de reduzido número de observações,[63] verificamos que a redução nos preços médios reais sofrida pelas moças de 10 a 14 anos entre 1861-69 e 1874-80 (-32,1%) foi superior à observada para as adultas jovens (-24,6%). No entanto, a esperada valorização mais acentuada dos rapazes de 10 a 14 anos não se confirmou: entre 1861-69 e 1874-80 eles se desvalorizaram (-5,3%) praticamente na mesma medida em que os adultos jovens, pelo contrário, experimentaram uma valorização (+5,2%).

Identificamos a ocupação de pouco mais de dois quintos (41,7%) dos cativos comercializados: 257 homens e 106 mulheres (cf. Tabela 4.20). Além desses, 13 pessoas foram descritas como "sem ofício", "apto para o trabalho", "apto para o serviço" ou "apto para qualquer trabalho". No conjunto dos indivíduos com ocupação conhecida, os roceiros foram maioria tanto dos homens (88,3%) como das mulheres (66,0%). Os escravos ocupados no serviço doméstico e as(os) cozinheiras(os), considerados conjuntamente, perfizeram 2,7% dos cativos do

---

[63] Obtivemos as seguintes quantidades de preços individuais para os escravos na faixa etária de 10 a 14 anos: 1861-69, 18 homens e 11 mulheres; 1870-73, 4 homens e 3 mulheres; 1874-80, 7 homens e 8 mulheres.

sexo masculino e 27,4% das cativas. Das ocupações restantes, apenas os serventes incluíram pessoas dos dois sexos.

As atividades exercidas exclusivamente por escravas mostraram-se bem menos variadas comparadas às desempenhadas pelos homens. Adicionalmente, as ocupações menos especializadas, bem como aquelas demandantes de maior especialização, fizeram-se presentes nos diversos tipos de tráfico. Por exemplo, entre os 543 cativos negociados localmente, figuraram 210 roceiros, 12 pessoas ocupadas no serviço doméstico, nove cozinheiros, três pajens, os três pedreiros, duas costureiras, um servente, um carapina, assim como o roceiro e carreteiro, o jornaleiro e o banqueiro.

Tabela 4.20
Escravos Negociados Segundo Sexo e Ocupação
(Constituição, 1870-1880)

Ocupação	Homens	Mulheres
Serviço da roça	227	70
Serviço doméstico	5	16
Cozinheiro(a)	2	13
Servente	2	1
Costureira	–	4
Mucama	–	2
Roceiro e carreteiro	1	–
Pajem	4	–
Pedreiro	3	–
Carpinteiro	3	–
Carapina	2	–
Campeiro	1	–
Sapateiro	1	–
Jornaleiro	1	–
Alfaiate	1	–
Ourives	1	–
Cocheiro	1	–
Banqueiro	1	–
Carreiro	1	–

Outros 5 homens foram descritos como "sem ofício" e 2 homens e 6 mulheres foram descritos como "apto para o trabalho", "apto para o serviço" ou ainda "apto para qualquer trabalho".
Fonte: Escrituras de transações envolvendo escravos.

Para 118 das pessoas com ocupação descrita obtivemos também o informe do preço individual (cf. Tabela 4.21). Os escravos do sexo masculino – trabalhadores da roça, do serviço doméstico e cozinheiros – foram mais caros do que as mulheres empregadas nas mesmas tarefas.⁶⁴ Entre os homens, o preço médio dos roceiros foi menor comparado às demais ocupações, com a única exceção do banqueiro. Este último, Galdino, cativo matriculado em Piracicaba, era um senhor de cor preta, viúvo e com 46 anos de idade em agosto de 1878, quando foi negociado localmente.⁶⁵ O maior preço constante da tabela em foco correspondeu ao carapina Adão, crioulo solteiro de 29 anos, natural do Maranhão e matriculado na Corte, transacionado para Constituição por intermédio do tráfico interprovincial, em abril de 1875. Entre as mulheres, as costureiras apresentaram o preço médio mais elevado, sendo as cozinheiras as mais baratas.⁶⁶

---

64 Essas diferenças de preços médios nominais entre homens e mulheres foram estatisticamente significantes, com os seguintes níveis de significância: 0,5%, roceiros; 4,9%, serviço doméstico; e 0,01%, cozinheiros.

65 O preço de Galdino pareceu-nos surpreendentemente baixo, tendo em vista a natureza de sua ocupação. Os vínculos de Piracicaba com a atividade açucareira, afinal, indiciam que esse cativo poderia mesmo fazer uso dessas suas habilidades. Alice Canabrava, nos "Vocábulos e expressões usados em Cultura e Opulência" que elaborou para uma das edições da obra de Antonil, escreveu: "Soto-mestre ou banqueiro – Substituto do mestre [de açúcar-JFM] no período noturno. Seu ajudante é o soto-banqueiro, em geral um mulato ou crioulo escravo da casa." (ANDREONI, 1966, p. 119) Além de assumir à noite as funções do mestre do açúcar, escreveu Antonil, "tem mais, por obrigação, o banqueiro, repartir de noite o açúcar pelas formas, assentá-las no tendal e consertá-las com cipó". (ANDREONI, 1966, p. 200)

66 Para os homens, as diferenças entre os preços médios nominais, de roceiros *versus* demais ocupações mostraram-se estatisticamente significantes (nível de significância de 0,2%); o mesmo não ocorreu para as mulheres.

Tabela 4.21
Preços Médios Nominais dos Escravos Segundo Sexo e Ocupação
(Constituição, 1870-1880)

Ocupação	Homens Número de escravos	Homens Preços médios (em réis)	Mulheres Número de escravos	Mulheres Preços médios (em réis)
Serviço da roça	66	1:793$939	8	1:362$500
Serviço doméstico	2	2:150$000	12	1:487$500
Cozinheiro(a)	2	2:350$000	7	1:121$429
Costureira	–	–	3	1:560$333
Mucama	–	–	2	1:250$000
Servente	2	2:150$000	–	–
Pajem	4	2:075$000	–	–
Pedreiro	3	2:233$333	–	–
Carpinteiro	3	2:033$333	–	–
Carapina	1	2:800$000	–	–
Ourives	1	2:100$000	–	–
Cocheiro	1	2:000$000	–	–
Banqueiro	1	1:050$000	–	–

Fonte: Escrituras de transações envolvendo escravos.

Nos anos de 1860, como vimos no Capítulo 3, foi negociado em conjunto com ao menos um familiar quase um quarto (23,6%) do total de escravos. Essa proporção superou a metade (51,3%) em 1870-73 e chegou próxima a um terço (31,6%) em 1874-80.[67] Essas proporções compreenderam os casais, com ou sem filhos, fossem estes cativos ou ingênuos, as pessoas casadas, viúvas, solteiras ou de estado conjugal não especificado negociadas junto com seus filhos escravos ou libertos pela Lei Rio Branco, bem como os irmãos (pelo menos com a mesma mãe cativa). Estes dois últimos porcentuais, ao levarmos em conta os ingênuos que acompanharam seus pais e/ou mães nos dois períodos (respectivamente, sete e 59 crianças), alçaram-se a 52,3% e 38,1%. Ademais, a participação relativa, no contingente de pessoas negociadas junto com familiares, das crianças com 12 ou menos anos elevou-se de 31,9% em 1861-69 para 36,9% em 1870-73 e

---

[67] Em 1861-69 houve ainda 12 casos de pessoas casadas transacionadas sem o cônjuge presente, número que se reduziu para um em 1870-73 e cinco em 1874-80. Neste último intervalo, dois outros indivíduos comercializados eram casados com libertos. E, pelo menos no caso de Tertuliana, vendida em julho de 1877 para os irmãos Jayme e Ricardo Pinto de Almeida, o negócio não implicou uma separação entre cônjuges, uma vez que se informou no documento que o marido já era propriedade dos compradores.

44,7% em 1874-80, computados os ingênuos descritos nas escrituras dos anos de 1870. Esses meninos e meninas transacionados em família, que perfaziam um terço (33,3%) do total de crianças com menos de 13 anos de idade em 1861-69, passaram a corresponder a mais de três quartos (75,9%) do contingente de escravos e ingênuos naquela faixa etária em 1870-73 e a 87,5% em 1874-80.[68] Esses números refletiram, decerto, a maior concentração das transações no âmbito local, característica em especial do quatriênio 1870-73; sobretudo, evidenciaram o impacto da legislação proibitiva da separação, pela venda, de cônjuges e de pais e filhos menores escravos.[69]

De fato, por um lado, o peso relativo, no total de indivíduos comercializados em família, daqueles transacionados localmente, que era de 58,5% nos anos de 1860, elevou-se para 89,3% em 1870-73 e se igualou a 67,7% em 1874-80.[70] Os porcentuais correlatos foram respectivamente de 14,9%, 8,3% e 25,5% (tráfico intraprovincial), e de 5,3%, zero e 6,8% (comércio entre províncias). Por outro lado, o mencionado efeito da legislação é ilustrado, por exemplo, na escritura de convenção e declaração registrada em Constituição aos 2 de julho de 1873. Alguns dias antes, em 21 de junho, Marcelino José Pereira vendera ao Doutor Estevão Ribeiro de Souza Rezende um grupo de 18 cativos. Desse grupo fazia parte a família de Caetano (africano, 58 anos), sua mulher Fortunata (37) e as filhas Januária (18), Emília (5) e Márcia (3). Todavia, permanecera com o vendedor

---

68 Nos três períodos, esses últimos porcentuais devem ser entendidos como um patamar mínimo, pois houve casos de crianças para as quais as escrituras não descreveram quaisquer relações de parentesco, mas que foram comercializadas em grupos de escravos nos quais havia adultos que poderiam ser, eventualmente, seus familiares.

69 Vale dizer, sendo proibido separar as famílias escravas pela venda, e supondo a obediência à legislação, os escravistas poderiam evitar a inclusão de pessoas com relações familiares entre os cativos negociados (talvez tenha sido o ocorrido em Guaratinguetá); alternativamente, se as negociassem, os familiares deveriam ser incorporados às transações, com o que a presença dessas pessoas poderia se tornar mais importante (aparentemente o ocorrido em Piracicaba). Em Areias, como vimos, as participações relativas dos escravos negociados "em família" nos anos de 1860 e nos de 1870 mantiveram-se bastante próximas.

70 Na categoria de tráfico não identificado inseriram-se 21,3% das pessoas negociadas em família nos anos de 1860, e 2,4% em 1870-73. Salientemos que, no cálculo dos porcentuais fornecidos neste parágrafo concernentes à década de 1870, levamos em consideração, uma vez mais, o contingente de crianças ingênuas.

o menino Paulino, de dez anos de idade, também filho de Caetano e Fortunata, conformando a ilegalidade que a dita escritura de convenção e declaração pretendeu regularizar. Vale a pena transcrever alguns excertos desse documento:

> (...) em meu cartório compareceram as partes Marcelino José Pereira e o Doutor Estevam Ribeiro de Souza Resende, que os reconheço pelos próprios nomeados moradores nesta Cidade e pelo primeiro foi dito perante as testemunhas abaixo assinadas que tendo pela escritura de folhas cento e doze verso datada de vinte e um de junho deste ano, feito venda ao segundo de dezoito escravos, inclusive um casal de nomes Caetano e sua mulher Fortunata e filha Januária, de cerca de dezoito anos de idade, conservando um irmão desta de nome Paulino de cerca de dez anos de idade, e <u>reconhecendo agora que tal reserva não podia fazer, por ser contrária à lei a separação do menor de seus pais</u>, havia também agora combinado com o comprador, dito Doutor Estevam em ceder-lhe o referido escravo Paulino, ficando com a irmã de nome Januária, sem volta alguma, e anuindo a isto, o mesmo Doutor Estevam, passei a presente por me ser requerida, a qual sendo-lhes lida e achada conforme, aceitaram e assinam, com as testemunhas a tudo presentes (...). (grifos nossos)

Finalizando esta seção, é oportuno observarmos que o impacto da legislação viu-se patenteado também por casos como o do pequeno João, no qual a lei foi utilizada, pelo proprietário de sua mãe, para legitimar uma separação familiar.[71] Aos 11 de julho de 1874, José Gomes da Silva vendeu a escrava Maria, de 26 anos de idade, bem como sua filha Joaquina, de 7 anos, por dois contos de réis, para José Emygdio da Silva Novais. Acompanhava Maria também o ingênuo Benedito (com "ano e meio mais ou menos"). Mas havia ainda João, sobre o qual lemos o seguinte:

> Disse mais o vendedor que por esta venda fica a escrava Maria separada do filho João, de cinco anos de idade, que continua em poder dele vendedor, por ter-lhe sido deixado em testamento, por sua finada mãe, para servi-lo durante sua vida e depois ficar livre, por que em benefício da liberdade podem ser separados do pai e da mãe os filhos menores de doze anos que

---

[71] Sobre as ambiguidades características da legislação abolicionista, ver, entre outros, os estudos de GRINBERG (1994) e PENA (2001).

forem manumitidos com a cláusula de futuros serviços, segundo dispõe o artigo noventa, parágrafo primeiro, segunda parte do Regulamento número cinco mil cento e trinta e cinco de três de Novembro de mil oitocentos e setenta e dois, e por serem intransferíveis os serviços daquele menor, artigo noventa e um do mesmo Regulamento.

Nascido não muito antes da Lei do Ventre Livre, João era escravo e, como podemos inferir da argumentação na escritura, continuaria escravo até a morte de José Gomes. Mais ainda, a criança de apenas cinco anos viu-se de repente separada da mãe e dos irmãos. Atitude talvez cruel – atributo, de resto, inerente à instituição servil –, porém legítima. O referido § 1º do Art. 90 do Decreto 5.135, de 13 de novembro de 1872, dispunha:

> Em qualquer caso de alienação ou transmissão de escravos é proibido, sob pena de nulidade, separar os cônjuges, e os filhos menores de 12 anos do pai ou mãe. (Lei – art. 4o. § 7º)
> Esta disposição compreende a alienação ou transmissão extrajudicial.
> Em benefício da liberdade, porém, podem ser separados do pai ou da mãe os filhos menores de 12 anos, que forem manumitidos com ou sem a cláusula de futuros serviços. (*Coleção de Leis do Império do Brasil*)

Escrevemos "talvez" cruel porque o negócio foi ajustado entre dois contratantes que moravam em Constituição, o que eventualmente poderia significar, no cotidiano do pequeno João, alguma proximidade, ainda que limitada, com seus familiares.

Casa Branca

Coletamos as informações de 281 escrituras registradas em Casa Branca no período de 1870 a 1880. Em 221 delas (78,6%) apenas um escravo foi negociado. A transação de maior número de cativos envolveu um grupo de 17 pessoas. No conjunto dos 11 anos referidos, o total de indivíduos transacionados igualou-se a 718, dos quais a grande maioria – 686, correspondentes a 95,5% – foi comprada/vendida. Dentre as operações de compra e venda, por 13 vezes foram negociadas "partes ideais" dos escravos. Adicionalmente, houve três doações: na primeira, em novembro de 1871, da qual não sabemos o local de moradia da beneficiária, os cativos doados foram Ignácia (22 anos de idade) e seu filho Venceslau (2); nas duas outras, lançadas em outubro de 1872 e janeiro de 1873, doaram-se, respectivamente, Juventino (7 anos) e Vicência (15) – em ambas, doadores e donatários residiam em Casa Branca.

Registrou-se, também, uma permuta de terras por escravos. Aos 18 de dezembro de 1871, o negociante Manoel Rodrigues Olegário e a lavradora Dona Rita Alves Moreira, os dois domiciliados na localidade analisada, ajustaram o seguinte: ele cedeu 32 alqueires de terras de cultura na Fazenda Rio Doce e Ribeirão de São João, havidos por compra, no valor de Rs. 1:280$000; ela, em troca, entregou dois cativos que houve em sua meação por falecimento de seu marido, Ambrósio Joaquim Furtado. Eram Luzia, de 25 anos de idade, preta e solteira, e seu rebento Adão, de 5 anos, mãe e filho naturais de Casa Branca e avaliados conjuntamente em Rs. 1:500$000. Por conta da diferença entre os valores, completou o negócio um pagamento em dinheiro: "voltando o primeiro nomeado [Manoel] à segunda [D. Rita], a quantia de duzentos e vinte mil réis, que recebeu".

Além das compras/vendas, das doações e da troca, os 26 escravos restantes foram objeto de quatro escrituras de dação *in solutum*. É oportuno exemplificarmos essas transações, para o que tomamos o primeiro desses documentos, registrado em 24 de novembro de 1870. Tratou-se de um ajuste celebrado entre, de um lado, como devedores, o casal Carlos Ferreira de Aguiar e sua mulher, Dona Delminda Jesuína de Aguiar, e, de outro, como credor, o Tenente Coronel Manoel Ferreira de Aguiar, os três moradores em Casa Branca. Integrava o ajuste, ao lado de uma porção de terras, um carro, um burro, duas éguas e vários porcos, também uma senhora mineira, cativa, de nome Sabina. Conforme lemos no manuscrito, pelo casal

> foi dito que são devedores a seu irmão e cunhado o Tenente Coronel Manoel Ferreira de Aguiar por uma escritura de hipoteca de principal três contos de réis além dos prêmios vencidos a que se obrigaram, e para pagamento dessa dívida dão ao mesmo a parte de terras de culturas que possuem nesta mesma Fazenda da Água Fria que houveram por herança de seu finado pai e sogro Manoel Ferreira de Aguiar, inclusive todas as benfeitorias que são uma morada de casa térrea coberta de telha, monjolo, paiol, cercas e valas, tudo no valor de dois contos de réis, uma escrava

de nome Sabina, crioula de quarenta anos de idade mais ou menos, natural da Província de Minas, no valor de quinhentos mil réis, assim mais toda porcada, duas éguas paridas, um burro novo, e um carro, tudo no valor de quinhentos e oitenta mil réis, perfazendo as três adições o total de três contos quinhentos e oitenta mil réis (*sic*).[72]

Convém observar mais de perto outra dessas escrituras de dação *in solutum*, registrada em 1º de julho de 1872, tendo em vista o procedimento que adotamos quanto ao enquadramento na variável tipo do tráfico. Os devedores eram o Tenente Ananias Joaquim Machado e sua mulher, Dona Maria Venância Nogueira, lavradores residentes no distrito de Caconde; e o credor, Francisco Eugênio de Azevedo, era negociante domiciliado na Corte do Rio de Janeiro. Essa dação abrangeu um sítio denominado Limoeiro, situado em Caconde, e sete escravos, avaliados, cativos mais terras, em Rs. 33:700$000. O casal foi representado pelo Dr. Martinho Avelino e o negociante fluminense pelo Capitão José Caetano de Lima. Consoante escreveu o Tabelião,

> pelo procurador dos vendedores foi dito que seus constituintes eram devedores ao credor acima mencionado por uma escritura pública de hipoteca passada por mim Tabelião em data de dez de agosto de mil oitocentos e sessenta e oito, e que com os prêmios vencidos até vinte de maio do corrente ano importam em trinta e oito contos duzentos e sessenta e seis mil quinhentos e trinta réis, segundo uma minuta apresentada pelo procurador do credor, e que para pagamento dessa dívida faziam venda de um sítio e sete escravos [...], que com outros bens que o credor a seu contento recebeu anteriormente, e mais a quantia de um conto e duzentos mil réis que os vendedores se obrigam a pagar desta data a seis meses sem prêmio, perfaz a quantia de trinta e oito contos e trinta mil réis, com o que o credor se dá por pago e satisfeito, obrigando-se a apresentar antes do vencimento da quantia acima de um conto e

---

[72] Percebemos que a soma dos itens não bate com o resultado expresso pelo escrivão; na verdade, na abertura do registro em foco, o valor explicitado do negócio é de Rs. 3:080$000. De qualquer forma, disse o credor que "(...) sendo-lhe os primeiros nomeados [Carlos e Delminda-JFM] devedores de maior quantia provenientes dos prêmios constantes da escritura de hipoteca, atendendo o seu estado de insolvência e por equidade dava-se por pago e satisfeito e por esta dá plena e geral quitação aos primeiros nomeados".

duzentos mil réis, uma conta corrente e minuciosa para que se verificar-se que na mesma exista alguma diferença contra os devedores, seja o credor obrigado a voltar em dinheiro, e assim mais que os bens anteriormente recebidos orçaram em réis três contos cento e trinta mil réis.

Muito embora o credor fosse domiciliado na Corte, optamos por classificar esse negócio como restrito ao âmbito intraprovincial, pois entendemos que os cativos negociados permaneceram em Caconde, no sítio que também integrou o ajuste. E, de fato, quase dois anos após o registro da aludida escritura de dação *in solutum*, aos 5 de maio de 1874, o casal Francisco Eugênio de Azevedo e sua mulher, Dona Maria Emerenciana de Azevedo, novamente descritos como "negociantes domiciliados na Corte do Rio de Janeiro", venderam a "fazenda denominada Limoeiro", além de 8 escravos, para o Tenente Coronel José Antonio de Souza Lima e José Antonio de Lima, lavradores residentes no município de Lavras (MG), por Rs. 36:160$000.[73] Das sete pessoas transacionadas em 1872, tão somente Ângelo, crioulo de 27 anos de idade, não constou da venda lançada em 1874; as seis restantes haviam sido todas matriculadas na Província de São Paulo. Os outros dois escravos comercializados nesta última data – Cândido, de 35 anos, e Claudino, de 28 – foram matriculados em Piraí, na província fluminense, e deslocados para a propriedade em questão, ao que tudo indica, em algum momento entre as duas transações.

Uma peculiaridade de Casa Branca foi o registro, no conjunto das operações de compra e venda de cativos, de relativamente diversas vendas condicionadas: 16 casos, 5,7% do total de escrituras coletadas. A maioria dessas vendas (11) foi ajustada entre moradores da própria localidade. Contudo, não obstante os locais de residência de vendedores e compradores, as 22 pessoas transacionadas em tais documentos, tendo em vista a natureza da condição explicitada pelos respectivos contratantes, foram, quanto ao tipo do tráfico, por nós enquadradas na categoria "outros". A condição característica desses 16 negócios é exemplificada pela venda de Germano, efetuada por Antonio Corrêa Pinto aos 27 de junho de 1872:

---

[73] A venda realizada em maio de 1874, embora acertada entre vendedores domiciliados na Corte e compradores moradores na província de Minas Gerais, foi, pelo mesmo motivo que a dação *in solutum* de julho de 1872, classificada como uma transação intraprovincial.

cujo escravo vendia ao dito comprador Ildefonso Garcia Leal <u>com a condição de ficar de nenhum efeito esta venda se ele vendedor dentro do prazo de um ano entregar ao comprador a quantia de um conto e quinhentos mil réis que recebeu pelo dito escravo e que ficará em poder dele vendedor até o vencimento do prazo correndo o risco do mesmo por morte ou enfermidade que o inutilize</u>; e finado o dito prazo de um ano que se contará desta data, o vendedor não entregar a dita quantia, ficará a venda perfeita, e ele vendedor cede na pessoa do comprador todo o direito, domínio, ação e posse do dito escravo, fazendo-lhe imediatamente a entrega do mesmo. (grifo nosso)

Em 11 dessas vendas condicionadas os cativos negociados mantiveram-se em poder dos vendedores, em duas ficaram com os compradores e nas três restantes não foi explicitado no documento com quem permaneceriam os escravos durante o prazo que os respectivos vendedores teriam para retornar aos potenciais compradores o valor atribuído às pessoas comercializadas. Em um dos casos nos quais o vendedor manteve o cativo consigo, o ajuste realizado foi um pouco mais complexo, valendo a pena transcrevê-lo. Tratou-se da venda, em julho de 1871, de Benedito, crioulo de 20 anos de idade, feita por Antonio de Oliveira Prado para o Major Felipe de Miranda Noronha, ambos lavradores residentes em Casa Branca,

pela quantia de um conto e oitocentos mil réis com as seguintes condições, o comprador dará ao vendedor por conta nesta data a quantia de seiscentos mil réis que recebeu, ficando porém o escravo em poder do vendedor que correrá o risco do mesmo por espaço de um ano a contar desta data, tempo este que contrataram para ele vendedor entrar com a quantia recebida e juros de um e meio por cento ao mês, inclusive os direitos que o comprador pagou de sisa e selo na importância de trinta e dois mil réis que perfaz a quantia de seiscentos e trinta e dois mil réis pagando o dito juro sobre essa quantia, <u>ficando o vendedor obrigado a dar o escravo todas as vezes que o comprador precisar para acompanhar a sua tropa pagando este o jornal de vinte mil réis por mês contado os quais não serão levados em conta da quantia recebida por que o comprador dará ao vendedor</u>, e quando dentro do referido prazo de um ano o vendedor não entregue ao comprador a quantia acima mencionada de seiscentos e trinta e dois mil réis e os juros estipulados ficará esta venda realizada tendo neste caso o comprador de entrar com o resto que faltar para inteirar a quantia de um conto e oitocentos e neste caso serão contados os juros sobre a quantia de seiscentos mil a que fica obrigado. (grifos nossos)

Não conseguimos averiguar em que medida as transações marcadas por condições dessa natureza, vencidos os prazos estabelecidos em cada caso, tornaram-se vendas perfeitas ou, ao contrário, foram consideradas nulas. Não obstante, parece-nos correto sugerir que a perspectiva dos potenciais vendedores não era abrir mão de seus escravos, mas sim utilizá-los como um instrumento para a obtenção de recursos. Os potenciais compradores, por seu turno, ainda nos casos em que almejassem a propriedade daquela mão de obra, acabaram atuando, ao menos temporariamente, à semelhança de uma instituição bancária que fornecesse crédito mediante a garantia hipotecária do ativo representado pelos cativos possuídos por seus tomadores. Ademais, levando em conta a proximidade de Casa Branca, no período em questão, da fronteira da expansão cafeeira na província de São Paulo, cremos ser igualmente correto interpretar essas vendas condicionadas – e o mecanismo de financiamento que elas aparentemente trazem à luz – como um sinal do dinamismo econômico que então se fazia sentir na localidade em tela.

Fornecemos, na Tabela 4.22, a distribuição, segundo sexo, origem e tipo de tráfico, das 718 pessoas transacionadas em Casa Branca de 1870 a 1880. Os 48 africanos (6,7% do total) corresponderam, respectivamente, a 12,0% (21) dos indivíduos negociados localmente, 7,7% (15) no comércio intraprovincial e 3,8% (12) na movimentação entre províncias. Quanto ao sexo, verificamos o predomínio dos homens em todos os tipos de tráfico,[74] sendo a razão de sexo maior no comércio inter do que no intraprovincial, e superior neste último em comparação ao tráfico local.

Além dos 17 homens e das cinco mulheres objeto das vendas condicionadas acima referidas, classificados na categoria "outros", foram nove os cativos inseridos na categoria do tráfico "não identificado", seis deles do sexo masculino. Para os demais 687 indivíduos, é interessante visualizarmos as participações relativas

---

74 Adicionalmente, notamos que a razão de sexo mostrou-se sempre mais elevada entre os cativos provenientes da África. Ressaltemos, todavia, o reduzido número de observações que, em cada tipo de tráfico, caracterizou o contingente de africanos.

dos comércios local, intra e interprovincial mediante a segmentação dos 11 anos sob análise nos subperíodos 1870-73 e 1874-80 (cf. Gráfico 4.10). Foi nítido o crescimento, no decurso dos anos de 1870, do peso relativo dos negócios entre províncias, os quais, no quatriênio 1870-73, respondiam por um quinto das 180 pessoas transacionadas naqueles três tipos de tráfico, proporção que se alçou a mais da metade (55,4%) dos 507 escravos negociados de 1874 a 1880. Entre os dois intervalos temporais referidos diminuiu significativamente a importância relativa do comércio intraprovincial (de 40,0% para 24,3%) e, de forma ainda mais expressiva, a relevância das operações locais (de 40,0% para 20,3%).

Devemos salientar que a esse incremento no peso relativo do tráfico interprovincial correspondeu um inegável acréscimo no ritmo do comércio de escravos na localidade. De fato, o número médio de pessoas comercializadas por ano em 1870-73 igualou-se a 47,0, cifra que atingiu a marca de 83,0 em 1874-80, computado neste último número o declínio na intensidade dos negócios observado no ano de 1880. [75] E esse comportamento da média anual de cativos transacionados refletiu essencialmente o evolver da média correlata calculada tomando-se apenas as transações entre províncias, a qual se elevou de 9,0 em 1870-73 para 43,8 em 1874-80! Nos negócios intraprovinciais esse aumento foi bem menos pronunciado (de 18,0 para 20,5) e, no âmbito local, verificamos mesmo uma diminuição (de 18,0 para 15,3).

---

[75] No cálculo dessas médias levamos em conta os anos para os quais coletamos escrituras datadas em pelo menos 7 meses, procurando com esse critério minimizar os efeitos de possíveis lacunas na documentação. Em Casa Branca, dos 11 anos de 1870 a 1880, apenas 1879 foi desconsiderado no cômputo das ditas médias, embora o número de pessoas transacionadas nesse ano (32) tenha sido maior do que em 1880 (26). Cabe lembrar que a distribuição dos escravos negociados segundo localidade e ano do registro foi por nós fornecida no início deste capítulo (cf. Tabela 4.1).

Tabela 4.22
Escravos Negociados Segundo Sexo, Origem e Tipo do Tráfico
(Casa Branca, 1870-1880)

Tráfico/Origem	Homens	Mulheres	Razões de Sexo
Local			
africanos	16	5	320,0
demais	84	70	120,0
total	100	75	133,3
Intraprovincial			
africanos	12	3	400,0
demais	113	67	168,7
total	125	70	178,6
Interprovincial			
africanos	10	2	500,0
demais	201	104	193,3
total	211	106	199,1
Outros e Não identificado			
africanos	–	–	–
demais	23	8	287,5
total	23	8	287,5
Totais	**459**	**259**	**177,2**

A razão de sexo é definida como o número de homens para cada grupo de 100 mulheres.

Fonte: Escrituras de transações envolvendo escravos.

Gráfico 4.10
Escravos Negociados Segundo Tipo do Tráfico
(Casa Branca, anos de 1870)

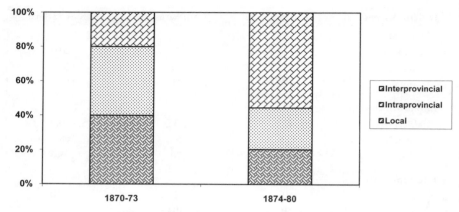

Fonte: Escrituras de transações envolvendo escravos.

Mesmo quando nos restringimos às operações locais, percebemos a ocorrência de mudanças ao longo dos anos de 1870, as quais refletiram indiretamente a intensificação do tráfico interprovincial, sobretudo com origem nas províncias "do Norte". Para o quatriênio 1870-73, dos 72 cativos negociados localmente, obtivemos o informe da matrícula para apenas 23, todos matriculados em Casa Branca. Para um grupo bem mais numeroso dessas pessoas (53), identificamos a naturalidade: 38 eram paulistas (71,7%), sendo 31 naturais da própria localidade analisada; 11 eram de Minas Gerais (20,7%); havendo ainda três fluminenses (5,7%) e um baiano (1,9%).[76] Para os sete anos de 1874 a 1880, explicitou-se o local de matrícula dos 103 escravos transacionados localmente, 63 deles (61,2%) matriculados em São Paulo (56 em Casa Branca); as demais províncias onde se matricularam esses indivíduos foram: Minas Gerais (24,3%), Rio de Janeiro (2,9%), sendo as restantes (11,6%) situadas no Nordeste do Império (Bahia, Ceará, Paraíba e Rio Grande do Norte).

A Tabela 4.23 permite que visualizemos, para os tráficos intra e interprovincial, os fluxos de entrada e saída de cativos em Casa Branca. Em ambos os fluxos os homens predominaram. E, para os dois tipos de tráfico referidos, as

---

[76] Além desses 53 cativos brasileiros cuja naturalidade foi identificada, foram negociados 10 africanos no período 1870-73; no intervalo 1874-80, os naturais da África transacionados localmente somaram 11 pessoas.

"aquisições" foram substancialmente mais numerosas do que as "perdas", correspondendo aquelas a 85,3% no comércio intraprovincial e a 95,8% no realizado entre províncias. Assim, pouco mais de dois terços das pessoas entradas (68,2%) na localidade via tráfico de escravos eram provenientes de outras províncias, enquanto apenas pouco mais de um terço (35,3%) dos indivíduos saídos foram deslocados para fora do território paulista.

Considerando os intervalos 1870-73 e 1874-80, e focalizando os locais de moradia dos contratantes que comercializaram seus escravos de ou para Casa Branca no tráfico intraprovincial (cf. Quadro 4.10), notamos novamente indícios do "aquecimento" dos negócios com cativos. Entre inícios e fins da década de 1870 aumentou a quantidade de municípios paulistas cujos moradores participaram de tais negócios, assim como se tornaram mais frequentes as transações envolvendo maiores distâncias. Ademais, de 1870 a 1873, dos 49 escravos entrados em/saídos de Casa Branca no comércio intraprovincial, identificamos 29 naturais da província paulista, oito mineiros e um baiano.[77] Já no período 1874-80, os 101 cativos integrantes daquele mesmo tipo de tráfico haviam sido matriculados em São Paulo (71), Minas Gerais (cinco), Rio de Janeiro (um), Bahia (20), Ceará (três) e Maranhão (um).

Vale dizer, os dados acerca das operações locais e intraprovinciais registradas em Casa Branca já evidenciam, com nitidez, o impacto da intensificação do ritmo do comércio de escravos entre províncias, mediante a presença crescente, no decurso dos anos de 1870, daqueles nascidos e/ou matriculados no Nordeste do país. Mais ainda, sobretudo os negócios locais, permitem que percebamos a participação expressiva dos cativos naturais e/ou matriculados na Província de Minas Gerais.[78] Essas evidências são corroboradas, como não poderiam deixar de ser, a partir das informações concernentes ao tráfico interprovincial.

---

77 Para 14 dessas pessoas, apenas, obtivemos o informe da matrícula, todas elas matriculadas em São Paulo (cinco em Casa Branca, seis em Pirassununga e três em Cajuru).

78 É sabida a importância dos vínculos entre a província mineira e, em especial, o Nordeste paulista. Sobre esta última região, que em 1870 englobava as localidades de Franca, Batatais, Cajuru e São Simão, escreveu Lucila Brioschi: "Os mineiros mantiveram a sua preponderância numérica e a sua hegemonia econômica e política na sociedade local até quase o final do século XIX, época em que os paulistas e fluminenses cafeicultores e os colonos estrangeiros, notadamente os italianos, começam a disputar--lhes o espaço. No último quarto do século XIX apresentavam ainda algumas de suas características de origem. Martinho Prado Júnior, em 1877, por ocasião de sua primeira visita a Ribeirão Preto, notava

Tabela 4.23
Entradas e Saídas Segundo Sexo e Tipo do Tráfico
(Casa Branca, 1870-1880)

Tráfico/Sentido do fluxo	Homens	Mulheres	Totais
Intraprovincial			
entradas	84	44	128
saídas	15	7	22
totais[1]	99	51	150
Interprovincial			
entradas	183	92	275
saídas	9	3	12
totais[2]	192	95	287

[1] Excluídos 45 cativos (26 homens e 19 mulheres) em negócios que implicaram movimentações entre as localidades paulistas de Caconde, Cajuru, Franca do Imperador, Limeira, Mococa, Mogi-Mirim, Ribeirão Preto, São João da Boa Vista, São Paulo, São Simão e Sorocaba.

[2] Excluídos 30 cativos (19 homens e 11 mulheres), negociados por contratantes, de um lado, moradores nas províncias da Bahia, Ceará, Paraíba, Rio Grande do Norte, Goiás, Minas Gerais e nos municípios paulistas de Caconde, Pirassununga e Mogi-Guaçu; e, de outro lado, residentes nas províncias do Rio de Janeiro, Minas Gerais, e nas localidades paulistas de Campinas, São João da Boa Vista, São Simão, Mococa e na capital de São Paulo.

Fonte: Escrituras de transações envolvendo escravos.

A começar pelo local de moradia dos escravistas participantes desse último tipo de tráfico (cf. Quadro 4.11). Foram 29 as pessoas que entraram ou saíram de Casa Branca transacionadas entre províncias no quatriênio 1870-73. Cerca de quatro quintos (79,3%) desses indivíduos (23) pertenciam a escravistas residentes em Minas Gerais, quatro (13,8%) foram comercializados por proprietários moradores na Bahia e os dois restantes (6,9%) por escravistas do Rio de Janeiro. O contingente em tela elevou-se a 258 pessoas (multiplicando-se, pois, por nove) no período 1874-80. A participação dos proprietários moradores no Rio de Janeiro manteve a mesma ordem de grandeza (6,2%). Quatro cativos (1,6%) foram negociados por residentes em Goiás. O peso relativo dos contratantes de Minas Gerais, embora ainda muito expressivo, reduziu-se para pouco mais da metade do que fora nos anos iniciais da década (40,3%). Em contrapartida, a

---

que 'a população do município é quasi exclusivamente mineira, e notei um facto singular, é quasi toda ella do typo louro.'" (BRIOSCHI, 1999, p. 88)

maioria absoluta dos escravos (51,9%) foi comercializada por pessoas moradoras na Bahia.

É oportuno neste ponto transcrevermos novamente o comentário feito por Jacob Gorender (1985, p. 586; citado anteriormente no Capítulo 2), que identifica Casa Branca como um local de distribuição de escravos mineiros e daqueles oriundos de províncias "do Norte" do Império. Sugeriu mais esse autor: ao destaque assumido por essas pessoas no contingente movimentado pelo tráfico interno adicionou-se a movimentação de cativos que acompanhavam seus proprietários vindos da província vizinha de Minas Gerais:

> O tráfico de escravos intensificou-se no Oeste Novo e surgiram entrepostos como Rio Claro e Casa Branca, que se tornaram apreciáveis mercados de distribuição de escravos provenientes de Minas Gerais e do Norte. Aliás, fazendeiros de Minas Gerais se transferiam com seus escravos para o Oeste Novo, chegando a constituir os mineiros 80% da população num dos distritos da região (o distrito que abrangia Pinhal, São João da Boa Vista, Casa Branca, Franca, São Simão, Ribeirão Preto, Cajuru e Batatais).

Centrando nossa atenção nos sete anos de 1874 a 1880, o informe acerca do local de matrícula dos cativos entrados em/saídos de Casa Branca por intermédio do tráfico interprovincial (cf. Quadro 4.12) permite-nos uma inferência adicional. Se, como observamos logo acima, residiam na Bahia e em Minas Gerais os contratantes que negociaram, respectivamente, 51,9% e 40,3% dos escravos em questão, os porcentuais correspondentes aos cativos matriculados nessas mesmas províncias igualaram-se, respectivamente, a 42,2% e 34,5%.

Em outras palavras, no período 1874-80, os escravistas moradores na Bahia e em Minas Gerais fizeram transações envolvendo escravos matriculados nessas duas províncias, e também negociaram pessoas matriculadas no Ceará, Paraíba, Piauí, Pernambuco e Goiás. De outra parte, na intermediação dessas transações, registradas em Casa Branca, envolvendo cativos vindos "do Norte", verificamos a ausência dos negociantes radicados na província do Rio de Janeiro, em especial no Município da Corte: os escravistas residentes na província fluminense foram responsáveis apenas pela comercialização dos 16 indivíduos cuja matrícula foi efetuada naquela mesma província.

Quadro 4.10
Localidades Participantes do Tráfico Intraprovincial Segundo Distância de Casa Branca
(anos de 1870)

Distância/ Local de moradia dos contratantes. 1870-73	Distância/ Local de moradia dos contratantes. 1874-80
menos de 50 km São João da Boa Vista Pirassununga **de 50 a 100 km** Caconde Cajuru São Simão Espírito Santo do Pinhal Limeira **de 151 a 200 km** São Paulo **de 201 a 250 km** Santos	**menos de 50 km** Mococa São José do Rio Pardo São João da Boa Vista Pirassununga **de 50 a 100 km** Caconde Cajuru São Simão Santa Rita do Paraíso Santo Antônio da Alegria Batatais **de 101 a 150 km** Amparo Santa Bárbara D'Oeste Franca do Imperador **de 151 a 200 km** Lençóis **de 201 a 250 km** Queluz **de 251 a 300 km** Santa Cruz do Rio Pardo

Fonte: Escrituras de transações envolvendo escravos.

Quadro 4.11
Localidades Participantes do Tráfico Interprovincial
(Casa Branca, anos de 1870)

Local de moradia dos contratantes, número de escravos. 1870-73	Local de moradia dos contratantes, número de escravos. 1874-80, Minas Gerais	Local de moradia dos contratantes, número de escravos. 1874-80, exceto Minas Gerais
Corte (RJ), 1　　　　　Rio de Janeiro, 1　　　　　Baependi (MG), 8　　　Bagagem (MG), 2　　　Minas Novas (MG), 1　　　Lambari (MG), 1　　　S. Carlos do Jacuí (MG), 1　Alfenas (MG), 1　　　Itajubá (MG), 1　　　Três Pontas (MG), 1　　　Grão-Mogol (MG), 1　　　Minas Gerais, 6　　　　Caité (BA), 1　　　Maracá (BA), 1　　　Bahia, 2	Grão-Mogol (MG), 25　　　Bagagem (MG), 7　　　Santa Ana do Sapucaí (MG), 7　Três Pontas (MG), 5　　　S. Joaquim da Serra Negra (MG), 5　Sacramento (MG), 5　　　Uberaba (MG), 4　　　S. José da Boa Vista (MG), 4　S. João Batista (MG), 4　Alfenas (MG), 3　　　Sta. Rita de Cássia (MG), 3　S. Carlos do Jacuí (MG), 2　N. Sra. do Carmo (MG), 2　Campestre (MG), 2　　　Rio Pardo (MG), 2　　　Minas Novas (MG), 1　　　Passos (MG), 1　　　Monte Santo (MG), 1　Campo Belo (MG), 1　　　Montes Claros (MG), 1　Bambuí (MG), 1　　　Prata (MG), 1　　　Cristina (MG), 1　　　Caldas (MG), 1　　　Machado (MG), 1　　　Minas Gerais, 14	Sta. Ana das Tocas (RJ), 13　Tinguá (RJ), 2　　　Rio de Janeiro, 1　　　Rio de Contas (BA), 20　Caetité (BA), 10　　　Monte Alto (BA), 7　　　Andaraí (BA), 5　　　Vila Velha (BA), 4　　　Sta. Isabel do Paraguaçu (BA), 4　Macaúbas (BA), 2　　　Cachoeira (BA), 1　　　Vitória (BA), 1　　　Bahia, 80　　　Morrinhos (GO), 1　　　Campo Alegre (GO), 1　Goiás, 2

Fonte: Escrituras de transações envolvendo escravos.

Quadro 4.12
Localidades Onde Foram Matriculados os Escravos Entrados em/Saídos de Casa Branca
no Tráfico Interprovincial
(1874-1880)

Local de matricula, número de escravos	Local de matricula, número de escravos
Casa Branca (SP), 2	Rio de Contas (BA), 33
Resende (RJ), 13	Caetité (BA), 31
Itaguaí (RJ), 2	Monte Alto (BA), 13
Corte (RJ), 1	Sto. Antônio da Barra (BA), 7
	Macaúbas (BA), 7
Rio Pardo (MG), 13	Sta. Isabel do Paraguaçu (BA), 6
Grão-Mogol (MG), 8	Maracá (BA), 3
Alfenas (MG), 8	Lençóes (BA), 2
Montes Claros (MG), 8	S. Francisco (BA), 1
Pouso Alegre (MG), 7	Cachoeira (BA), 1
Cabo Verde (MG), 5	Carinhanha (BA), 1
Três Pontas (MG), 5	Vitória (BA), 1
S. Sebastião do Paraíso (MG), 4	Pilão Arcado (BA), 1
Passos (MG), 4	Brejo Grande (BA), 1
Caldas (MG), 3	Urubu (BA), 1
Bagagem (MG), 3	Imperatriz (CE), 6
S. João Batista (MG), 3	Quixeramobim (CE), 4
Mar de Espanha (MG), 3	Jaguaribe-Mirim (CE), 2
Patrocínio (MG), 3	Tamboril (CE), 2
Uberaba (MG), 2	Saboeiro (CE), 1
Baependi (MG), 1	Ipu (CE), 1
Minas Novas (MG), 1	Maria Pereira (CE), 1
Bambuí (MG), 1	S. Mateus (CE), 1
Prata (MG), 1	Lavras (CE), 1
S. Francisco (MG), 1	
Araxá (MG), 1	Catolé do Rocha (PB), 2
Tamanduá (MG), 1	Pombal (PB), 2
Formiga (MG), 1	Cajazeiras (PB), 1
Minas Gerais, 2	Souza (PB), 1
Bonfim (GO), 5	S. Raimundo Nonato (PI), 5
Santa Cruz (GO), 2	S. João (PI), 2
Tocantins (GO), 2	Petrolina (PE), 1

Fonte: Escrituras de transações envolvendo escravos.

Escravos daqui, dali e de mais além

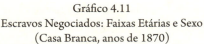

Gráfico 4.11
Escravos Negociados: Faixas Etárias e Sexo
(Casa Branca, anos de 1870)

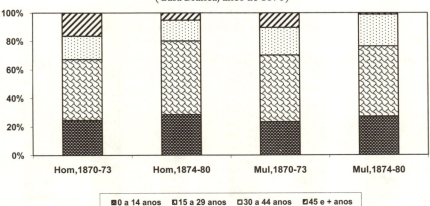

Hom = Homens; Mul = Mulheres.
Fonte: Escrituras de transações envolvendo escravos.

No Gráfico 4.11, apresentamos a distribuição dos escravos segundo sexo e faixas etárias para 1870-73 e 1874-80. Observamos, tanto para homens como para mulheres, que a intensificação no ritmo dos negócios envolvendo cativos refletiu-se, sobretudo entre os primeiros, num aumento da importância relativa das pessoas mais jovens. Assim, os cativos com idades inferiores a 15 anos correspondiam a 24,5% deles e 23,4% delas no quatriênio 1870-73, porcentuais que se elevaram para, respectivamente, 28,4% e 27,1% no período 1874-80, não obstante o maior número de anos passados desde a promulgação da Lei Rio Branco. A sua vez, os adultos jovens (de 15 a 29 anos), que perfaziam, nos anos iniciais da década, 42,7% dos homens e 46,7% das mulheres tornaram-se, nos sete anos subsequentes, maioria absoluta dentre eles (51,7%) e se igualaram a quase metade delas (49,2%).

Foram dois os ingênuos a acompanharem suas mães negociadas em 1870-73, número que se elevou para 27 em 1874-80. Computando essas crianças nascidas após a Lei do Ventre Livre, e tomando os dois sexos conjuntamente, a participação relativa dos indivíduos na faixa etária de zero a 14 anos alçou-se, respectivamente, a 24,9% e a 31,5% nos dois intervalos em foco. Em contrapartida, considerados esses 29 ingênuos, a participação das pessoas de 15 a 29 anos de idade (homens + mulheres) no conjunto dos cativos transacionados igualou-se a 43,9% em 1870-73 e 48,4% em 1874-80.

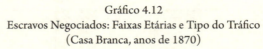

Gráfico 4.12
Escravos Negociados: Faixas Etárias e Tipo do Tráfico
(Casa Branca, anos de 1870)

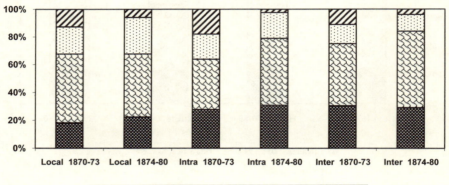

Fonte: Escrituras de transações envolvendo escravos.

Tomada a distribuição etária em conjunto com o tipo do tráfico (cf. Gráfico 4.12), verificamos que o alargamento da participação relativa dos adultos jovens ao longo dos anos de 1870 não foi uma característica das transações locais; ocorreu, de fato, nos comércio intra e interprovincial (respectivamente, de 36,1% para 48,0% e de 44,4% para 54,8%). Por conseguinte, os escravos com idades inferiores a 30 anos, na etapa de maior intensificação do tráfico (1874-80), perfizeram 67,6% das pessoas negociadas localmente, porcentual que atingiu a marca de 78,9% dos indivíduos transacionados no comércio intraprovincial e 84,0% daqueles comercializados entre províncias.[79]

Obtivemos o informe dos preços individuais de 344 dos cativos negociados nas escrituras registradas em Casa Branca de 1870 a 1880. Não utilizamos um desses informes, concernente à venda de dois escravos realizada aos 19 de fevereiro de 1876. Ao seu final, o documento trazia a seguinte ressalva: "Em tempo declarou o vendedor que o escravo Lúcio vendido pela quantia de setecentos mil

---

79 Cabe observar que um dos dois ingênuos descritos nas escrituras do período 1870-73 foi negociado localmente e o outro no tráfico interprovincial. Já os 27 identificados em 1874-80 apresentaram a seguinte distribuição: seis (22,2%) foram transacionados no local, oito (29,6%) no comércio intraprovincial e 13 (48,2%) entre províncias.

réis é visivelmente defeituoso, e que o vende com todos os seus achaques novos e velhos, e sendo esta condição também aceita pelo comprador". Observemos que, em outra venda, registrada em 11 de junho de 1878, "declarou o vendedor que o escravo Mathias acha-se doente ou em convalescença e que fica correndo o risco do mesmo durante o período da enfermidade que está sofrendo"; não obstante essa informação explicitada no documento, o preço individual de Mathias foi incluído em nossas tabulações, pois ele estava sendo comercializado em conjunto com outros sete escravos, todos homens com idades entre 18 e 25 anos, vindos do Ceará ou da Paraíba, e negociados, cada um dos oito, por Rs. 2:350$000.[80]

Na Tabela 4.24 fornecemos os preços médios nominais, segundo sexo, para o conjunto dos 343 informes coletados e destacando a faixa etária dos adultos jovens, de 15 a 29 anos. Como esperado, percebemos que estes últimos, homens e mulheres, eram mais caros (aproximadamente 11,3%) em comparação à totalidade dos cativos computados. Ademais, para os escravos em geral, bem como para o contingente dos adultos jovens, as pessoas do sexo masculino foram negociadas por valores em média mais elevados *vis-à-vis* os atinentes ao sexo oposto; em ambos os casos, os homens foram em torno de 65,7% mais caros.[81]

Tabela 4.24
Preços Médios Nominais dos Escravos em Geral e dos Cativos Adultos Jovens, Segundo Sexo
(Casa Branca, 1870-1880)

Sexo	Número de escravos	Preço médio (em réis)
Homens	242	1:845$087
Mulheres	101	1:114$079
Homens de 15 a 29 anos	138	2:054$565
Mulheres de 15 a 29 anos	57	1:239$105

Fonte: Escrituras de transações envolvendo escravos.

---

80 Na escritura em questão não foi identificada a enfermidade da qual Mathias convalescia. A preocupação em fornecer garantias aos compradores quanto às condições de saúde dos cativos transacionados foi igualmente percebida em outros exemplos, tal como na venda do escravo Manoel, que Mizael Antonio de Carvalho fez para José Júlio de Araújo Macedo aos 23 de novembro de 1873, por Rs. 1:600$000, em cujo registro lemos: "garantindo ele vendedor por espaço de seis meses o bom estado de saúde atual do escravo".

81 Essas diferenças entre os preços médios de homens e mulheres – seja quando tomamos os cativos com quaisquer idades, seja quando nos restringimos à faixa dos 15 aos 29 anos – mostraram-se estatisticamente significantes (nível de significância de 0,01%).

Para acompanharmos as alterações sofridas pelos preços dos cativos entre 1870-73 e 1874-80, centramos nossa atenção nos informes concernentes aos adultos jovens. Calculamos seus preços médios reais sempre segmentados de acordo com o sexo (valendo-nos de novo do índice de preços elaborado por Buescu e deflacionando os valores nominais aos preços de 1861; cf. Tabela 4.25). Observamos que os ditos preços se elevaram entre os dois subperíodos, 27,5% o dos homens e 8,0% o das mulheres. A diferença entre esses dois porcentuais refletiu-se no fato de que os adultos jovens do sexo masculino, que já eram, no quatriênio 1870-73, 43,3% mais caros do que as cativas na mesma faixa etária, tornaram-se ainda mais valiosos do que elas (69,2%) em 1874-80.[82]

Tabela 4.25
Preços Médios Reais dos Cativos Adultos Jovens Segundo Sexo
(Casa Branca, anos de 1870)

Sexo	Preço médio, 1870-73 (em réis; ano-base 1861)	Preço médio, 1874-80 (em réis; ano-base 1861)
Homens	1:316$231	1:678$009
Mulheres	918$391	991$579

Fonte: Escrituras de transações envolvendo escravos.

Ainda que não tenhamos um conjunto de preços de escravos para Casa Branca nos anos de 1860 que possa corroborar ter havido uma diminuição no período 1870-73, o impacto da legislação acerca do elemento servil, mormente da Lei do Ventre Livre, terá contribuído, decerto, para os valores mais baixos dos cativos naquele quatriênio em comparação aos observados nos anos de 1874 a 1880. Tomando os preços médios reais dos jovens de 10 a 14 anos de idade (cf. Tabela 4.26), é plausível sugerirmos que, em 1870-73, o maior diferencial entre os sexos em favor dos homens (58,8%, *versus* os 43,3% verificados na faixa etária dos 15 aos 29 anos), seja uma indicação a mais do impacto referido. Tal diferencial, todavia, pouco se elevou no intervalo 1874-80, igualando-se a 61,4% (*versus* os 69,2% calculados para as pessoas com 15 a 29 anos de idade). Vale dizer, os preços reais, tanto de rapazes como de moças, em média, cresceram mais de 40%

---

82 Nos dois intervalos temporais em questão, as diferenças entre os preços médios reais de homens e mulheres mostraram-se, novamente, significantes do ponto de vista estatístico (nível de significância de 0,01%).

entre os dois períodos considerados, sob o efeito, sem dúvida marcante, da expansão cafeeira.[83]

Tabela 4.26
Preços Médios Reais dos Cativos com Idades de 10 a 14 Anos Segundo Sexo
(Casa Branca, anos de 1870)

Sexo	Preço médio, 1870-73 (em réis; ano-base 1861)	Preço médio, 1874-80 (em réis; ano-base 1861)
Rapazes	1:029$621	1:466$211
Moças	648$435	908$508

Fonte: Escrituras de transações envolvendo escravos.

Tabela 4.27
Escravos Negociados Segundo Sexo e Ocupação
(Casa Branca, 1870-1880)

Ocupação	Homens	Mulheres
Serviço da roça/lavoura	22	3
Serviço doméstico	1	2
Cozinheiro(a)	1	3
Costureira	–	7
Engomadeira	–	1
Lavadeira	–	1
Lavoura e mineração	1	–
Pedreiro	2	–
Carpinteiro	1	–

Outros 3 escravos (2 homens e 1 mulher) foram descritos como "sem ofício", e 2 homens e 3 mulheres foram descritos como "apto para o trabalho", "apto para o serviço" ou ainda "apto para qualquer trabalho".
Fonte: Escrituras de transações envolvendo escravos.

---

83 Lembremos, uma vez mais, que uma expectativa de vida em cativeiro relativamente mais prolongada, no contexto pós-Lei Rio Branco, posicionou os escravos na faixa etária dos 10 aos 14 anos – pois para as crianças menores de dez anos foi praticamente impossível levantar preços individuais – entre os mais sensíveis, no tocante a preços, aos efeitos do avanço da cafeicultura. Não obstante, há que ressalvar que foram tão somente seis os preços individuais coletados de jovens na aludida faixa etária em 1870-73, quatro deles referentes a cativas; no intervalo 1874-80, foram 45 os preços coletados, dez deles para indivíduos do sexo feminino. Além disso, as diferenças entre os preços médios reais dos dois rapazes e das quatro moças em 1870-73 só se mostraram estatisticamente significantes a um nível de significância de 13,8% (nível esse que se igualou a 0,01% no caso dos 45 preços coletados no período 1874-80).

Além dos três indivíduos "sem ofício" e dos cinco descritos apenas como "aptos" (para o trabalho, para o serviço ou para qualquer trabalho), outros 28 homens e 17 mulheres tiveram suas ocupações indicadas nas escrituras (cf. Tabela 4.27). Entre os do sexo masculino, houve franco predomínio (78,6%) dos trabalhadores da roça (ou da lavoura). Para as escravas, a ocupação mais frequente foi a das costureiras (41,2%). Havia pessoas dos dois sexos entre os roceiros, cozinheiros e no serviço doméstico. Lavoura e mineração, pedreiro e carpinteiro foram ocupações exclusivamente masculinas, enquanto lavadeira, engomadeira, e costureira compuseram o elenco das atividades descritas somente para mulheres.

Se o informe da ocupação pôde ser identificado para apenas 45 (6,3%) dentre os 718 cativos negociados em Casa Branca nos 11 anos analisados neste capítulo, a obtenção simultânea da ocupação e do preço individual foi possível para tão somente 14 das pessoas transacionadas (cf. Tabela 4.28). Eram 12 homens (10 roceiros, um cozinheiro e o outro ocupado com a lavoura e mineração), uma cozinheira e uma costureira. Os preços médios nominais fornecidos na tabela referida apresentaram-se superiores nos casos de escravos do sexo masculino. Dessa forma, por exemplo, o cozinheiro João, de 32 anos de idade, solteiro e pardo, natural da província do Rio de Janeiro, matriculado em Niterói e averbado em Casa Branca, foi vendido no tráfico local, em outubro de 1879, por Rs. 1:900$000. Este preço foi 40,7% superior aos Rs. 1:350$000 pelo que, em junho do ano seguinte, foi comercializada entre províncias a também cozinheira Anna, de 24 anos, solteira e preta, natural e matriculada na localidade de Rio das Contas, na província da Bahia.

Tabela 4.28
Preços Médios Nominais dos Escravos Segundo Sexo e Ocupação
(Casa Branca, 1870-1880)

Ocupação	Homens - Número de escravos	Homens - Preços médios (em réis)	Mulheres - Número de escravos	Mulheres - Preços médios (em réis)
Serviço da roça/lavoura	10	1:905$000	–	–
Cozinheiro(a)	1	1:900$000	1	1:350$000
Lavoura e mineração	1	1:750$000	–	–
Costureira	–	–	1	1:000$000

Fonte: Escrituras de transações envolvendo escravos.

Em Casa Branca, como alhures, manteve-se sempre presente, no que respeita ao impacto do comércio de cativos sobre as relações familiares por eles construídas, a possibilidade da ruptura de tais laços. Mesmo assim, foram vários os casos de negócios envolvendo famílias escravas. Por exemplo, em 1º de julho de 1871, o capitão Francisco das Chagas Negrão, morador na localidade analisada, vendeu Manoel, sua esposa Joana e quatro filhos do casal, com idades entre 2 e 8 anos. Enquanto marido e mulher eram naturais de Minas Gerais, todos os filhos – Felizardo, José, Joaquim e Francisco – eram nascidos na localidade paulista de Caconde. Eram dois os compradores, ambos das Gerais, mas um "residente em Sant´Anna da Província de Minas" e o outro "da cidade de Campanha da mesma Província". A leitura do documento não nos permitiu saber como a posse das pessoas vendidas distribuir-se-ia entre os dois escravistas mineiros; no entanto, a legislação vigente, proibindo as separações de casais e de pais e filhos menores de 15 anos, sem dúvida colocar-se-ia como um óbice a um eventual esfacelamento pela venda dessa unidade familiar. Embora desconheçamos os municípios mineiros onde Manoel e Joana nasceram, talvez mesmo seu retorno para Minas, ao passo que implicasse o término de relacionamentos diversos formados nos vários anos de permanência em São Paulo, propiciasse de outra parte o reatamento de laços parentais eventualmente perdidos por ocasião de seu deslocamento para fora da província onde haviam nascido.

Foram ao todo 189 os cativos negociados junto com pelo menos um parente próximo (cônjuge, filho, filha, pai, mãe, irmã ou irmão).[84] Esse contingente correspondeu a pouco mais de um quarto (26,3%) do total de escravos comercializados em Casa Branca de 1870 a 1880. Ao segmentarmos esse intervalo temporal, os porcentuais correlatos igualaram-se a 29,8% em 1870-73 e a 25,1% em 1874-80. Ademais, ao levarmos em conta as 29 crianças ingênuas que igualmente compunham essas famílias, os mesmos porcentuais alçaram-se para, respectivamente, 30,5% e 28,7%.[85] A transação envolvendo a mais numerosa família escrava foi registrada aos 15 de fevereiro de 1874. Belmiro Urias Barbosa Lima, residente em Franca, vendeu para o Dr. Antonio da Silva Prado, morador em Casa Branca, o casal José (36 anos) e Joana (31), acompanhados por sete filhos

---

[84] Além deles, foram transacionadas duas pessoas casadas e sós, bem como uma terceira casada com cônjuge liberto.

[85] Em 1870-73 foram 56 escravos e 2 ingênuos "em família" num total de 190 pessoas negociadas; em 1874-80, as cifras correspondentes foram 133, 27 e 557.

cativos (com idades variando entre 3 e 15 anos) e outros dois ingênuos. Por essa família, o Dr. Antonio Prado, por intermédio de seu procurador, Dr. Martinho Avelino, pagou Rs. 7:500$000.

O conjunto de 218 escravos e ingênuos transacionados "em família" integrava 75 unidades familiares. Pouco menos da metade delas (45,3%) eram casais, 18 sem filhos e 16 com prole presente. Proporção quase idêntica (46,7%) correspondeu às mulheres, solteiras ou de estado conjugal não declarado, acompanhadas de um ou mais filhos, cativos ou ingênuos.[86] A maior parte das 75 famílias foi negociada nos anos de 1874 a 1880 (70,7%), período que abarcou parcela não muito distinta (74,6%) do total de pessoas transacionadas (escravos + ingênuos). Além disso, dos 218 indivíduos em tela, 102 (46,8%) tinham 12 ou menos anos de idade. Essas 102 crianças compreendiam pouco menos de três quartos (73,9%) do total de cativos nessa mesma faixa etária (138). No tocante ao tipo de tráfico, esses 218 escravos e ingênuos distribuíram-se da seguinte forma: comércio "local", 28,9%; "intraprovincial", 36,7%; "interprovincial", 31,7%; e "outros" e "não identificado", 2,7%.

A venda de João, Joana e de seus nove filhos, comprados pelo Dr. Antonio Prado, fornece o mote para encerrarmos esta seção de maneira análoga àquela utilizada na abertura da seção anterior, dedicada a Piracicaba. Assim, se a descendência do brigadeiro Luiz Antonio no município do "Oeste Velho" ilustrava a ocorrência, em paralelo à expansão cafeeira, de um movimento similar de expansão tentacular dos interesses ligados a grandes patrimônios familiares, com vistas à reprodução ampliada dessas fortunas, o mesmo pode ser dito para Casa Branca, desta feita com fundamento na presença, nesse município do "Oeste Novo", da família Prado. Lá, o Dr. Antonio Prado foi contratante em várias das escrituras compulsadas para a elaboração desta seção; em todas elas, figurou como comprador. No conjunto, adquiriu 42 escravos, quase 6,0% do contingente transacionado no período 1870-80.

Comparando as localidades

O acompanhamento que vimos fazendo das características do tráfico interno de escravos na década de 1870 permitiu-nos perceber muitas das alterações

---

[86] Completam o total de 75 unidades familiares os viúvos com filhos (4 famílias), um pai casado com filho e, por fim, dois irmãos.

então sofridas por aquele comércio. Em uma primeira aproximação, é possível afirmar que, independentemente do maior ou menor dinamismo das transações nos anos de 1860, para os quais, lembremos, dispusemos de pouquíssimas escrituras registradas em Casa Branca, os quatro municípios considerados vivenciaram inequívoca intensificação do tráfico no período 1874-80. E esse comércio "aquecido" seguiu-se a um quatriênio (1870-73) quando o tráfico da mercadoria humana apresentou-se em alguma medida arrefecido, embora esse comportamento no início da década não possa ser afirmado para o caso de Areias, tendo em vista a lacuna da documentação para os anos de 1871, 1872 e 1873. As variáveis agrupadas nas Tabelas 4.29 e 4.30 corroboram esses comentários com os quais iniciamos nossa comparação: a média anual de escravos negociados atingiu o máximo de 46,0 nos anos de 1860, ao passo que, em 1874/80, o mínimo foi 48,8; e a média calculada para o tráfico interprovincial de entrada oscilou entre 1,9 e 7,3 (anos de 1860) e entre 11,7 e 39,7 (1874/80).

Tabela 4.29
Variáveis Selecionadas para o Estudo do Tráfico de Escravos
(anos de 1860)

Variáveis	Areias 1867/69	Guaratinguetá 1863/69	Constituição 1861/69
Média anual de escravos negociados[1]	46,0	34,1	44,3
Média anual de escravos negociados no tráfico interprovincial de entrada[1]	7,3	1,9	5,0
População escrava em 1854[2]	4.492[3]	s.i.	1.370[4]

s.i. = sem a informação.
[1] Médias calculadas tomando-se os anos para os quais foram coletadas escrituras datadas em sete ou mais meses.
[2] Dados extraídos de BASSANEZI (1998).
[3] Aí incluídos os cativos de São José do Barreiro.
[4] Aí incluídos os cativos de Santa Bárbara.

Fonte: Escrituras de transações envolvendo escravos.

Tabela 4.30
Variáveis Selecionadas para o Estudo do Tráfico de Escravos
(1870-1873 e 1874-1880)

Variáveis, 1870/73	Areias	Guaratinguetá 1870, 71 e 73	Constituição 1870/73	Casa Branca 1870/73
Média anual de escravos negociados[1]		29,0	78,5	47,0
Média anual de escravos nego-ciados no tráfico interprovincial de entrada[1]		2,7	9,0	5,0
Variáveis, 1874/80	Areias 1876, 77 e 80	Guaratinguetá 1874 e 77/79	Constituição 1874/80	Casa Branca 1874/78 e 80
Média anual de escravos negociados[1]	73,0	48,8	79,6	83,0
Média anual de escravos nego-ciados no tráfico interprovincial de entrada[1]	29,7	18,3	11,7	39,7
População escrava em 1874[2]	1.898[3]	4.352	5.414[4]	2,414

[1] Médias calculadas tomando-se os anos para os quais foram coletadas escrituras datadas em sete ou mais meses;

[2] Dados extraídos de BASSANEZI (1998);

[3] Não incluídos os cativos de São José do Barreiro;

[4] Não incluídos os cativos de Santa Bárbara.

Fonte: Escrituras de transações envolvendo escravos.

Ainda em uma primeira aproximação fornecemos, no Gráfico 4.13, para cada uma das localidades, as distribuições dos escravos negociados segundo três tipos de tráfico: local, intra e interprovincial.[87] Antes do mais, consideremos as distribuições em tela nos municípios para os quais foi possível o enfoque dos três subperíodos considerados: Constituição e Guaratinguetá. Neste último, o gráfico permite visualizar um movimento continuado no tempo: os negócios locais perderam espaço entre 1863-69 e 1870-73, e novamente entre 1870-73 e 1874-79; em contrapartida, aumentou a participação do conjunto dos comércios intra e interprovincial, particularmente das transações efetuadas entre províncias. Esse movimento continuado em Guaratinguetá é substituído por um movi-

---

87 Esses informes compuseram, nas seções anteriores, os Gráficos 4.1, 4.4, 4.7 e 4.10. Juntamos todos eles no Gráfico 4.13 para facilidade da análise e para a comodidade do leitor.

mento "de sanfona" em Constituição, igualmente passível de nítida visualização: os negócios locais ganharam relevância em 1870-73 *vis-à-vis* 1861-69, o que foi revertido em 1874-80 *vis-à-vis* 1870-73; em contrapartida, o conjunto das transações intra e interprovinciais perdeu relevância relativa entre 1861-69 e 1870-73, relevância que foi readquirida em boa medida em 1874-80.

Por conta disso, na análise que fizemos de Guaratinguetá, o comércio de escravos no intervalo 1870-73 muitas vezes apareceu como prenunciando características que encontrariam sua conformação mais acabada no restante do decênio. No caso de Constituição, esse atributo do período 1870-73 viu-se nuançado, ou "mais que compensado", pelo contraponto que aquele quatriênio oferecia ao dinamismo preexistente, naquele município, do comércio de cativos nos anos de 1860. Por conseguinte, o subperíodo 1874-80 em Constituição significou em certa medida um retorno à situação anterior a 1870-73. Numericamente, por exemplo, esse retorno é quase exato no caso da participação relativa dos negócios realizados entre províncias. Mas será um retorno apenas "em certa medida" porque o tráfico "aquecido" (ou "requentado") extremará traços presentes com menor intensidade na própria Constituição do decênio de 1860, mas que se generalizaram pelas quatro localidades em 1874-80, em especial a importância dos "famigerados escravos do Norte".

Podemos observar o aumento na importância relativa do conjunto dos negócios intra e interprovinciais entre 1870-73 e 1874-80 também em Casa Branca. Nesta última localidade, à semelhança do observado em Guaratinguetá, a responsabilidade por esse aumento repousou totalmente nas transações entre províncias. De fato, os informes da Tabela 4.30 já evidenciavam radicar em Casa Branca, no terceiro dos intervalos temporais em questão, o maior dinamismo do tráfico de escravos entre os municípios por nós analisados.

Por fim, Areias, um dos polos da comparação realizada no Capítulo 3, dá mesmo a impressão de ter trocado de posição com Piracicaba, o outro dos ditos polos, na segunda parte dos anos de 1870. Essa aparente troca de posição, no caso de Piracicaba, dificilmente não esteve relacionada, em maior ou menor medida, com a presença mais pronunciada, naquela localidade comparada às outras três que examinamos, dos trabalhadores livres imigrantes, e isto desde a vigência do sistema de parceria, característica que exemplificamos, no Capítulo 1, com base no relato do diplomata von Tschudi, de inícios dos anos de 1860. Os próprios dados demográficos analisados no dito Capítulo 1 indiciaram, em conformidade com a historiografia, de um lado, essa presença mais importante dos colonos estrangeiros nos municípios do Oeste em comparação aos do Vale do Paraíba e, de outro, certa defasagem temporal entre o "Oeste Velho" e o "Oeste Novo" da província paulista, o que tornou aquela presença, em Casa Branca, mais ligada à etapa da grande imigração subvencionada, em especial nos anos de 1880. Ainda que a análise mais detida do impacto diferenciado do movimento imigratório de trabalhadores europeus sobre os municípios estudados ultrapasse os limites que delineamos para este livro, cabe esta breve menção a este tema que imprimiu um traço distintivo ao evolver de Piracicaba.

Adicionalmente, o Gráfico 4.14 permite-nos qualificar um pouco melhor a aludida impressão. Nele nos restringimos ao conjunto dos comércios intra e interprovinciais e o segmentamos segundo "entradas" ou "saídas" nos municípios nos quais as escrituras foram registradas. Percebemos que as saídas de Areias ganharam peso relativo em 1874-80, tendo se verificado o contrário em Piracicaba. Em outras palavras, o papel de fornecedora de escravos para o tráfico era relativamente mais importante na primeira do que na segunda dessas localidades; e o papel de demandante de cativos via tráfico era relativamente mais importante em Piracicaba do que em Areias.

Mas a alteração mais pronunciada que o gráfico em tela evidencia deu-se em Casa Branca. Nesse município da zona da Mogiana o tráfico de saída correspondeu a um terço do total de entradas+saídas em 1870-73, e reduziu-se a tão somente 2,2% em 1874-80. É possível que a proporção encontrada no primeiro desses subperíodos refletisse o papel desempenhado por Casa Branca, apontada pela historiografia como um entreposto onde ocorria a distribuição, em especial para outros municípios cafeeiros do "Oeste Novo" paulista, de escravos oriundos de Minas Gerais e demais províncias "do Norte" do Império (cf. GORENDER, 1985, p. 586). Ao que parece, esse atributo perdeu relevância com o passar da década de 1870, talvez por conta do avanço cafeeiro na localidade, acarretando a absorção daquela mão de obra lá mesmo em Casa Branca.

Escravos daqui, dali e de mais além 265

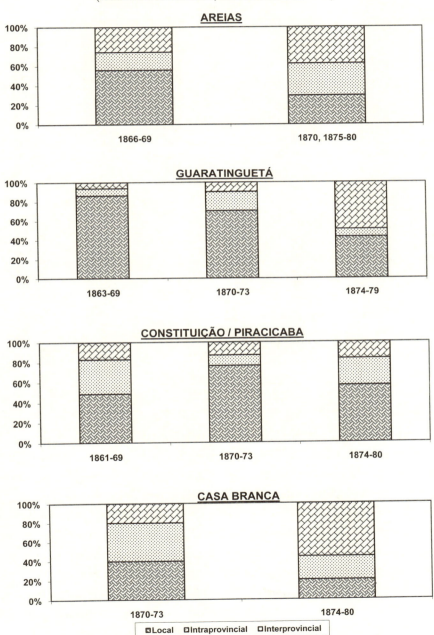

Gráfico 4.13
Escravos Negociados Segundo Tipo do Tráfico
(localidades selecionadas, anos de 1860 e de 1870)

Fonte: Escrituras de transações envolvendo escravos.

Gráfico 4.14
Escravos Negociados: Entradas e Saídas nos Tráficos Inter e Intraprovincial
(localidades selecionadas, anos de 1860 e de 1870)

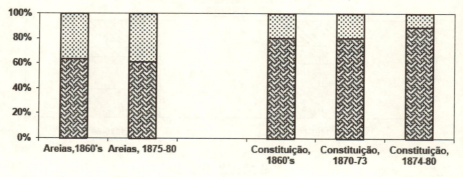

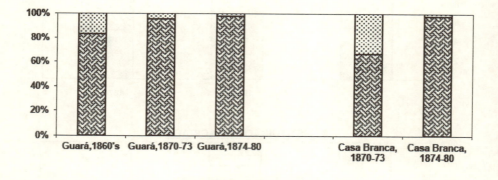

Fonte: Escrituras de transações envolvendo escravos.

O predomínio quase absoluto dos escravos entrados no comércio intra e no interprovincial em Casa Branca foi praticamente o mesmo em Guaratinguetá. A cifra mencionada para o primeiro desses municípios (2,2%) igualou-se a 2,3% no segundo. Na seção anterior deste capítulo observamos a ausência de negociantes radicados na província do Rio de Janeiro intermediando transações, registradas em Casa Branca, de cativos vindos "do Norte". Em trabalho anterior, referindo--nos ao período 1876-80, salientamos os elevados porcentuais de procuradores atuando na ponta vendedora das escrituras lançadas em Casa Branca (47,8%) e, principalmente, em Guaratinguetá (56,6%). Levando em conta o informe acerca do local de moradia dos procuradores, sugerimos uma diferenciação importante entre esses dois municípios, o que justifica a longa citação a seguir:

Identificamos o local de moradia para 43,3% dos casos em que houve procuradores em Guaratinguetá, porcentual que se elevou para 56,4% em Casa Branca. Pois bem, quase um quinto (19,7%) desses casos identificados em Guaratinguetá referiam-se a moradores na Província do Rio de Janeiro: na Corte (11,5%), em Parati (4,9%) ou em Resende (3,3%); não se computou nenhum morador nas Minas Gerais, nem na Província da Bahia. Todavia, em Casa Branca, 28,8% dos casos identificados correspondiam a pessoas residentes na Bahia (em especial Vila Velha, Caetité e Rio das Contas), e outros 15,2% em Minas Gerais (principalmente em Grão-Mogol, Santa Anna do Sapucahy, Rio Pardo e Vila do Sacramento); não foi computado nenhum morador do Rio de Janeiro.

Vale dizer, vivenciando ambas mais intensamente o tráfico interprovincial de cativos, Casa Branca e Guaratinguetá, porém, eram abastecidas mediante o recurso a fontes e, possivelmente, rotas diferenciadas daquele comércio. Ilustrativos dessa distinção são os cativos naturais de Minas Gerais e da Bahia que correspondiam (...), respectivamente, a 25,1% e a 21,2% dos escravos negociados em Casa Branca, mas tão somente a 3,6% e a 4,5% dos transacionados em Guaratinguetá; em contraponto, "cearenses" e "maranhenses" perfaziam, respectivamente, 8,9% e 7,7% dos cativos em Guaratinguetá, todavia apenas 5,5% e 0,1% em Casa Branca. Assim sendo, Guaratinguetá teve seu vínculo com o tráfico interprovincial mais estreitamente relacionado à conjuntura de intensificação do movimento de escravos da segunda metade dos anos de 1870, estimulado ademais pela situação "no lado da oferta" acarretada pelas secas verificadas naqueles anos: 100,0% dos cativos, lá negociados, naturais do Ceará e do Maranhão, foram-no no subperíodo 1876/80. Casa Branca, ainda que tenha igualmente se beneficiado dessa conjuntura, vinha se valendo significativamente daquele tráfico desde o período anterior, em especial no que diz respeito aos escravos "mineiros" e, em menor medida, aos "baianos", dos quais, respectivamente, 39,6% e 29,7% foram transacionados, na localidade em tela, entre os anos de 1869 e 1875. (MOTTA, 2002, p. 7-8)[88]

---

88 Robert Conrad (1978, p. 70) transcreveu uma descrição do tráfico por via terrestre existente desde o interior da Bahia e de Minas Gerais até as regiões cafeeiras paulistas. O autor da descrição foi o Deputado Marcolino de Moura, da Bahia, em discurso proferido na Câmara em 1880: "Não há muito

A Tabela 4.31 introduz em nossa comparação os preços médios reais dos escravos adultos jovens segundo sexo, localidade e tipo do tráfico. Nela são fornecidos os preços para dois dos intervalos temporais sob exame: os anos de 1860 e o período 1874-80.[89] A quantidade de variáveis contempladas acarreta, em vários dos casos, um número muito reduzido de observações. Esse problema, incontornável, é, o mais das vezes, maior no primeiro período do que no segundo, maior para as mulheres do que para os homens, e maior no tráfico intra e no interprovincial do que no comércio local. Não obstante, alguns resultados significativos podem ser inferidos. Os preços nominais foram deflacionados, como anteriormente, com base no índice construído por Mircea Buescu e os preços reais resultantes estão calculados em valores de 1861. Com a exceção de Casa Branca, para a qual não dispomos de informes de preços para os anos de 1860, nos demais municípios considerados, em todos os tipos do tráfico, os preços médios reais dos homens de 15 a 29 anos de idade elevaram-se em 1874-80. No caso das mulheres, dos nove recortes (três localidades, três tipos do tráfico) houve diminuição de preços médios reais em cinco, destacando-se aí todos os tipos do comércio em Constituição.

Foi inequívoco, portanto, o movimento de intensificação do tráfico interno de escravos a partir de meados do decênio de 1870. O mercado da mercadoria humana mostrou-se aquecido, atributo que se refletiu no comportamento favorável dos preços do bem, regra geral, mais valorizado naquele mercado, o adulto jovem do sexo masculino. E foi também bastante palpável o efeito deletério da libertação dos nascituros sobre os preços praticados das mulheres cativas.

Além da legislação sinalizadora do processo de abolição gradual da mão de obra compulsória, as condições de oferta e demanda nas diversas províncias do Império, é claro, foram fatores importantes a condicionar o aludido comportamento dos preços das pessoas negociadas. No caso específico dos municípios cafeeiros paulistas, a dinâmica diferenciada da lavoura cafeeira parece exercer

---

atravessava eu, ao calor do meio dia, uma dessas regiões desertas da minha província; o sol abrasava: de repente, ouvi um clamor confuso de vozes que se aproximavam, era uma imensa caravana de escravos com destino aos campos de São Paulo. Entre alguns homens de gargalheira ao pescoço, caminhavam outras tantas mulheres, levando sobre os ombros seus filhos, entre os quais se viam crianças de todas as idades, sendo toda essa marcha a pé, ensanguentando a areia quente dos caminhos."

89 Os dados referentes aos anos de 1860 compuseram a Tabela 3.22 e são reproduzidos na primeira parte da Tabela 4.31 para facilidade da análise e comodidade do leitor.

uma influência marcante, ao menos sobre os preços vigentes nas transações entre províncias. Dessa forma, tanto no primeiro como no segundo dos períodos de que trata a Tabela 4.31, os preços médios reais dos escravos homens no tráfico interprovincial foram mais elevados nas localidades do Oeste Paulista *vis-à-vis* no Vale do Paraíba.

Mas pudemos observar também, nas seções anteriores deste capítulo, que uma característica distintiva da década de 1870 foi a presença, bem mais expressiva do que antes, e isto, sobretudo, no intervalo 1874-80, dos cativos provenientes das províncias do Norte e Nordeste do Império, ou, repitamos, os "famigerados escravos do Norte". E essa presença mais expressiva não apenas foi evidenciada nos quatro municípios analisados, mas se mostrou tanto no mais óbvio fluxo do tráfico interprovincial, como também nos movimentos intraprovinciais e mesmo locais. É oportuno, pois, olharmos os preços reais dos homens adultos jovens, praticados nos mesmos dois períodos considerados na Tabela 4.31, mas desta feita segmentados de acordo com o informe da naturalidade desses cativos (para os anos de 1860) ou do local onde foram matriculados (para os informes de 1874-80).

Esse rearranjo é apresentado na Tabela 4.32, que permite visualizarmos a hierarquia dos preços na seguinte ordem crescente: os jovens de São Paulo, os do Rio de Janeiro ou Minas Gerais e, os mais caros, os do Norte e Nordeste (preços aproximadamente 13% mais elevados do que os de São Paulo). Essa hierarquia, já verificada para os anos de 1860, reafirma-se em 1874-80, com diferenciais bastante similares (jovens matriculados em localidades do Norte e Nordeste 10,3% mais caros do que os matriculados na província paulista), agora com os preços todos num patamar mais elevado.[90] Essa hierarquia, ademais, fornece uma explicação para o fato de o aparente maior dinamismo do tráfico interprovincial em Casa Branca não se refletir em preços médios reais superiores aos praticados em Piracicaba. Ora, em Casa Branca, como vimos, a presença relativa de cativos matriculados na província de Minas Gerais foi muito mais expressiva no tráfico entre províncias lá registrado em comparação ao verificado em Piracicaba, o que acaba "deprimindo" os preços médios no município da Mogiana.

---

90 Os dados referentes aos anos de 1860 compuseram a Tabela 3.23 e são reproduzidos na primeira parte da Tabela 4.32 para facilidade da análise e comodidade do leitor.

Tabela 4.31
Preços Médios Reais dos Escravos Adultos Jovens
Segundo Sexo, Localidade e Tipo do Tráfico
(localidades selecionadas, anos de 1860 e 1874-80)

Período/Localidade/ Tipo do Tráfico	Homens - Número de escravos	Homens - Preços médios (em réis)	Mulheres - Número de escravos	Mulheres - Preços médios (em réis)
Anos de 1860				
Areias				
Local	5	1:328$851	3	995$253
Intraprovincial	2	1:449$150	3	769$460
Interprovincial	3	1:032$768	1	1:141$180
Guaratinguetá				
Local	19	1:327$307	20	1:043$611
Intraprovincial	5	1:216$244	2	805$508
Interprovincial	3	1:319$512	1	941$265
Constituição				
Local	8	1:601$807	18	1:290$039
Intraprovincial	16	1:591$688	10	1:358$034
Interprovincial	20	1:631$296	2	1:200$107
1874-80				
Areias				
Local	14	1:523$239	6	1:012$615
Intraprovincial	7	1:557$325	4	1:203$174
Interprovincial	21	1:506$562	11	1:023$029
Guaratinguetá				
Local	15	1:658$709	9	1:013$778
Intraprovincial	2	1:634$610	3	1:007$508
Interprovincial	12	1:629$327	1	1:109$241
Constituição				
Local	26	1:637$621	18	1:013$578
Intraprovincial	17	1:619$854	10	1:015$753
Interprovincial	21	1:803$206	4	1:090$508
Casa Branca				
Local	16	1:561$429	10	1:014$260
Intraprovincial	26	1:703$279	7	869$000
Interprovincial	60	1:710$521	21	1:021$638

Fonte: Escrituras de transações envolvendo escravos.

Tabela 4.32
Preços Médios Reais dos Escravos Homens Adultos Jovens
Segundo Região de Naturalidade ou de Matrícula
(localidades selecionadas, anos de 1860 e 1874-80)

Período/Região	Números absolutos	Preços médios (em réis)
1860's (naturalidade)		
São Paulo	16	1:412$496
Rio de Janeiro e Minas Gerais	10	1:428$442
Norte e Nordeste	14	1:596$021
1874-80 (matrícula)		
São Paulo	101	1:562$327
Rio de Janeiro e Minas Gerais	32	1:608$496
Norte e Nordeste	112	1:722$784

Nas regiões Norte e Nordeste foram computados, para a construção desta tabela, preços de cativos oriundos das seguintes províncias: Bahia, Pernambuco, Maranhão, Ceará, Paraíba, Piauí, Rio Grande do Norte, Sergipe, Alagoas e Pará.

Fonte: Escrituras de transações envolvendo escravos.

Tabela 4.33
Razões de Sexo Segundo Localidade e Tipo do Tráfico
(anos de 1860 e 1874-80)

Localidades/Períodos	Local	Intraprovincial	Interprovincial
Areias			
1860's	134,6	150,0	180,0
1874-80	87,0	128,9	185,0
Guaratinguetá			
1860's	100,0	88,9	366,7
1874-79	172,0	116,7	266,7
Constituição			
1860's	100,0	205,7	960,0
1874-80	170,2	256,1	246,2
Casa Branca			
1874-80	157,5	200,0	195,8

Fonte: Escrituras de transações envolvendo escravos.

As Tabelas 4.33 e 4.34 possibilitam avançar um pouco mais nossa exploração das diferenças entre os municípios estudados no que respeita ao tráfico de escravos, diferenças essas que são identificadas em meio a um movimento geral de intensificação daquele comércio. Tal movimento, apesar das disparidades verificadas, produziu indiscutivelmente certa convergência entre as características do tráfico da mercadoria humana nas localidades em tela no intervalo 1874-80 *vis-à-vis* o observado nos anos de 1860. Essas tabelas permitem tecer algumas considerações acerca da "qualidade" da mercadoria negociada, mediante informes sobre a distribuição sexual dos cativos (a razão de sexo segundo período, localidade e tipo do tráfico, na Tabela 4.33) e de seu perfil etário (peso relativo das pessoas com 30 ou mais anos de idade de acordo com o período, localidade e tipo do tráfico, na Tabela 4.34).

Tabela 4.34
Peso Relativo dos Escravos com 30 ou Mais Anos de Idade
Segundo Localidade e Tipo do Tráfico
(anos de 1860 e 1874-80, em %)

Localidades/Períodos	Local	Intraprovincial	Interprovincial
Areias			
1860's	33,3	25,0	50,0
1874-80	34,5	43,5	14,3
Guaratinguetá			
1860's	25,8	11,8	15,4
1874-79	18,8	7,7	11,7
Piracicaba			
1860's	32,4	13,2	7,6
1874-80	40,7	18,8	13,3
Casa Branca			
1874-80	32,4	21,1	16,0

Porcentuais calculados, para cada localidade, sobre os totais de escravos negociados em cada um dos tipos de tráfico considerados.

Fonte: Escrituras de transações envolvendo escravos.

No comércio interprovincial encontramos um nítido componente da aludida convergência. Assim, enquanto nos anos de 1860 era marcado o perfil mais jovem dos escravos negociados em Constituição comparado ao perfil observado em Areias, assumindo Guaratinguetá uma posição intermediária, em 1874-80 essa maior juventude passou a ser um traço comum naquele tipo de tráfico. O contraponto com o comércio local tornou-se evidente: nos negócios entre províncias, a participação das pessoas com 30 ou mais anos não foi em nenhum caso superior a 16% em 1874-80; nas transações locais, o porcentual correlato não foi em nenhum caso inferior a 18,8%. Contraponto análogo pode ser feito com fundamento nas razões de sexo calculadas para esses sete anos do decênio de 1870. Dessa forma, no tráfico local, a dita razão alcançou o valor mais elevado de 172,0, em Guaratinguetá, ao passo que o valor mínimo, no comércio entre províncias, igualou-se a 185,0.[91]

Em Areias, entre os dois intervalos temporais em questão, se houve "melhora na qualidade" da mercadoria no tráfico interprovincial, essa "qualidade", ao que parece, piorou no comércio local, bem como no intraprovincial. De fato, nestes dois últimos tipos do tráfico, sobretudo no intraprovincial, elevou-se o peso relativo dos escravos com 30 ou mais anos de idade, e aumentou, sobretudo nos negócios locais, a presença das cativas. No caso do comércio intraprovincial, convém qualificar a perda de qualidade mencionada: esse tráfico, quando de entrada na localidade, apresentou razão de sexo de 185,7 e participação de pessoas com 30 ou mais anos igual a 42,1%; no tráfico intraprovincial de saída, esses mesmos indicadores foram iguais a 113,3 e 44,4%. Vale dizer, ao menos no tocante à distribuição sexual, foram muito próximos o comércio intraprovincial de entrada e o interprovincial, e ambos indiciam, quando tomamos como referencial os anos de 1860, a maior integração de Areias ao aquecido mercado de escravos da segunda metade da década de 1870.

Ainda na Tabela 4.33, é digno de nota como, à exceção de Areias, nos demais municípios esses anos com o mercado aquecido refletiram-se na supremacia dos cativos do sexo masculino também nos negócios locais, ainda que, da perspectiva dos perfis etários (cf. Tabela 4.34), apenas em Guaratinguetá seja percebida "melhora de qualidade" naquele tipo do tráfico. Vale a pena atentarmos, outrossim, para a comparação direta entre as duas localidades do Oeste Paulista. A menos do perfil etário no comércio local, nos outros recortes contemplados nas duas tabelas examinadas os indicadores calculados para Piracicaba foram "melhores" do que os computados para Casa Branca. Muito embora esta última, em 1874-80, seja a mais próxima da fronteira da expansão cafeeira no território da província, e talvez por isso mesmo, não podemos nos esquecer de que lá as transações envolvendo pequeno número de escravos foram bem mais importantes. Das 530 pessoas negociadas em Casa Branca naquele intervalo de sete anos, a

---

91 Tenhamos sempre em mente que, em especial nos anos de 1860 e nas transações intra e interprovinciais, apresentou-se o problema do reduzido número de observações, o que demanda cautela na análise da "qualidade" da mercadoria negociada.

maioria absoluta (54%) foi comercializada em grupos de quatro ou menos cativos e o maior conjunto negociado foi composto de 17 indivíduos. Por sua vez, em Piracicaba o panorama foi muito diferente: grupos de quatro ou menos pessoas corresponderam a 44,5% do total de 557 escravos negociados em 1874-80, enquanto pouco menos de três décimos deles (28,9%) foram transacionados em conjuntos com mais de 20 elementos.

A comparação acima explicitada, entre Piracicaba e Casa Branca conduz-nos a retomar dois dos aspectos destacados no enfoque isolado desses municípios. O primeiro deles é a peculiaridade de Casa Branca no que diz respeito à ocorrência das vendas condicionadas. Em tais negócios foi comum a permanência dos escravos vendidos com os vendedores, os quais recebiam os valores das vendas como se fossem empréstimos concedidos pelos compradores, sob o compromisso de devolução das quantias respectivas depois de algum tempo, eventualmente acrescidas de juros e do ressarcimento dos custos incorridos, a exemplo da meia sisa. Tais negócios, às vezes envolvendo o uso tópico pelos compradores dos cativos transacionados, apenas implicariam a concretização da venda se a devolução não ocorresse na data aprazada. Esse tipo de operação seria particularmente adequado, assim nos parece, para o levantamento de recursos por lavradores detentores de relativamente poucos cabedais; uma forma interessante, na fronteira da expansão cafeeira, de estimular o avanço dos cafezais.[92]

---

92 Esses agricultores que "vendiam" seus escravos nas operações do tipo descrito talvez cumprissem uma função em certa medida aproximada dos "formadores de cafezais", ainda que não tenhamos identificado como se inseriam tais agricultores em termos da propriedade da terra, nem tampouco a ocupação/atividade econômica dos "compradores"/emprestadores. A categoria de "formadores de cafezais" (ver, por exemplo, Candido, 1982, p. 108-109) foi por José de Souza Martins associada, na economia escravista, em especial à figura do camponês livre agregado da fazenda de café e, posteriormente, no regime de trabalho livre, ao colono imigrante: "Com muita frequência, o agregado foi empregado na abertura de novas fazendas, na derrubada da mata, no preparo da terra. Foi assim nas fazendas de café de São Paulo e Rio de Janeiro durante o século XIX. (...) O camponês incumbia-se da abertura de uma fazenda e implantação do cafezal em troca do direito de plantar entre os cafeeiros gêneros de que necessitasse, como milho, feijão, arroz, algodão. Formado o cafezal, recebia um pequeno pagamento em dinheiro correspondente ao número de cafeeiros formados. (...) Às vezes, este [o fazendeiro-JFM] permitia que o camponês livre retivesse para si o café eventualmente produzido antes da entrega do cafezal, outras vezes entrava de parceria nessa produção." (Martins, 1981, p. 38-39); "(...) já sob o regime de trabalho livre, o que parece ter sido a modalidade mais frequente de formação do cafezal (...) consistia em atribuir ao imigrante a formação de um determinado número de pés de café, com direito

O segundo dos aspectos referidos trata-se da presença dos grandes fazendeiros, cujos interesses iam amiúde muito além dos limites de um único município.[93] Claro está que havia cafeicultores de grande porte nas quatro localidades que examinamos. Todavia, destacamos, pela participação nas escrituras por nós compulsadas, na própria Casa Branca, o Dr. Antonio da Silva Prado. Como vimos, ele apareceu várias vezes na documentação relativa à década de 1870, sempre como comprador. No período 1874-80 adquiriu 35 escravos, 6,6% do total negociado em Casa Branca naqueles anos. A relação estreita dessa família com a expansão cafeeira está assentada na historiografia, embora sua história no Brasil remonte ao Setecentos.[94] Por exemplo, seguindo a dita expansão mais para o oeste, a família Prado enraizou seus interesses também em Ribeirão Preto, município protagonista na história do café no "Oeste Novo" paulista.[95] Assim, em Bacellar (1999, p. 121) lemos o seguinte comentário acerca de "Martinico" Prado, irmão do Conselheiro Antonio da Silva Prado:

à colheita dos frutos obtidos no período [além da-JFM] permissão de plantar feijão e milho nas ruas entre os pés de café (às vezes podiam plantar arroz e até algodão nesse espaço). Na entrega do cafezal ao fazendeiro, o colono recebia uma quantia em dinheiro que representava o dispêndio monetário com o estabelecimento da plantação." (MARTINS, 1979, p. 72-73). Convém, no entanto, explicitar a ressalva de que a categoria em questão não era identificável ainda, na virada do século XVIII para o XIX, nos momentos iniciais do avanço cafeeiro no Vale do Paraíba paulista; sobre essa ressalva, ver NOZOE e MOTTA (1999, p. 52-57).

93 Ainda que não seja o caso de um tratamento mais aprofundado no âmbito deste estudo, salientemos que essa questão dos interesses de famílias abastadas imbrica-se à discussão das estratégias empregadas para a preservação do patrimônio familiar, a exemplo dos casamentos consanguíneos e/ou dos enlaces ajustados com o fito de acrescer mais riquezas ao dito patrimônio. Da literatura disponível acerca dessa discussão, destacamos, entre outros, BACELLAR (1997), COSTA (1997), FARIA (1998) e METCALF (1992).

94 "Antônio, o primeiro Prado, chegou ao Brasil no século XVIII, sonhando em ficar rico com a descoberta do ouro, mas acabou se tornando comerciante e pequeno proprietário de terras no interior de São Paulo. A família cresceu e prosperou no comércio e na política local até o surgimento do terceiro Antônio Prado, que foi agraciado por D. Pedro II com o título de barão de Iguape." (D'ÁVILA, 2004, p, 19). O Antonio Prado das escrituras analisadas neste trabalho é neto do Barão de Iguape. Sobre a família Prado ver, por exemplo, PETRONE (1976), que centra o foco no Barão, e D'ÁVILA (2004), que dedica seu livro em especial a Dona Veridiana, filha do Barão e mãe do Conselheiro referido adiante no texto.

95 Sobre o desenvolvimento inicial da cafeicultura em Ribeirão Preto ver, por exemplo, LOPES (2005).

A riqueza do café em torno de Ribeirão Preto viria a atrair novos investidores de outras zonas ou Províncias, quase sempre fazendeiros de áreas de mais antiga ocupação. Martinho Prado Jr., por exemplo, chegaria em 1877, constituindo, através de diversas compras, a célebre fazenda Guatapará.[96]

A partir dos indícios identificados, portanto, Casa Branca, próxima da fronteira da expansão cafeeira no decênio de 1870, atraía tanto agricultores de relativo menor porte como interesses poderosos, a exemplo dos da família Prado, uns e outros participando e imprimindo dinamismo ao tráfico de cativos.

Na mesma década, em Piracicaba, destacamos a presença do Comendador Luiz Antonio de Souza Barros, bem como do Dr. Estevão Ribeiro de Souza Rezende, ambos descendentes do Brigadeiro Luiz Antonio. No caso de Estevão, futuro Barão de Rezende, ele apareceu, ao longo de toda a década, como contratante em escrituras nas quais foram negociados 91 escravos, mais de um décimo (10,5%) do total de pessoas transacionadas, sendo 80 deles adquiridos.[97] Os indícios da presença de interesses poderosos em Piracicaba são, pois, em boa medida análogos aos identificados em Casa Branca. Todavia, Piracicaba estava já distante da fronteira do avanço da cafeicultura. Seria o caso, talvez, dos filhos, respectivos cônjuges e/ou dos netos do Comendador Luiz Antonio vivenciarem um eventual deslocamento ainda mais para o oeste, na esteira da "onda verde" do café. Já o próprio Comendador quiçá seja uma boa ilustração da peculiaridade

---

96 O comentário de Bacellar corrobora, por exemplo, as observações de Célia Maria Marinho de Azevedo (1987, p. 158), que se valeu de reminiscências do mencionado fazendeiro: "Por volta de 1877, Martinho Prado Jr. percorreu em lombo de burro os sertões inexplorados do noroeste paulista. Ao voltar da viagem declarou entusiasmado: 'Não há na província de São Paulo município algum cuja importância possa se aproximar à de Ribeirão Preto, Campinas, Limeira, Araras, Descalvado, Casa Branca etc., tudo é pequeno, raquítico, insignificante, diante desse incomparável colosso.' Comprou em seguida terras em Cascavel (Ribeirão Preto), próximo das serras do Guatapará, formando a fazenda do mesmo nome em 1885."

97 Nove dos 11 escravos vendidos pelo Dr. Estevão foram objeto de um negócio registrado aos 26 de dezembro de 1878. O valor da escritura alçou-se a doze contos de réis e, além dos nove cativos, fez-se menção a três crianças ingênuas. O comprador era o nobre francês Conde de Cambolas e Marquês de Palarin, o qual, apesar de representado por um procurador, era descrito como morador em Piracicaba, caracterizando a transação como local. No Capítulo 5 faremos referência – e esta a razão desta nota – à Condessa de Cambolas e Marquesa de Palarin, D. Amélia de Souza Rezende, outra filha do Marquês de Valença, portanto irmã do Dr. Estevão (cf. DAUNT, 1998, p. 257, nota 72).

desse município do "Oeste Velho", onde prosperou a cafeicultura, mas se preservou certo apego à economia açucareira:

> O Comendador Luiz Antonio, embora se torne um dos grandes lavradores de café da região, não abandona a indústria açucareira. Na segunda metade do século XIX são comuns os "engenhos de fogo morto", isto é, engenhos abandonados ou decadentes. Lavouras de café com seu verde sombrio, sua maravilhosa florada branca, e, finalmente, com seus frutos vermelhos vão substituir o verde claro e repousante da paisagem canavieira, e as máquinas de beneficiar café, as tulhas e os terreiros substituirão o tendal, as escorredeiras, as fornalhas. Entretanto, numa relação que acompanha um ofício de 23-7-1862 da Câmara Municipal de Constituição ao Presidente da Província, o nome do Comendador é o primeiro a ser citado, com a produção de 7.000 arrobas de açúcar, para um total de 102.500.

Poderosos interesses de família também estiveram presentes nas duas localidades do Vale do Paraíba. Não foram destacados anteriormente neste capítulo, nas respectivas seções dedicadas a Areias e Guaratinguetá simplesmente por não ter sido identificada uma participação expressiva desses interesses no tráfico de cativos. Contudo, é oportuno comentar aqui essa questão, exatamente com o propósito da comparação com os casos de Casa Branca e Piracicaba. Assim sendo, tomemos Guaratinguetá como exemplo e, lá, a família de Francisco de Assis e Oliveira Borges. Segundo informou seu biógrafo, Carlos Eugênio Marcondes de MOURA (2002, p. 104-105), Francisco foi agraciado pelo Imperador com o título de Barão de Guaratinguetá em 1854, elevado a Visconde em 1867, "(...) recebendo quatro anos mais tarde as honras de grandeza. (...) [Em 1877-JFM] O Visconde com Grandeza de Guaratinguetá tornou-se grão-dignitário da Ordem da Rosa".

Na documentação referente à década de 1870, o Visconde de Guaratinguetá constou como contratante em apenas uma escritura, comprando um único cativo. Dois de seus filhos também adquiriram escravos: Antonio Martiniano (três) e Joaquim de Assis (um); e uma nora, descrita como "viúva Borges", registrou a venda de um cativo.⁹⁸ A "viúva Borges" era Dona Guilhermina Cândida de Oliveira Borges, casada (em 29 de janeiro de 1852) com o primogênito do Visconde, Dr. José Martiniano de Oliveira Borges, falecido de febre amarela aos 30 de janeiro de 1870. MOURA (2002, p. 191-192) observou, ao arrolar a descendência do Visconde de Guaratinguetá, que a filha mais velha do Dr. José Martiniano com Guilhermina Cândida, de nome Maria Guilhermina, casou-se em 11 de outubro de 1870 com o Coronel Virgílio Rodrigues Alves. Este último,

> Grande cafeicultor no município natal, associou-se à sogra e ao irmão, o Conselheiro Rodrigues Alves [futuro Presidente da República, de 1902 a 1906, casou-se, em 1875, com a segunda filha do Dr. José Martiniano e D. Guilhermina Cândida, de nome Ana Guilhermina-JFM], na exploração da fazenda Três Barras, abrindo firma sob a denominação Viúva Borges & Genros. Decaindo a lavoura de café na região, formou quatro fazendas de café em São Manoel, no oeste paulista, com 2 milhões de pés. Sempre associado ao irmão, o Conselheiro, organizou a firma Rodrigues Alves & Irmão (mais tarde Cia. Agrícola Rodrigues Alves) e manteve casa comissária de café em Santos. (grifos nossos)

Por conseguinte, como atesta o trecho sublinhado na citação acima, o casal Virgílio e Maria, de Guaratinguetá, realizou aquilo que inserimos como alternativa possível para os descendentes do Comendador Souza Barros, de Piracicaba, e que os filhos de Dona Veridiana da Silva Prado punham em prática em Casa Branca e em Ribeirão Preto.

Completando a comparação que encerra este capítulo, apresentamos, nas Tabelas 4.35 e 4.36, respectivamente, informações sobre o peso relativo, no conjunto das pessoas negociadas, daquelas acompanhadas por um ou mais familiares, bem como da importância relativa das crianças com 12 ou menos anos de idade entre os cativos transacionados junto com familiares. Novamente, privilegiamos os anos de 1860 e o intervalo 1874-80; neste último subperíodo, os porcentuais calculados incluíram os ingênuos, em ambas as tabelas. No que tange ao peso dos escravos negociados "em família" (cf. Tabela 4.35), rompeu-se, ao que parece, em

---

98 Na década de 1860, o então Barão apareceu com frequência um pouco maior: vendeu quatro escravos e adquiriu dez. Seu filho José Martiniano comprou cinco cativos, e sua nora, D. Guilhermina Cândida, adquiriu uma escrava.

1874-80, a proximidade entre os porcentuais que antes prevalecia. Contudo, não se descortinou quaisquer tendências definidas nas alterações observadas: a proporção praticamente não mudou em Areias, diminui quase dez pontos porcentuais em Guaratinguetá, aumentou mais do que isso em Constituição, enquanto Casa Branca foi computada, nos anos de 1870, com um porcentual pouco superior ao de Areias.

Tabela 4.35
Peso Relativo dos Cativos Negociados Junto com Familiares
no Total de Escravos Transacionados
(localidades selecionadas, anos de 1860 e 1874-80, em %)

Localidades	1860's	1874-80
Areias	25,5	26,5
Guaratinguetá	25,1	16,3
Constituição	23,6	38,1
Casa Branca		28,7

Porcentuais calculados, para cada localidade, sobre os totais de escravos negociados; foram computadas, nos anos de 1870, também as crianças ingênuas.
Fonte: Escrituras de transações envolvendo escravos.

No caso das crianças com 12 ou menos anos de idade nas famílias transacionadas, Guaratinguetá, que se distinguira por sua elevada presença no primeiro subperíodo, apresentou a proporção mais reduzida no segundo, ao passo que Constituição e, sobretudo, Areias, vivenciaram aumentos significativos nos porcentuais correspondentes; e é também bastante alto (46,3%) o porcentual calculado para Casa Branca. O que podemos afirmar é que as famílias escravas e, nelas, as crianças, mantiveram sempre uma participação relativa muito expressiva no tráfico interno. Essa participação, na maior parte dos casos, cresceu ao longo do tempo. Para esses resultados, decerto contribuiu, por um lado, a legislação proibitiva da separação entre cônjuges e entre pais e filhos menores (em 1869 e 1871) e, por outro, a preocupação crescente dos demandantes da mão de obra compulsória em termos da satisfação das necessidades da produção, em plena vigência do "problema da mão de obra" e, nele, do evolver da questão servil apontando, por mais que se tentasse postergá-lo, para o fim da escravidão no Império.

Tabela 4.36
Peso Relativo das Crianças de 12 ou Menos Anos de Idade
no Total de Escravos Transacionados Junto com Familiares
(localidades selecionadas, anos de 1860 e 1874-80, em %)

Localidades	1860's	1874-80
Areias	33,3	51,2
Guaratinguetá	53,3	41,2
Constituição	31,9	44,7
Casa Branca	–	46,3

Porcentuais calculados, para cada localidade, sobre os totais de escravos negociados; foram computadas, nos anos de 1870, também as crianças ingênuas.

Fonte: Escrituras de transações envolvendo escravos.

Em suma, valendo-nos dos termos utilizados por Gorender, o tráfico "moderado" no decênio de 1860 e o "muito intenso" na década de 1870 corresponderam a cenários muito distintos. O que é quase um truísmo. Não será diferente quando voltarmos nossa atenção para os anos de 1880, no Capítulo 5. Percebemos, ademais, que essa mudança de ritmo foi de fato mediada pelos anos de 1870-73, quando o comércio de escravos assumiu características em certa medida peculiares. A aceleração no ritmo do tráfico foi algo geral, verificado nos quatro municípios que examinamos, e que respondeu, ainda que não de maneira exclusiva, aos estímulos do desenvolvimento da lavoura cafeeira. E isto fez com que, em certos aspectos, as características do comércio da mercadoria humana se assemelhassem entre eles, principalmente ao tomarmos como referencial as distinções mais nitidamente identificadas nos anos de 1860. Os "famigerados escravos do Norte" foram o condimento por excelência dessas eventuais semelhanças.

O que de modo algum implica que o tráfico tornou-se indistinto nas várias localidades. Mesmo porque, e este um elemento central em nosso estudo, a cafeicultura atravessava estágios diferenciados de desenvolvimento nas diferentes regiões da província paulista. Casa Branca, por exemplo, que nem ao menos se fez presente em nossa análise do período anterior, assumiu nos anos de 1870 características ao que tudo indica muito próprias de uma região próxima à fronteira da expansão cafeeira; este o caso da maior incidência lá do tipo de negócios representado pelas "vendas condicionadas". Adicionalmente, as disparidades identificadas em termos das participações relativas das diversas naturalidades/ locais de matrícula das pessoas transacionadas indiciaram o recurso a fontes e/ ou rotas distintas de abastecimento de cativos. Guaratinguetá e Casa Branca, por exemplo, ilustraram essa comparação, com a presença mais relevante de escravos de Minas Gerais e da Bahia neste último município apontando para o abastecimento via rotas terrestres originadas no interior daquelas províncias *vis-à-vis* a importância maior da intermediação de moradores no Rio de Janeiro e talvez, por conseguinte, do tráfico pela via marítima. Também diferiram as localidades quanto à direção dos comércios intra e interprovinciais, destacando-se Areias como aquela onde, no período 1874-80, a saída de escravos naqueles dois tipos do tráfico alcançou o porcentual mais elevado.

Tenhamos em mente, por último, que as diferenças enfatizadas ao longo deste capítulo resultam da análise de uma parcela relativamente reduzida das escravarias existentes nas quatro localidades. Foram decerto também influenciadas pelos distintos estágios do desenvolvimento cafeeiro as movimentações de plantéis de cativos acompanhando seus respectivos proprietários, Tais movimentações, e as características do estoque representado por aquelas escravarias, evidentemente, condicionavam e eram condicionadas pelo comércio interno de escravos. Os exemplos da família Prado em Casa Branca, dos descendentes do Brigadeiro Luiz Antonio em Piracicaba, ou ainda dos netos do Visconde de Guaratinguetá que foram ser fazendeiros de café no Oeste Paulista, ilustram essa questão.

CAPÍTULO 5
Escravos daqui e dali, outra vez (1881-1887)

Introdução

A última das escrituras que coletamos para Guaratinguetá foi lançada no devido livro cartorial aos 26 de dezembro de 1879. Assim sendo, nossa análise do tráfico interno de escravos nos anos de 1880 restringe-se aos três outros municípios selecionados. Coligimos os informes de 91 escrituras registradas em Areias, 104 em Piracicaba e 103 em Casa Branca, mediante as quais foram transacionadas 701 pessoas. Na Tabela 5.1 fornecemos a distribuição dessas pessoas segundo localidade e ano do registro. Percebemos que, se houve relativo equilíbrio na quantidade de transações entre as três localidades, em especial entre Piracicaba e Casa Branca, o mesmo não ocorreu no tocante à quantidade de cativos comercializados. De fato, a média de escravos por escritura igualou-se a 1,9 em Areias, 4,1 em Piracicaba e tão somente 1,1 em Casa Branca.[1] Com isso, três quintos (60,2%) dos cativos transacionados naqueles sete anos foram-no no município do "Oeste Velho" da Província de São Paulo e apenas 15,5% na localidade do "Oeste Novo"; o quarto restante (24,3%) coube à vale-paraibana Areias. A última escritura coletada descrevia a venda de seis escravos registrada em Casa

---

1 Essa média, em Casa Branca, elevar-se-ia um pouco, para 1,3, se computássemos a "escritura de compra e venda que fazem o Capitão Antonio Alberto da Silva Prado e o Doutor Fernando Marinho de Azevedo e sua mulher da parte que o vendedor [o Doutor-JFM] tem na Fazenda de Santa Iria, e os escravos pertencentes à mesma pela quantia de Rs. 94:100$000". A dita escritura não foi incluída em nossa análise, pois os escravos transacionados, embora um contingente expressivo (28 pessoas), nela receberam uma pobre descrição. Por exemplo, seu preço não é separado do valor da Fazenda e, no tocante às suas idades, lemos no documento: "cujas idades constam da Coletoria onde se acham todos averbados".

Branca aos 12 de outubro de 1887, quase sete meses exatos antes da abolição da escravatura no Império.

Tabela 5.1
Escravos Transacionados Segundo Localidades e Ano de Registro,
(1881-1887)

Anos	Areias	Piracicaba	Casa Branca	Totais
1881	28	35	10	73
1882	7	124	28	159
1883	10	71	–	81
1884	12	62	4	78
1885	69	69	18	156
1886	42	45	40	127
1887	2	16	9	27
Totais	170	422	109	701

Fonte: Escrituras de transações envolvendo escravos.

Lembremos, no entanto, como vimos no Capítulo 1, que apesar do menor número de cativos nas escrituras registradas em Casa Branca, ela foi o único dos municípios examinados no qual o contingente de escravos cresceu entre 1874 e 1886, com o que a escravaria daquela localidade atingiu, no último desses dois anos, a mais elevada participação no total de habitantes (18,6%).[2] Corrobora-se, pois, o que escrevemos ao final do Capítulo 4, isto é, o comércio interno de cativos compunha apenas uma parte, não necessariamente a maior, dos deslocamentos sofridos pela mão de obra compulsória. Outras alternativas, a exemplo da movimentação dessas pessoas acompanhando seus senhores que também se dirigiam para o "Oeste Novo" paulista, podem ter respondido em boa medida pelo aumento verificado na escravaria de Casa Branca.

No caso de Areias, o número relativamente reduzido de pessoas negociadas em 1882, 1883 e 1884 não pareceu decorrer da existência de lacunas na documentação. De fato, um dos livros notariais compulsados, destinados precipuamente "para nele se lançarem as escrituras de vendas de escravos lavradas no Cartório do Tabelião desta Cidade" possuía termo de abertura datado aos 9 de fevereiro de 1881, e continha o registro de escrituras lançadas até fins de 1884. O livro seguinte tinha a data de 4 de dezembro de 1884 e sua primeira escritura

---

[2] De fato, repetindo o comentário feito no Capítulo 1, o crescimento da escravaria em Casa Branca, entre 1874 e 1886, destoou do observado como regra geral na província paulista e, mais ainda, no Império.

era de janeiro de 1885. A inexistência de "perdas" no processo de coleta deve ser sugerida com maior cautela para Casa Branca, uma vez que lá não foi observada a disposição legal que obrigava a destinação de livros específicos para o registro de escrituras de compras e vendas de escravos.[3]

Não seria exagero afirmarmos que um dos grandes fatores a condicionar o tráfico interno de escravos no intervalo 1881-87 foi a vigência, nas três principais províncias cafeeiras (Rio de Janeiro, São Paulo e Minas Gerais) de elevado imposto incidente sobre a entrada de escravos comprados fora de seus respectivos territórios, sobre o qual nos detivemos anteriormente neste livro, no Capítulo 2. No caso paulista, o valor a ser pago era de dois contos de réis por pessoa negociada, tributo vigente desde a segunda quinzena de janeiro de 1881; evidentemente, um valor proibitivo para a continuidade dos negócios do tráfico entre províncias. Em outras palavras, esses negócios, no decurso daqueles sete anos, deveriam concentrar-se maciça, se não absolutamente, nos ramos do comércio local e intraprovincial.[4]

Os informes da Tabela 5.2 confirmam essa expectativa. As pessoas negociadas no tráfico interprovincial perfizeram menos de um vigésimo (4,7%) do total de 701 cativos transacionados nos sete anos em tela, enquanto o comércio local abrangeu a maioria absoluta deles (51,6%) e o intraprovincial pouco mais de um terço (37,1%). Em verdade, a proporção do tráfico entre províncias variou bastante entre os diferentes municípios, alçando-se a 17,1% em Areias, 2,7% em Casa Branca, tendo sido quase nula em Piracicaba (0,2%).[5] Nessas duas últimas localidades, em contrapartida, foram relativamente elevados os porcentuais

---

[3] Remetemos o leitor ao Apêndice Metodológico que acompanha este livro. De qualquer modo, não haveria razão, por exemplo, para essas eventuais "perdas" tornarem-se mais frequentes nos anos de 1880 em comparação ao período 1870-1880.

[4] O impacto da legislação iria além, é claro, da aludida alteração esperada em termos da distribuição das transações envolvendo escravos segundo os diferentes tipos do tráfico. Assim, por exemplo, Zélia C. de Mello (1979, p. 1) escreveu: "Quanto a nós, cremos ter sido a proibição da entrada de escravos na Província de São Paulo de grande contribuição para as transformações ocorridas, mormente no que se refere à substituição daqueles pelo trabalhador livre; justifica-se essa ideia pelo fato de que, dada a escassez de trabalhadores, privados da única fonte de abastecimento disponível, ainda que precária, aqueles setores necessitados de braços são obrigados a procurar formas alternativas de suprimento."

[5] Voltaremos nossa atenção a esses poucos negócios remanescentes entre províncias nas seções seguintes deste capítulo, dedicadas a cada um dos municípios analisados.

correspondentes aos casos nos quais não pudemos identificar o tipo do tráfico (respectivamente, 11,0% e 7,3%).

Tabela 5.2
Escravos Negociados Segundo Localidade e Tipo do Tráfico
(1881-1887)

Tráfico	Areias	Piracicaba	Casa Branca	Totais
Local	72	245	45	362
Intraprovincial				
entrada	11	40	43	94
saída	54	93	5	152
outros[1]	1	12	1	14
Interprovincial				
entrada	–	–	–	–
saída	28	–	–	28
outros[2]	1	1	3	5
Outros[3]	1	–	–	1
Não identificado[4]	2	31	12	45
Totais	170	422	109	701

[1] de outras localidades paulistas para outras localidades paulistas;
[2] de outras províncias/outras localidades paulistas para outras localidades paulistas/outras províncias;
[3] de outras províncias para outras províncias;
[4] desconhecido o local de moradia do vendedor ou do comprador, ou ainda de ambos.
Fonte: Escrituras de transações envolvendo escravos.

Houve, pois, neste último período sob análise, uma "forçada" mudança substancial na distribuição dos negócios envolvendo escravos pelos diferentes tipos do tráfico, o que, de certa maneira, subverte a comparação com as fases anteriores. Se, a partir de 1850, ao comércio interno coube, na medida do possível, substituir o tráfico negreiro transatlântico, a partir de 1881, ao comércio intraprovincial coube, na medida do possível, substituir o tráfico entre províncias do Império. Não por acaso, computados os totais de pessoas entradas ou saídas pelo comércio intraprovincial em 1881-87, notamos a expressiva supremacia das saídas em Areias (83,1%) e mesmo em Piracicaba (69,9%), ao passo que predominaram de forma ainda mais expressiva as entradas em Casa Branca (89,6%).

Adicionalmente, em sua etapa derradeira, o tráfico interno da mercadoria humana conviveu, é preciso ter sempre em mente, com uma dada "solução para o problema da mão de obra", mediante uma agora decidida inflexão da lavoura cafeeira – ou ao menos, com maior intensidade, de seus setores mais dinâmicos – no sentido da utilização do trabalhador imigrante, assumindo relevância ímpar, na fase da assim chamada "grande imigração subvencionada", o contingente italiano.[6] De forma concomitante, o evolver da questão servil naqueles anos marcou-se, em meio à radicalização da campanha abolicionista, pela Lei dos Sexagenários, em 1885, e pela Lei Áurea, em 1888.

Areias

Em Areias todos os 170 escravos negociados nos anos de 1880 foram objeto de escrituras de compra/venda (91 transações). Em cinco dos casos, foram compradas/vendidas "partes ideais" das pessoas transacionadas. No entanto, dois dos documentos compulsados, ambos lançados no livro notarial aos 8 de julho de 1882, em verdade evidenciaram uma troca de cativos. Naquela data, a menor Gabriela, representada por seu pai, Jacintho José de Carvalho, vendeu para Joaquim Rodrigues Pinto o escravo Amaro, de 22 anos de idade, do serviço da lavoura, por Rs. 1:200$000. Na escritura subsequente, a mesma Gabriela, por intermédio do pai, comprou, do mesmo Joaquim, a cativa Amélia, de 34 anos, do serviço doméstico, pelos mesmos Rs. 1:200$000. Nos dois registros, ao explicitar-se o preço do cativo, foi feita menção ao outro negócio, quando o tabelião escreveu que a quantia ajustada "(...) recebeu no valor de um(a) escravo(a) de nome Amaro(Amélia), que nesta mesma data comprou do outorgado (...)". Não obstante os valores idênticos atribuídos aos dois cativos, as diferenças de sexo e idade parecem indicar um preço relativamente baixo no caso de Amaro.[7]

Outra das 91 vendas efetuadas merece igualmente uma descrição mais detalhada. Aos 3 de janeiro de 1885, o Major Antonio Pereira Baptista vendeu 29 pessoas ao Visconde de Moreira Lima, de Lorena. O valor da transação, de vinte

---

6 Ver, entre muitos outros, PETRONE (1985), FURTADO (2009), FRANZINA (2006).

7 Como indicamos no Capítulo 2 o maior declínio dos preços dos cativos (o *crash* no mercado de escravos, na expressão de SLENES, 2004, p. 327) iniciar-se-ia em algum momento nos anos iniciais da década de 1880. Retomaremos a análise dos ditos preços mais adiante no texto, em especial na seção dedicada à comparação das localidades.

contos de réis, apenas amortizava a dívida do Major para com o capitalista lorenense. Nenhum dos dois contratantes fez-se presente no ato, sendo representados por seus procuradores, respectivamente, Dr. Cícero Augusto de Holanda Chaves e Victorino José Barbosa. É digno de nota que na procuração do vendedor fez-se referência à venda de trinta escravos por aquele valor. Na escritura, percebemos que ficou faltando o primeiro dos cativos elencados na procuração, Leandro, embora o valor de vinte contos de réis tenha permanecido. Ainda que haja escravos mais jovens e três ingênuos acompanhando suas mães, a maior parte das pessoas transacionadas é bastante idosa (nove delas com mais de 45 anos). Eventualmente, Leandro tenha morrido e sua ausência, ao fim e ao cabo, não afetasse tanto assim o valor da transação; afinal, o preço médio dos escravos vendidos foi inferior a setecentos mil-réis. Dito de outro modo, o Visconde, ou mesmo seu procurador, teria "deixado por isso mesmo". Não podemos descartar a hipótese de que, em 1885, alguns credores já se vissem na posição de aceitar um tanto quanto a contragosto esse tipo de ativo como pagamento de dívidas que tinham a haver.

Tabela 5.3
Escravos Negociados Segundo Sexo e Tipo do Tráfico
(Areias, 1881-1887)

Tipo do Tráfico	Homens	Mulheres	Razão do Sexo
Local	40	32	125,0
Intraprovincial	41[1]	25	164,0
Interprovincial	13	16	81,2
Outros[2]	1	–	–
Não identificado	2	–	–
Totais	**97**	**73**	**132,9**

A razão de sexo é definida como o número de homens para cada grupo de 100 mulheres.
[1] inclusive o único escravo identificado como africano no período em questão;
[2] de outras províncias para outras províncias.

Fonte: Escrituras de transações envolvendo escravos.

Na Tabela 5.3, fornecemos a distribuição das pessoas transacionadas de acordo com o sexo e o tipo do tráfico. Descartamos o recorte também pela variável origem, visto que um único cativo foi descrito como africano: um homem de 58 anos de idade, negociado no tráfico intraprovincial. Na categoria "outros" classificamos apenas o caso do pardo Manoel. Esse oficial de carpinteiro, de idade não informada, nascido e matriculado em São José do Barreiro (SP), foi vendido aos 22 e junho de 1882 por Rs. 2:200$000. Tanto o vendedor, Manoel José Dias, como o comprador, Joaquim da Cunha de Almeida Lara, eram moradores em Resende, no Rio de Janeiro. O primeiro, que declarou ter adquirido o cativo "por herança de seu finado sogro", fez-se representar por um procurador, Antonio José Ramiro da Cunha; já o comprador estava presente e assinou a escritura. É possível que o sogro falecido possuísse seus bens, entre os quais Manoel, na província paulista, talvez na mencionada, e próxima, São José do Barreiro. Essa hipótese, se verdadeira, poderia tornar o negócio um exemplo do tráfico interprovincial de saída. Restaria a questão do imposto a pagar na província fluminense, onde também incidia, desde dezembro de 1880, como vimos, um imposto sobre cada escravo que lá se averbasse, de um conto e quinhentos mil-réis. Mas é provável que no Rio de Janeiro também vigorasse a mesma isenção de pagamento do tributo no caso dos "escravos que, por sucessão legítima, viessem a pertencer a habitantes da Província [de São Paulo-JFM]" (cf. TESSITORE, 1995, p. 241).

Em apenas uma escritura não pudemos identificar o tipo do tráfico, por desconhecermos o local de moradia do comprador. Os vendedores eram dois, ambos moradores em Santa Isabel do Paraguaçu, na Província da Bahia. Representados por um mesmo procurador, cada um deles se desfez de um escravo. Os dois cativos eram naturais da Bahia e haviam sido matriculados no mesmo município de residência de seus proprietários originais. Esse negócio, no valor de dois contos e oitocentos mil-réis, foi registrado em 29 de janeiro de 1881. Assim sendo, quando da averbação em território paulista das pessoas compradas, Serafim e Benedito, seria devido, em princípio, o imposto de dois contos de réis incidente sobre cada uma delas, mais que duplicando o custo da aquisição. Talvez os poucos dias desde a criação do tributo respondam, não obstante, pela efetivação da venda; ou, talvez, o local de moradia do comprador não fosse a Província de São Paulo (quiçá somente o procurador dos vendedores nela residisse); ou talvez, ainda, Serafim e Benedito estivessem em mãos do procurador, já em território paulista, desde antes de 23 de janeiro, o que eventualmente desse uma fundamentação, ainda que canhestra, para o não pagamento do imposto.

De qualquer modo, outros 29 escravos foram negociados no tráfico interprovincial. Embora quase todos (28) tenham sido vendidos para fora da Província paulista, seus compradores residiam na Província do Rio de Janeiro, o que levaria à mesma questão levantada para o caso do carpinteiro Manoel. Assim, aos 16 de julho de 1885, um conjunto de 16 escravos foi vendido pelo Capitão Joaquim Simões da Cunha para o Tenente-Coronel José Fernandes Nunes, por Rs. 16:800$000. Vendedor e comprador estavam presentes no ato e assinaram a escritura. Mas enquanto o Capitão residia em Areias, o Tenente-Coronel era morador de Resende, na província fluminense. José Fernandes Nunes, além da transação registrada em julho de 1885, efetuara, poucos meses antes, duas outras compras, também em Areias, aos 26 e 27 de fevereiro, respectivamente, de cinco e três escravos. Assim, esse único comprador adquiriu 24 cativos, ou seja, 82,8% das 29 pessoas comercializadas entre províncias, em Areias, no intervalo 1881-87. Talvez o destino desses 24 cativos não fosse, ao fim e ao cabo, o Rio de Janeiro; ou talvez seu comprador conhecesse meios de fugir ao pagamento do tributo devido ao entrar com sua aquisição naquela província vizinha.

Conjecturas semelhantes podem ser feitas no tocante ao comprador dos outros quatro escravos vendidos para o Rio. Tratou-se de João Baptista Martins de Almeida, morador no município de Valença. Valendo-se de um procurador, Frederico Guilherme Munzer, João Baptista adquiriu dois escravos em 5 de agosto de 1885, e mais duas cativas em 31 de maio de 1886. Os vendedores foram quatro proprietários distintos. O negócio de 1885 envolveu os cativos João (Rs. 800$000) e Alexandrina (Rs. 600$000), pretos e solteiros, ele de 16 anos de idade e do serviço da lavoura, ela de 26 anos e do serviço doméstico. Alexandrina era natural do município de Pombal, na Paraíba, e lá fora matriculada, mas já havia sido averbada anteriormente em Areias; João era natural daquela localidade vale-paraibana, na qual havia sido matriculado. As pessoas negociadas em 1886 foram Quitéria e Fausta, solteiras, avaliadas cada uma em Rs. 675$000. Quitéria era parda e do serviço da lavoura, tinha 20 anos de idade e era natural e matriculada na localidade paulista de São José do Barreiro; o escravista que a vendia havia adquirido a moça "adjudicada em execução de sentença". Fausta era preta e apta para o serviço doméstico, tinha 19 anos e era natural da Província do Piauí, onde havia sido matriculada; era acompanhada por um filho ingênuo. As duas cativas, anteriormente ao negócio registrado em maio de 1886, haviam sido averbadas em Areias.

Além desses 28 escravos "saídos" da localidade, completa o conjunto das transações entre províncias o caso de Leonides, aparentemente "entrado" em São Paulo, ainda que não em Areias. Preto, solteiro, com 31 anos de idade e do serviço da roça, esse cativo foi vendido em 21 de maio de 1886 por quatrocentos mil-réis. O vendedor, Manoel Alves de Souza Pena, residia em Resende (RJ) e foi representado por seu procurador, Joaquim José da Silva Carvalho. Quem comprou Leonides foi o Visconde de Moreira Lima, como vimos morador na vizinha Lorena, que estava presente no ato do registro e assinou a escritura. Consoante as informações disponíveis no documento, o escravo transacionado era natural de Vassouras, na província do Rio, sua matrícula fora feita em Lorena e ele havia sido averbado em Resende; vale dizer, sofreria pela segunda vez na vida o deslocamento entre o Rio de Janeiro e São Paulo. Desnecessário enfatizar o reduzido preço do cativo, tão somente um quinto do valor do imposto legislado em janeiro de 1881.

Não obstante a presença dessas categorias do tráfico "interprovincial", "outros" e "não identificado", a grande maioria das pessoas transacionadas em Areias (81,2%), como avançado na seção anterior e indicado na Tabela 5.3, foram-no localmente ou, no máximo, no comércio intraprovincial. E, nesses dois tipos do tráfico, predominaram os homens: as razões de sexo calculadas alçaram-se, respectivamente, a 125,0 e 164,0. É oportuno descrevermos um desses negócios restritos ao universo local. Tal descrição justifica-se porque, no caso em questão, a aplicação pura e simples de nosso critério de definição do tipo do tráfico, baseado nos locais de moradia dos contratantes, levar-nos-ia a identificar uma transação interprovincial de "entrada", em Areias, de uma pessoa vinda de outra província.

Todavia, entendemos que não houve o deslocamento do cativo negociado. Tratou-se da venda, aos 29 de janeiro de 1881, de "parte ideal" de João, preto de 40 anos de idade e do serviço da roça, por Rs. 450$000. O valor efetivamente cobrado do imposto de meia sisa, oito mil-réis, quando eram exigidos nessa rubrica quarenta mil-réis por escravo, sugere que se comercializava a quinta parte de João. O vendedor, Thomas Teixeira Machado, morava em Resende (RJ); o comprador, Ignácio Gomes de Moraes, residia em Areias. O vendedor, através de seu procurador, uma pessoa jurídica (Nóbrega & Silva), informava que João "coube-lhe pelo falecimento de sua mulher". Mas o elemento decisivo para nosso entendimento de que outras partes do cativo (talvez os quatro quintos restantes) já fossem possuídas pelo comprador ou por algum outro escravista morador em Areias e, portanto, para classificarmos o negócio como local, foi a informação de que João, nascido e matriculado em Resende, encontrava-se já averbado em Areias por ocasião da venda descrita.

Gráfico 5.1
Escravos Negociados Segundo Tipo do Tráfico
(Areias, anos de 1860, de 1870 e de 1880)

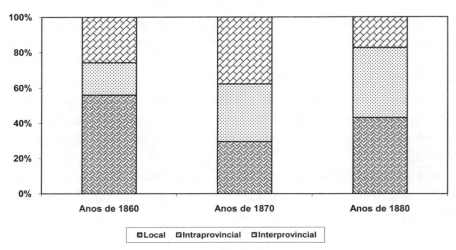

Fonte: Escrituras de transações envolvendo escravos.

Os dados da Tabela 5.3, desconsideradas as categorias "outros" e "não identificado", são reapresentados no Gráfico 5.1, juntamente com as informações correlatas para os períodos analisados nos dois capítulos anteriores deste trabalho. Tendo em vista o impacto da vigência do imposto proibitivo sobre o tráfico interprovincial, o gráfico em tela evidencia o esperado aumento nas participações relativas dos tráficos local e intraprovincial. Mais ainda, as oscilações visualizadas dos distintos pesos relativos dos três tipos do tráfico considerados sugerem, para os anos derradeiros do período escravista, de um lado, a perda de parte do dinamismo que o comércio da mercadoria humana desfrutou na década de 1870, perda esta manifesta em especial na diminuição dos negócios interprovinciais e no aumento das transações locais; todavia, por outro lado, percebemos que o tráfico, comparado à intensidade moderada dos anos de 1860, manteve-se em certa medida aquecido, não obstante esse atributo agora decorrer basicamente das transações intraprovinciais.

Tabela 5.4
Entradas e Saídas Segundo Sexo e Tipo do Tráfico
(Areias, 1881-1887)

Tráfico/Sentido do fluxo	Homens	Mulheres	Totais
Intraprovincial			
entradas	9	2	11
saídas	31	23	54
totais[1]	40	25	65
Interprovincial			
entradas	–	–	–
saídas	13	15	28
totais[2]	13	15	28

[1] Excluído um escravo negociado por vendedor morador em Bananal e comprador residente em Silveiras, no Vale do Paraíba paulista.

[2] Excluído um cativo negociado por vendedor residente em Resende (RJ) e comprador residente em Lorena (SP).

Fonte: Escrituras de transações envolvendo escravos.

É verdade que os deslocamentos de escravos internos à província paulista não substituíram perfeitamente o afluxo de cativos provenientes de outras províncias do Império, mesmo porque as variáveis conformadoras do problema da mão de obra apresentaram-se de modo diferenciado no decênio de 1880, a começar pela crescente relevância assumida pela "solução imigrantista". Mas não é menos verdade que as aludidas movimentações intraprovinciais de escravos não foram de modo algum negligenciáveis. E o sentido dado a tais deslocamentos, no caso de Areias, é nitidamente explicitado a partir dos dados da Tabela 5.4. Consideradas as características das transações interprovinciais remanescentes, abordadas nos parágrafos precedentes, percebemos nelas o predomínio absoluto do movimento de saída; e esse panorama não foi muito diferente no comércio intraprovincial: mais de quatro quintos (83,1%) das pessoas transacionadas neste último tipo de tráfico compuseram um movimento de saída de Areias, abastecendo outras localidades paulistas. Lembremos que essa proporção não alcançara os dois terços nos períodos anteriores.

Quadro 5.1
Localidades Participantes do Tráfico Intraprovincial
Segundo Distância de Areias
(movimento de saída e de entrada no dito município, anos de 1880)

Distância/Local de Moradia dos Contratantes Movimento de Entrada	Distância/Local de Moradia dos Contratantes Movimento de Saída
menos de 50 km Queluz São José do Barreiro Silveiras **de 50 a 100 km** Cunha Guaratinguetá **de 201 a 300 km** São Paulo	**menos de 50 km** Bananal Lorena São José do Barreiro Silveiras **de 50 a 100 km** Cunha Lorena Guaratinguetá Taubaté **de 201 a 300 km** São Simão **de 301 a 400 Km** Jaú

Fonte: Escrituras de Transações Envolvendo Escravos

O Quadro 5.1, focado no tráfico intraprovincial registrado em Areias nos anos de 1880, permite-nos perceber que o peso relativo aumentado do movimento de saída correspondeu a mudanças no que respeita ao elenco de municípios onde residiam os contratantes compradores e às distâncias envolvidas. De fato, nos anos de 1860, os contratantes que participaram, em Areias, daquele tipo de tráfico interno à Província de São Paulo residiam nas localidades de Queluz, Silveiras, Bananal e Lorena. Nos anos de 1870, identificaram-se as mesmas e também outras localidades, quase todas ainda situadas no Vale do Paraíba, embora algumas delas mais distantes de Areias em comparação com o verificado no período anterior: Queluz, São José do Barreiro, Silveiras, Bananal, Lorena, Guaratinguetá e São Simão. Como o Gráfico 5.1 atesta, o conjunto de municípios e as distâncias envolvidas aumentaram novamente no intervalo 1881-87.

Quadro 5.2
Localidades Onde Foram Matriculados os Escravos
Entrados em/Saídos de Areias no Tráfico Intraprovincial
(anos de 1880)

Local de matrícula, número de escravos	Local de matrícula, número de escravos
Areias (SP), 36	Baependi (MG), 1
Bananal (SP), 1	Caldas (MG), 1
Cunha (SP), 2	Grão-Mogol (MG), 1
Jacareí (SP), 1	Lavras (MG), 1
Queluz (SP), 1	
São José do Barreiro (SP), 8	Alcântara (MA), 1
Silveiras (SP), 1	Anadia (AL), 1
Resende (RJ), 1	São João (RN), 1
Pirahy (RJ), 1	Apodi (RN), 1
Angra dos Reis (RJ), 1	Fortaleza (CE), 1
Maricá (RJ), 1	
Corte (RJ), 1	Desterro (SC), 1
	Rio Grande do Sul, 1

A menos do africano natural de Angola, a naturalidade desses 66 escravos não acrescenta novos nomes a esta lista de locais de matrícula.

Fonte: Escrituras de transações envolvendo escravos.

O quadro referido permite-nos, outrossim, comparar os movimentos de entrada e de saída. Os vendedores, no tráfico de entrada, com a exceção dos dois moradores na capital da província, residiam em cinco localidades, todas situadas no Vale do Paraíba e a menos de 100 quilômetros de Areias. Os compradores, no tráfico de saída, residiam em oito municípios vale-paraibanos, mas também houve casos na Zona da Mogiana (São Simão; três) e na Araraquarense (Jaú; um) distantes, respectivamente, mais de 200 e mais de 300 quilômetros de Areias.

Os compradores/vendedores cujos locais de residência compuseram o Quadro 5.1 negociaram (cf. Tabela 5.3) 66 escravos, cujos locais de matrícula são fornecidos no Quadro 5.2. Como podemos notar nessa lista de localidades, mesmo em Areias, um dos municípios que primeiro se incorporou à marcha da expansão cafeeira na província paulista, fazia-se notar claramente, em 1881-87, o efeito do tráfico interprovincial, em especial ocorrido nos anos de 1870 e com origem em inúmeras províncias do Império.

Quadro 5.3
Localidades Onde Foram Matriculados os Escravos
Negociados em Areias no Tráfico Local
(anos de 1880)

Local de matrícula, número de escravos	Local de matrícula, número de escravos
Areias (SP), 45	Baependi (MG), 1
São José do Barreiro (SP), 6	Pouso Alegre (MG), 1
Silveiras (SP), 3	Granja (CE), 2
Resende (RJ), 2	
Campos (RJ), 1	Ouricury (PE), 1
Vassouras (RJ), 5	Príncipe (RN), 1
Corte (RJ), 3	Canguçu (RS) 1

A naturalidade desses 72 escravos não acrescenta novos nomes a esta lista de locais de matrícula.
Fonte: Escrituras de transações envolvendo escravos.

Também os locais de matrícula das pessoas transacionadas localmente em Areias no intervalo 1881-87, fornecidos no Quadro 5.3, possibilitam visualizar aquele mesmo efeito, ainda que a proporção dos cativos matriculados na localidade examinada tenha sido maior no comércio local (45 dos 72, isto é, 62,5%) do que no intraprovincial (36 em 66, ou seja, 54,5%). Para muitos dos escravos negociados nesses dois tipos do tráfico, matriculados fora do território de São Paulo, a documentação compulsada informou terem sido eles já averbados na província; na maior parte desses casos, a averbação fora feita na própria Areias.

O Gráfico 5.2 traz a distribuição etária das pessoas transacionadas nesses dois tipos do tráfico que dominaram nos anos de 1880: o local e o intraprovincial. Nele informamos as distribuições correlatas verificadas nos períodos anteriores. Salientemos, antes do mais, que a "melhora" da qualidade da escravaria negociada em 1881-87, do ponto de vista etário, é apenas aparente. Em outro trabalho, precipuamente dedicado ao estudo do tráfico de cativos idosos –aqueles com 50 ou mais anos de idade –, escrevemos:

De início, considerado todo o período 1861-1887, percebemos que os idosos perfizeram pouco mais de um vigésimo (5,2%) do total das pessoas comercializadas. [Não obtivemos o informe da idade de 69 cativos; se os excluíssemos, esse porcentual alçar-se-ia a 5,4%]. Notamos, ademais, que a maior participação dos idosos (8,3%) ocorreu no período 1881-1887, quando a imposição de elevados tributos à entrada de escravos na província limitou sobremaneira o comércio interprovincial; quando se alargava, pela própria passagem do tempo, o efeito da libertação dos nascituros em 1871, reduzindo a quantidade de crianças cativas e aumentando o contingente dos ingênuos; e também quando, afinal, evidenciou-se o caráter moribundo da instituição escravista. (MOTTA, 2010, p. 57)

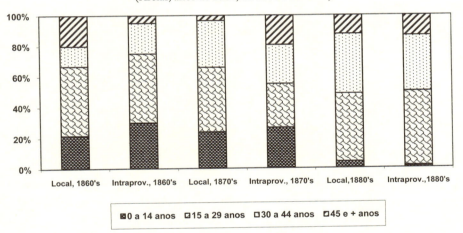

Gráfico 5.2
Escravos Negociados: Faixas Etárias e Tipo do Tráfico
(Areias, anos de 1860, de 1870 e de 1880)

Fonte: Escrituras de transações envolvendo escravos.

Dessa forma, é nítido o impacto da Lei do Ventre Livre: foram tão somente quatro os escravos com menos de 15 anos negociados em Areias no intervalo 1881-87, três deles no comércio local e o outro no intraprovincial. E, apesar do decorrente envelhecimento da escravaria transacionada, decerto houve igualmente algum impacto por conta da Lei dos Sexagenários: a participação relativa das pessoas com 45 e mais anos de idade igualou-se a 12,5% no tráfico local e a 13,6% no intraprovincial.[8] Com os efeitos da legislação sobre os mais novos e os mais velhos, naturalmente elevou-se a importância relativa das duas faixas intermediárias consideradas, a dos adultos jovens (de 15 a 29 anos) e a de 30 a 44 anos, de resto as que melhor satisfariam as necessidades dos demandantes da mão de obra compulsória.

Na análise dos preços praticados em Areias, decidimos deixar de lado algumas escrituras lançadas em 1886 nas quais foram obedecidas as disposições da Lei nº 3.270, de 28 de setembro de 1885 – a Lei dos Sexagenários –, no tocante à realização da nova matrícula dos escravos:

> Art. 1º Proceder-se-á em todo o Império à nova matrícula dos escravos, com declaração do nome, nacionalidade, sexo, filiação, se for conhecida, ocupação ou serviço em que for empregado, idade e valor, calculado conforme a tabela do § 3º.
> (...)
> § 3º O valor a que se refere o art. 1º será declarado pelo senhor do escravo, não excedendo o máximo regulado pela idade do matriculando, conforme a seguinte tabela:
>
> Escravos menores de 30 anos ....900$000
>   " de 30 a 40 " .... 800$000
>   " de 40 a 50 " .... 600$000
>   " de 50 a 55 " .... 400$000
>   " de 55 a 60 " .... 200$000
>
> § 4º O valor dos indivíduos do sexo feminino se regulará do mesmo modo, fazendo-se, porém, o abatimento de 25% sobre os preços acima estabelecidos. (*Coleção de Leis do Império do Brasil*)

Nas escrituras mencionadas, os cativos transacionados tiveram seus preços extraídos diretamente da tabela da lei, que estipulou valores-teto e, muitas vezes, tais valores poderiam apartar-se das condições vigentes no mercado. Por exemplo, quase um ano após a publicação da lei, ocorrida em 1º de outubro de 1885,

---

8 As idades médias calculadas foram as seguintes: a) comércio local: 26,97 nos anos de 1860, 24,41 nos de 1870 e 30,50 nos de 1880 (desvios-padrão iguais, respectivamente, a 16,65, 11,07 e 11,89); b) tráfico intraprovincial: 21,76 nos anos de 1860, 27,67 nos de 1870 e 31,04 nos de 1880 (desvios-padrão iguais, respectivamente, a 11,78, 15,09 e 10,87).

esse procedimento foi adotado em dois documentos registrados em sequência. Aos 6 de setembro de 1886 foram vendidos Bonifácio e Joaquim, e aos 20 do mesmo mês, vendeu-se José. Os três pertenciam ao "acervo" do finado Manoel Antonio da Silva Teixeira, falecido no Termo de Areias. Ao que parece, Manoel não deixou herdeiros e, por conta disso, o Juiz de Ausentes da cidade emitiu um alvará no qual dava licença a Pedro Caetano da Silva Guimarães, "representante do Cônsul de Sua Majestade Fidelíssima", para realizar as vendas, aos preços fixados de acordo com a tabela da lei de 28 de setembro do ano anterior.

Novamente, aos 12 de novembro de 1886, o procedimento em tela foi seguido. Naquela data, o Doutor Miguel José de Moraes Castro vendeu quatro escravos para o Tenente-Coronel Domingos Moreira da Silva. Dois desses escravos foram vendidos por Miguel na qualidade de tutor de seus filhos menores – Miguel e Ildefonso, na verdade dois de vários filhos menores do Doutor Castro –, tendo em vista o falecimento de sua esposa. Foi transcrito na escritura o alvará de licença emitido pelo Juiz de Direito da Comarca para a realização da venda. Talvez como resultado dessa intervenção da autoridade pública, os quatro escravos foram vendidos, à semelhança dos integrantes do "acervo" do finado Manoel, cuja venda fora autorizada pelo Juiz de Ausentes, pelos preços de tabela da lei de 1885.

Mesmo desconsiderando os valores máximos tabelados, levantamos um conjunto de 50 preços individuais praticados nos sete anos de 1881 a 1887 em Areias, tanto de homens (26) como de mulheres (24), nove deles e quinze delas com idades de 15 a 29 anos. As médias calculadas a partir desses informes, em termos nominais, são apresentadas na Tabela 5.5. Como esperado, os homens foram mais caros do que as mulheres, e os adultos jovens mais caros do que os escravos em geral.[9] Interessa-nos, ademais, observar o comportamento dos preços em comparação às médias calculadas para os anos de 1860 e de 1870. No Capítulo 4, identificamos, no caso dos adultos jovens, variações positivas dos preços médios nominais entre aquelas duas décadas iguais a 21,6% para as mulheres e 28,1% para os homens. Nos anos de 1880, os preços caminharam no sentido inverso: os homens adultos jovens atingiram valores em média correspondentes a apenas 60,8% dos observados no decênio anterior, e o porcentual correlato, no caso das mulheres, foi igual a 68,4%. Ou seja, os preços naquela

---

9 A diferença entre as médias de preços de homens e mulheres em geral mostrou-se estatisticamente significante a um nível de significância de 1,9%, mas o mesmo não se verificou no que tange aos preços das pessoas adultas jovens (nível de significância de 19,9%).

etapa derradeira do comércio de escravos foram também mais baixos do que os praticados nos anos de 1860.

Tabela 5.5
Preços Médios Nominais dos Escravos em Geral e dos
Cativos Adultos Jovens, Segundo Sexo
(Areias, 1881-1887)

Sexo	Número de escravos	Preço médio (em réis)
Homens	26	1:171$154
Mulheres	24	832$292
Homens de 15 a 29 anos	9	1:194$444
Mulheres de 15 a 29 anos	15	935$000

Fonte: Escrituras de transações envolvendo escravos.

Portanto, pelo exposto até aqui, notamos que os negócios com a mercadoria humana no intervalo 1881-87 continuaram sendo realizados em Areias. O tráfico intraprovincial pareceu mesmo vivenciar certo dinamismo, destacando-se na localidade o fluxo de saída de cativos para outros municípios da província, decerto alavancado pelas restrições impostas às transações interprovinciais. No entanto, tais características afirmaram-se em meio a um contexto pesadamente condicionado pela possibilidade do fim próximo da escravidão. No Capítulo 2, valemo-nos da historiografia para radicar nos primeiros anos da década de 1880 o momento quando foram solapadas quaisquer expectativas maiores de continuidade da instituição servil. Os preços refletiram esse movimento das expectativas, tópico para o qual retornaremos na última seção do presente capítulo. Talvez aquele dinamismo que identificamos configure algo próximo ao frenesi característico de um fim de feira. Foi a hora da "xepa" no mercado de escravos!

Tabela 5.6
Preços Médios Nominais dos Escravos Segundo Sexo e Ocupação
(Areias, 1881-1887)

Ocupação	Homens		Mulheres	
	Número de escravos	Preços médios (em réis)	Número de escravos	Preços médios (em réis)
Serviço da roça	23	1:123$913	16	795$312
Serviço doméstico	–	–	7	964$286
Serviço da roça e cozinha	1	1:600$000	–	–
Carpinteiro	1	2:200$000	–	–
Cozinheiro(a)	1	800$000	1	500$000

Fonte: Escrituras de transações envolvendo escravos.

Encerramos esta seção com alguns comentários acerca da ocupação dos cativos, bem como das relações familiares identificadas entre eles. Para apenas uma escrava do total de 170 pessoas negociadas não foi descrita a ocupação. Como esperado, também nos anos de 1880 predominaram os cativos aptos para o serviço da roça, mas esse predomínio foi o maior até então calculado para Areias: 151 pessoas (89,4%), sendo 94 homens e 57 mulheres.[10] Outras 14 escravas foram descritas como do serviço doméstico. Foram dois os cozinheiros, um de cada sexo. Os dois homens restantes eram Manoel, o oficial de carpinteiro anteriormente referido, e Januário, com dupla ocupação: "serviço da roça e cozinha". Obtivemos o informe do preço para 50 cativos com ocupação descrita (cf. Tabela 5.6). Januário, e mais ainda Manoel, foram vendidos a preços mais elevados do que a média dos homens roceiros, e as mulheres ocupadas com os serviços domésticos foram em média mais caras do que as roceiras. Nas atividades exercidas por pessoas dos dois sexos, os homens foram transacionados por preços maiores.[11]

Não identificamos relações familiares para a grande maioria (82,9%) dos 170 escravos analisados nesta seção. Todavia, acompanharam suas mães (solteiras, casadas ou de estado conjugal não descrito) 39 ingênuos. Se levássemos em conta essas crianças e/ou rapazes/moças nascidos na vigência da Lei do Ventre Livre,

---

10 Nos anos de 1860 e de 1870 o porcentual correlato atingiu, respectivamente, 84,7% e 61,2%.

11 A diferença entre as médias de preços de roceiros e roceiras mostrou-se estatisticamente significante a um nível de significância de 4,8%, mas o mesmo não se verificou no que tange aos preços das mulheres roceiras e de serviço doméstico (nível de significância de 35,4%).

o porcentual em tela reduzir-se-ia para 67,5%.[12] Dito de outro modo, para quase um terço (32,5%) das pessoas negociadas no intervalo 1881-87 foram detectadas relações familiares, elevando-se, pois, a proporção de pouco mais de um quarto verificada em Areias tanto nos anos de 1860 (25,5%) como nos de 1870 (26,7%).

Compondo aqueles 32,5%, computamos um único casal, sem filhos; porém, sete dos cativos negociados eram casados com pessoas libertas, clara decorrência do movimento geral de redução, desde meados do Oitocentos, da escravaria existente no Império, também por conta das alforrias concedidas/conquistadas. Um dos ingênuos acompanhava sua mãe de estado conjugal não informado; três outros foram transferidos junto com suas mães (duas) casadas com cônjuges libertos; todos os demais acompanhavam suas mães solteiras. Uma dessas mães solteiras foi negociada também com um filho escravo. Houve três casos de mães solteiras com prole formada por quatro filhos ingênuos, dois casos com prole integrada por três ingênuos, quatro casos com dois ingênuos cada, e oito mães solteiras com um ingênuo e sem nenhum filho escravo.

Piracicaba

Abrimos esta seção com a referência a uma venda registrada aos 4 de outubro de 1882. O relato inusitado feito pelo vendedor ao tabelião levou-nos à transcrição integral do documento (cf. Quadro 5.4). Pairava sobre o negócio uma ameaça: a escrava vendida poderia vir a propor em Juízo uma ação de liberdade, a qual, se bem-sucedida, impossibilitaria a transação. O imbróglio teve sua origem no batismo da filha de dois dos escravos de Antonio Galvão de Almeida: João Banqueiro e Luzia. A esposa de Antonio de Almeida procedeu à escolha do nome a ser dado à menina, Deolinda; contudo, não sabemos o motivo, o padre não aceitou a escolha e a criança foi batizada como Leonarda, nome que, por seu turno, não foi acolhido pela esposa de Almeida.

A transação que gerou a escritura de 1882 descreveu Deolinda (este o nome que acabou sendo adotado na prática) já com 16 anos de idade. Mas o comprador não desembolsou nada por ocasião do registro, nem o preço da moça, nem a meia sisa incidente sobre a venda de escravos, nem mesmo o selo necessário para o lançamento no livro pertinente. Todos esperariam a eventual proposição

---

12 A proporção superior a quatro quintos, resultante da fração 29/170 diminuiria para pouco mais de dois terços, como resultado, pois, da fração 68/209.

da ação de liberdade pela cativa e seu resultado, dele dependendo a quitação pelo comprador de todos esses valores (com juros) ou, claro, a anulação do negócio. No caso descrito, o mais curioso é que a pretensão à liberdade da escrava estava "baseada principalmente na circunstância de ter dois nomes, um usual e da matrícula, outro de batismo". Não sabemos o teor da argumentação utilizada, mas não deixa de ser possível atribuir, ao fim e ao cabo, alguma razão à jovem; pois Almeida queria vender sua cativa Deolinda, mas a moça que mudaria de proprietário, ora, poderia ser a "outra", a Leonarda!

Quadro 5.4
Escritura de Venda de Deolinda, Nome de Batismo Leonarda
(Piracicaba, 04/10/1882)

Escritura de venda que faz Antonio Galvão de Almeida a Luciano Soares de Morais da escrava Deolinda por 800$000

Saibam quantos esta escritura virem, que no ano do nascimento de Nosso Senhor Jesus Cristo de mil oitocentos e oitenta e dois, aos quatro dias do mês de outubro, nesta cidade de Piracicaba, em meu Cartório compareceu Antonio Galvão de Almeida, residente no município de Dois Córregos, lavrador, representado por seu procurador o Advogado Doutor Manoel de Morais Barros, cuja procuração fica arquivada em meu Cartório e registrada no livro para isso destinado, como vendedor, e como comprador Luciano Soares de Morais negociante, residente nesta Cidade, todos conhecidos meus e das testemunhas no fim nomeadas e assinadas, perante as quais pelo primeiro foi dito que vendia ao segundo a escrava Deolinda, batizada na Paróquia de Capivari com o nome de Leonarda porque o Padre celebrante não quis aceitar o nome de Deolinda dado pela finada mulher dele vendedor, o que não obstante prevaleceu o nome de Deolinda pelo qual foi sempre geralmente tratada, porque também a finada senhora não quis aceitar o nome dado pelo Padre, preta, fula, de dezesseis anos, solteira, filha de seus escravos João Banqueiro e Luzia, hoje libertos, matriculada na Coletoria desta cidade a dois de setembro de mil oitocentos e setenta e dois no Livro primeiro à folha 138 em relação número 391 sob número 4.538 da matrícula geral do município e 17 da relação, com mudança para Dois Córregos averbada a 30 de outubro de 1880, pelo preço de oitocentos mil réis. Esta escrava tem pretensão à liberdade baseada principalmente na circunstância de ter dois nomes, um usual e da matrícula, outro de batismo e por isso fica o vendedor e seu procurador muito obrigados a sustentar os direitos do comprador sobre a escrava de modo que se esta for declarada livre por sentença o comprador não será obrigado a pagar o preço, assim como já não pagou a meia sisa e selo, e não paga esta escritura. Se for declarada escrava, como é, então pagará o preço, meia sisa, o selo e a escritura: se decorrer o prazo de um ano sem que seja proposta em Juízo a ação de liberdade por parte da escrava, então também fará o comprador todos aqueles pagamentos que somados importam em a quantia de oitocentos e cinquenta e nove mil e duzentos réis, da qual pagará o prêmio de dez por cento ao ano capitalizado anualmente no caso de não efetuar o pagamento no fim do prazo de um ano. Desde já transfere ao comprador toda posse e domínio em dita escrava obrigando-se a fazer sempre boa a presente venda. Pelo comprador foi dito que aceitava a presente escritura nos termos expostos, a qual possui por ser-me apresentado o conhecimento número 38 de meia sisa de escravos na importância de 48$000 paga pelo vendedor Galvão na Coletoria desta cidade em data de hoje e assinado pelo Coletor Arruda Pinto e escrivão Escobar. Lida esta as partes e achada conforme aceitaram a assinaram com as testemunhas abaixo que são Luis Cândido da Rocha e Francisco Jorge de Morais. Acompanha a escrava Deolinda um filho ingênuo de ano e tanto de idade. Eu Francisco Pimenta Gomes Tabelião que escrevi. Manoel de Morais Barros; Luciano Soares de Morais; Luis Cândido da Rocha; Francisco Jorge de Morais.

Fonte: Escrituras de transações envolvendo escravos.

Quase nove décimos (87,9%) das 422 pessoas transacionadas em Piracicaba no intervalo 1881-87 foram compradas/vendidas, sendo que em 46 desses casos foram comercializadas "partes ideais". Esse número relativamente elevado de cativos vendidos "em parte" deveu-se fundamentalmente a um negócio registrado aos 13 de março de 1882. Naquela data, o Dr. João Baptista da Rocha Conceição vendeu as metades que possuía em 44 escravos para seu ex-sócio Manoel Morato de Carvalho, escravos estes que integravam a garantia de empréstimo levantado, no Banco do Brasil, pela sociedade desfeita. No documento, nos esclarecimentos sobre a quitação da venda, o tabelião escreveu:

> Que em virtude do distrato que ora fazem o mesmo contratante Doutor Conceição dá plena quitação ao contratante Morato da metade que possui em cada um dos escravos acima mencionados no valor de trinta e cinco contos de réis, com a condição porém de continuarem eles integralmente hipotecados ao Banco do Brasil, bem como a metade da Fazenda Serrote e seus acessórios que pertenciam ao Doutor Conceição e que também continuarão hipotecados ao mesmo Banco para garantia da dívida da ex-firma social Doutor Conceição & Morato, parte esta que por escritura desta data o Doutor Conceição permutou com Morato pela Fazenda Algodoal e seus acessórios.

Além das 371 pessoas compradas/vendidas, seis cativos foram trocados. Uma das operações de permuta apresentou uma peculiaridade interessante. Tratou-se da troca de partes de duas mulheres, feita por duas outras mulheres, proprietárias das primeiras. O negócio foi registrado em 8 de julho de 1884. Duas irmãs, D. Rita d'Elloux Rocha e D. Anna Camila d'Elloux, herdaram, cada uma, metade das escravas Domingas e Benedita. Com a permuta, cada irmã tornou-se proprietária de uma cativa "inteira". Contudo, Domingas era mãe de duas crianças ingênuas, Antonia e Leôncio. No trecho a seguir transcrito do documento, percebemos que talvez se tenha aplicado, neste caso, a mesma saída legal para evitar a proibição vigente de separação entre pais e filhos menores de 12 anos, já referida anteriormente neste trabalho.[13] Também, em julho de 1884, os filhos

---

13 A concomitante libertação das duas crianças poderia tornar este caso semelhante ao do menino João, também em Piracicaba (cf. Capítulo 4), embora João fosse escravo enquanto Antonia e Leôncio fossem ingênuos. Na escritura atinente à transação de João, lembremos, fez-se menção explícita ao

de Domingas poderiam ter ultrapassado aquele limite etário, legitimando a separação. E as irmãs d'Elloux residiam, ambas, em Piracicaba, fato que poderia amenizar o rigor e a crueldade da eventual ruptura familiar, ou mesmo implicar sua inexistência, se as duas morassem juntas:

> (...) e por ambas [as contratantes-JFM] foi dito que eram senhoras e legítimas possuidoras das metades das escravas Domingas e Benedita, segundo o inventário e partilha, a que se procedeu por falecimento do pai comum o Capitão Thomaz Comptom d'Elloux e pois hoje transferem-se reciprocamente de uma para outra essas metades, ficando Anna por inteiro senhora da escrava Domingas, e Rita com a escrava Benedita, e por que esta é do maior valor volta a Anna quatrocentos mil réis que neste ato entrega. Declararam que como a escrava Domingas tem dois ingênuos, um por nome Antonia e outro por nome Leôncio, ficam ditos ingênuos libertos, como se de ventre livre nascessem, Antonia em poder de D. Rita e Leôncio em poder de D. Anna, visto como os criaram.

Por fim, 45 cativos foram objeto de escrituras de dação *in solutum*. Um exemplo, que envolveu 31 dessas pessoas, foi o negócio registrado aos 9 de setembro de 1882. O documento caracterizava uma complexa dação em pagamento, com vários outorgantes, entre os quais o Barão de Serra Negra, e dois outorgados. Ambos os lados foram representados por vários procuradores, entre os quais o Dr. Prudente de Morais, futuro Presidente da República. A transação dos 31 escravos, objeto precípuo da escritura, era vinculada a um negócio de terras e envolveu valores hipotecados ao Banco do Brasil; abrangia, também, os serviços de dois outros cativos, casados, que eram libertados sob condição:

> Pelos primeiros nomeados foi dito que transferiam aos segundos todo o domínio e posse que têm nos escravos acima declarados assim como os direitos que têm aos serviços de Jacintho e sua mulher Narciza, libertos condicionalmente, ficando os aceitantes com partes iguais em cada um dos mesmos escravos e serviços.

---

§ 1º do Art. 90 do Decreto 5.135, de 13 de novembro de 1872, onde se lê: "Em benefício da liberdade, porém, podem ser separados do pai ou da mãe os filhos menores de 12 anos, que forem manumitidos com ou sem a cláusula de futuros serviços." (*Coleção de Leis do Império do Brasil*).

Jacintho e Narciza não estavam arrolados entre os 31 escravos vendidos. A conta de chegar nos 50 contos de réis, valor da escritura, compreendia principal e juros da dívida, terras dos contratantes e, provavelmente, os serviços de vários ingênuos presentes, bem como do casal referido.

Tabela 5.7
Escravos Negociados Segundo Sexo, Origem e Tipo do Tráfico
(Piracicaba, 1881-1887)

Tráfico/Origem	Homens	Mulheres	Razões de Sexo
Local			
africanos	12	1	1.200,0
demais	133	99	134,3
total	145	100	145,0
Intraprovincial	101	44	229,6
Interprovincial	1	–	–
Não identificado	18	13	138,5
Totais	265	157	168,8

A razão de sexo é definida como o número de homens para cada grupo de 100 mulheres.

Fonte: Escrituras de transações envolvendo escravos.

Foram esses mesmos 31 escravos, 18 homens e 13 mulheres, que integraram a categoria do tráfico "não identificado" na Piracicaba dos anos de 1880 (cf. Tabela 5.7). Nenhum dos contratantes teve seu local de moradia informado na escritura. Ademais, um único escravo foi transacionado pelo tráfico interprovincial. O negócio foi lançado em 10 de janeiro de 1881, portanto antes da vigência do imposto de dois contos de réis. Naquela data, Hilário, preto e solteiro, jovem de 23 anos de idade, foi negociado junto com outras cinco pessoas. Apenas Hilário, dentre essa meia dúzia de cativos, era propriedade de Joaquim Antunes Marinho, morador em Araruama, na Província do Rio de Janeiro; os demais pertenciam a João Pereira de Almeida, escravista residente em Campinas. O procurador desses dois proprietários era o mesmo, Antonio Joaquim Soares Franco, morador em Piracicaba. Também era um só o comprador dos seis escravos, o Comendador Luiz Antonio de Souza Barros, residente na capital de São Paulo e representado pelo Dr. Luiz de Souza Barros, ao que tudo indica seu filho. Hilário fora matriculado em Araruama, e não se fez menção no documento à sua averbação prévia em território paulista.

Ainda com base na Tabela 5.7, percebemos que a maioria absoluta dos cativos foi negociada localmente (58,1%), aí incluída a totalidade dos africanos remanescentes, doze homens e uma só mulher. É oportuno descrevermos com maior detalhe uma das vendas por nós classificada como pertencente ao tráfico local, envolvendo 19 escravos. Isto porque a vendedora foi descrita como moradora na França. Era a Condessa de Cambolas e Marquesa de Palarin, que vendeu aquelas pessoas, todas matriculadas em Piracicaba, para o Dr. Estevão Ribeiro de Souza Rezende, residente também em Piracicaba, em 9 de maio de 1883. Na última seção do Capítulo 4, inserimos uma nota na qual descrevemos uma venda de onze cativos feita pelo Dr. Estevão ao Conde de Cambolas e Marquês de Palarin, em dezembro de 1878.[14] Lá mencionamos que a esposa desse conde francês era D. Amélia de Souza Rezende, irmã do mesmo Dr. Estevão. Não confirmamos a data de falecimento do conde, mas é provável que na transação de 1883 D. Amélia já fosse viúva e talvez estivesse dispondo de parte de sua meação nos bens arrolados no inventário do marido. Seja como for, lembremos que, por ocasião do negócio de 1878, o conde foi reconhecido pelo tabelião como morador em Piracicaba. Não cremos, de fato, que esses 19 cativos comercializados, entre a matrícula e a venda de 1883, houvessem se transferido com sua senhora para a França, razão pela qual incluímos aquelas 19 pessoas no comércio local.

Os negócios intraprovinciais, embora envolvendo menos escravos em comparação ao tráfico local, desfrutaram de maior dinamismo, compatível com seu papel de substituto do comércio entre províncias. Isto é o que inferimos, numa primeira aproximação, ao observamos a distribuição sexual, igualmente fornecida na Tabela 5.7. Assim, não obstante a elevadíssima razão de sexo prevalecente entre os africanos (os quais, afinal, eram poucos), o predomínio de homens mostrou-se maior no tráfico intraprovincial do que no local (razões de sexo iguais, respectivamente, a 229,6 e a 145,0).

---

14 Com uma única exceção, esses onze cativos comercializados em 1878 compunham também o contingente de 19 escravos transacionado em 1883, isto é, tornaram-se uma vez mais propriedade do futuro Barão de Rezende.

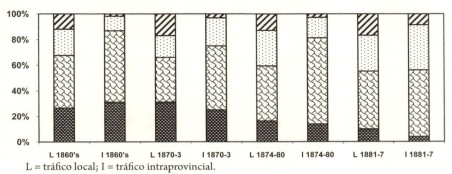

Gráfico 5.3
Escravos Negociados: Faixas Etárias e Tipo do Tráfico
(Piracicaba, anos de 1860, de 1870 e de 1880)

L = tráfico local; I = tráfico intraprovincial.

Fonte: Escrituras de transações envolvendo escravos.

O perfil etário corrobora a inferência feita a partir da distribuição sexual. No Gráfico 5.3 visualizamos a segmentação dos escravos negociados no tráfico local e no intraprovincial por quatro faixas etárias e para os quatro períodos contemplados por este estudo. Comparadas apenas as distribuições etárias do intervalo 1881-87, notamos que o comércio local, *vis-à-vis* o intraprovincial, apresentou maiores participações relativas nas duas faixas extremas, dos cativos com menos de 15 e com 45 ou mais anos.[15] Mas o inverso ocorreu nas duas faixas intermediárias, exatamente as que congregavam pessoas que viviam a fase de suas vidas na qual possuíam maior vigor físico. Dessa forma, os adultos jovens (15 a 29 anos) corresponderam a 45,2% dos cativos negociados localmente, proporção que se elevou a 52,1% dos transacionados no comércio intraprovincial. Os porcentuais correlatos, calculados para a faixa dos 30 aos 44 anos, igualaram-se, respectivamente, a 28,0% e a 35,4%.

Quando comparamos as distribuições etárias, no tráfico intraprovincial, entre os intervalos 1874-80 e 1881-87, o resultado também é digno de nota. É certo que há um nítido envelhecimento dos escravos negociados no último desses períodos, de resto inevitável pela passagem dos anos após a Lei do Ventre Livre; os adultos jovens diminuem seu peso relativo de mais de dois terços (67,3%) das pessoas negociadas no período de maior intensidade do comércio interno de escravos (1874-80) para pouco mais da metade (52,1%) em 1881-87. Todavia,

---

15 Para esse resultado, nesta faixa das idades mais elevadas, decerto contribuiu a presença dos treze africanos, cuja idade média foi igual a 61,6 anos (desvio-padrão de apenas 2,755).

a soma das duas faixas intermediárias (de 15 a 29 e de 30 a 44 anos) cresce entre esses dois intervalos, de 85,3% para 87,5%; este último porcentual igualmente supera o calculado para o mesmo tipo do tráfico nos anos de 1860, 67%, em boa medida pela anterioridade com respeito à libertação dos nascituros.

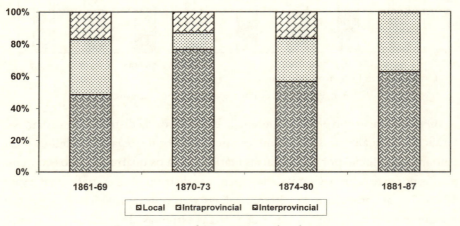

Gráfico 5.4
Escravos Negociados Segundo Tipo do Tráfico
(Piracicaba, anos de 1860, de 1870 e de 1880)

Fonte: Escrituras de transações envolvendo escravos.

Considerando tão somente os tipos do tráfico local, intra e interprovincial, e levando em conta seus distintos pesos relativos desde o primeiro período analisado, elaboramos o Gráfico 5.4. Percebemos que o virtual término das transações interprovinciais abriu espaço para a elevação nos pesos relativos dos outros dois tipos do tráfico, porém o avanço do comércio intraprovincial foi mais intenso: sua participação relativa cresceu mais de dez pontos porcentuais entre 1874-80 e 1881-87, enquanto o crescimento do tráfico local foi pouco superior a seis pontos porcentuais. Comparando a distribuição calculada para 1881-87 com o intervalo 1870-73, quando também foi reduzido o peso relativo das transações entre províncias, observamos que naquele quatriênio o grande avanço foi do comércio local; os dois outros tipos tiveram suas participações reduzidas *vis-à-vis* os anos de 1860. Ademais, lembremos que, na comparação entre os anos de 1860 e 1874-80, os dois intervalos que usamos como referenciais para qualificarmos as mudanças havidas em 1870-73 e 1881-87, os anos de 1860 vivenciaram um tráfico interno de escravos menos intenso do que o período 1874-80.

Tabela 5.8
Entradas e Saídas Segundo Sexo no Tráfico Intraprovincial
(Piracicaba, 1881-1887)

Sentido do fluxo	Homens	Mulheres	Totais
entradas	23	17	40
saídas	67	26	93
totais[1]	90	43	133

[1]Excluídos 12 escravos, transacionados por contratantes (vendedores e compradores) residentes na Província de São Paulo, porém não em Piracicaba.

Fonte: Escrituras de transações envolvendo escravos.

Na Tabela 5.8, focamos a atenção no tráfico intraprovincial e fornecemos a distribuição dos escravos segundo sexo e de acordo com o sentido do fluxo daquele comércio. Verificamos que a maior parte das pessoas (69,9%) saiu de Piracicaba em direção a outros municípios da província. Essa proporção foi bem maior no caso dos homens (74,4%) do que no das mulheres (60,5%). Em outras palavras, num contexto em que o tráfico entre províncias foi praticamente inexistente (apenas a entrada de Hilário, em janeiro de 1881), Piracicaba colocou-se, naqueles derradeiros anos de existência da escravidão no Império do Brasil, de forma mais relevante como abastecedora do que como abastecida no comércio da mercadoria humana, vivenciando certo dinamismo em seu fluxo de cativos intraprovincial. Isto significou expressiva inversão do verificado nesse tipo do tráfico nos decênios anteriores. Como vimos nos Capítulos 3 e 4, o fluxo de saída de Piracicaba no comércio intraprovincial correspondeu a 27,9% nos anos de 1860 e a 22,5% nos de 1870; considerados apenas os escravos homens, esses porcentuais alteram-se para 29,6% e 21,0%.

O Quadro 5.5 lista as localidades onde residiam os contratantes cujos negócios acarretaram os fluxos de entrada e saída pelo tráfico intraprovincial em Piracicaba. Foram identificados 14 municípios nos quais moravam os vendedores, e uma dúzia nos quais residiam os compradores. Quatro dessas localidades apareceram nas duas pontas das transações (Rio Claro, Tietê, Pirassununga e Botucatu). No total, portanto, constam do quadro 21 municípios, o mesmo número verificado nos anos de 1860 e um a mais vis-à-vis o intervalo 1874-80. Ademais, nos anos de 1880, seja no fluxo de entrada, seja no de saída, os negócios concentraram-se num raio de 100 quilômetros em torno de Piracicaba (16 dos 21 municípios listados no Quadro 5.5), e não envolveram contratantes moradores a mais de 200 quilômetros. Essa concentração havia sido menor nos anos de 1860 (13 em 21 municípios distantes até 100 quilômetros) e no período 1874-80 (14 em 20 municípios); neste último intervalo, foi identificada uma localidade, Apiaí, situada a mais de 200 quilômetros de Piracicaba.[16] Reafirma-se, pois, o dinamismo ainda possuído pelo tráfico interno de escravos na Piracicaba dos anos de 1880, deslocado agora para o comércio intraprovincial e invertida a direção predominante de seu fluxo. Com tais características, esse dinamismo não reproduziu, ao que parece, a intensidade observada na segunda metade da década de 1870, mesmo porque aquele comércio cada vez mais perdia fôlego à medida que se aproximava o 13 de maio de 1888; eram os últimos estertores do tráfico da mercadoria humana.

Quadro 5.5
Localidades Participantes do Tráfico Intraprovincial
Segundo Distância de Piracicaba
(movimento de saída de e de entrada no dito município, anos de 1880)

Distância/ Local de moradia dos contratantes Movimento de Entrada	Distância/ Local de moradia dos contratantes Movimento de Saída
menos de 50 km Santa Bárbara d'Oeste Rio Claro Tietê	**menos de 50 km** Limeira Rio Claro Tietê
de 50 a 100 km Tatuí Brotas Pirassununga Sorocaba Botucatu Dois Córregos Itapetininga São Roque	**de 50 a 100 km** Araras Campinas Itu Pirassununga Botucatu Jaú
de 101 a 200 km Piedade Santos	**de 101 a 200 km** Araraquara São Paulo Mococa

Fonte: Escrituras de transações envolvendo escravos.

16 Para os dados mencionados neste parágrafo acerca dos anos de 1860 e de 1874-80, ver o Quadro 4.7 apresentado no capítulo anterior.

Observando as localidades de matrícula dos escravos transacionados pelo tráfico intraprovincial em Piracicaba nos anos de 1880 (cf. Quadro 5.6), percebemos que em apenas 13,6% dos casos a matrícula ocorreu em outras províncias do Império, porcentual que, como vimos, havia atingido mais do dobro disso em 1874-80 (30,9%), e havia sido também significativamente maior nos anos de 1860 (21,2%); apenas no quatriênio 1870-73 essa proporção fora menor (6,7%). A maioria absoluta das pessoas computadas no Quadro 5.6 foi matriculada na própria Piracicaba (50,8%). Esses porcentuais coadunam-se com a inversão verificada acima, segundo a qual o papel mais relevante de Piracicaba no comércio de cativos interno à província paulista passou a ser, no intervalo 1881-87, o de fornecedora da mão de obra compulsória.

Quadro 5.6
Localidades Onde Foram Matriculados os Escravos
Entrados em/Saídos de Piracicaba no Tráfico Intraprovincial
(anos de 1880)

Local de matrícula, número de escravos	Local de matrícula, número de escravos
Piracicaba (SP), 67	Santa Quitéria (CE), 2
Capivari (SP), 20	Acaraú (CE), 1
Una (SP), 6	Cascavel (CE), 1
Limeira (SP), 4	Ipu (CE), 1
Tatuí (SP), 4	Saboeiro (CE), 1
São Roque (SP), 3	São Bernardo das Russas (CE), 1
Sorocaba (SP), 2	Cachoeira (BA), 1
Tietê (SP), 2	Maragogipe (BA), 1
Botucatu (SP), 1	Santo Amaro (BA), 1
Iguape (SP), 1	São Luís (MA), 2
Itapetininga (SP), 1	Aracari (RN), 1
Santa Bárbara d'Oeste (SP), 1	Príncipe Imperial (PI), 2
São Paulo (SP), 1	
São Sebastião (SP), 1	São Sebastião de Tijucas (SC), 1
São João Marcos (RJ), 1	Porto Alegre (RS), 1

Não computado um cativo para o qual não identificamos o local de matrícula.
A naturalidade desses 132 escravos acrescenta dois novos nomes a esta lista de locais de matrícula: Piedade (SP; matrícula em Sorocaba, SP) e Vitória (ES; matrícula na capital de São Paulo, SP).
Fonte: Escrituras de transações envolvendo escravos.

Coletamos preços individuais para 57 pessoas negociadas em Piracicaba no período em questão. Deixamos de lado um desses preços, visto que o escravo negociado, Pedro, de 22 anos, era cego de um olho. Consideramos, pois, 36 preços de cativos homens e 20 preços de cativas (cf. Tabela 5.9). O preço médio deles foi 28,6% mais elevado do que o delas. Essa diferença, lembremos, igualou-se a 20,5% nos anos de 1860 e ampliou-se muito na década de 1870, para 52,9%. Tal ampliação, como vimos, refletiu não apenas as condições de oferta e demanda do mercado de escravos, mas também a desvalorização das mulheres decorrente da Lei do Ventre Livre, de 1871. Nos anos de 1880, a queda nos preços atingiu homens e mulheres e evidenciou as expectativas desfavoráveis que paulatinamente se sedimentaram sobre a continuidade da escravidão. Os preços dos homens, que haviam atingido seus valores máximos em fins do decênio anterior, declinaram mais intensamente, tornando-se relativamente mais próximos dos das escravas.[17] Como esperado, na faixa etária dos 15 aos 29 anos, essa aproximação foi um pouco mais contida: os adultos jovens do sexo masculino foram em média 38,1% mais caros, porcentual que havia sido de 20,2% nos anos de 1860 e de 49,6% nos de 1870.

Tabela 5.9
Preços Médios Nominais dos Escravos em Geral e dos
Cativos Adultos Jovens, Segundo Sexo
(Piracicaba, 1881-1887)

Sexo	Número de escravos	Preço médio (em réis)
Homens[1]	36	1:126$389
Mulheres	20	876$250
Homens de 15 a 29 anos[1]	21	1:192$857
Mulheres de 15 a 29 anos	16	864$062

[1]Exclusive o preço individual do escravo Pedro, de 22 anos de idade, descrito como cego de um olho
Fonte: Escrituras de transações envolvendo escravos.

A Tabela 5.10 traz a distribuição, segundo sexo, dos cativos para os quais obtivemos o informe sobre a ocupação. Foram 36 homens e 25 mulheres, a maioria deles (72,2%) e delas (56,0%) do serviço da roça. Foi também expressiva a participação entre as escravas das aptas para o serviço doméstico (36,0%), sendo

---

17 A diferença entre as médias de preços de homens e mulheres em geral mostrou-se estatisticamente significante a um nível de significância de 4,9%, e o mesmo se verificou no que tange aos preços das pessoas adultas jovens (nível de significância de 2,6%).

identificados dois homens vinculados a esse mesmo tipo de serviço. As pessoas do sexo masculino, mais numerosas, apresentaram um elenco de atividades mais diversificado *vis-à-vis* o das cativas. Apenas para nove deles e para sete delas foi possível obter, além da ocupação, o preço individual. Tendo em vista esse número reduzido de observações, mencionamos tão somente o preço relativamente elevado, comparado às médias fornecidas na Tabela 5.9, pelo qual foi negociado o boleeiro Honório: Rs. 1:750$000. Seu proprietário, Felisberto José Cardoso Júnior, residente em Rio Claro, o permutou pelo preto Adão, pertencente a Artur Benjamin Leite do Couto, morador em Piracicaba. A escritura foi datada aos 9 de fevereiro de 1883, e nenhum dos contratantes, naquela data, parecia acreditar num fim próximo da escravidão; afinal, para adquirir Adão, Felisberto deu em troca o mulato Honório e mais quinhentos mil-réis em moeda corrente. Adão, cujo preço foi igual a Rs. 2:250$000, não teve ocupação descrita, era bem mais jovem (25 anos de idade) do que Honório (39 anos); os dois eram naturais de Piracicaba e lá haviam sido matriculados. O boleeiro, ademais, escreveu o Tabelião, era casado com mulher liberta.

Tabela 5.10
Escravos Negociados Segundo Sexo e Ocupação
(Piracicaba, 1881-1887)

Ocupação	Homens	Mulheres
Serviço da roça	26	14
Serviço doméstico	2	8
Pedreiro	2	–
Carpinteiro	1	–
Cozinheira	–	1
Costureira	–	1
Servente	–	1
Banqueiro	1	–
Carreiro	2	–
Boleeiro	1	–
Feitor	1	–

Fonte: Escrituras de transações envolvendo escravos.

Tal como Honório, outros três escravos transacionados foram descritos como casados com cônjuge liberto; um desses casos, uma cativa, era acompanhada por um filho ingênuo. Em verdade, em Piracicaba nos anos de 1880 foram muitos os ingênuos referidos nas escrituras: 109, isto é, mais de um quarto (25,8%)

do total de escravos negociados. Mais de dois quintos (40,8%) das pessoas que compunham esse mesmo total foram objeto de transações juntamente com um ou mais familiares, proporção que atingiu a maioria absoluta (52,9%) quando computamos também os ingênuos.[18] Este último porcentual, lembremos, havia atingido anteriormente um valor muito próximo, 52,3%, no quatriênio 1870-73, assumindo cifras bem menos expressivas nos anos de 1860 (23,6%) e no intervalo 1874-80 (38,1%).[19] Tais disparidades, uma vez mais, realçam as peculiaridades do dinamismo do tráfico interno nos anos derradeiros da escravidão, pois muitas dessas pessoas negociadas "em família" integraram os fluxos do comércio intraprovincial, nos quais radicava em especial aquele dinamismo.[20]

Identificamos em Piracicaba, tal como o fizemos em Areias, após a promulgação, em 28 de setembro de 1885, da Lei Saraiva-Cotegipe, transações nas quais os preços praticados foram os constantes na tabela fornecida em seu artigo 1º, § 3º. Detectamos esse procedimento em escrituras datadas em maio e em novembro de 1886. Foram casos nos quais havia entre os contratantes menores órfãos, representados por seus tutores; fazia-se então necessária a devida autorização do Juiz de Órfãos para que se efetuasse o negócio, e nessa autorização constava a referência à venda pelo preço máximo da lei de 1885.

Por fim, ressaltamos, na Piracicaba dos anos de 1880, de maneira mais pronunciada do que no decênio anterior, a presença, no tráfico da mercadoria humana, dos poderosos interesses familiares vinculados à cafeicultura de descendentes do Brigadeiro Luiz Antonio de Souza. O destaque, desta feita, ficou por conta de Pedro Ribeiro de Souza Rezende. No Capítulo 4, descrevemos a venda feita por ele em julho de 1872 das "partes ideais" que possuía em 50 escravos. Tal venda foi feita para o irmão do vendedor, o Dr. Estevão Ribeiro de Souza Rezende. Naquela ocasião, Pedro, então major, era descrito como morador na província do Rio de Janeiro e como "Bacharel em Matemática e Ciências Físicas, Engenheiro

---

18 A proporção superior a dois quintos, resultante da fração 172/422 elevar-se-ia para mais da metade como resultado, pois, da fração 281/531.

19 Não retomamos aqui o cômputo do peso relativo das crianças com 12 ou menos anos no conjunto das pessoas negociadas junto com familiares porque parte dos ingênuos nos anos de 1880 poderiam ter idades que iam além desse recorte.

20 Assim, por exemplo, dos 172 escravos transacionados "em família" (quantidade na qual não se incluem os casados e viúvos sós), 117 compuseram negócios locais, 42 intraprovinciais e 13 o tráfico não identificado.

Geógrafo, Cavaleiro da Ordem de Cristo e [ilegível] Fidalgo em exercício". Nos anos de 1880, o mesmo Pedro já aparecia com o título nobiliárquico de Barão de Valença e foi descrito, em todas as escrituras referentes às transações de que participou, como residente em Piracicaba. E o Barão de Valença, naqueles anos, vendeu 46 escravos e comprou outros 18; portanto, foi vendedor/comprador de 15,2% do conjunto de pessoas negociadas. O porcentual correlato, somados os casos de seu irmão Estevão (Barão de Rezende) e de sua irmã Amélia (Condessa de Cambolas e Marquesa de Palarin) igualou-se a 9,0%. E o tio deles todos, Comendador Luiz Antonio de Souza Barros, foi comprador de 1,7% dos cativos. Comendador, barões e condessa, portanto, todos possuindo relações de parentesco entre si, tiveram participação relevante, e até os últimos anos da escravidão, no comércio de escravos que se fazia em Piracicaba.

Casa Branca

A grande maioria (74,3%) dos 109 escravos negociados em Casa Branca no intervalo 1881-87 foram comprados/vendidos.[21] No conjunto dessas compras e vendas, três casos referiram-se à comercialização de "partes ideais" dos cativos. Houve também várias vendas condicionais, nas quais os escravos transacionados permaneceram com o vendedor; um tipo de operação que, lembremos, havia sido por nós detectado com certa frequência na mesma Casa Branca nos anos de 1870 (cf. Capítulo 4). Um exemplo dessas transações sob condição é dado pelo caso registrado aos 9 de outubro de 1886 e envolveu quatro cativos, de nomes Amaro, João, Abdias e Saloméa. O ajustado entre os contratantes, Antonio de Souza Pinto, vendedor, e Pedro Claro Nogueira de Sá, comprador, foi o seguinte:

> (...) sendo devedor [o vendedor-JFM] da quantia de dois contos e oitocentos mil réis que recebeu em moeda corrente do comprador, promete pagar-lhe a referida quantia desta data a quatro anos, e não fazendo ficará esta venda perfeita e acabada, ficando o comprador com toda a posse, jus, domínio e ação sobre os ditos escravos. Em caso de morte dele vendedor este prazo aproveitará a seus herdeiros que como ele poderão

---

21 Referir-nos-emos sempre, nesta seção, ao período 1881-87. Não obstante, como vimos na introdução deste capítulo, não localizamos, nos registros levantados em Casa Branca, nenhuma escritura envolvendo escravos no ano de 1883 e uma única em 1884, datada aos 22 de julho e na qual foram negociados quatro cativos.

fazer o pagamento e entrarem na posse e domínio dos ditos escravos. O vendedor poderá dar a quantia que puder por conta desta dívida, sendo que estas prestações serão provadas com recibos do comprador, ficando os escravos em poder dele vendedor, até final solução desta obrigação.

Desnecessário dizer que esse negócio revelar-se-ia péssimo para Pedro de Sá. A abolição da escravatura em maio de 1888, portanto com a maior parte do prazo ajustado com Antonio Pinto ainda por transcorrer, pode ter dificultado muito o recebimento da quantia de Rs. 2:800$000, uma vez que ao menos a alternativa de pagamento daquele valor em escravos já não seria possível. Desconhecemos como se resolveu afinal esse negócio, mas ele possibilita vislumbrarmos as inúmeras questões, as inevitáveis perdas, e mesmo as oportunidades imprevistas de ganhos suscitadas pela Lei Áurea, talvez em especial por conta da inexistência de quaisquer indenizações a serem pagas aos escravistas que vivenciaram a diminuição no patrimônio que detinham.

Se ao exemplo acima jazia subjacente de fato um empréstimo, realizado pelo prazo relativamente longo de quatro anos – e daí talvez a preocupação em incluir os herdeiros de Antonio Pinto no ajuste –, houve também casos em que o vencimento do "empréstimo" era estabelecido num prazo bem mais curto. Assim, aos 24 de julho de 1882 foi registrada a escritura da venda condicional do cativo Miguel, de 16 anos. O rapaz foi vendido por João Sabino Gomes de Meirelles e comprado por uma sociedade, Samuel & Prado, por Rs. 600$000.[22] O ajustado, em descrição constante do documento, previa um intervalo de apenas quatro meses para o ressarcimento dessa quantia:

> (...) que diz [João Sabino-JFM] haver recebido em moeda corrente, do que dá quitação, responsabilizando-se a dar a dita quantia de seiscentos mil réis aos compradores dentro do prazo de quatro meses, a contar desta data, pelo que ficará a presente escritura sem efeito, mas se neste prazo não restituir a dita quantia de Rs. 600$000, entregará o escravo que fica em seu poder aos compradores ditos Samuel & Prado, quando fará a presente escritura condicional firme, valiosa e boa; visto que corre o risco do dito escravo.

---

22 Não identificamos quem era o "Prado" partícipe dessa sociedade.

É oportuno descrever também com mais detalhes o único e muito interessante caso de permuta registrado em Casa Branca nos anos de 1880. A respectiva escritura foi datada aos 15 de abril de 1882. Naquele dia, Joaquim Dutra do Nascimento, proprietário do cativo Sabino, herdado de seu sogro "com todos os seus achaques novos e velhos", trocou-o por Felipe, pertencente a Dona Maria Silvéria de Jesus. Embora Sabino fosse bem mais velho do que Felipe (49 *versus* 16 anos de idade), aos dois foi atribuído o mesmo valor: dois contos de réis. Nenhum deles teve ocupação descrita, e ambos eram pretos e haviam sido matriculados lá mesmo, em Casa Branca. É possível que essa igualdade de preços decorresse do fato de que Felipe, ao contrário de Sabino, não estava imediatamente disponível para a concretização da troca. Felipe estava preso! Talvez ele fosse o único escravo de D. Maria; talvez Joaquim do Nascimento estivesse fazendo um favor a ela: um escravo relativamente velho seria melhor do que escravo nenhum.[23] Conjecturas à parte, as informações inseridas pelo Tabelião no documento foram as seguintes:

> (...) o qual escravo [Felipe-JFM] acha-se atualmente na cadeia desta cidade respondendo a um processo de crime de morte, pelo que ele permutante dito Dutra do Nascimento sujeita-se a pagar a metade das custas do processo e despesas que houver com a prisão e livramento do dito escravo. E pela permutante Dona Maria Silvéria de Jesus foi dito que aceita a presente escritura como nela se declara, sujeitando-se também a metade das despesas e custas do processo do escravo, entrando nessas despesas o contrato feito por ela com o advogado Dr. Pedro Arbenes da Silva.

---

[23] Compondo um argumento análogo, em trabalho dedicado ao estudo do tráfico de escravos velhos, escrevemos: "Em suma, esse fluxo de pessoas com 50 ou mais anos de idade respondia em parte, decerto, a uma demanda por mão de obra que se via crescentemente moldada por uma oferta que se ressentia das características assumidas pelo evolver da questão servil, reduzindo cada vez mais a disponibilidade de braços cativos, num movimento que teria seu corolário na abolição da escravatura, em 1888. Em outras palavras, para vários dos compradores dessas pessoas, um escravo de 50 ou mais anos poderia não ser o ideal, porém sempre seria melhor do que escravo nenhum. Talvez esse tenha sido o raciocínio feito por Moyses Pereira de Arruda. Morador em Piracicaba, ele aparece uma única vez negociando nos anos de 1880. Aos 11 de abril de 1885, Moyses adquiriu de Joaquim Antonio Barbosa, também morador naquela localidade, o escravo Januário, de cor preta, solteiro e com 58 anos de idade. A transação de compra e venda limitava-se a esse único cativo, pelo qual o comprador pagou seiscentos mil-réis." (MOTTA, 2010, p. 64-65)

Além das 81 pessoas compradas/vendidas e dos dois escravos trocados, dois outros foram objeto de doação e um conjunto de 24 cativos integrou uma escritura de penhor ajustada entre dois fazendeiros, Dona Maria Izabel de Mello Souza e Antonio Cabral de Mello, ela moradora em Amparo (SP) e ele no termo de Casa Branca. A transação realizada entre eles, datada de 4 de outubro de 1882, em certa medida produziu efeitos semelhantes aos das vendas condicionadas; foi feita, tal qual a realizada por Antonio de Souza Pinto, com um prazo relativamente longo de quatro anos, embora, à diferença daquela, o término desse prazo tenha ocorrido ainda na vigência da escravidão.[24] Vale a pena transcrevermos os termos do ajuste:

> (...) pelo procurador de Dona Maria Izabel de Mello Souza foi dito que sendo sua constituinte devedora da quantia de trinta contos de réis ao dito Antonio Cabral de Mello, que promete pagar no prazo de quatro anos a contar de hoje, e a vencer no dia quatro de outubro de 1886, podendo antes dessa época remir os bens penhorados se pagar a dívida de Rs 30:000$000; e para garantia da mesma dívida dá em penhor os escravos e mais bens que adiante vão mencionados, cujos escravos e bens se obriga a não vender sem fazer o pagamento de Rs. 30:000$000, ao mesmo credor, e estando os escravos que hoje penhora garantindo uma hipoteca feita a Camillo de Andrade, de Santos, aguarda pela presente escritura a liquidação da sua hipoteca, que se não chegar para esse pagamento a fazenda que a devedora possui no município do Amparo, e que foi separada para o pagamento do credor hipotecário Camillo de Andrade, será completado com os escravos que ora penhora, ficando o restante para pagamento do credor Antonio Cabral de Mello, os escravos e bens penhorados são os que se seguem (...), os quais escravos e mais objetos ficam em poder da devedora penhorante conforme qualquer contrato particular entre os contratantes feito.[25]

Os mais de trinta anos passados desde a extinção do tráfico transatlântico de escravos responderam decerto pela identificação de apenas um africano entre as pessoas negociadas na Casa Branca dos anos de 1880. Foi David, de 62 anos de idade,

---

24 Mas não antes da vertiginosa queda verificada nos preços dos escravos, o que igualmente pode ter acarretado dificuldades a Antonio Mello para reaver seu crédito.

25 Informou também o Tabelião que um dos escravos penhorados, Luiz, casado, achava-se fugido.

e sobre ele voltaremos nossa atenção mais adiante no texto. Por enquanto, salientemos que também um único cativo foi descrito na documentação como crioulo. Parece-nos, pois, que a passagem do tempo tornou redundante e, por conseguinte, quase sempre esquecida (em 107 dos 109 casos, 98,2%), a informação acerca da origem daquelas pessoas; afinal, à exceção de poucos escravos, regra geral sexagenários, os demais eram todos nascidos no Império do Brasil.[26]

A distribuição dos cativos negociados segundo sexo e tipo do tráfico (cf. Tabela 5.11) evidenciou, ademais, o quase desaparecimento dos negócios entre províncias em Casa Branca desde 1881, decerto uma decorrência do elevado imposto de dois contos de réis incidente desde janeiro daquele ano sobre cada escravo entrado na província. Para uma dúzia dentre as pessoas transacionadas não identificamos o tipo do tráfico. Desses 12 casos, sabemos apenas o local de residência de um vendedor (a localidade paulista de Espírito Santo do Pinhal) e de dois compradores (moradores na própria Casa Branca). Participações relativas não muito distintas tiveram os negócios locais (41,3%) e os intraprovinciais (45,0%), sendo que nestes últimos a distribuição sexual mostrou-se mais desequilibrada em favor dos homens (razão de sexo de 188,2 *versus* 150,0 no tráfico local). A supremacia dos homens, tanto no âmbito local como no intraprovincial, foi maior nos anos de 1880 do que no decênio anterior, quando, como vimos no Capítulo 4, as razões de sexo foram iguais a 133,3 (negócios locais) e a 178,6 (intraprovinciais). Nos anos de 1870 o mais elevado valor desse indicador foi alcançado nas transações entre províncias: 199,1.

---

26 O porcentual correlato, ainda que não tão elevado, também correspondeu à grande maioria dos cativos em Areias (95,3%) e em Piracicaba (87,2%).

Tabela 5.11
Escravos Negociados Segundo Sexo e Tipo do Tráfico
(Casa Branca, 1881-1887)

Tipo do Tráfico	Homens	Mulheres	Razões de Sexo
Local	27	18	150,0
Intraprovincial	32[1]	17	188,2
Interprovincial	1	2	50,0
Não identificado	8	4	200,0
Totais	68	41	165,8

A razão de sexo é definida como o número de homens para cada grupo de 100 mulheres.
[1] Inclusive o único escravo identificado como africano no período em questão;
Fonte: Escrituras de transações envolvendo escravos.

Os três únicos escravos que classificamos no tráfico interprovincial foram objeto de duas transações. A primeira foi registrada aos 12 de setembro de 1886. João Antonio Vieira, morador em Lavras, nas Minas Gerais, vendeu para José Gabriel Pinheiro, morador na localidade paulista de Mococa, o casal Adão, de 45 anos de idade, e Inês, de 31 anos. Os dois cativos eram pretos, naturais da província mineira e haviam sido matriculados em Lavras; ele era do serviço da roça e ela era costureira. João Antonio os havia adquirido "por herança de seu finado pai", e naquela data os vendia para José Gabriel, acompanhados de dois filhos ingênuos, valendo-se dos serviços de seu procurador (e parente), Pacífico Antonio Vieira. O negócio foi realizado pelo preço de um conto de réis. Uma informação adicional, constante do documento, talvez esclareça o motivo do registro em Casa Branca, dado que nem o vendedor, nem o comprador (ainda que Mococa fosse relativamente próxima), lá residiam: o casal foi descrito como tendo sido averbado em Casa Branca. Esse informe pode igualmente esclarecer a venda – aparentemente envolvendo o deslocamento de Adão, Inês e seus filhos de Minas para São Paulo – em plena vigência do imposto de dois contos de réis. Na ausência, porém, da data da averbação, optamos por manter o critério de classificação do tipo do tráfico com fundamento nos locais de moradia dos contratantes.

O terceiro caso de negócio interprovincial foi a compra/venda da parda Mathildes, solteira de 38 anos de idade. Tal como o ocorrido na transação de Adão e Inês, Mathildes era descrita como averbada em Casa Branca, sem informação da data da averbação, valendo, pois, as mesmas observações feitas a respeito do casal no tocante à classificação do tipo do tráfico. A dita escrava era natural e matriculada na localidade de Rio das Contas, na Bahia. O vendedor, Sebastião de Lima e Silva, igualmente morava naquele município baiano, e foi representado por seu procurador, o Tenente Augusto de Vasconcelos Bittencourt. O comprador, José Pires de Godoy, era residente em São Carlos do Pinhal (SP), e o procurador que o representou foi Zeferino José de Arantes. O preço ajustado entre as partes foi de Rs. 450$000.

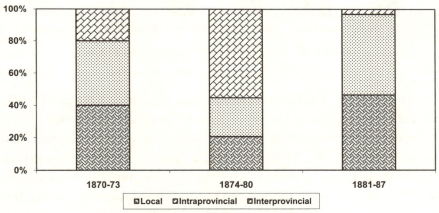

Gráfico 5.5
Escravos Negociados Segundo Tipo do Tráfico
(Casa Branca, anos de 1870 e de 1880)

Fonte: Escrituras de transações envolvendo escravos.

Deixando de lado a categoria do tráfico "não identificado" contemplamos, no Gráfico 5.5, a distribuição dos cativos conforme os outros três tipos daquele ramo do comércio nos anos de 1880. Reproduzimos, nesse mesmo gráfico, as distribuições correspondentes calculadas para os intervalos 1870-73 e 1874-80. Percebemos que os pesos relativos dos negócios locais e intraprovinciais foram muito próximos em cada um dos três períodos considerados, de fato iguais no quatriênio 1870-73 e com ligeiro predomínio das transações intraprovinciais nos dois outros intervalos temporais. O elemento dissonante foi o tráfico entre províncias; nele foram negociados 20,0% dos escravos em 1870-73, porcentual que atingiu 55,4% em 1874-80 e não foi além de 3,1% em 1881-87.

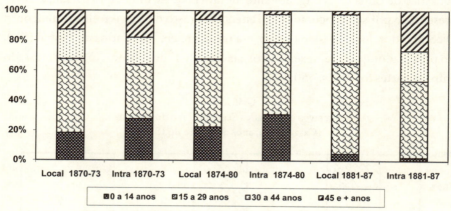

Gráfico 5.6
Escravos Negociados: Faixas Etárias e Tipo do Tráfico
(Casa Branca, anos de 1870 e de 1880)

Fonte: Escrituras de transações envolvendo escravos.

No tocante à distribuição etária, observamos no Gráfico 5.6 o nítido envelhecimento das pessoas negociadas nos anos de 1880 na localidade sob exame. Nesse sentido, podemos destacar, no tráfico local, a importância relativa dos escravos com idades de 30 a 44 anos (32,6%), a maior comparada à mesma faixa etária nos demais segmentos (tipo de tráfico/período) integrantes do aludido gráfico. Da mesma forma, destacamos, no comércio intraprovincial, o peso relativo dos cativos com 45 ou mais anos (26,7%).[27] Não obstante esse envelhecimento, incontornável e em boa medida consequência da libertação dos nascituros em 1871, a maioria absoluta dos escravos transacionados nos anos de 1880, tanto do comércio local (60,5%) como no intraprovincial (51,1%) era de adultos jovens (15 a 29 anos de idade). E, em cada um desses dois tipos do tráfico, o porcentual de adultos jovens calculado para 1881-87 foi maior do que os porcentuais correspondentes calculados para 1870-73 e 1874-80.

Traduzindo esses números alinhavados nos últimos parágrafos em palavras, é possível inferir que, em Casa Branca, embora a cada vez mais próxima abolição da escravatura, e em que pese também o efeito deletério do imposto dos dois contos de réis sobre o tráfico interprovincial, o comércio de escravos não apenas se manteve, mas igualmente o fluxo de pessoas negociadas apresentou melhor

---

27 As idades médias foram as seguintes: a) tráfico local: 26,7 (1881-87), 24,9 (1874-80) e 24,7 (1870-73); tráfico intraprovincial: 32,8 (1881-87), 20,6 (1874-80) e 24,8 (1870-73).

"qualidade" nos anos de 1880 *vis-à-vis* os de 1870, seja quando procuramos auferir essa "qualidade" em termos da distribuição segundo o sexo, ou ainda quando o fazemos a partir do perfil etário daquelas pessoas. Salientemos, adicionalmente, quanto à distribuição etária, que essa afirmativa ganha ainda maior contundência se considerarmos a presença dos ingênuos descritos nas escrituras compulsadas; estes últimos foram dois em 1870-73, 27 em 1874-80 e 24 em 1881-87, números que corresponderam, respectivamente, a 1,1%, a 5,1% e a 22,0% do total de escravos negociados em cada um dos três períodos.

Tomados apenas os indivíduos comercializados no tráfico intraprovincial, percebemos em Casa Branca o largo predomínio do fluxo de entrada comparado ao de saída (cf. Tabela 5.12). Assim, por aquele tipo de comércio entraram 43 escravos na localidade, quase nove décimos (89,6%) das 48 pessoas entradas/saídas. Tal predomínio ocorreu tanto para homens como para mulheres, e foi ainda mais pronunciado do que o verificado no tráfico intraprovincial nos anos de 1870 (85,3%). O porcentual de 89,6%, em verdade, foi inferior apenas ao peso relativo do fluxo de entrada calculado, também na década de 1870, no tráfico interprovincial (95,8%).

Tabela 5.12
Entradas e Saídas Segundo Sexo no Tráfico Intraprovincial
(Casa Branca, 1881-1887)

Sentido do fluxo	Homens	Mulheres	Totais
entradas	28	15	43
saídas	4	1	5
totais	32	16[1]	48

[1] Excluída uma escrava transacionada por contratantes (vendedor e comprador) residentes no município paulista de Santa Cruz do Rio Pardo.

Fonte: Escrituras de transações envolvendo escravos.

No Capítulo 4, acompanhamos como o comércio de escravos intensificou-se em Casa Branca entre 1870-73 e 1874-80, e enfatizamos o crescente papel da localidade como ponto de chegada dos indivíduos comercializados, quer nos negócios internos à Província de São Paulo, quer nas transações pelas quais se traziam cativos de outras províncias do Império. Salientamos, agora, a permanência deste atributo de ponto de chegada nos anos de 1880. E, como não poderia ser diferente tendo em vista os obstáculos comprometedores do fluxo interprovincial, a manutenção de tal característica teve de assentar-se no tráfico interno ao território paulista.

Notamos também, na análise realizada no capítulo precedente, a importante presença, entre os escravos negociados em Casa Branca nos anos de 1870, daqueles naturais e/ou matriculados na Província da Bahia e, em especial, na de Minas Gerais. De fato, mesmo no caso das pessoas transacionadas no tráfico local, em 1874-80 quase um quarto (24,3%) era composto por matriculados em Minas Gerais, enquanto mais de um décimo era matriculado em províncias do Nordeste (11,6%; Bahia, Ceará, Paraíba e Rio Grande do Norte). O peso relativo dessas regiões de matrícula nos negócios locais praticamente inverteu-se nos anos de 1880: as províncias do Nordeste quase dobraram sua importância (22,2%; Bahia, Paraíba, Ceará e Alagoas) enquanto as matrículas em Minas foram apenas três (6,7%). A informação sobre a naturalidade desses escravos comercializados localmente em 1881-87, não presente em somente três casos, produziu resultados similares aos obtidos com os dados da matrícula: Minas Gerais, 7,1%; províncias do Nordeste, 23,8%.

No tráfico intraprovincial, a participação dos cativos matriculados em províncias do Nordeste havia sido de 23,8% em 1874-80 (Bahia, 20 casos; Ceará, três; e Maranhão, um). Nos anos de 1880, o local de matrícula não foi descrito para quase metade dos indivíduos negociados naquele tipo do tráfico (24 deles, isto é, 49%). Consideradas tão somente as pessoas para as quais constou o informe, a proporção dos matriculados em províncias do Nordeste foi igual a 8,0% (dois escravos, um na Bahia e outro no Ceará); uma única pessoa havia sido matriculada em Minas Gerais (4,0%); todas as demais na própria Casa Branca ou em outros municípios paulistas. A naturalidade, por seu turno, não foi descrita para quase dois terços (65,3%) daquelas pessoas.

Essa frequente ausência de informação acerca do local de matrícula e da naturalidade foi uma característica quase exclusiva do comércio intraprovincial, uma vez que a dita informação esteve quase sempre presente para os escravos negociados localmente. Na falta de uma boa explicação para esse viés, não podemos deixar de aventar que em Casa Branca, por conta de seu atributo de local de chegada dos escravos deslocados, a caracterização incompleta dos cativos eventualmente encobrisse, sob a aparência de uma movimentação intraprovincial, um trânsito entre províncias; os contratantes, ao reter aqueles informes, evitavam explicitar o fato gerador do imposto proibitivo incidente sobre os escravos entrados no território de São Paulo. E, realmente, embora as pessoas que compunham o fluxo de saída no tráfico intraprovincial fossem apenas cinco em Casa Branca, talvez não fosse apenas coincidência que todos os casos nos quais a matrícula não foi informada, assim como todos aqueles para os quais a naturalidade não foi descrita, integrassem o fluxo de entrada.[28] No mais, para os escravos com os ditos informes disponíveis, percebemos a perda da relevância dos provenientes das Províncias de Minas Gerais e da Bahia, exatamente as prováveis fontes de uma rota de abastecimento terrestre, cuja importância, ao que tudo indica, foi traço distintivo de Casa Branca em comparação aos três outros municípios estudados.

Ainda com relação ao comércio intraprovincial, fornecemos no Quadro 5.7 os locais de moradia dos contratantes coletados para os três períodos em foco e arranjados segundo a distância entre esses locais e Casa Branca. Foi nítido o aumento no número de localidades e nas distâncias envolvidas entre 1870-73 e 1874-80 (cf. Capítulo 4). Deste último intervalo para 1881-87 verificamos o seguinte: num raio de até 150 quilômetros em torno de Casa Branca, os municípios listados no Quadro 5.7 diminuíram significativamente, quase pela metade, de treze para sete; todavia, consideradas as distâncias superiores a 150 quilômetros, dobrou o número de localidades, de três para seis.

O ritmo mais intenso do tráfico em 1874-80, reflexo do mercado de escravos aquecido ao longo daqueles anos, decerto foi um fator importante na conformação das diferenças mostradas no quadro em tela entre suas duas primeiras colunas, ainda que a representação por excelência daquele mercado aquecido tenha sido o tráfico interprovincial. Não menos certo, nos anos de 1880, os óbices postos à "importação" de novos cativos de fora da província condicionaram as aquisições feitas, dentro do território paulista, em municípios mais distantes, ao passo que as localidades relativamente próximas das regiões cafeeiras mais demandantes da mão de obra compulsória desfrutaram de maior concorrência entre os potenciais compradores, na medida em que tais localidades substituíram

---

28 Poderíamos arguir ser mesmo esperado que os dados de local de matrícula e naturalidade não faltassem nos casos em que os escravos eram propriedade de moradores na própria localidade onde se fazia o registro. No entanto, além de o fato de residir fora de Casa Branca não necessariamente implicar algum lapso de memória de quem vendia escravos para a localidade, haveria que explicar, por exemplo, porque a ausência da informação do local de matrícula não se verificou para nenhum dos cativos negociados pelo tráfico intraprovincial no período 1874-80.

os fornecedores de fora. Aí, talvez, as causas das mudanças detectadas entre a segunda e a terceira coluna do Quadro 5.7.

No Capítulo 2 reproduzimos excertos da Lei nº 3.270, de setembro de 1885, a lei dos Sexagenários. Embora seus efeitos sobre a escravaria, comparados aos da Lei do Ventre Livre, tenham sido menores, é evidente que ela não deixou de afetar em alguma medida o tráfico interno de cativos na Província de São Paulo. As escrituras registradas em Casa Branca trazem um exemplo interessante acerca dessa questão, o qual nos permite tecer alguns comentários. Tal exemplo envolveu o único africano negociado na localidade no intervalo 1881-87, David, ao qual fizemos rápida menção alguns parágrafos acima.

Aos 5 de dezembro de 1885, Gabriel Antonio Ferreira vendeu, por dois contos e duzentos mil-réis, três escravos para Vicente Osias de Sillas. O comprador residia na cidade de Casa Branca e o vendedor morava também na província paulista, no termo de São João da Boa Vista. Os cativos transacionados eram João, de 35 anos, e o casal David e Maria, crioula, respectivamente com 62 e 27 anos de idade. Na escritura o Tabelião informou: "Acompanha a escrava Maria seus filhos ingênuos de nomes Joaquim, Vicência, Elias, Delfina, Maria e Domingas, todos averbados na Coletoria desta cidade." Ao término do documento, ao que parece, deu-se conta do "inconveniente" representado pela idade do africano! Procedeu ao acréscimo, pois, de um "Em tempo: o escravo David é apenas vendido os seus serviços e não a sua pessoa, visto ser maior de sessenta anos como consta da matrícula acima transcrita." Esse acréscimo, evidentemente, fez-se necessário por conta da vigência da Lei dos Sexagenários, datada de menos de dois meses antes do registro descrito.

Em certa medida, a maneira de lidar com os libertos, da perspectiva do tráfico de cativos, era semelhante quer eles fossem ingênuos, quer fossem sexagenários. Assim como os ingênuos que acompanhassem suas mães acarretavam a menção, na escritura respectiva, da transferência, para o comprador da escrava, do direito ao serviço deles, ingênuos, também foi tão somente aos serviços do velho David que o documento correspondente à respectiva operação de venda pôde se referir. Para além dessa semelhança, contudo, a situação do mercado de escravos no meado dos anos de 1880 imprimia uma distinção marcada entre as transações de velhos e de crianças, libertos uns e outros por força das aludidas peças da legislação servil, ou pelo menos em grande parte dessas transações. E tal distinção decorria exatamente, em essência, da disparidade etária entre eles.

Quadro 5.7
Localidades Participantes do Tráfico Intraprovincial
Segundo Distância de Casa Branca
(anos de 1870 e de 1880)

Distância/ Local de moradia dos contratantes, 1870-73	Distância/ Local de moradia dos contratantes, 1874-80	Distância/ Local de moradia dos contratantes, 1881-87
menos de 50 km São João da Boa Vista Pirassununga **de 50 a 100 km** Caconde Cajuru São Simão Espírito Santo do Pinhal Limeira **de 151 a 200 km** São Paulo **de 201 a 250 km** Santos	**menos de 50 km** Mococa São José do Rio Pardo São João da Boa Vista Pirassununga **de 50 a 100 km** Caconde Cajuru São Simão Santa Rita do Paraíso Santo Antonio da Alegria Batatais **de 101 a 150 km** Amparo Santa Bárbara D'Oeste Franca do Imperador **de 151 a 250 km** Lençóis Queluz **de 251 a 350 km** Santa Cruz do Rio Pardo	**menos de 50 km** São José do Rio Pardo São João da Boa Vista Pirassununga **de 50 a 100 km** Caconde Descalvado São Simão **de 101 a 150 km** Amparo **de 151 a 200 km** São Paulo São Roque Itapetininga **de 251 a 350 km** Bananal Areias Santa Cruz do Rio Pardo

Fonte: Escrituras de transações envolvendo escravos.

De fato, para a maioria dos negócios envolvendo cativos idosos, mesmo antes da Lei de 1885, e mesmo para os ainda não sexagenários, a negociação não se limitou aos escravos mais velhos.[29] De fato, com frequência temos mesmo a

---

[29] Em trabalho precipuamente dedicado ao estudo da comercialização de escravos velhos, escrevemos: "(...) entendemos que as idades de 60 ou 65 anos, explicitadas como parâmetros na Lei dos Sexagenários, são muito elevadas para servirem como limites inferiores da categoria de 'escravos idosos'

impressão de que eles não eram o objeto principal da transação. Exemplo bem ilustrativo é dado pela venda descrita de David. Ora, é difícil imaginarmos que o foco do interesse dos contratantes, especialmente no contexto de 1885, fosse o africano.

> (...) ainda que não se possa descartar *in limine* a importância da mão de obra desses velhos para os proprietários de escravos que os demandavam, em muitos casos [como o de David] a presença dos idosos pareceu-nos representar a parte menos importante da negociação efetuada. Sua venda, amiúde, era em certa medida forçada pela existência de legislação impeditiva da separação entre cônjuges e entre pais e filhos [a exemplo da própria lei de libertação dos nascituros]. Vale dizer, é plausível sugerirmos que muitos compravam escravos velhos "a reboque" da aquisição de outros cativos, familiares desses idosos, ou mesmo como mecanismo de acesso à mão de obra de pessoas livres ou libertas, também detentoras de relações familiares com os escravos de mais idade. (MOTTA, 2010, p. 72-73)[30]

Não obstante a observação acima acerca dos escravos idosos, se considerarmos o conjunto das 109 pessoas negociadas em Casa Branca nos anos de 1880, verificamos ser de menos de um quinto (19,3%) a proporção daquelas negociadas

---

com a qual trabalhamos. (...) Por fim, e mesmo correndo o risco de incorporar certa dose de arbitrariedade, as indicações selecionadas [a exemplo de estimativas de longevidade de escravos no Brasil na segunda metade do século XIX, elaboradas por MELLO (1983)] nortearam nossa opção pelo cômputo, como cativos idosos, daqueles com idades iguais ou superiores a 50 anos. Esse procedimento, de resto, parece coadunar-se com inferências extraídas da legislação e de anúncios de jornais da segunda metade do Oitocentos, reveladores dos interesses dos próprios escravistas." (MOTTA, 2010, p. 49)

30 Vários trabalhos têm se ocupado do grande esforço feito por demandantes de mão de obra para reter a oferta representada pelas pessoas libertas, a exemplo dos ingênuos. Para o caso dessas crianças, Heloísa Maria Teixeira (2008, p. 93) observou que o ano de 1879 "constituiu-se em marco [pois seria quando-JFM] as primeiras crianças nascidas livres de mães escravas completariam 8 anos, podendo, a partir dessa idade, ser entregues ao Estado, ou retidas nas mãos dos senhores". Como se sabe, a grande maioria dos senhores optou pela manutenção dos ingênuos consigo. Em verdade, o aludido esforço estendeu-se às crianças em geral, ingênuas, escravas ou livres pobres; sobre esse tema, e em especial com base em processos de tutela, ver, entre muitos, ALANIZ (1997), AZEVEDO (1995), DAVID (1997) e, novamente, TEIXEIRA (2008).

junto com familiares. Lembremos que essa proporção alcançara entre um quarto e um terço (29,8%) em 1870-73, e diminuíra para um quarto (25,1%) em 1874-80. Levássemos em conta os 24 ingênuos mencionados nas escrituras em 1881-87, o porcentual de 19,3% elevar-se-ia para 33,8%, invertendo-se os sinais da comparação com os intervalos anteriores, nos quais, incluídos os ingênuos, os ditos porcentuais igualar-se-iam, respectivamente, a 30,5% e a 28,7%. Quanto mais distantes da data da Lei do Ventre Livre, maior o peso relativo, no conjunto de pessoas transacionadas, das crianças libertas pela lei e que acompanhavam suas mães e/ou pais ainda escravos.[31]

A maior parte das crianças que formavam as duas dúzias de ingênuos identificadas na localidade analisada nos últimos anos da escravidão fazia companhia à mãe de estado conjugal descrito como "solteira". Computamos cinco dessas mães solteiras com um filho ingênuo, duas com dois filhos, uma com três e duas com quatro crianças. Dois ingênuos acompanhavam um casal e os dois restantes tiveram a posse e domínio sobre seus serviços transferidos para o comprador de sua mãe viúva. Completando o conjunto de relações familiares, computamos dois casais, cada um com um filho escravo, e foram também comercializados juntos dois irmãos (filhos pelo menos da mesma mãe cativa).

No tocante às ocupações, duas pessoas foram descritas como "sem ofício", uma de cada sexo, enquanto 14 outras (11 homens e três mulheres) eram "aptos para o trabalho", "aptos para o serviço", ou ainda "aptos para qualquer trabalho". Uma vez mais, a grande maioria de escravos (41) e de escravas (15) era do serviço da roça. Além dos roceiros, a única ocupação em que se incluíram pessoas dos dois sexos foi a de serviço doméstico (um homem e três mulheres). Houve apenas cativas cozinheiras (cinco) e costureiras (três), enquanto os dois pedreiros, o carpinteiro, o ferreiro e o sapateiro eram todos do sexo masculino. Para apenas duas das roceiras obtivemos os preços individuais (média de Rs. 625$000), enquanto os sete homens roceiros para os quais identificamos esse informe custaram em média Rs. 892$857. Uma das mulheres aptas para o serviço doméstico foi negociada por oitocentos mil-réis, preço mais elevado do que o praticado na venda do homem apto para o mesmo serviço (Rs. 700$000). Os dois outros

---

31 Ainda que algumas das crianças nascidas após 28 de setembro de 1871 já somassem mais de doze anos de idade, deixando então de existir impedimento legal para sua separação dos pais.

preços coletados foram iguais (Rs. 600$000), referentes a duas escravas, uma cozinheira e uma costureira.[32]

Na Tabela 5.13 fornecemos os preços médios nominais, segundo sexo, dos escravos em geral e dos adultos jovens. Essa distinção etária quase não existiu no caso dos homens, pois levantamos apenas um preço individual "fora" da faixa de 15 a 29 anos, *versus* 14 preços "dentro" da dita faixa; para as mulheres, os números correlatos foram seis e cinco. Não obstante as evidentes restrições impostas pelo reduzido número de observações, os cativos do sexo masculino foram mais caros do que as mulheres e, para ambos os sexos, os adultos jovens foram em média mais caros do que os escravos em geral.[33]

Tabela 5.13
Preços Médios Nominais dos Escravos em Geral e dos
Cativos Adultos Jovens, Segundo Sexo
(Casa Branca, 1881-1887)

Sexo	Número de escravos	Preço médio (em réis)
Homens	15	810$000
Mulheres	11	621$818
Homens de 15 a 29 anos1	14	817$857
Mulheres de 15 a 29 anos	5	680$000

Fonte: Escrituras de transações envolvendo escravos.

Na introdução deste capítulo (cf. nota nº 1) fizemos referência a uma transação na qual um dos contratantes era o Capitão Antonio Alberto da Silva Prado. Embora esse negócio não tenha sido incluído em nossas tabulações, a ele é preciso voltar, pois foi a única escritura registrada em Casa Branca a fazer, no período 1881-87, menção inequívoca à família Prado.[34] Antonio Alberto era filho de Francisco da Silva Prado, que por sua vez era irmão do Barão de Iguape. Como vimos no Capítulo 4, o Barão era pai de Dona Veridiana, que por sua vez era mãe

---

32 Ressalvemos que a diferença entre as médias de preços de roceiros e de roceiras não se mostrou estatisticamente significante.

33 A diferença entre as médias de preços de homens e mulheres em geral mostrou-se estatisticamente significante a um nível de significância de 6,3%, mas o mesmo não se verificou no que tange aos preços das pessoas adultas jovens (nível de significância de 32,0%).

34 A menos, evidentemente, da compra do escravo Miguel efetuada, em julho de 1882, pela sociedade Samuel & Prado, anteriormente referida.

de Antonio e de Martinico da Silva Prado. Ou seja, o Capitão Antonio Alberto era primo em segundo grau do Dr. Antonio da Silva Prado (cf. D'ÁVILA, 2004, p. 35-79), o qual apareceu como comprador de quase 6,0% dos escravos transacionados no intervalo 1870-80.

É evidente que a não identificação dos filhos de Dona Veridiana nas escrituras envolvendo escravos registradas em Casa Branca não nos permite inferir qualquer diminuição da importância da família Prado naquele município. De outra parte, lembremos da informação extraída de AZEVEDO (1987, p. 158) e de BACELLAR (1999, p. 21), da qual nos servimos na última seção do Capítulo 4: Martinico Prado estabeleceu-se em Ribeirão Preto em fins da década de 1870. Assim sendo, a não identificação aludida pode refletir meramente o alongamento dos tentáculos correspondentes àqueles interesses familiares no sentido do Oeste Paulista, acompanhando o avanço da "onda verde" do café. Além disso, é também, por exemplo, Célia Azevedo (1987, p. 157) quem vê em Martinho Prado um "(...) imigrantista, na verdade principal porta-voz dos interesses do oeste novo, que a partir de 1878 batalhara por um alto imposto sobre escravos traficados para São Paulo [e que, em 1878,-JFM] arrematou sua defesa do imposto com a seguinte afirmação: 'Enquanto houver escravidão não é possível a colonização.'"[35]

---

35 É dele, por exemplo, além do projeto de 1878 sobre o qual voltamos nossa atenção no Capítulo 2, também projeto de 1884 que "(...) se tornaria decisivo para o sucesso da imigração em massa na província. O projeto autorizava o governo provincial a gastar 400 contos por ano com o pagamento integral das passagens de imigrantes e também com o alojamento inicial destes por oito dias". (AZEVEDO, 1987, p. 163) O posicionamento em favor da imigração de Martinho Prado, convém salientar, não o impediu de batalhar, após o estabelecimento do imposto de dois contos de réis, pela amenização da lei que o estipulara, defendendo a isenção da cobrança nos casos de escravos que acompanhavam o deslocamento de seus senhores, do Rio de Janeiro ou, em especial, de Minas Gerais, para São Paulo: "É que agora ele precisava representar os interesses dos proprietários de fora da província que queriam emigrar para o oeste novo paulista e já tinham empatado seu capital em escravos. Para estes não havia a possibilidade tão simples de estabelecer relações de produção com base em outros trabalhadores que não os seus próprios escravos, como seria o caso dos fazendeiros já estabelecidos naquela região e que, na falta de mais escravos, estariam se voltando para os imigrantes europeus." (AZEVEDO, 1987, p. 160) Célia Azevedo explora com muita competência as nuances do posicionamento de Martinho Prado, apontando mesmo as dissensões, às vezes profundas, identificadas internamente à família Prado (ver, em especial, o capítulo intitulado "Os políticos e a 'onda negra'", às páginas 105 a 174 do livro citado).

Comparando as localidades

Iniciamos nossa comparação considerando, de imediato, o Gráfico 5.7,[36] que traz a distribuição, para cada uma das três localidades estudadas no intervalo 1881-87, dos escravos negociados de acordo com os tráficos do tipo local, intra e interprovincial. Fornecemos, no mesmo gráfico, igualmente para Areias, Piracicaba e Casa Branca, a distribuição correlata calculada para os períodos analisados nos Capítulos 3 e 4 deste livro.[37]

Não há qualquer dúvida. Nos municípios paulistas contemplados no Gráfico 5.7, o traço mais característico do comércio de escravos nos anos de 1880 comparados ao período anterior, 1874-80, foi a perda da importância do tráfico interprovincial. Traço, de resto, nada surpreendente, levando-se em conta a criação do imposto proibitivo sobre a entrada de cativos "novos" na província de São Paulo, em janeiro de 1881. Um dos tópicos examinados nas seções anteriores foi o conjunto dos poucos casos ainda identificados do comércio entre províncias; interessa-nos agora apenas observar que, tanto em Areias, como em Piracicaba e em Casa Branca, à aludida perda de relevância correspondeu necessariamente o aumento dos pesos relativos dos outros dois tipos do tráfico considerados, sendo

---

36 Juntamos nesse gráfico, para facilidade da análise e para a comodidade do leitor, os informes que compuseram, nas seções anteriores, os Gráficos 5.1, 5.4 e 5.5. Ademais, convém observar que na elaboração do texto que integra esta seção valemo-nos, em parte, da análise efetuada em Motta (2009).

37 Nos Capítulos 3 e 4 iniciamos a seção dedicada à comparação dos municípios analisados voltando nossa atenção para o número médio anual de escravos negociados em cada um deles. Essas médias foram calculadas levando em conta apenas os anos para os quais levantamos escrituras registradas em sete ou mais meses. A manutenção desse procedimento para os anos de 1880 viabilizou tão somente para Piracicaba resultados utilizáveis, pois no caso desse município o cômputo da dita média só não incorporou o ano de 1887. Assim sendo, a média em questão, nos seis anos de 1881 a 1886, foi de 67,7, bem maior do que a calculada para os anos de 1860 (44,0), porém menor do que a relativa ao intervalo 1874-80 (79,6), e também menor do que a atinente ao quatriênio 1870-73 (78,5). Mas é preciso ter em mente que a população escrava de Piracicaba decresceu significativamente entre o recenseamento de 1874 e a matrícula realizada até fins de março de 1887, de 5.414 (aí não incluídos os escravos de Santa Bárbara) para 3.416 pessoas (aí não incluídos os escravos de Santa Bárbara e de São Pedro). Dessa forma, a média de 79,6 calculada para 1874-80 correspondeu a 1,47% da escravaria existente em 1874; já a média de 67,7 em 1881-87 correspondeu a 1,98% do contingente escravo matriculado até março de 1887.

que em nenhum dos três municípios esse aumento foi exclusivo dos negócios locais ou dos intraprovinciais.

Gráfico 5.7
Escravos Negociados Segundo Tipo do Tráfico
(localidades selecionadas, anos de 1860, de 1870 e de 1880)

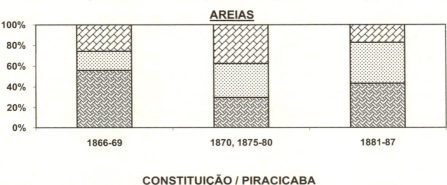

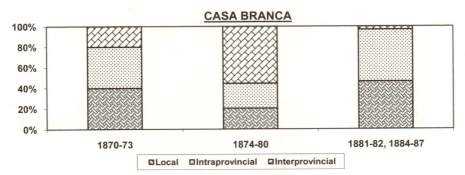

Fonte: Escrituras de transações envolvendo escravos.

Piracicaba é a única dentre as localidades selecionadas cujas fontes permitiram a comparação com os intervalos 1861-69 e 1870-73. No primeiro, dentre esses dois intervalos, a distribuição pelos diferentes tipos do tráfico revelou maior semelhança com o período 1881-87. Como sugerimos na seção dedicada a Piracicaba neste capítulo, o tráfico nos anos derradeiros de vigência da escravidão teve seu dinamismo em certa medida reduzido com relação à segunda metade da década de 1870, mas seria correto atribuir-lhe uma intensidade no mínimo moderada, tal como nos anos de 1860. E essa intensidade, na medida em que dependesse, em municípios com maior demanda pela mão de obra compulsória, de um fornecimento de cativos trazidos de fora, teria então, necessariamente, que recorrer ao fluxo intraprovincial. Esse redirecionamento da demanda, também necessariamente, imprimiu características novas ao comércio da mercadoria humana, em especial nas localidades que passaram a figurar naquele comércio de maneira mais importante como integrantes do "lado da oferta".

O Gráfico 5.8 possibilita visualizarmos nitidamente as continuidades e as mudanças envolvidas no aludido redirecionamento, por fornecer exatamente os fluxos de entrada e saída de escravos nos/dos municípios considerados. Na composição desses fluxos somamos os tráficos do tipo intra e interprovincial. Casa Branca ilustra muito bem a continuidade. Seu enquadramento como local de destino, por excelência, daqueles dois tipos do comércio de cativos atingiu o auge em 1874-80 (97,8% de entradas), quando praticamente não houve registros de escrituras nas quais moradores daquela localidade vendiam sua propriedade escrava para residentes em outros municípios paulistas ou em outras províncias do Império; e mais de dois terços do fluxo de entrada naqueles anos foi proveniente do tráfico interprovincial. Percebemos que Casa Branca manteve-se como local de destino em 1881-87 (89,6% de entradas), mas teve de buscar esses escravos "novos" nos limites do território paulista.

Ora, um comportamento do comércio de cativos como esse identificado em Casa Branca, decerto vinculado a um maior dinamismo econômico, em boa medida tributário das possibilidades ditadas pela expansão cafeeira, exigiu a ocorrência de mudanças profundas no comportamento correlato identificado em casos como os de Areias e Piracicaba. Assim, no auge do tráfico interno de escravos (1874-80), o fluxo de entrada atingiu 61,1% do conjunto de entradas mais saídas em Areias e 88,7% em Piracicaba. Nos anos de 1880, o sentido predominante do fluxo inverteu-se, e foram numericamente muito mais expressivas as saídas: 69,9% em Piracicaba e 83,1% em Areias. Foram poucos os casos nos quais os escravos saídos desses dois municípios foram identificados como entrados em Casa Branca, o que, evidentemente, em nada contradiz o raciocínio que desenvolvemos.

Gráfico 5.8
Escravos Negociados: Entradas e Saídas
nos Tráficos Intra e Interprovincial
(localidades selecionadas, anos de 1860, de 1870 e de 1880)

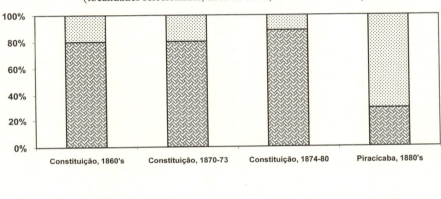

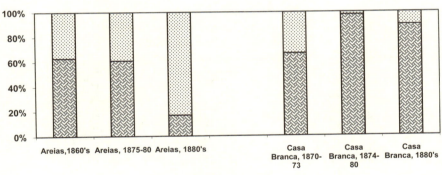

Fonte: Escrituras de transações envolvendo escravos.

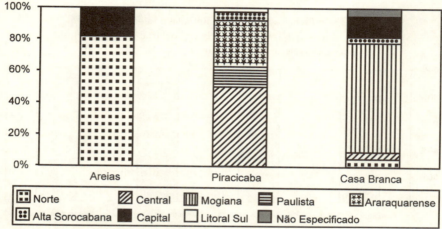

Gráfico 5.9
Escravos Entrados pelo Tráfico Intraprovincial: Zonas de Origem
(localidades selecionadas, anos de 1880)

Fonte: Livros notariais de registro de escrituras.

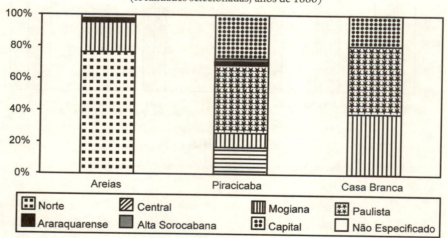

Gráfico 5.10
Escravos Saídos pelo Tráfico Intraprovincial: Zonas de Destino
(localidades selecionadas; anos de 1880)

Fonte: Livros notariais de registro de escrituras.

De fato, o cerne desse raciocínio, que radica no delineamento de um sentido geral observável na movimentação dos cativos no território provincial, vê-se sobejamente atestado pelos informes dispostos nos Gráficos 5.9 e 5.10, nos quais, respectivamente, apresentamos as distribuições dos cativos "entrados" e "saídos" mediante os negócios intraprovinciais no intervalo 1881-87, de acordo com distintas zonas de origem e de destino, para cada um dos três municípios em tela. A regionalização da província paulista da qual lançamos mão é a proposta por Sergio Milliet, descrita anteriormente no Capítulo 1 (cf. Figura 1.2).

Em Areias, a grande maioria dos escravos "entrados" (81,8%), bem como dos "saídos" (75,9%) movimentaram-se no interior da própria Zona Norte, onde se incluem, lembremos, a região do Vale do Paraíba e o litoral norte. Dos relativamente poucos cativos "entrados" naquela cidade vale-paraibana, os que não foram negociados por contratantes moradores em outras localidades da Zona Norte, foram-no por residentes na capital da Província. De outra parte, do conjunto bem mais numeroso de pessoas "saídas" de Areias, cerca de um quinto (20,4%) passaram às mãos de contratantes moradores na Zona da Mogiana, à qual pertence, como sabido, o município de Casa Branca.

Piracicaba é uma das localidades integrantes da Zona Central na regionalização de Sergio Milliet. Foi, em verdade, um dos vários municípios utilizados pelo autor para traçar os limites da aludida região. Situa-se Piracicaba, portanto, poderíamos nos expressar assim, na "divisa" entre a Zona Central e a da Paulista. Fixando nossa atenção no Gráfico 5.9, notamos que 62,5% dos escravos lá "entrados" originaram-se do conjunto dessas duas regiões, mas esse porcentual não se compôs de forma equilibrada; enquanto 50,0% daquelas pessoas vieram da Zona Central, apenas 12,5% foram provenientes da Zona da Paulista. A dita proporção, de pouco menos de dois terços, alterou-se apenas ligeiramente (63,4%) quando computados os indivíduos "saídos" (cf. Gráfico 5.10); contudo, a sua composição entre as duas áreas praticamente se inverteu (17,2% dos cativos foram direcionados para a Zona Central e 46,2% para a da Paulista). Esses porcentuais, da mesma forma que os calculados para Areias, ilustram com bastante nitidez aquele sentido geral da movimentação dos escravos pela província paulista no bojo do tráfico intraprovincial no período 1881-87, sentido este condicionado, em grande medida, pelo avanço da cafeicultura.[38]

E não foi diferente em Casa Branca, o que se ratificou pela própria supremacia numérica das entradas, para a qual já chamamos a atenção a partir dos informes apresentados no Gráfico 5.7. Da pequena proporção de pessoas "saídas" no

---

38 Na contramão desse sentido geral, não podemos deixar de apontar, colocaram-se as participações, dentre os cativos "entrados" em Piracicaba, daqueles transacionados por residentes na zona Araraquarense (30,0%) e na Alta Sorocabana (5,0%).

tráfico intraprovincial, dois quintos direcionaram-se para outras localidades da Zona da Mogiana, outros dois quintos para a Zona da Paulista, e o restante para a capital da província. No que respeita aos escravos "entrados" em Casa Branca, 69,8% foram negociados por moradores na própria Mogiana; a Capital (13,9%), a Zona Central (onde se situa Piracicaba, 4,7%) e a Zona Norte (onde se localiza Areias, 4,7%) são as demais proveniências relativamente mais relevantes.

Em suma, a consideração das áreas de origem e de destino dos escravos que mudaram de proprietários em negócios de âmbito provincial, no período 1881-87, forneceu-nos indicações bastante nítidas do sentido da movimentação majoritária daquelas pessoas. Empregando sempre as denominações propostas por Milliet, esse sentido foi o seguinte: da Zona Norte para a Central, e daí para a Zona da Mogiana e para a Zona da Paulista. Como esperado, esse trânsito reproduzia o deslocamento da "onda verde" do café no território paulista; refletia, pois, o esforço da cafeicultura para sanar sua grande demanda por mão de obra, esforço que, no caso da mão de obra compulsória, perdurou, ao menos em sua fração identificável nos livros notariais por nós compulsados, até poucos meses antes do 13 de maio de 1888.

Como resultado dessa movimentação dos escravos pela província, haverá efeitos inevitáveis sobre a distribuição sexual e etária das escravarias nos distintos municípios paulistas. A população escrava matriculada até 30 de março de 1887 igualou-se a 1.140 (Areias), 3.004 (Piracicaba) e 3.416 indivíduos (Casa Branca; cf. BASSANEZI, 1998). Ditos contingentes perfaziam, respectivamente, os seguintes porcentuais da população total daquelas localidades: 16,8%, 15,4% e 38,8%. Essa maior proporção, às vésperas da Abolição, de cativos no total dos habitantes de Casa Branca encontrava correspondência, ao que parece, numa "qualidade" diferenciada da escravaria existente naquela localidade da Zona da Mogiana, em comparação aos municípios examinados das Zonas Norte e Central.

Tabela 5.14
Sobre o Sexo e a Idade dos Escravos Matriculados Até 30/03/1887

Indicador	Areias	Piracicaba	Casa Branca
Razão de Sexo	127,09	144,52	148,47
Pessoas com menos de 30 anos de idade	40,26%	41,54%	48,10%
Pessoas com mais de 50 anos de idade	11,66%	7,87%	6,82%

Fonte: BASSANEZI (1998).

Como corroboram os informes da Tabela 5.14, em Casa Branca o predomínio dos homens era maior, e lá também se faziam mais presentes os cativos mais jovens, com menos de 30 anos de idade. Sintomaticamente, a localidade valeparaibana de Areias, na região onde se geravam as "cidades mortas" de Monteiro Lobato (1986), forneceu o contraponto, com uma distribuição sexual relativamente mais equilibrada e uma participação mais significativa de escravos mais de 50 anos de idade, enquanto Piracicaba ocupou uma posição intermediária.

Consideradas tão somente as 701 pessoas negociadas no intervalo 1881-87, e retomando alguns dos dados trabalhados nas seções anteriores deste capítulo, computamos quase nove décimos (88,7%) de indivíduos comprados/vendidos (622 pessoas, 54 delas comercializadas em "partes ideais"). Outros 45 cativos foram objeto de dação *in solutum*, 24 foram penhorados, oito trocados e os dois restantes doados. Percebemos, outrossim, uma vez mais, a supremacia dos homens: 57,1% em Areias e alguns pontos porcentuais a mais em Piracicaba (62,8%) e Casa Branca (62,4%).[39] Nesses contingentes masculinos, maioria relativa era formada por adultos jovens, de 15 a 29 anos de idade, tanto em Areias (45,8%) como em Piracicaba (47,6%); no município da Mogiana, essa maioria era absoluta (53,9%). Se levarmos em conta essa proporção de homens adultos jovens transacionados no intervalo 1881-87 *vis-à-vis* a proporção correlata referente ao período imediatamente anterior, grosso modo de 1874 a 1880 (Areias, 48,2%; Piracicaba, 53,0%; Casa Branca, 51,7%), é digno de nota que, dos três municípios examinados, apenas na localidade da Zona da Mogiana o porcentual em tela sofreu elevação nos anos derradeiros do comércio de escravos.

---

39 Tomado o intervalo 1870-80, a supremacia dos homens entre as pessoas negociadas havia sido um pouco menor em Areias (56,1%), e um pouco maior em Piracicaba (66,6%) e Casa Branca (63,9%).

Não será demais repisarmos que, se decerto a movimentação de cativos vinculada aos negócios do período 1881-87 viu-se em grande medida limitada aos âmbitos local e intraprovincial, não é menos certo que aquelas pessoas, com bastante frequência, haviam já sofrido deslocamentos bem maiores ao longo de suas vidas no cativeiro. A tabulação dos locais em que se deu a matrícula daqueles indivíduos em inícios da década de 1870, por força da regulamentação da Lei do Ventre Livre (cf. Tabela 5.15), evidenciou a ocorrência de tais deslocamentos. Assim, muito embora para a maioria dos escravos a matrícula tenha ocorrido na própria localidade de registro das escrituras examinadas, ou então em outros municípios da Província de São Paulo, não foram de modo algum negligenciáveis as presenças, naquelas transações, de pessoas matriculadas por todo o Império do Brasil, desde o Maranhão e demais províncias do Nordeste até o conjunto Paraná, Santa Catarina e Rio Grande do Sul.

Tabela 5.15
Locais de Matrícula dos Escravos Negociados nos Anos de 1880

Locais de Matrícula	Areias	Piracicaba	Casa Branca
Na Localidade	93	260	47
Província de S. Paulo	30	100	11
Demais Províncias			
Rio de Janeiro	21	5	2
Minas Gerais	8	4	8
Goiás	–	1	–
Alagoas	3	–	1
Ceará	3	10	2
Rio Grande do Norte	3	2	–
Bahia	2	10	7
Paraíba	1	2	3
Pernambuco	1	5	–
Piauí	1	4	–
Maranhão	1	5	–
Sergipe	–	2	–
Rio Grande do Sul	2	7	–
Santa Catarina	1	1	–
Paraná	–	3	–
Não identificado	–	1	28
Totais	**170**	**422**	**109**

Fonte: Livros notariais de registro de escrituras.

Assim, em Areias, quase três quartos (72,3%) dos indivíduos negociados foram matriculados no próprio município ou em outras localidades paulistas. Rio de Janeiro e Minas Gerais, em conjunto, responderam por 17,1%. Pouco menos de um décimo deles (8,8%) haviam sido matriculados em províncias do Nordeste, sendo bem menor a participação dos matriculados nas três províncias do sul do Brasil (1,8%). Em Casa Branca, não computando os casos (28) em que não foi possível identificar o local de matrícula, os porcentuais foram os seguintes: 71,6%, na própria localidade ou em outros municípios paulistas; 12,3%, no Rio de Janeiro ou em Minas Gerais; e 16,1%, nas províncias do Nordeste. Em suma, comparando-se Areias e Casa Branca, as províncias vizinhas, mineira e fluminense foram menos relevantes na localidade da Zona da Mogiana, na qual as Províncias do Rio Grande do Sul, Santa Catarina e Paraná nem foram referidas. De outra parte, as províncias nordestinas apresentaram menor importância no município do Vale do Paraíba.

Em Piracicaba, observou-se igualmente o predomínio, com intensidade ainda maior, dos matriculados lá mesmo ou no conjunto da província de São Paulo (85,5%). Foram poucos os cativos com matrícula efetuada no Rio de Janeiro ou em Minas Gerais (2,1%), menos importantes até do que os matriculados nas províncias do sul (2,6%). E foi de 9,5% a participação das pessoas matriculadas no Nordeste do Império, com uma diversidade análoga (nove diferentes províncias) à verificada em Areias.

O cômputo dos locais de matrícula, claro está, pode muitas vezes implicar a subestimação da real amplitude dos deslocamentos sofridos pelos escravos. E isto mesmo nos casos nos quais sua movimentação estivesse restrita a uma única província. Em Piracicaba, por exemplo, aos 24 de julho de 1886, Dona Deolinda dos Santos Roza, moradora na também paulista São Roque, por intermédio de seu procurador, Joaquim da Silveira Mello, vendeu para Luis Antonio de Almeida Barros, residente em Piracicaba, o cativo Pedro, de 24 anos de idade. Esse jovem mulato, negociado por Rs. 500$000, nascera em Piedade e fora matriculado em Sorocaba; uma averbação em sua matrícula havia sido feita em São Roque.

Outro exemplo, o de Gregório, permite-nos perceber a mesma subestimação acima mencionada, desta feita envolvendo o trânsito prévio entre províncias. Esse homem, solteiro, pardo, do serviço da lavoura, foi vendido aos 6 de novembro de 1884, com 32 anos de idade, por Antonio Olinto de Carvalho para José Joaquim da Silva. A escritura referente a esse negócio, no valor de Rs. 600$000, foi registrada em Areias, local de moradia do comprador. Antonio Olinto, por sua vez, residia em Silveiras, também no Vale do Paraíba paulista. Natural do Maranhão, Gregório fora matriculado naquela província, no município de Alcântara. Antes de sua venda para Areias, porém, houve duas averbações em sua matrícula: a primeira em Vassouras, no Rio de Janeiro, e a segunda já em território paulista, em Silveiras.

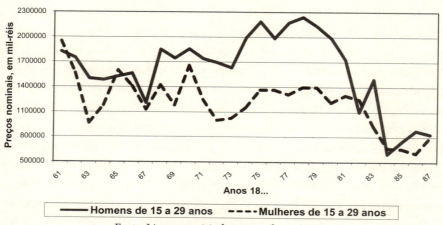

Gráfico 5.11
Preços Nominais de Escravos Adultos Jovens, Segundo Sexo
(localidades selecionadas, 1861-1887)

Fonte: Livros notariais de registro de escrituras.

Os valores pelos quais Gregório e Pedro foram transacionados evidenciam o declínio dos preços dos cativos observado no decênio de 1880. Esse comportamento mostra-se bastante nítido no Gráfico 5.11, que traz as médias, ano a ano para o intervalo 1881-87, e também para os anos anteriores, desde 1861, dos preços nominais das pessoas com idades entre 15 e 29 anos. Juntamos os preços levantados nas três localidades selecionadas no intervalo 1881-87, e acrescentamos também os coletados em Guaratinguetá até 1879. Traçamos, separadamente, as curvas com esses preços médios para homens e mulheres. Tal como nas demais seções e capítulos deste livro, não computamos preços de escravos em cuja descrição era informada a presença de algum atributo que de alguma forma afetasse sua capacidade para o trabalho; vale dizer, não consideramos as pessoas doentes ou, usando uma expressão presente na documentação, os preços de cativos com "defeitos".

Da mesma forma, à semelhança do procedimento adotado no Capítulo 4, não incluímos os preços das mulheres negociadas na companhia de filhos ingênuos, pois é possível que essas crianças fossem, apesar da Lei do Ventre Livre, implicitamente avaliadas e seu valor agregado ao de suas mães. Por exemplo, Eduardo Paula Carvalho, morador em Piracicaba, comprou a escrava Constança por Rs. 500$000 aos 2 de junho de 1885. A moça, de 24 anos, negra, solteira e natural da província do Piauí, foi por ele vendida cerca de um mês depois, aos 4 de julho, por Rs. 600$000. Ambas as transações foram realizadas no âmbito local e a única informação nova que se lê na escritura referente à segunda venda é que Luiza, filha ingênua de Constança, acompanhava sua mãe. Lembremos, adicionalmente, que para a maior parte das escrituras nas quais eram negociados dois ou mais escravos não foi possível identificar seus preços individuais, uma vez que o documento fornecia unicamente o valor do conjunto transacionado. Como resultado, o Gráfico 5.11 foi construído com base nos informes concernentes a 461 homens e 250 mulheres, correspondentes, respectivamente, a 20,2% dos 2.284 homens e 18,0% das 1.393 mulheres objeto dos registros compulsados (1861 a 1887).

As curvas desenhadas no gráfico em questão possibilitam notar, para a grande maioria dos anos considerados, preços mais elevados dos adultos jovens do sexo masculino. As diferenças ampliaram-se muito no decênio de 1870, durante o qual os homens atingiram seus valores mais altos de todo o período. Para essa ampliação, como vimos no capítulo anterior, vários fatores deram sua contribuição, entre eles a Lei do Ventre Livre, impactando decerto no declínio dos preços no início da década de 1870, em especial no caso das mulheres. Os valores elevam-se a partir de 1874; todavia, enquanto os dos homens atingiriam um novo patamar, superando os "melhores momentos" dos anos de 1860, os das mulheres retomariam nível semelhante ao observado no decênio anterior, agora com maior estabilidade. Nos anos de 1880, a queda abrupta dos preços ocorreu para homens e mulheres; para elas, contudo, o declínio parece ter-se iniciado um pouco mais tarde, talvez até por força dos valores mais baixos atingidos em finais da década de 1870.

No Capítulo 2, mencionamos o papel relevante decerto assumido, na conformação do mercado de escravos, pelas expectativas vigentes acerca do tempo de "sobrevida" da escravidão. Os dados de preços de cativos tabulados no Gráfico 5.11, em especial os do sexo masculino, tendem a confirmar – tal como sugerido, por exemplo, por Pedro Carvalho de Mello – a ocorrência de um pronunciado declínio daqueles preços já nos anos iniciais do decênio de 1880, fruto de uma brusca diminuição naquelas expectativas. Se os preços por nós coletados confirmam a sugestão de Mello, de outra parte implicam antecipar um pouco o entendimento de outros estudiosos, a exemplo de Emília Viotti da Costa (1989, p. 229), que afirmou: "Foi só a partir de 1885 que houve uma depreciação do escravo e os preços caíram a 1:500$000 e 1:000$000." No curso dos três anos iniciais daquela década parece ter se sedimentado como dominante o entendimento de uma solução iminente da questão servil, dando forma ao "colapso do mercado de escravos em 1881-83", para usarmos a expressão de Robert Slenes (2004, p. 327), igualmente citada no Capítulo 2. Poderíamos aventar, outrossim, que a tabela de preços máximos constante, como vimos, da Lei dos Sexagenários, de 1885, viria em boa medida sancionar essas expectativas.

Não obstante, embora os escravistas de Areias e Piracicaba, regra geral, mostrassem-se alinhados com o aludido entendimento dominante no mercado, figurando o mais das vezes na ponta vendedora do comércio intraprovincial, o comportamento dos escravistas em Casa Branca, amiúde na ponta compradora daquele comércio, apresentou-se, regra geral, contrário ao esperado. Aparentemente os proprietários de cativos daquela localidade da Zona da Mogiana não se deixaram "contagiar" pelos "sinais do mercado"! Na busca de uma explicação para a continuidade da ocorrência de transações envolvendo escravos será oportuno retomar a distribuição das pessoas negociadas segundo localidade e ano do registro das respectivas escrituras, fornecida na Tabela 5.1, distribuição que, para a comodidade dos leitores, é novamente apresentada na Tabela 5.16.

Evidentemente, o declínio vigoroso dos preços afasta, de imediato, quaisquer possibilidades de aventarmos a vigência de um completo desvario dos compradores de escravos naqueles anos. O barateamento dos cativos, para muitos, poderia parecer uma oportunidade imperdível, embora seja inegável o elevado risco no qual decidiram incorrer. De outra parte, é não menos evidente que tais compradores – presentes nas três localidades selecionadas, no mínimo em todos os negócios de âmbito local – podem ter decidido concretizar suas aquisições por conta de uma ampla gama de motivos, muitos dos quais provavelmente de natureza extraeconômica, e todos capazes de distanciá-los em alguma medida de um procedimento mais consentâneo com as expectativas dominantes no mercado de cativos.

Tabela 5.16
Escravos Transacionados Segundo Localidade e Ano do Registro
(1881-1887)

Anos	Areias	Piracicaba	Casa Branca	Totais
1881	28	35	10	73
1882	7	124	28	159
1883	10	71	–	81
1884	12	62	4	78
1885	69	69	18	156
1886	42	45	40	127
1887	2	16	9	27
Totais	170	422	109	701

Fonte: Escrituras de transações envolvendo escravos.

Considerando o número de escravos transacionados em Casa Branca, o mercado parece mesmo sofrer total colapso no biênio 1883-84.[40] Mas os negócios se recuperaram em alguma medida no biênio seguinte, recuperação que também é indiciada pelos números de Areias, embora não tanto pelos de Piracicaba. E por que haveria uma recuperação no período em torno da Lei nº 3.270, se a tabela de preços de cativos dela constante parecia vir sancionar as expectativas do mercado? Cremos que dois motivos interligados poderiam ser sugeridos a partir das disposições da lei explicando tal recuperação. Primeiramente, nelas se consagrou a figura da indenização a ser paga aos senhores pelos escravos futuramente libertados. Em segundo, porque a lei estabelecia um cronograma de "desvalorização" dos cativos – e, por conseguinte, de gradual diminuição dos valores das indenizações –, sendo essa desvalorização total (atingindo 100%) no décimo terceiro ano do cronograma, mas relativamente "suave" nos anos iniciais. A seguir reproduzimos um excerto da seção da Lei que tratava das alforrias e dos libertos, no qual se encontram as disposições referidas:

---

[40] Repisando comentários feitos ao início deste capítulo, ao contrário de outras lacunas evidentes na documentação por nós compulsada atinente ao período 1861-1880, no intervalo 1881-1887 defrontamo-nos, ao que tudo indica, com anos nos quais os negócios tornaram-se crescentemente rarefeitos. Todavia, a média anual de escravos negociados em Piracicaba (67,7 entre 1881 e 1886), tomando sempre por saudável a adoção de certa cautela, faz com que entendamos não ser conveniente descartar *in limine* as possibilidades de lacunas semelhantes nos anos de 1880, especialmente em Casa Branca (cf. Apêndice Metodológico).

Art. 3º Os escravos inscritos na matrícula serão libertados mediante indenização de seu valor pelo fundo de emancipação ou por qualquer outra forma legal.

§ 1º Do valor primitivo com que for matriculado o escravo se deduzirão:

No primeiro ano	2%
No segundo	3%
No terceiro	4%
No quarto	5%
No quinto	6%
No sexto	7%
No sétimo	8%
No oitavo	9%
No nono	10%
No décimo	10%
No undécimo	12%
No décimo segundo	12%
No décimo terceiro	12%

Contar-se-á para esta dedução anual qualquer prazo decorrido, seja feita a libertação pelo fundo de emancipação ou por qualquer outra forma legal. (*Coleção de Leis do Império do Brasil*)

Dessa forma, os dados das transações que examinamos apontam para o acerto da insinuação dos abolicionistas coevos mencionada no comentário seguinte, de Slenes, ainda que o efeito por eles sugerido, isto é, a recuperação dos negócios com escravos, não tenha se mantido nem mesmo até a realização da nova matrícula prevista na legislação:

> Embora ostensivamente se destinasse a estipular o preço dos escravos cuja liberdade poderia dali por diante ser decidida judicialmente, a tabela, que entrou em vigor em 1887, também implicou o reconhecimento pelo estado da legitimidade daqueles valores e, portanto, seu comprometimento com a indenização dos proprietários de escravos caso o trabalho forçado viesse a ser proibido por lei antes de 1900. Como insinuaram na época os abolicionistas, isso poderia ter o efeito de escorar os valores vigentes de mercado dos escravos e empurrar para o futuro a prevista morte política da escravidão. (SLENES, 2004, p. 359)

O evolver da questão servil, como sabemos, frustrou totalmente esse potencial "empurrão para o futuro" e, no frigir dos ovos, "descolou-se" do caminho que poderia ser inferido a partir do cronograma constante da lei.[41] E assim foi por conta da presença de condicionantes outros tais como o movimento abolicionista e a ação dos próprios escravos, todos compondo o complexo pano de fundo dos anos de 1880. Como resultado, teve pouco fôlego o alento no tráfico de cativos ocorrido em 1885-86, diminuindo os casos de escravos negociados, significativamente, em 1887, tanto em Areias, como em Piracicaba e Casa Branca.[42]

Dirigindo nosso foco em distintas regiões cafeeiras da província paulista, os informes analisados permitiram-nos, pois, neste capítulo, descortinar várias

---

41 Tal descolamento mostra-se patente, por exemplo, no clima de elevada tensão que se percebe dominar a descrição, reproduzida por Stanley Stein, da reunião de mais de 200 fazendeiros de Vassouras em março de 1888, na província do Rio de Janeiro. Nessa reunião, um dos presentes, José de Vasconcellos, "(...) advertiu que o único caminho para evitar a desorganização repentina do trabalho escravo da fazenda, caso a emancipação viesse da noite para o dia, era a libertação voluntária de todos os escravos dentro do município antes de qualquer emancipação oficial". De fato, a reação de outro fazendeiro a essa advertência, bem como a ameaça de agressão sofrida por Vasconcellos, a nosso ver, parecem expressar muito mais um desejo do que uma convicção que pudesse fomentar sólidas expectativas: "(...) outro fazendeiro expressou a confiança que a maioria tinha em Paulino de Souza [Senador de 1884 a 1889–JFM], que havia prometido no início de janeiro que os fazendeiros podiam contar com mais cinco anos de escravidão. (...) Vários fazendeiros correram para bater em Vasconcellos, e apenas a intervenção de Correa e Castro impediu que ele fosse 'massacrado.'" (STEIN, 1990, p. 295-300)

42 Nas palavras de Slenes, "Isso não aconteceu [o empurrão para o futuro da esperada morte política do trabalho compulsório–JFM] (segundo dados de P. Mello, o mercado escravo em 1887 previa a abolição em apenas um ano) graças a uma luta política contínua, que incluiu a agitação por abolicionistas radicais e pelos próprios escravos, além de uma deserção de última hora da causa do escravismo por parte de certas elites do oeste paulista e de Pernambuco. Estes últimos grupos estavam em boa posição para atrair trabalhadores livres e empréstimos a juros baixos em um ambiente pós-abolicionista — especialmente se os fundos do governo não fossem distribuídos indiscriminadamente a ex-senhores como indenização por sua mão de obra perdida." (SLENES, 2004, p. 359) Não nos deve surpreender, pois, sobre a mão de obra livre estrangeira vinda para a província paulista, que "até 1886, o número de imigrantes entrados em São Paulo não fora ponderável. Apesar de grande divergência de dados, pode-se calcular o seu número aproximadamente em 50.000, o que corresponderia, grosso modo, a 4% da população total. Graças, entretanto, ao incremento da imigração nos anos seguintes, eles chegarão em 1888 a ultrapassar a casa dos 150.000. De julho a novembro de 1887 entraram mais imigrantes do que nos cinco anos anteriores". (COSTA, 1989, p. 234-235)

características do comércio da mercadoria humana, bem como das vicissitudes por ele sofridas nos anos finais do período escravista no Brasil. Embora conformando uma trajetória declinante para o conjunto do intervalo entre 1881 e 1887, pudemos nela identificar algumas oscilações as quais, assim o sugerimos, estiveram vinculadas às expectativas diferenciadas e às ações dos diversos envolvidos, em especial os próprios escravos e, claro, seus proprietários.

Considerações finais

Rosaura era uma escrava crioula. Em março de 1873, essa jovem mulher de 25 anos de idade fez um ajuste com sua proprietária, a qual lhe deu licença "para tirar esmolas". Com essa atividade adicional, a cativa, que era cozinheira, pretendia juntar a quantia necessária para comprar sua liberdade: um conto e quinhentos mil-réis. Sete meses depois conseguira formar um pecúlio de trinta mil-réis, entregues à sua senhora mediante recibo. Nesse momento, talvez Rosaura tenha desanimado, percebendo que seus esforços seriam infrutíferos; afinal, mantido o ritmo daqueles sete meses, medir-se-ia em décadas o tempo necessário até ela alcançar seu objetivo. Talvez tenha sido a escravista quem, por um motivo ou outro, voltara atrás na autorização para sua crioula "tirar esmolas". Seja como for, três anos após a feitura do ajuste descrito, portanto em março de 1876, a escrava foi vendida pelos referidos Rs. 1:500$000, e o pecúlio de Rs. 30$000 que ela havia amealhado foi repassado, assim o lemos na escritura de venda, pela antiga para o novo proprietário. Este, tão somente dois meses depois, revendeu a cozinheira com grande lucro, por Rs. 1:750$000; todavia, no documento atinente a este segundo negócio, à diferença do datado de dois meses antes, nenhuma menção foi feita ao dinheiro que Rosaura havia conseguido juntar.

David era um escravo africano. Apesar do cativeiro, alcançara a avançada idade de 62 anos em 1885. Foi, por conseguinte, em setembro daquele ano, um dos beneficiados pela Lei nº 3.270, a Lei dos Sexagenários. Embora tido como liberto desde então, estava obrigado a prestar ainda mais três anos de serviços para seu senhor, a título de indenização pela alforria. É bem possível que o proprietário tivesse pouco ou nenhum interesse no velho. Contudo, ele também era senhor de Maria, crioula de 27 anos de idade, esposa de David; e Maria tivera uma prole numerosa, ao menos seis crianças nascidas na vigência da Lei do Ventre Livre, de 1871. Quando, em dezembro de 1885, o dito senhor realizou uma venda de escravos, o africano foi incluído no negócio e de início descrito no documento entre os demais cativos vendidos. Decerto um lapso atribuível aos apenas dois meses desde a promulgação da Lei nº 3.270, corrigido pelo tabelião pelo acréscimo, ao término da escritura, de um "Em tempo: o escravo David é apenas vendido os seus serviços e não a sua pessoa, visto ser maior de sessenta anos". Não podemos descartar existir um interesse do comprador na mão de obra daquele idoso, mas é provável que sua presença na transação tenha sido em alguma medida forçada pela legislação impeditiva da separação entre cônjuges e entre pais e filhos. O interesse maior talvez fosse outro; nesse caso, David pode ter sido negociado como que "a reboque" da aquisição de Maria, ela necessariamente acompanhada de seus seis filhos ingênuos.

Pessoas como Rosaura e David foram a "matéria-prima" desta tese. Nosso contato com elas deu-se a partir dos livros de registro de transações envolvendo escravos. As principais fontes deste estudo foram esses registros, efetuados nos municípios paulistas de Areias, Guaratinguetá, Constituição (Piracicaba) e Casa Branca nas décadas derradeiras do período escravista no Império do Brasil. E o movimento da "onda verde" cafeeira pelo território da Província de São Paulo, proveniente do Vale do Paraíba e demandante do Oeste histórico, conformou o elemento privilegiado, por excelência, do pano de fundo do tráfico da mercadoria humana por nós analisado. Cobrimos o período de 1861 a 1887, um intervalo de 27 anos nos quais foram registradas 1.656 escrituras envolvendo 3.677 cativos. A maior parte das transações foi de compra e venda, algumas vezes de "partes ideais" das pessoas transacionadas, mas houve também permutas, doações, dações *in solutum* etc.

O contexto dado pela expansão cafeeira paulista e a temática do tráfico interno de escravos no Brasil receberam nossa atenção na primeira parte do trabalho, respectivamente nos Capítulos 1 e 2. Sem a pretensão de sermos exaustivos, amparamo-nos na historiografia disponível de modo a compor um panorama minimamente suficiente – e, sem dúvida, necessário – desses dois tópicos. Tratamos, pois, nessa parte de nosso estudo, de lançar as fundações sobre as quais construiríamos o edifício de nossa análise aplicada aos resultados das tabulações dos informes coletados em todas aquelas escrituras, acerca daqueles milhares de escravos. Tais informes receberam, o mais das vezes, um tratamento quantitativo, entremeado, sempre que consideramos oportuno, com o exame um pouco mais aprofundado de transações específicas, permitindo que aflorassem detalhes de parte de histórias de vida tais como as de Rosaura e David.

A análise dos dados, na segunda parte da tese, foi conduzida, de maneira entrelaçada, a partir de duas perspectivas. A divisão entre os Capítulos 3, 4 e 5 contemplou a dimensão diacrônica, refletindo a periodização adotada, com a qual evidenciamos as substanciais alterações dos cenários onde se moviam os protagonistas do comércio interno de escravos cujas características era nosso principal objetivo examinar. Adicionalmente, em cada um desses três capítulos, a divisão por seções contemplou a dimensão sincrônica, permitindo perceber a lógica presente na seleção de localidades, situadas em regiões paulistas – Vale do Paraíba, "Oeste Velho", "Oeste Novo" – sucessivamente alcançadas pelo avanço da cafeicultura. A comparação entre os municípios escolhidos possibilitou-nos explorar os efeitos diferenciados sobre o tráfico de cativos, nos cenários cambiantes dos distintos intervalos temporais da periodização adotada, de situações díspares afetas a específicos estágios de desenvolvimento da lavoura cafeeira.

É evidente, não será demais repisar, que as características por nós observadas do comércio de escravos em Areias, Guaratinguetá, Constituição (Piracicaba) ou Casa Branca não decorreram meramente de determinações advindas da expansão cafeeira. No entanto, a importância daquela lavoura nos municípios em questão, bem como o dinamismo definidor dessa atividade em ascensão no Império, e em especial na Província de São Paulo no decurso da segunda metade do século dezenove, respaldaram nosso entendimento daquela expansão como elemento condicionante fundamental a conformar as aludidas características.

No intervalo 1861-69 (Capítulo 3), para o qual dispusemos de poucos informes de transações realizadas em Casa Branca, a análise esteve centrada nas outras três localidades. Notamos que, em Constituição, comparada às duas cidades do Vale do Paraíba, o comércio de escravos possuía características que traduziam um dinamismo econômico mais pronunciado, decerto vinculado ainda à atividade açucareira, mas cuja intensidade já refletia também o avanço da cafeicultura. Naquele município da Zona Central da província observamos a mais elevada razão de sexo entre os indivíduos negociados, a mais significativa parcela de homens adultos jovens, o maior peso relativo, no total de transações, daquelas envolvendo os trânsitos intra e interprovincial, bem como os mais altos preços médios, quer nominais ou reais, tanto no caso dos escravos homens como no das mulheres, seja no comércio local, seja nos negócios que extrapolaram os limites da localidade. Adicionalmente, no comércio entre províncias registrado em Constituição, assumiram já naqueles anos grande relevância os escravos oriundos do Norte e Nordeste do Império, em especial aqueles vindos da Bahia.

No mesmo intervalo temporal, Areias possuía uma economia cafeeira madura. As pessoas negociadas eram relativamente mais velhas e o tráfico entre províncias, ainda que envolvesse uma parcela relativa mais importante de escravos transacionados do que em Constituição, era composto de maneira quase absoluta pelos cativos provenientes das limítrofes Províncias do Rio de Janeiro e de Minas Gerais. Além disso, as idades em média mais elevadas foram observadas não apenas no caso das pessoas comercializadas internamente à província paulista, mas também, e ainda mais intensamente, no tráfico entre províncias. Tais características traduziram-se em preços médios significativamente menores em Areias do que na localidade da Zona Central. E em Guaratinguetá – onde o desenvolvimento cafeeiro colocava-se, por assim dizer, "a meio caminho" entre Areias e Constituição – percebemos, no tocante ao tráfico interprovincial, e em que pese sua menor importância relativa, características também intermediárias em comparação aos dois outros municípios. É esse o caso da razão de sexo, da participação relativa dos homens com 30 ou mais anos de idade e da variedade de localidades e distâncias envolvidas nos tráficos intra e interprovincial.

Segmentamos o período seguinte, de 1870 a 1880 (Capítulo 4) em dois intervalos menores: 1870-73 e 1874-80. Independentemente do maior ou menor dinamismo das transações observado nos anos de 1860, os quatro municípios considerados vivenciaram inequívoca intensificação do tráfico em 1874-80. Essa aceleração compartilhada no ritmo do comércio da mercadoria humana fez com que, em certos aspectos, suas características se tornassem mais assemelhadas entre as distintas localidades, principalmente ao tomarmos como referencial as distinções mais nitidamente identificadas nos anos de 1860. Os "famigerados escravos do Norte" foram condimento primordial na definição dessas eventuais semelhanças, e mais de um estudioso do tema fez referência à "torrente" então representada pelo tráfico interprovincial, despejando milhares após milhares de cativos na tentativa de saciar a "fome de braços" da lavoura cafeeira.

Valendo-nos dos mesmos termos utilizados por Jacob Gorender, o tráfico "moderado" no decênio de 1860 e o "muito intenso" na década de 1870 corresponderam a cenários muito distintos. E a mudança de ritmo havida, em verdade, foi mediada pelos anos de 1870-73, quando o dito tráfico apresentou-se em alguma medida arrefecido. Tal atributo desse quatriênio, porém, foi percebido de modo distinto nas diferentes localidades. Em Guaratinguetá, por exemplo, o comércio de escravos no intervalo 1870-73, tendo em vista suas características na etapa anterior, muitas vezes apareceu como prenunciando traços definidores que encontrariam sua feição mais acabada no restante do decênio. Já no caso de Constituição, esse "prenúncio" viu-se nuançado, pois lá aqueles quatro anos ofereciam marcado contraponto ao dinamismo preexistente do comércio de cativos nos anos de 1860. Assim sendo, os sete anos do intervalo 1874-80 em Constituição significaram em certa medida um retorno à situação anterior a 1870-73.

Por conseguinte, em que pese haver traços compartilhados, de modo algum o tráfico tornou-se indistinto nas várias localidades em 1874-80. Mesmo porque, repisemos, a cafeicultura atravessava estágios diferenciados de desenvolvimento nas diferentes regiões da província paulista. Casa Branca, por exemplo, ausente de nossa análise do período anterior, assumiu nos anos de 1870 características ao que tudo indica muito próprias de uma região próxima à fronteira da expansão cafeeira; este o caso da maior incidência lá do tipo de negócios representado pelas "vendas condicionadas". Adicionalmente, as disparidades identificadas nas participações relativas das diversas naturalidades e/ou locais de matrícula das pessoas transacionadas indiciaram o recurso a fontes e/ou rotas distintas de abastecimento de cativos. Guaratinguetá e Casa Branca, por exemplo, ilustraram essa comparação, com a presença mais relevante de escravos de Minas Gerais e da Bahia neste último município apontando para o abastecimento via rotas terrestres originadas no interior daquelas províncias *vis-à-vis* a importância maior, na localidade valeparaibana, da intermediação de moradores no Rio de Janeiro e talvez, de modo correspondente, do tráfico pela via marítima. Também diferiram as localidades quanto ao sentido dos comércios intra e interprovincial, destacando-se Areias como aquela onde, no período 1874-80, a saída de escravos naqueles dois tipos do tráfico alcançou o porcentual mais elevado.

No tocante aos preços dos cativos, observamos que, com a exceção de Casa Branca, para a qual não dispusemos de informes de preços para os anos de 1860, nos demais municípios considerados, em todos os tipos do tráfico, os preços médios reais dos homens de 15 a 29 anos de idade elevaram-se em 1874-80. No caso das mulheres, regra geral, os preços médios reais diminuíram, em especial, em todos os tipos do comércio, em Constituição. Assim sendo, o movimento de intensificação do tráfico interno de escravos a partir de meados do decênio de 1870 refletiu-se no comportamento favorável dos preços do bem, em princípio, mais valorizado no mercado da mercadoria humana: os jovens do sexo masculino. E foi também bastante palpável o efeito deletério da libertação dos nascituros sobre os preços praticados das mulheres cativas.

Ademais, tomados os preços dos homens de 15 a 29 anos de idade, percebemos serem os naturais de ou matriculados em São Paulo mais baratos do que os do Rio de Janeiro ou Minas Gerais, e estes, por seu turno, mais baratos do que os do Norte e Nordeste do Império. Essas diferenças, já verificadas nos anos de 1860, reafirmaram-se em proporções bastante similares em 1874-80, contudo agora com os preços todos num patamar mais elevado. Tais disparidades, salientemos, fornecem uma explicação para o fato de o aparente maior dinamismo do tráfico interprovincial em Casa Branca no último desses intervalos temporais não se refletir em preços médios reais superiores aos praticados em Piracicaba. De fato, em Casa Branca a presença relativa de cativos matriculados na província de Minas Gerais foi muito mais expressiva no tráfico entre províncias lá registrado em comparação ao verificado em Piracicaba, o que acabou "deprimindo" os preços médios no município da Mogiana. Mesmo assim, os preços médios reais dos escravos homens no tráfico interprovincial foram mais elevados nas duas localidades do Oeste Paulista *vis-à-vis* nas duas do Vale do Paraíba.

Ainda nossa análise do período 1870-1880 levou-nos a considerar um aspecto adicional. Tratou-se da presença dos grandes fazendeiros, cujos interesses iam amiúde muito além dos limites de um único município. Ainda que houvesse, evidentemente, cafeicultores de grande porte nas quatro localidades que examinamos, destacamos, pela participação nas escrituras compulsadas, em Casa Branca, o Dr. Antonio da Silva Prado. Ele apareceu várias vezes, sempre como comprador, adquirindo várias dezenas de escravos. E, em Piracicaba, destacamos o Comendador Luiz Antonio de Souza Barros e o Dr. Estevão Ribeiro de Souza Rezende, ambos descendentes do Brigadeiro Luiz Antonio. Por exemplo, no caso de Estevão, futuro Barão de Rezende, ele apareceu, ao longo de toda a década de 1870, como contratante em escrituras nas quais foi negociado mais de um décimo do total de pessoas transacionadas, sendo a maior parte delas comprada.

O intervalo 1881-87 (Capítulo 5) foi marcado pela perda substancial de relevância do tráfico interprovincial, fruto de sua proibição, de fato, mediante a criação, em janeiro de 1881, do imposto de dois contos de réis incidente na entrada de cativos na Província de São Paulo. Isto acarretou um comércio de escravos, em seus últimos anos, detentor de um dinamismo em boa medida reduzido quando comparado à segunda metade da década de 1870. Todavia, entendemos ser correto atribuir-lhe, ao menos nos anos iniciais do período, uma intensidade no mínimo moderada, tal como nos anos de 1860. E essa intensidade, na medida em que dependente, em municípios com maior demanda pela mão de obra compulsória, de um fornecimento de cativos trazidos de fora, encontrou-se inevitavelmente no fluxo intraprovincial. Tal redirecionamento da demanda, de forma necessária, trouxe características novas ao comércio da mercadoria humana, em especial nas localidades que nele passaram a figurar de maneira mais importante como integrantes do "lado da oferta".

Identificamos, em nossa análise, tanto continuidades como mudanças envolvidas no aludido redirecionamento. Casa Branca ilustrou muito bem as continuidades. Seu enquadramento, até então, como local de destino, por excelência, tanto do tráfico intra como do interprovincial, atingira o auge em 1874-80, quando praticamente não houve registros de escrituras nas quais moradores daquela localidade vendiam sua propriedade escrava para residentes em outros municípios paulistas ou em outras províncias do Império; além disso, mais de dois terços do fluxo de entrada naqueles anos foi proveniente do tráfico interprovincial. Percebemos que Casa Branca manteve-se como local de destino em 1881-87, mas teve de buscar fontes alternativas para o abastecimento de escravos "novos", restritas pelos contornos do território paulista.

Um comportamento do comércio de cativos como esse identificado em Casa Branca no intervalo 1881-87, decerto vinculado a um maior dinamismo econômico, uma vez mais em boa medida tributário das possibilidades ditadas pela expansão cafeeira, exigiu, e não poderia ser diferente sob os parâmetros da instituição escravista, a ocorrência de mudanças profundas no comportamento correlato tais como as identificadas em casos como os de Areias e, sobretudo, Piracicaba. Assim, em ambas, no auge do tráfico interno de escravos (1874-80), o fluxo de entrada superava amplamente o de saída; nos anos de 1880, o sentido predominante do fluxo inverteu-se, e nas duas localidades foram muito mais expressivas as saídas de cativos.

Valendo-nos da regionalização da Província de São Paulo proposta por Sergio Milliet, levantamos indicações bastante nítidas da direção dos deslocamentos mais importantes vivenciados pelas pessoas comercializadas no período 1881-87. Elas foram deslocadas da Zona Norte para a Central, e daí para as Zonas da Mogiana e da Paulista. Como esperado, esse trânsito reproduzia o movimento da "onda verde" do café no território paulista; refletia, pois, o esforço da cafeicultura para saciar sua grande demanda por mão de obra, esforço que, no caso do trabalho compulsório, perdurou, ao menos em sua fração identificável nos livros notariais por nós manuseados, até poucos meses antes do 13 de maio de 1888.

Percebemos, ademais, um declínio rápido e forte dos preços dos cativos nos anos de 1880. Centrando nossa atenção no caso dos indivíduos com idades de 15 a 29 anos, examinamos o comportamento de seus preços por todo o período coberto por nossas fontes (1861 a 1887). Obtivemos o informe em tela para cerca de um quinto dos homens e também um quinto das mulheres transacionados. Observamos preços mais elevados dos adultos jovens do sexo masculino. As diferenças segundo sexo ampliaram-se muito no decênio de 1870, durante o qual os homens atingiram seus valores mais elevados. Para essa ampliação contribuíram vários fatores, entre eles a Lei do Ventre Livre, impactando decerto no declínio dos preços no início da década de 1870, em especial no caso das mulheres. Os valores elevaram-se a partir de 1874; todavia, enquanto os dos homens atingiram um novo patamar, superando os "melhores momentos" dos anos de 1860, os das mulheres retomaram nível semelhante ao observado no decênio anterior, agora com maior estabilidade. Nos anos de 1880, a aludida queda abrupta dos preços ocorreu para homens e mulheres; para elas, contudo, o declínio iniciou-se um pouco mais tarde, talvez até por força do patamar inferior de onde começaram a cair.

Essa diminuição dos preços no curso dos primeiros anos da década de 1880 pareceu-nos confirmar a interpretação presente na historiografia de que se teria sedimentado então, como dominante, o entendimento de uma solução iminente da questão servil, dando forma ao "colapso do mercado de escravos em 1881-83", para usarmos a expressão de Robert Slenes. Poderíamos aventar, também, que a tabela de preços máximos constante da Lei dos Sexagenários, de 1885, viria em boa medida sancionar essas expectativas. Não obstante, embora os escravistas de Areias e Piracicaba, regra geral, mostrassem-se alinhados com o aludido entendimento dominante no mercado, figurando o mais das vezes na ponta vendedora do comércio intraprovincial, o comportamento dos escravistas em Casa Branca, amiúde na ponta compradora daquele comércio, apresentou-se contrário ao esperado. Aparentemente os proprietários de cativos daquela localidade da Zona da Mogiana não se deixaram "contagiar" pelos "sinais do mercado"! Evidentemente, quando menos pelo próprio declínio vigoroso dos preços, podemos afastar, de pronto, qualquer sugestão de vigência de um completo desvario dos compradores de escravos naqueles anos. O barateamento dos cativos, para muitos, poderia parecer uma oportunidade imperdível, embora seja inegável o elevado risco no qual decidiram incorrer. De outra parte, é não menos evidente que tais compradores podem ter decidido concretizar suas aquisições por conta de uma ampla gama de motivos, muitos dos quais provavelmente de natureza extraeconômica, e todos capazes de distanciá-los em alguma medida de um procedimento mais consentâneo com as expectativas dominantes no mercado.

Considerando o número reduzido de escravos transacionados em Casa Branca, o mercado parece mesmo sofrer total colapso no biênio 1883-84. Mas os negócios se recuperaram em alguma medida no biênio seguinte, recuperação que também se viu indiciada pelos números de Areias, embora não tanto pelos de Piracicaba. Haveria que explicar a razão para essa recuperação no período em torno da Lei nº 3.270, se a tabela de preços de cativos dela constante, como aventamos, parecia vir sancionar as expectativas do mercado. Para tanto, sugerimos dois motivos interligados, a partir das disposições da dita lei. Primeiro, tais disposições consagraram a figura da indenização a ser paga aos senhores pelos escravos futuramente libertados. Segundo, a lei estabelecia, ano a ano, o cronograma de "desvalorização" dos cativos – e, por conseguinte, de gradual diminuição dos valores das indenizações; essa desvalorização seria total no décimo terceiro ano, mas relativamente "suave" nos anos iniciais.

Dessa forma, os dados das transações que examinamos apontam para o acerto da insinuação dos abolicionistas coevos de que os preços definidos na lei implicariam, ao fim e ao cabo, um alento à legitimidade do tráfico, com isso podendo contribuir para a postergação de seu término. O evolver da questão servil, como sabemos, frustrou totalmente esse potencial "empurrão para o futuro" do problema e, no frigir dos ovos, "descolou-se" do caminho que poderia ser inferido a partir do cronograma constante da lei. E foi assim por conta da presença de condicionantes outros tais como o movimento abolicionista e a ação dos próprios escravos, todos compondo o complexo pano de fundo dos anos de 1880. Como resultado, teve pouco fôlego a eventual recuperação do tráfico de cativos ocorrida em 1885-86, diminuindo significativamente, em 1887, tanto em Areias, como em Piracicaba e Casa Branca, os casos de escravos negociados.

✵✵✵

Coadunando-se com as considerações acima expostas, dentre as 1.656 escrituras cujos informes analisamos nesta tese, aquela cuja data esteve mais próxima da promulgação da Lei Áurea foi registrada em Casa Branca. Tratou-se de um negócio entre membros da família Arantes, registrado aos 12 de outubro de 1887. Lourenço Carlos de Arantes e sua esposa, moradores na capital da Província de São Paulo, através de seu procurador, Dr. Pedro Arbens da Silva, residente em Casa Branca, venderam uma fazenda e meia dúzia de escravos para Manoel Olympio Carlos de Arantes, também morador na localidade situada na Zona da Mogiana. O valor da escritura foi de 32 contos de réis; parte dessa quantia – Rs. 6:000$000 – correspondeu aos seis cativos transacionados.

Os negócios envolvendo escravos eram já esparsos naquela altura. Mesmo em Casa Branca, por exemplo, o registro anterior a esse fora datado aos 2 de maio de 1887. Não obstante, naquele dia 12 de outubro, mudaram de proprietário as seguintes pessoas: Jacintha, de 21 anos de idade; Vicente, de 25 anos; Magdalena, 49; Luis, 48; Manoel, 48; e Gregório, de 22. Com a exceção de Magdalena, viúva, os demais foram descritos como solteiros. Os seis eram cativos "do serviço da lavoura". Não foi informada sua origem ou naturalidade, mas todos eles haviam sido matriculados em Casa Branca. Só podemos especular até que ponto os contratantes, Lourenço, sua esposa e Olympio, ao atribuir àqueles cativos um valor em média de um conto de réis, projetavam para os meses que se seguiriam um cenário no qual se destacaria o desenlace representado pela Lei Áurea, num dia que se tornaria célebre, o 13 de maio de 1888.

Mercadoria objeto daquela transação de compra e venda, não é de maneira alguma improvável, talvez muito pelo contrário, que, para Magdalena e seus companheiros, a mudança de proprietário, em outubro de 1887, pouco impacto tenha produzido em seu cotidiano no cativeiro, eventualmente centrado nas lides da cafeicultura. De fato, faria sentido conjecturarmos, pelo menos, que as mudanças acarretadas naquelas seis vidas pela transação registrada em 12 de outubro tenham sido insignificantes quando comparadas à obtenção da liberdade, o grande acontecimento que o futuro lhes reservava para sete meses depois. Ou talvez não!

APÊNDICE METODOLÓGICO
As escrituras de transações envolvendo escravos

Juntamos à nossa tese este Apêndice Metodológico com o intuito de possibilitar aos leitores melhor apreciação das principais fontes documentais que utilizamos, quais sejam, as escrituras de transações envolvendo escravos. Pretendemos evidenciar, é claro, com a descrição desses manuscritos, a contribuição de seu rico conteúdo para o estudo realizado. Entendemos, não obstante, que essa riqueza decerto terá sido percebida pela leitura do texto. Assim sendo, pretendemos também, para além dessa descrição, comentar as principais dificuldades por nós defrontadas no processo de coleta dos informes extraídos dessas fontes notariais.

De início, digitalizamos uma dessas escrituras, registrada aos 29 de maio de 1882, e que recebeu o número 522 no conjunto de documentos coletados em Piracicaba. Essa escritura, que tomou pouco menos de duas páginas do livro de notas, é reproduzida nas Figuras AM.1 e AM.2. Prevendo dificuldades de leitura por conta da reprodução em tamanho reduzido, procedemos, no Quadro AM.1, à transcrição, na íntegra, do documento digitalizado. Tratou-se, como se lê, da "Escritura de venda que faz Antonio Galvão de Almeida a Salvador Martins Bonilha Sobrinho de três escravos por 6:468$000". Os cativos negociados eram Evaristo (Rs. 2:206$000), Patrício (Rs. 2:206$000) e Celestino (Rs. 2:056$000), com 16, 17 e 25 anos de idade, respectivamente.

Figura AM.1
Escritura de Venda de Três Escravos
(Piracicaba, 29 de maio de 1882)

Fonte: Quinto dos livros notariais coletados para Piracicaba, aberto aos 20/10/1879.

Figura AM.2
Escritura de Venda de Três Escravos [continuação]
(Piracicaba, 29 de maio de 1882)

Fonte: Quinto dos livros notariais coletados para Piracicaba, aberto aos 20/10/1879.

Quadro AM.1
Transcrição da Escritura Reproduzida nas Figuras AM.1 e AM.2
(Piracicaba, 29 de maio de 1882)

Escritura de venda que faz Antonio Galvão de Almeida a Salvador Martins Bonilha Sobrinho de três escravos por   6:468$000 Saibam quantos esta escritura virem, que no ano do nascimento de Nosso Senhor Jesus Cristo de mil oitocentos e oitenta e dois, aos vinte e nove dias do mês de maio, nesta cidade de Piracicaba e casa do Doutor Manoel de Moraes Barros aonde vim eu Tabelião, aí presentes partes havidas e contratadas sendo como vendedor Antonio Galvão de Almeida representado por seu procurador Doutor Manoel de Morais Barros, cuja procuração apresentou e vai assinado digo e vai registrada no livro competente deste Cartório, e como comprador Salvador Martins Bonilha Sobrinho, residentes, no município de Dois Córregos o vendedor, e no município do Tietê o comprador, todos meus conhecidos e das testemunhas no fim mencionadas e assinadas, perante as quais pelo primeiro por seu procurador foi dito que pela presente escritura fazia venda ao segundo dos três escravos seguintes que possui livres e desembaraçados: Evaristo, preto, de dezessete anos, solteiro, natural desta província, matriculado por ele vendedor na Coletoria desta cidade sob números dez da relação e quatro mil quinhentos e trinta e um da matrícula geral pelo preço de dois contos duzentos e seis mil réis: Patrício, fula de dezessete anos, solteiro, natural desta província, matriculado na Coletoria desta cidade sob número onze da relação e quatro mil quinhentos e trinta e dois da matrícula geral pelo preço de dois contos duzentos e seis mil réis – ambos matriculados em dois de setembro de mil oitocentos e setenta e dois em relação número trezentos e noventa e um, no Livro primeiro às folhas cento e trinta e oito com averbação de mudança para os Dois Córregos a seis de novembro digo a trinta de outubro de mil oitocentos e oitenta: Celestino, preto de vinte e cinco anos, solteiro, matriculado na Corte em doze de novembro de mil oitocentos e setenta e dois sob número treze mil trezentos e dois da matrícula geral, averbado na Coletoria desta cidade a seis de novembro de mil oitocentos e setenta e sete em nome de Joaquim Galvão de Almeida e por este vendido a ele vendedor a dezessete de janeiro de mil oitocentos e setenta e nove, e mudado para Dois Córregos a trinta de outubro de mil oitocentos e oitenta, pelo preço de dois contos e cinquenta e seis mil réis, somando o preço dos três a quantia de seis contos quatrocentos e sessenta e oito mil réis que nesta data recebeu em moeda corrente para ser aplicada a pagamento de seus credores, da qual dá quitação ao comprador, a quem desde já transfere toda posse e domínio em ditos escravos, obrigando-se a fazer sempre boa a presente venda. Pelo comprador foi dito que aceitava a presente escritura nos termos expostos, a qual passei por ser me apresentado o conhecimento número trezentos e vinte e seis do imposto de meia sisa de escravos, do qual consta haver o comprador pago hoje na Coletoria desta cidade a quantia de cento e quarenta e quatro mil réis de meia sisa pela compra dos três referidos escravos, assinado pelo Coletor José Carlos de Arruda Pinto e escrivão A. G. Escobar, o qual fica arquivado em meu Cartório. Lida esta as partes acharam conforme, aceitaram e assinam perante as testemunhas João José Steppe e Firmino Bueno de Oliveira. Eu Francisco Pimenta Gomes Tabelião que escrevi. Manoel de Morais Barros, Salvador Martins Bonilha Sobrinho, João José Steppe, Firmino Bueno de Oliveira.

Fonte: Quinto dos livros de notas coletados em Piracicaba, aberto em 20/10/1879.

Além dos nomes e das idades, a descrição das pessoas transacionadas trazia outras informações: cor, estado conjugal, origem (africano ou crioulo), naturalidade, alguma aptidão específica possuída pelo escravo (seu "ofício" ou "profissão", com maior ou menor nível de especialização, por exemplo, "oficial de ferreiro" ou "serviço da roça"; ou ainda uma informação mais genérica, como "apto para todo o serviço"), eventuais caracteres físicos que o distinguiam, muitas vezes indicativos de problemas de saúde ("baixo", "cheio de corpo", "bons dentes", "está buçando", "feia de cara", "meio cambeta dos pés", "doente", "meio idiota", "tem falta de vista e é surdo" etc., ou também descrições imprecisas, a exemplo de "visivelmente defeituoso", "com seus achaques novos e velhos") e relações familiares existentes entre os cativos vendidos (ou mesmo com outros indivíduos, por exemplo, "casado com cônjuge liberta").

Não eram todas as escrituras que traziam esse conjunto completo de dados. Mas, em contrapartida, foi bastante comum a possibilidade de complementar as informações tendo em vista a repetição da descrição das pessoas negociadas em partes distintas do documento: em primeiro lugar, quando o tabelião transcrevia o que lhe havia sido dito pelo primeiro contratante, explicitando a transação efetuada (a exemplo da escritura digitalizada); em segundo, na transcrição do recibo do recolhimento, na Coletoria da cidade, do imposto de meia sisa pago pelo comprador, amiúde feita com mais minúcia *vis-à-vis* o verificado na venda de Evaristo, Patrício e Celestino; em terceiro, na transcrição muitas vezes feita nas próprias escrituras de eventuais procurações outorgadas pelo vendedor para a comercialização daquelas pessoas.

Às informações relativas aos cativos transacionados somavam-se as fornecidas acerca dos contratantes e sobre a negociação realizada. Dos contratantes eram descritos sempre os nomes e os locais de moradia, sendo os primeiros acompanhados dos eventuais complementos existentes, a exemplo de títulos nobiliárquicos ou patentes militares ("Barão de Tal", "Tenente-Coronel", "Reverendo", "Dona" etc.); em poucos casos era declarada sua atividade/ocupação ("lavrador", "negociante", "comerciante matriculado" etc.). Descrevia-se sempre, também, a natureza do negócio (venda, troca, doação etc.) e a forma de quitação ("à vista, que a recebeu em moeda corrente deste Império", "a prazo d'um ano de que lhe passa obrigação", "fiado por 60 dias a contar da data desta escritura" etc.); adicionalmente, amiúde, explicitava-se a forma prévia de aquisição dos escravos negociados ("havido por compra", "houve por doação de sua finada tia", "houve por herança de seu finado sogro", "houve por produção de sua escrava fulana de tal" etc.). A presença dos contratantes no ato do registro ou, alternativamente, sua representação por procuradores, era uma informação necessariamente prestada pelo Tabelião, e eram exigidas também as assinaturas de contratantes ou procuradores, além de duas testemunhas, ao término do documento (em muitos casos, um terceiro assinava "a rogo" de algum contratante, por este não saber ou não poder escrever).

Para além desses informes presentes sempre ou com alguma frequência, as escrituras compulsadas traziam também, muitas vezes, relatos únicos, por intermédio dos quais se tornou possível vislumbrar algo das vicissitudes corriqueiras que compunham o cotidiano dos contratantes, bem como dos escravos negociados. Diversos desses relatos foram apresentados aos leitores ao longo dos capítulos da tese, sendo então por nós analisados. Outros, a título de exemplo, podem ser brevemente mencionados neste Apêndice. Assim o caso da mãe que vendeu para sua filha um cativo herdado do filho morto, por um valor equivalente aos gastos com médicos e remédios incorridos no tratamento do falecido, despesas estas que haviam sido arcadas pela irmã. Ou o caso da mulher que vendeu um escravo em uma transação na qual compareceram e assinaram também a escritura a mãe e um irmão da dita mulher, ambos desistindo de direitos porventura existentes sobre a pessoa vendida, que passara à propriedade da vendedora por doação de outro irmão, falecido. Ou ainda o caso da venda de um cativo que fugira de seu proprietário quatro anos atrás, e que por ocasião do negócio objeto de registro encontrava-se preso no município de Cristina, na Província de Minas Gerais; no documento foi declarado que aquele escravo era casado, mas como fugira o dono vendera sua esposa seis meses antes, com o que poderia vendê-lo separadamente. Um último exemplo, o da venda da cativa Vitorina, que precisou ser aditada mediante o registro de uma nova escritura, isto porque o vendedor, ao passar o documento anterior, "por esquecimento deixou de declarar que acompanhava a dita escrava Vitorina, a ingênua sua filha de nome Manuela".

Como vimos no Capítulo 2, o Decreto nº 2.699, de 28 de novembro de 1860, estabeleceu o conjunto de informes que deveriam constar das escrituras de transações envolvendo escravos, e também determinou seu lançamento em livros de notas especiais. Os diversos livros que foram por nós compulsados, referentes aos quatro municípios selecionados, tiveram um número de folhas bastante variável, de um mínimo de 40 ao máximo de 150. Oito desses livros foram localizados no Arquivo Judiciário de Guaratinguetá, no Museu Frei Galvão. O primeiro deles com termo de abertura assinado aos 2 de março de 1863 e o último aberto em 17 de janeiro de 1878, no qual a derradeira escritura coletada era datada de 26 de dezembro de 1879. Como regra geral, essa documentação disponível para Guaratinguetá encontrava-se em ótimo estado de conservação.[1] Mas houve alguns problemas localizados; por exemplo, no caso do terceiro livro coletado, que cobriu os negócios realizados entre janeiro de 1868 e novembro de 1869, não pudemos colher os dados de várias escrituras, tampouco ler o termo de encerramento, pois de cada uma das dez últimas folhas deste livro, todas rasgadas no sentido vertical, restava menos da metade. Por seu turno, o último volume, com escrituras datadas entre 31 de agosto de 1878 e 3 de novembro de 1879, estava desfalcado de suas oito primeiras folhas. Além disso, com certeza não localizamos ao menos um livro, "entre" dois outros que cobriram os períodos de dezembro de 1872 a novembro de 1874 e dezembro de 1876 a agosto de 1878. Não menos certo, os negócios envolvendo cativos continuaram sendo realizados em Guaratinguetá após 1879, mas não localizamos nenhum outro volume com os respectivos registros.

Dois outros conjuntos de livros especialmente destinados ao registro de transações envolvendo escravos foram levantados em Areias e em Piracicaba. Para o caso de Areias, foram sete os livros coletados, preservados no 1º Cartório daquele município, sendo identificadas três lacunas mais expressivas. O primeiro volume trazia termo de abertura datado em 22 de novembro de 1866 e um último registro feito em janeiro de 1870, o que implicou a ausência de escrituras atinentes a mais da metade da década de 1860. O segundo, do qual não localizamos a página inicial, continha um primeiro registro em setembro de 1875, caracterizando uma segunda lacuna, desta feita referente aos anos iniciais do decênio de 1870. Por fim, enquanto o terceiro livro trazia documentos datados de abril de 1877 a julho de 1878, o quarto tinha termo de abertura assinado em 19 de novembro de 1879; uma lacuna, pois, de pouco mais de quinze meses.[2] No 2º Cartório de

---

1 No levantamento e reprodução dos documentos relativos a Guaratinguetá, contamos com a inestimável colaboração do Sr. Helvécio Vasconcellos de Castro Coelho, a quem somos muito gratos.

2 No levantamento e reprodução dos documentos relativos a Areias, contamos com a inestimável colaboração do Dr. Renato Leite Marcondes, que foi nosso orientando, colega pesquisador e várias vezes co-autor (entre outros temas, também no tráfico interno de escravos), hoje Professor do Departamento de Economia da FEA/USP, campus de Ribeirão Preto. A ele somos muito agradecidos.

Notas de Piracicaba foram localizados igualmente sete livros de notas; todavia, à diferença de Areias – e também de Guaratinguetá –, os volumes de Piracicaba compunham uma sequência sem lacunas aparentes, com termos de abertura datados, respectivamente, em 28 de junho de 1861, 28 de outubro de 1866, 14 de dezembro de 1874, 22 de maio de 1878, 20 de outubro de 1879, 12 de maio de 1882 e 8 de agosto de 1885.[3]

A documentação concernente a Casa Branca foi localizada no 1º Cartório de Notas daquele município.[4] Mas lá, não sabemos por qual motivo, os negócios envolvendo escravos não foram registrados em livros especiais, destinados exclusivamente para aquelas transações, como disposto no aludido Decreto nº 2.699. Foi, por conseguinte, necessário identificar tais negócios, que cobriram o período de 1869 a 1887, em meio a transações de diversos outros ativos, como terrenos, casas, animais, cujos registros integraram um conjunto de 39 livros de notas. Esses livros eram numerados de 11 a 51, havendo duas lacunas (livros 27 e 46).

É oportuno, ainda, explicitarmos algumas características adicionais da documentação trabalhada. O informe do preço, na maior parte dos casos em que eram vendidos dois ou mais escravos, era fornecido apenas para o conjunto das pessoas comercializadas, dificultando assim, muitas vezes, a identificação dos preços individuais. Após a promulgação da Lei do Ventre Livre, o número de casos em que essa identificação era dificultada foi aumentado pelos negócios nos quais os escravos eram acompanhados por ingênuos, sendo o usufruto dos serviços dessas crianças também transferido para o comprador; tornou-se então complicado determinar se era efetivamente individual o preço, por exemplo, de uma mãe escrava vendida isoladamente, porém acompanhada de prole nascida posteriormente à aludida lei. Ademais, depois da realização da matrícula dos cativos, em 1872, percebemos em vários documentos que a descrição das pessoas negociadas era, ao menos parcialmente, feita com base naquele arrolamento;

---

3   No levantamento e reprodução dos documentos relativos a Constituição/Piracicaba, contamos com a inestimável colaboração de Célio Antonio Alcântara Silva, que foi nosso orientando e realizou pesquisa de iniciação científica (PIBIC/CNPq), bem como sua monografia de conclusão do curso de Ciências Econômicas na FEA/USP, com fundamento nessa mesma documentação.

4   No levantamento e reprodução dos documentos relativos a Casa Branca, contamos com a inestimável colaboração de Shinji Midzuno Motoyama, que foi nosso orientando e realizou pesquisa de iniciação científica (PIBIC/CNPq) baseando-se em parte dessa documentação, referente ao intervalo 1869-79.

dessa forma, em especial na indicação das idades, foi preciso redobrar os cuidados na coleta, pois às vezes transações ocorridas no decurso da década de 1870, ou durante os anos de 1880, declaravam as idades que os indivíduos tinham por ocasião da matrícula.

Por fim, uma última e necessária ressalva. O registro das transações envolvendo escravos poderia, é evidente, ser realizado tanto no local de origem como no de destino dos escravos negociados. É bastante plausível supor que o uso de intermediários, aliado ao instrumento das procurações do qual se valeu muitas vezes como forma de fugir ao pagamento de tributos, tornasse mais frequente a feitura do registro nos municípios predominantemente recebedores do fluxo de pessoas comercializadas, a exemplo dos que analisamos neste livro; isto, em especial, no tráfico entre províncias. Não obstante, salientemos uma vez mais que as escrituras por nós compulsadas dão conta apenas de parte do comércio interno de cativos; e o fazem também porque, nos tráficos intra e interprovincial, decerto houve escravos vendidos para os municípios que selecionamos que tiveram suas vendas registradas nas localidades em que moravam os vendedores; de modo similar, decerto houve escravos comprados nos municípios que selecionamos que tiveram suas compras registradas nas localidades em que residiam os compradores.

Fontes e referências bibliográficas

Fontes primárias manuscritas

Livros especiais para transações envolvendo escravos (termos de abertura)

AREIAS-1 – "Servirá este livro para nele o Tabelião desta Cidade lançar as escrituras de compra e venda de escravos. Suas folhas vão rubricadas com a rubrica – Cardoso de Mello – de que uso, depois de numeradas pelo Tabelião José da Silva Bellem a quem ordenei que lavrasse este termo de abertura que vai por mim assinado. Na última folha leva termo de encerramento pelo mesmo Tabelião feito, e por mim também assinado. Areias, 22 de novembro de 1866. O Juiz Municipal 3º Suplente em exercício. José Joaquim Cardoso de Mello."

AREIAS-2 – Do segundo livro coletado para Areias, não localizamos a primeira folha, com o termo de abertura; a primeira escritura tem a data de 9 de setembro de 1875.

AREIAS-3 – Do terceiro livro coletado para Areias, não localizamos a primeira folha, com o termo de abertura. Na última página, no termo de encerramento, lemos: "contém este livro cem folhas numeradas e rubricadas, e servirá para o que no termo de abertura se declara. Areias, 7 de abril de 1877. O Juiz Municipal de Órfãos. Antonio Leme da Silva."

AREIAS-4 – "Termo de abertura. Servirá este livro para as escrituras de escravos, sendo suas folhas todas numeradas e rubricadas com a rubrica –[ilegível]– de que uso, e para constar lavrei o presente termo que dato e assino. Areias, 19 de dezembro de 1879. [assinatura ilegível]."

AREIAS-5 – "Servirá este livro para nele se lançarem as escrituras de vendas de escravos lavradas no Cartório do Tabelião desta Cidade. Vão suas folhas por mim numeradas e rubricadas com a rubrica – [ilegível] – de que uso, e para constar fiz o presente termo, que assino. Areias, 9 de fevereiro de 1881. [assinatura ilegível]."

AREIAS-6 – "Servirá este livro para nele serem lançadas as escrituras de venda de escravos lavradas no Cartório do 1º Tabelião deste Termo: vão suas folhas por mim rubricadas com a rubrica – Affonso Miranda – de que uso. Para constar, lavrei o presente termo que assino. Areias, 4 de dezembro de 1884. Affonso Lopes de Miranda".

AREIAS-7 – "Termo de abertura. Servirá este livro para escrituras de escravos, sendo todas suas folhas numeradas e rubricadas com a rubrica – O. Helene – de que uso e para constar lavro o presente termo que dato e assino. Areias, 11 de janeiro de 1886. Octávio Helene."

GUARATINGUETÁ-1 – "Servirá este livro para nele se lavrarem as escrituras de compras e vendas de escravos, pelo Escrivão do Juízo de Paz, na forma da Lei a respeito. Vai por mim numerado e rubricado com a minha rubrica que diz – dos Reis— leva no fim termo de encerramento, aqui para constar faço este termo de abertura, em que me assino. Guaratinguetá 2 de março de 1863. Antonio Luis dos Reis."

GUARATINGUETÁ-2 – "Servirá este livro para nele se lavrarem as escrituras de compras e vendas de escravos, pelo Escrivão do Juízo de Paz, na forma da lei a respeito, vai por mim numerado e rubricado com a minha rubrica que diz – Ferra de Souza – leva no fim termo de encerramento, aqui para constar faço este termo d'abertura, em que me assino. Guaratinguetá 21 de julho de 1864. Ignácio José Ferra de Souza."

Logo abaixo, lê-se: "Em cumprimento do provimento do Senhor Doutor Juiz de Direito Antonio C. (ilegível) de Campos, a folhas (ilegível) deste livro vai por mim numerado e rubricado com minha rubrica que diz – Velho – leva no fim termo d'encerramento, aqui para faço (sic) este termo d'abertura, em que me assino. Guaratinguetá 1º d'Agosto de 1867. O Presidente da Câmara. José dos Santos Oliveira Velho."

[As escrituras constantes deste livro vão datadas de 14 de agosto de 1864 a 13 de janeiro de 1868; também o termo de encerramento é feito uma segunda vez, pelo Presidente da Câmara]

GUARATINGUETÁ-3 – "Servirá este livro para nele se lavrarem as escrituras de compras e vendas de escravos, pelo escrivão do Juízo de Paz, na forma da lei a respeito, vai por mim numerado e rubricado com a minha rubrica que diz – Assis

– leva no fim termo de encerramento de que para constar faço este termo de abertura em que me assino. Guaratinguetá, 13 de janeiro de 1868. O Presidente da Câmara. Francisco de Assis Oliveira."

GUARATINGUETÁ-4 – "Servirá este livro para nele se lavrarem as escrituras de compras e vendas de escravos, pelo escrivão do Juízo de Paz, na forma da Lei a respeito, vai por mim numerado e rubricado com a minha rubrica que diz – leva no fim termo de encerramento de que para constar faço este termo de abertura, em que me assino. Guaratinguetá 18 de maio de 1870."

[A rubrica não é feita no termo de abertura, o qual não é assinado, tal como o de encerramento; também as folhas do livro não foram rubricadas. Apesar desta irregularidade, procedemos à coleta e incorporamos esse conjunto de escrituras ao nosso trabalho]

GUARATINGUETÁ-5 – "É destinado este livro para nele, em conformidade do Art. 3º § 1º do Reg. número 2699 de 28 de novembro de 1860, serem lançadas as escrituras de compra, venda, troca e dação in solutum de escravos, que foram passadas pelo segundo Tabelião desta cidade. Vão suas folhas por mim numeradas e rubricadas com o – Rodrigues Alves – de que uso, e no fim leva termo de encerramento. Guaratinguetá 14 de dezembro de 1872. Juiz Municipal Francisco de Paula Rodrigues Alves."

GUARATINGUETÁ-6 – O sexto livro coletado para Guaratinguetá não contém nem termo de abertura, nem de encerramento. A primeira página traz a rubrica do escrivão – Monteiro 1–, assim como todas as demais, até a última —Monteiro 48 –, o que indicia que todas as páginas foram rubricadas e numeradas. A primeira escritura tem a data de 20 de dezembro de 1876.

GUARATINGUETÁ-7 – "Servirá este livro para nele, em conformidade do Artigo 3º do § 1º do Reg. nr. 2699 de 28 de novembro de 1860, serem lançadas as escrituras de compras, vendas, trocas e de dação *in solutum* de escravos que tiveram de serem passadas pelo segundo Tabelião desta cidade e seu termo; vão suas folhas por mim numeradas e rubricadas com a minha rubrica que diz – Barros Faria – de que uso, e no fim leva termo de encerramento. Guaratinguetá 17 de Janeiro de 1878. José de Barros Faria."

GUARATINGUETÁ-8 – Do oitavo livro coletado para Areias, não localizamos a primeira folha, com o termo de abertura. Na última página, no termo de encerramento, lemos: "Contém este livro quarenta e oito folhas, todas rubricadas com minha rubrica que diz – Barbosa – o que para constar lavrei este termo. Guaratinguetá 26 de agosto de 1878. O Primeiro Juiz de Paz. Antonio Pires Barbosa."

CONSTITUIÇÃO-1 – "Este livro, pertencente ao 2º Tabelião Joaquim de Oliveira Cezar, é destinado para nele se lavrar as escrituras de compra e venda de escravos, as quais conterão as declarações exigidas pelo art. 3º – § 1º – do decreto N. 2699 de 28 de novembro de 1860, além das que são exigidas pelas (ilegível) em geral. Leva no fim o encerramento. Constituição, 28 de junho de 1861. O Juiz Municipal. Manoel de Morais Barros."

CONSTITUIÇÃO-2 – "Servirá este livro com cento e cinquenta folhas para nele o segundo Tabelião Joaquim de Oliveira Ilegível lavrar as escrituras de vendas de escravos (ilegível) Art. 3º § 1º do Dec. Nº 2699 de 28 de novembro de 1860, além dos que são exigidos pelas (ilegível) em geral. Leva no fim o encerramento. Constituição, 28 de outubro de 1866. O Juiz Municipal. Manoel Avelino de Andrade."

CONSTITUIÇÃO-3 – "Servirá este livro pertencente ao Tabelião César para o lançamento das escrituras de vendas de escravos. Todas as folhas do livro irão por mim numeradas e rubricadas com a rubrica de meu uso, que é a seguinte: (ilegível) e pelo Termo de Encerramento se (ilegível) de suas folhas. Constituição, 14 de dezembro de 1874. O Juiz Municipal. Antonio José (Ilegível) (Ilegível)."

PIRACICABA-4 – "Servirá este livro para serem lançadas as escrituras de compra e venda de escravos, passadas pelo 2º Tabelião. Contém 46 folhas todas por mim numeradas e rubricadas com a rubrica que uso – C. Saraiva. Piracicaba, 22 de maio de 1878. Canuto José Saraiva."

PIRACICABA-5 – "Servirá este livro para nele serem lançadas as escrituras de compra e venda de escravos, passadas no Cartório do 2o. Tabelião Francisco Pimenta Gomes. Será por mim rubricado em todas as suas folhas, cujo número será declarado no termo de encerramento, com a rubrica que uso —C. Saraiva. Piracicaba, 20 de outubro de 1879. O Juiz Municipal. Canuto José Saraiva."

PIRACICABA-6 – Do sexto livro coletado para Piracicaba não localizamos a primeira folha, com o termo de abertura. Na última página, no termo de encerramento, lemos: "Contém este livro 48 folhas, todas por mim numeradas e rubricadas com a rubrica Macedo de que uso. Piracicaba, 12 de maio de 1882. O Juiz Municipal Suplente em Exercício. Pedro Liberato de Macedo."

PIRACICABA-7 – "Servirá este livro para escrituras de escravos passadas pelo 2º Tabelião deste Termo. O número de folhas dele vai declarado no termo de encerramento. Piracicaba, 8 de agosto de 1885. O Juiz Municipal do Termo. Afrodésio Vidigal."

Escrituras de transações envolvendo escravos

CASA BRANCA – Escrituras identificadas e extraídas de 39 livros de Notas destinados ao registro de negócios diversos, datadas de 5 de outubro de 1869 a 12 de outubro de 1887

Fontes primárias impressas ou disponíveis na internet (citadas)

Estatísticas, legislação e informações
Coleção de Leis do Império do Brasil, 1808-1889. Disponível em: www2.camara.gov.br/legislacao/publicacoes/doimperio. Acesso 19 maio 2008.

LAËRNE, C. F. V. D. *Brazil and Java: Report on coffee culture in America, Asia and Africa*, to H. E. *the Minister of the Colonies*. Londres: W. H. Allen & Co., 1885.

LUNÉ, J. B.; FONSECA, P. D. (orgs.). *Almanak da Província de São Paulo para 1873.* Ed. fac-similadar. São Paulo: Imprensa Oficial do Estado–IMESP, Arquivo do Estado de São Paulo, 1985.

MALHEIRO, A. M. P. *A escravidão no Brasil: ensaio histórico-jurídico-social.* São Paulo: Edições Cultura, 1944, 2 v. (Série Brasília, 9, 10).

MARQUES, M. E. de A. *Apontamentos históricos, geográficos, biográficos, estatísticos e noticiosos da Província de São Paulo, seguidos da cronologia dos acontecimentos mais notáveis desde a fundação da Capitania de São Vicente até o ano de 1876.* São Paulo: Comissão do IV Centenário da Cidade de São Paulo, 1953, 2 v.

MÜLLER, D. P. *Ensaio d'um quadro estatístico da província de São Paulo: ordenado pelas leis municipais de 11 de abril de 1836 e 10 de março de 1837.* 3. ed. fac-similar. São Paulo: Governo do Estado, 1978. (Coleção paulística, v. 11).

SOARES, S. F. *Notas estatísticas sobre a produção agrícola e carestia dos gêneros alimentícios no Império do Brasil.* Ed. fac-similar. Rio de Janeiro: IPEA/INPES, 1977. (IPEA/INPES. Pensamento econômico brasileiro, 2).

SOUZA e SILVA, J. N. *Investigações sobre os recenseamentos da população geral do Império.* Edição fac-similar. São Paulo: IPE/USP, 1986.

Relatos de viajantes, memórias etc.

ANDREONI, J. A. (André João Antonil). *Cultura e Opulência do Brasil* (Texto da edição de 1711). Introdução e Vocabulário por A. P. Canabrava. 2ª ed. São Paulo: Companhia Editora Nacional, 1966.

BARROS, M. P. de. "No tempo de dantes". In: MOURA, C. E. M. de (org.). *Vida cotidiana em São Paulo no século XIX: memórias, depoimentos, evocações.* São Paulo: Ateliê Editorial; Fundação Editora da Unesp; Imprensa Oficial do Estado; Secretaria de Estado da Cultura, 1998, p. 79-140.

BASTOS, A. C. T. *Cartas do solitário.* 4ª ed. feita sobre a 2ª ed. de 1863. São Paulo: Ed. Nacional; Brasília: INL, 1975. (Brasiliana, v. 115).

Congresso Agrícola, Rio de Janeiro, 1878. *Anais.* Ed. fac-similar. Introdução e notas de José Murilo de Carvalho. Rio de Janeiro: Fundação Casa de Rui Barbosa, 1988.

Congresso Agrícola do Recife, 1878. *Trabalhos.* Ed. fac-similar. Introdução de Gadiel Perruci. Recife: CEPA/PE, 1978.

COUTY, L. *A escravidão no Brasil.* Introdução e notas de Kátia M. Queirós Mattoso. Rio de Janeiro: Fundação Casa de Rui Barbosa, 1988.

DAUNT, R. G. "Diário da Princesa Isabel (Excursão dos Condes d'Eu à Província de São Paulo em 1884)". Introdução de J. F. de Almeida Prado. In: MOURA, C. E. M. de (org.). *Vida cotidiana em São Paulo no século XIX: memórias, depoimentos, evocações.* São Paulo: Ateliê Editorial; Fundação Editora da Unesp; Imprensa Oficial do Estado; Secretaria de Estado da Cultura, 1998, p. 223-268.

DAVATZ, T. *Memórias de um colono no Brasil (1850).* Tradução, prefácio e notas Sérgio Buarque de Holanda. Belo Horizonte: Ed. Itatiaia; São Paulo: EDUSP, 1980. (Reconquista do Brasil; nova série; v. 11).

Falas do Trono. Desde o ano de 1823 até o ano de 1889. Acompanhadas dos respectivos votos de graça da Câmara Temporária. E de diferentes informações e esclarecimentos sobre todas as sessões extraordinárias, adiamentos, dissoluções, sessões secretas e fusões com um quadro das épocas e motivos que deram lugar à reunião das duas câmaras e competente histórico. Coligidas na Secretaria da Câmara dos Deputados. Prefácio de Pedro Calmon. São Paulo: Edições Melhoramentos, 1977.

NABUCO, J. *O abolicionismo.* Rio de Janeiro: Nova Fronteira; São Paulo: Publifolha, 2000. (Grandes nomes do pensamento brasileiro).

TSCHUDI, J. J. von. *Viagem às Províncias do Rio de Janeiro e São Paulo*. Introdução de Afonso de E. Taunay. Belo Horizonte: Ed. Itatiaia; São Paulo: Edusp, 1980. (Reconquista do Brasil; nova série; v. 14).

ZALUAR, A. E. *Peregrinação pela província de São Paulo (1860-1861)*. Belo Horizonte: Itatiaia; São Paulo: EDUSP, 1975. (Reconquista do Brasil, v. 23).

Fontes secundárias (autores citados)

ALANIZ, A. G. G. *Ingênuos e libertos: estratégias de sobrevivência familiar em épocas de transição, 1871-1895*. Campinas: Área de Publicações CMU/Unicamp, 1997. (Coleção Campiniana, 11).

ANDRADE, M. J. S. de. *A mão de obra escrava em Salvador, 1811-1860*. São Paulo: Corrupio; Brasília: CNPq, 1988. (Baianada, 8).

ANDRADE, R. "Havia um mercado de famílias escravas? (A propósito de uma hipótese recente na historiografia da escravidão)". LOCUS: *Revista de História*, Juiz de Fora, v. 4, n. 1, p. 93-104, 1998.

Atlas Nacional do Brasil. 3ª ed. Rio de Janeiro: IBGE, 2000.

AZEVEDO, C. M. M. de. *Onda negra, medo branco: o negro no imaginário das elites, século XIX*. Prefácio de Peter Eisenberg. Rio de Janeiro: Paz e Terra, 1987. (Coleção Oficinas da História, v. 6).

AZEVEDO, E. *Orfeu de carapinha: a trajetória de Luiz Gama na imperial cidade de São Paulo*. Campinas, SP: Editora da Unicamp/Centro de Pesquisa em História Social da Cultura, 1999.

_____. *O direito dos escravos: lutas jurídicas e abolicionismo na província de São Paulo na segunda metade do século XIX*. Tese (doutorado em História). Campinas, São Paulo: IFCH/Unicamp, 2003.

AZEVEDO, G. C. *Sebastianas e Geovannis: o universo do menor nos processos dos Juízes de Órfãos da cidade de São Paulo (1871-1917)*. Dissertação (mestrado em História). São Paulo: PUC-SP, 1995. (mimeo).

BACELLAR, C. de A. P. *Os senhores da terra – família e sistema sucessório entre os senhores de engenho do oeste paulista, 1765-1855*. Campinas: Área de Publicações CMU/Unicamp, 1997.

_____. "O apogeu do café na Alta Mojiana". In: BACELLAR, C. de A. P.; BRIOSCHI, L. R. (orgs.). *Na Estrada do Anhanguera: uma visão regional da história paulista*. São Paulo: Humanitas FFLCH/USP, 1999, p. 117-163.

BACHA, E. L. "Política brasileira do café: uma avaliação centenária". In: MARTINS, M.; JOHNSTON, E. *150 anos de café*. São Paulo: Salamandra Consultoria Editorial, 1992.

BASSANEZI, M. S. C. B. (org.). *São Paulo do passado: dados demográficos*. Campinas: NEPO/Unicamp, 1998. 1 CD-ROM.

_____.; BACELLAR, C. de A. P. "Levantamentos de população publicados da Província de São Paulo no século XIX". *Revista Brasileira de Estudos de População*, Campinas, v. 19, n. 1, p. 113-129, jan./jun. 2002.

BEIGUELMAN, P. *Formação política do Brasil*. 2ª ed. São Paulo: Pioneira, 1976.

_____.; P. *A formação do povo no complexo cafeeiro: aspectos políticos*. 3ª ed. São Paulo: Edusp, 2005.

BERGAD, L. W. *Escravidão e história econômica – Demografia de Minas Gerais*. São Paulo: EDUSC; Fundação Veritas, 2004.

_____.; IGLESIAS GARCIA, F.; BARCIA, M. del C. *The Cuban Slave Market, 1790-1880*. Cambridge [England]; Nova York: Cambridge University Press, 1995. (Cambridge Latin American studies, 79).

BERTIN, E. *Alforrias na São Paulo do século XIX: liberdade e dominação*. São Paulo: Humanitas FFLCH/USP, 2004.

BRIOSCHI, L. R. "Fazendas de criar". *In*: BACELLAR, C. de A. P.; BRIOSCHI, L. R. (orgs.). *Na Estrada do Anhangüera: uma visão regional da história paulista*. São Paulo: Humanitas FFLCH/USP, 1999, p. 55-89.

BRUNO, E. S. *Viagem ao país dos paulistas. Ensaio sobre a ocupação da área vicentina e a formação de sua economia e de sua sociedade nos tempos coloniais*. Rio de Janeiro: Livraria José Olympio (Documentos Brasileiros, 123).

BUESCU, M. *300 anos de inflação*. Rio de Janeiro: APEC, 1973.

CAMARGO, J. F. de. *Crescimento da população no Estado de São Paulo e seus aspectos econômicos*. São Paulo: FIPE – Fundação Instituto de Pesquisas Econômicas, 1981, 2 v.

CANDIDO, A. *Os parceiros do Rio Bonito: um estudo sobre o caipira paulista e a transformação dos seus meios de vida*. 6ª ed. São Paulo: Livraria Duas Cidades, 1982.

CARVALHO, J. M. de. *A construção da ordem: a elite política imperial*. Teatro de sombras: a política imperial. 4ª ed., 1ª ed. Civilização Brasileira. Rio de Janeiro: Civilização Brasileira, 2003.

CHALHOUB, S. *Visões da liberdade: uma história das últimas décadas da escravidão na Corte*. São Paulo: Cia. das Letras, 1990.

COELHO, L. C. de M. *Ensaio sócio-econômico de áreas valeparaibanas*. Pref. José Luiz Pasin. Rio de Janeiro: Asa Artes Gráficas, 1984.

CONRAD, R. E. *Os últimos anos da escravatura no Brasil, 1850-1888*. 2ª ed. Rio de Janeiro: Civilização Brasileira, 1978.

_____. *Tumbeiros: o tráfico escravista para o Brasil*. São Paulo: Brasiliense, 1985.

COSTA, D. I. P. da. *Herança e ciclo de vida: um estudo sobre família e população em Campinas, São Paulo, 1765-1850*. Tese (doutorado em História). Niterói, RJ: UFF, 1997.

COSTA, E. V. da. *Da senzala à colônia*. 3ª ed. São Paulo: Brasiliense, 1989.

_____. *A abolição*. 8ª ed. revista e ampliada. São Paulo: Editora UNESP, 2008.

DAVID, A. *Tutores e tutelados: a infância desvalida em Franca (1850-1888)*. Dissertação (mestrado em História). Franca, SP: UNESP, 1997. (mimeo).

D'ÁVILA, L. F. *Dona Veridiana: a trajetória de uma dinastia paulista*. São Paulo: A Girafa Editora, 2004.

DEAN, W. *Rio Claro: um sistema brasileiro de grande lavoura, 1820-1920*. Rio de Janeiro: Paz e Terra, 1977. (Estudos brasileiros, v. 21).

DORATIOTO, F. F. M. *Maldita guerra: nova história da Guerra do Paraguai*. São Paulo: Companhia das Letras, 2002.

EISENBERG, P. *Modernização sem mudança: a indústria açucareira em Pernambuco, 1840-1910*. Rio de Janeiro: Paz e Terra; Campinas: Universidade Estadual de Campinas, 1977.

_____. "A mentalidade dos fazendeiros no Congresso Agrícola de 1878". In: AMARAL LAPA, J. R. do. *Modo de produção e realidade brasileira*. Petrópolis, RJ: Vozes, 1980, p. 167-195.

_____. "Ficando livre: as alforrias em Campinas no século XIX". *Estudos Econômicos*, São Paulo, v. 17, nº 2, p. 175-216, maio/ago. 1987.

Estatísticas Históricas do Brasil: séries econômicas, demográficas e sociais de 1550 a 1988. 2ª ed. rev. e atualizada. Rio de Janeiro: IBGE, 1990. (Série estatísticas retrospectivas, v. 3).

FARIA, S. de C. *A colônia em movimento: fortuna e família no cotidiano colonial*. Rio de Janeiro: Nova Fronteira, 1998.

FLAUSINO, C. C. *Negócios da escravidão: tráfico interno de escravos em Mariana, 1850-1886*. Dissertação (mestrado em História). Juiz de Fora, MG: UFJF, 2006. (mimeo).

FRAGOSO, J. L. R.; FLORENTINO, M. G. "Marcelino, filho de Inocência Crioula, neto de Joana Cabinda: um estudo sobre famílias escravas em Paraíba do Sul (1835-1872)". *Estudos Econômicos, Demografia da Escravidão*, São Paulo, v. 17, n. 2, p. 151-173, maio/ago. 1987.

FRANZINA, E. *A grande emigração: o êxodo dos italianos do Vêneto para o Brasil*. Campinas, SP: Editora da Unicamp, 2006.

FURTADO, C. *Formação econômica do Brasil: edição comemorativa, 50 anos*. Organização Rosa Freire d'Aguiar Furtado. São Paulo: Companhia das Letras, 2009.

GALLIZA, D. S. de. *O declínio da escravidão na Paraíba, 1850-1888*. João Pessoa: Editora Universitária/UFPB, 1979.

GALLOWAY, J. H. "The last years of slavery on the sugar plantations of northeastern Brazil". *Hispanic American Historical Review*, v. 51, n. 4, p. 586-605, November 1971.

GORENDER, J. *O escravismo colonial*. 4. ed. rev. e ampliada. São Paulo: Ática, 1985.

GRAF, M. E. de C. *População escrava da Província do Paraná, a partir das listas de classificação para emancipação (1873-1886)*. Dissertação (mestrado em História). Curitiba: UFPR, 1974. (mimeo).

GRAHAM, R. "Nos tumbeiros mais uma vez? O comércio interprovincial de escravos no Brasil". *Afro-Ásia*, Salvador, n. 27, p. 121-160, 2002.

_____. "Another Middle Passage? The Internal Slave Trade in Brazil". In: JOHNSON, W. (ed.). *The Chattel Principle: Internal Slave Trades in the Americas*. New Haven & Londres: Yale University Press, 2004, p. 291-324.

GRINBERG, K. *Liberata: a lei da ambigüidade – as ações de liberdade da Corte de Apelação do Rio de Janeiro no século XIX*. Rio de Janeiro: Relume-Dumará, 1994.

HERRMANN, L. *Evolução da estrutura social de Guaratinguetá num período de trezentos anos*. Ed. fac-similar. São Paulo: IPE/USP, 1986.

HOLANDA, S. B. de. "As colônias de parceria". In: HOLANDA, S. B. de (org.). *História Geral da Civilização Brasileira*. 5. ed. São Paulo: DIFEL, t. 2: O Brasil Monárquico, v. 3: Reações e transações, 1985, p. 245-260.

JOHNSON, W. (ed.). *The Chattel Principle: Internal Slave Trades in the Americas*. New Haven & Londres: Yale University Press, 2004.

KLEIN, H. S. "The internal slave trade in Nineteenth-Century Brazil: a study of slave importation into Rio de Janeiro in 1852". *Hispanic American Historical Review*, v. 51, n. 4, p. 567-585, November 1971.

LACERDA, A. H. D. *Os padrões das alforrias em um município cafeeiro em expansão (Juiz de Fora, Zona da Mata de Minas Gerais, 1844-88)*. São Paulo: FAPEB (Fundo de Apoio à Pesquisa na Educação Básica); Annablume, 2006.

LAMOUNIER, M. L. *Da escravidão ao trabalho livre: a lei de locação de serviços de 1879*. Campinas: Papirus, 1988.

LIMA, C. A. M. *Artífices do Rio de Janeiro (1790-1808)*. Rio de Janeiro: Apicuri, 2008.

LOBATO, M. *Cidades mortas*. 24. ed. São Paulo: Brasiliense, 1986.

LOPES, L. S. *Sob os olhos de São Sebastião. A cafeicultura e as mutações da riqueza em Ribeirão Preto, 1849-1900*. Tese (doutorado em História Econômica). São Paulo: FFLCH/USP, 2005. (mimeo).

MACHADO, M. H. P. T. *O plano e o pânico: os movimentos sociais na década da abolição*. Rio de Janeiro: Editora UFRJ/EDUSP, 1994.

MAESTRI, M. "A Guerra contra o Paraguai: história e historiografia – da instauração à restauração historiográfica (1871-2002)". *Revista Digital Estudios Historicos*, CDHRP, Uruguai, n. 2, agosto de 2009. Disponível em: www.estudioshistoricos.org/edicion_2/mario_maestri.pdf. Acesso em; 25 set. 2009.

MARCÍLIO, M. L. *et al.* "Considerações sobre o preço do escravo no período imperial: uma análise quantitativa (baseada nos registro de escritura de compra e venda de escravos na Bahia)". *Anais de História*, Assis, n. 5, p. 179-194, 1973.

MARCONDES, R. L. *Diverso e desigual: o Brasil escravista na década de 1870*. Ribeirão Preto, SP: FUNPEC Editora, 2009.

MARTINS, J. de S. *O cativeiro da terra*. São Paulo: Livraria Ed. Ciências Humanas, 1979.

_____. *Os camponeses e a política no Brasil: as lutas sociais no campo e seu lugar no processo político*. Petrópolis, RJ: Vozes, 1981.

MARTINS, M.; JOHNSTON, E. *150 anos de café*. São Paulo: Salamandra Consultoria Editorial, 1992.

MATTOS, I. R. de. *O tempo Saquarema*. São Paulo: Hucitec; Brasília: INL, 1987. (Estudos históricos).

MELLO, E. C. de. *O Norte agrário e o Império: 1871-1889*. Rio de Janeiro: Nova Fronteira; Brasília: INL, 1984.

_____. "O Norte, o Sul e a proibição do tráfico interprovincial de escravos". In: SILVA, L. D. (org.). *Estudos sobre a escravidão negra*. Recife: FUNDAJ; Editora Massangana, 1988, 2 v. (Série Abolição/Fundação Joaquim Nabuco; v. 15, 17).

MELLO, P. C. de. *A economia da escravidão nas fazendas de café: 1850-1888.* Rio de Janeiro: PNPE/ANPEC, 1984, 2 v. (Série fac-símile, n. 16).

_____. "Estimativa da longevidade de escravos no Brasil na segunda metade do século XIX". *Estudos Econômicos,* São Paulo, v. 13, n. 1, p. 151-179, jan./abr. 1983.

_____. "Expectation of Abolition and Sanguinity of Coffee Planters in Brazil, 1871-1881". In: FOGEL, R. W.;ENGERMAN, S. L. (eds.). *Without Consent or Contract: The Rise and Fall of American Slavery – Conditions of Slave Life and the Transition to Freedom; Technical Papers* (Volume II). Nova York: W. W. Norton & Company, 1992, p. 629-646.

MELLO, Z. M. C. de. *O Veto à taxa sobre escravos no plano das relações entre estado e sociedade*: São Paulo, 1878. São Paulo: Universidade de São Paulo, Faculdade de Economia e Administração, Departamento de Economia, 1979. (mimeo).

_____. *Metamorfoses da riqueza*: São Paulo, 1845-1895. Contribuição ao estudo da passagem da economia mercantil-escravista à economia exportadora capitalista. São Paulo: Editora Hucitec; Prefeitura do Município de São Paulo, 1985. (Estudos Históricos).

MENDONÇA, J. M. N. *Entre a mão e os anéis: a Lei dos Sexagenários e os caminhos da abolição no Brasil.* Campinas: Editora da Unicamp/CECULT/Fapesp, 1999.

METCALF, A. C. *Family and Frontier in Colonial Brazil: Santana de Parnaíba, 1580-1822.* Berkeley: University of California Press, 1992.

MILLIET, S. *Roteiro do café e outros ensaios: contribuição para o estudo de história econômica e social do Brasil.* São Paulo: s. ed., 1939.

MONBEIG, P. *Pioneiros e fazendeiros de São Paulo.* São Paulo: Hucitec; Polis, 1984. (Geografia: Teoria e Realidade).

MOTTA, J. F. *Corpos escravos, vontades livres: posse de cativos e família escrava em Bananal (1801-1829).* São Paulo: Fapesp/Annablume, 1999.

_____. *Escrituras de compra e venda de escravos: as últimas décadas da escravidão em algumas localidades paulistas.* São Paulo: Fapesp – Fundação de Amparo à Pesquisa do Estado de São Paulo, junho de 2001, 78 p.

_____. "O tráfico de escravos na província de São Paulo: Areias, Silveiras, Guaratinguetá e Casa Branca, 1861-1887". *Anais.* VII Encontro Nacional de Economia Política/II Colóquio Latino-Americano de Economistas Políticos. [CD ROM]. São Paulo: SEP – UFPR, 2002.

_____. "Escravos daqui, dali e de mais além: o tráfico interno de cativos em Constituição (Piracicaba), 1861-1880". *Revista Brasileira de História*, São Paulo, ANPUH, v. 26, p. 15-47, jul./dez. 2006.

_____. "Derradeiras transações: o comércio de escravos nos anos de 1880 (Areias, Piracicaba e Casa Branca, província de São Paulo)". *Almanack Braziliense*, revista eletrônica, São Paulo, IEB/USP, n. 10, p. 147-163, nov. 2009. Disponível em: www.almanack.usp.br/.

_____. "O tráfico de escravos velhos (Província de São Paulo, 1861-1887)". *História: Questões & Debates*, Curitiba, n. 52, p. 41-73, jan./jun. 2010.

_____.; MARCONDES, R. L. "O comércio de escravos no Vale do Paraíba paulista: Guaratinguetá e Silveiras na década de 1870". *Estudos Econômicos*, São Paulo, v. 30, n. 2, p. 267-299, abr./jun. 2000a.

_____.; MARCONDES, R. L. "A família escrava em Lorena e Cruzeiro (1874)". *População e Família*, São Paulo, n. 3, p. 93-128, 2000b.

_____.; NOZOE, N.; COSTA, I. del N. da. "Às vésperas da abolição – um estudo sobre a estrutura da posse de escravos em São Cristóvão (RJ), 1870". *Estudos Econômicos*, São Paulo, v. 34, n. 1, p. 157-213, jan./mar. 2004.

_____.; VALENTIN, A. "A estabilidade das famílias em um plantel de escravos de Apiaí (SP)". *Afro-Ásia*, Salvador, n. 27, p. 161-192, 2002.

MOTTA SOBRINHO, A. *A civilização do café (1820-1920)*. Pref. Caio Prado Júnior. 2ª ed. rev. e corrigida pelo autor. São Paulo: Ed. Brasiliense, 1968.

MOURA, C. E. M. de. *O Visconde de Guaratinguetá: um fazendeiro de café no Vale do Paraíba*. 2ª ed. rev. e ampl. São Paulo: Studio Nobel, 2002.

MOURA, C. *Dicionário da escravidão negra no Brasil*. São Paulo: EDUSP, 2004.

MÜLLER, N. L. *O fato urbano na Bacia do Rio Paraíba, Estado de São Paulo*. Rio de Janeiro: Fundação IBGE, 1969.

NEVES, E. F. "Sampauleiros traficantes: comércio de escravos do alto sertão da Bahia para o oeste cafeeiro paulista". *Afro-Ásia*, Salvador, n. 24, p. 97-128, 2000.

NISHIDA, M. "As alforrias e o papel da etnia na escravidão urbana": Salvador, Brasil, 1808-1888. *Estudos Econômicos*, São Paulo, v. 23, nº 2, p. 227-265, maio/ago. 1993.

NOZOE, N. *A apropriação de terras rurais na Capitania de São Paulo*. Tese de Livre Docência. São Paulo: FEA/USP, 2008. (mimeo).

_____.; MOTTA, J. F. "Os produtores eventuais de café: nota sobre os primórdios da cafeicultura paulista (Bananal, 1799-1829)". LOCUS: Revista de História, Juiz de Fora, v. 5, nº 1, p. 51-84, 1999.

OBERACKER JR., C. H. "A colonização baseada no regime da pequena propriedade agrícola". In: HOLANDA, S. B. de (org.). História Geral da Civilização Brasileira. 5. ed. São Paulo: DIFEL, t. 2: O Brasil Monárquico, v. 3: Reações e transações, 1985, p. 220-244.

OLIVEIRA, A. M. C. de. O destino (não) manifesto: os imigrantes norte-americanos no Brasil. São Paulo: União Cultural Brasil-Estados Unidos, 1995.

OLIVEIRA VIANNA, F. J. Resumo histórico dos inquéritos censitários realizados no Brasil. Edição fac-Similar. São Paulo: IPE/USP, 1986.

PAIVA, C. A.; LIBBY, D. C. "Caminhos alternativos: escravidão e reprodução em Minas Gerais no século XIX". Estudos Econômicos, São Paulo, v. 25, n. 2, p. 203-233, maio/ago. 1995.

_____.; MARTINS, R. B. Um estudo crítico do recenseamento de 1872. Belo Horizonte: CEDEPLAR/UFMG, dezembro de 1983.

PARREIRA, N. R. Comércio de homens em Ouro Preto no século XIX. Dissertação (mestrado em História). Curitiba: UFPR, 1990.

PASSOS SUBRINHO, J. M. dos. Reordenamento do trabalho: trabalho escravo e trabalho livre no nordeste açucareiro; Sergipe 1850/1930. Aracaju: Funcaju, 2000.

PENA, E. S. Pajens da casa imperial: jurisconsultos, escravidão e a lei de 1871. Campinas: Editora da Unicamp, Centro de Pesquisa em História Social da Cultura, 2001.

PERECIN, M. T. G. Os passos do saber: a Escola Agrícola Prática Luiz de Queiroz. São Paulo: Editora da Universidade de São Paulo, 2004.

PETRONE, M. T. S. A lavoura canavieira em São Paulo. Expansão e declínio (1765-1851). São Paulo: Difel, 1968. (Corpo e Alma do Brasil, 21).

_____. O Barão de Iguape, um empresário da época da Independência. São Paulo: Cia. Editora Nacional, 1976. (Brasiliana, v. 361).

_____. "Imigração assalariada". In: HOLANDA, S. B. de (org.). História Geral da Civilização Brasileira. 5. ed. São Paulo: DIFEL, t. 2: O Brasil Monárquico, v. 3: Reações e transações, 1985, p. 274-296.

PRADO JR., C. Formação do Brasil Contemporâneo – Colônia. 17ª ed. São Paulo: Brasiliense, 1981.

_____. *História econômica do Brasil*. Atualização: 1970; Post-Scriptum: 1976; 48ª reimpr. da 1ª ed. de 1945. São Paulo: Brasiliense, 2008.

QUEIROZ, C. P. de. *Um fazendeiro paulista no século XIX: Manuel Elpídio Pereira de Queiroz*. Pref. de J. F. de Almeida Prado. São Paulo: Conselho Estadual de Cultura, 1965. (Coleção História, v. 3).

ROSA, C.; SOARES, J. C. F. *130 anos da Estrada de Ferro Resende a Areias* (Estrada de Ferro Resende a Bocaina). Disponível em: www.valedoparaiba.com/terragente/artigos/estradaResendeAreias.pdf. Acesso em: 24 set. 2009.

SAES, B. M. *A última década do escravismo em São Paulo: abolicionismo, imigração, doutrinas raciais, cidadania e estrutura fundiária em vista do processo de emancipação dos escravos*. Monografia de Conclusão de Curso (Ciências Econômicas). São Paulo: FEA/USP, 2009.

SAES, D. *A formação do Estado burguês no Brasil (1888-1891)*. 2ª ed. Rio de Janeiro: Paz e Terra, 1985. (Coleção Estudos brasileiros; v. 86).

SAES, F. A. M. de. *As ferrovias de São Paulo, 1870-1940*. São Paulo: Hucitec, 1981. (Estudos Históricos).

_____. *A grande empresa de serviços públicos na economia cafeeira: 1850-1930*. São Paulo: Hucitec, 1986a.

_____. *Crédito e bancos no desenvolvimento da economia paulista: 1850-1930*. São Paulo: IPE/USP, 1986b.

SALLES, R. *Guerra do Paraguai: escravidão e cidadania na formação do exército*. Rio de Janeiro: Paz e Terra, 1990.

SANTOS, R. M. dos. *Resistência e superação do escravismo na província de São Paulo (1885-1888)*. São Paulo: IPE/USP, 1980.

SCHEFFER, R. da C. *Tráfico interprovincial e comerciantes de escravos em Desterro, 1849-1888*. Dissertação (mestrado em História). Florianópolis, SC: UFSC, 2006. (mimeo).

SILVA, C. A. A. *Quando mundos colidem: a imigração confederada para o Brasil (1865-1932)*. Dissertação (Mestrado em Desenvolvimento Econômico). Campinas: Unicamp, 2007.

SILVA, L. O. *Terras devolutas e latifúndio: efeitos da Lei de 1850*. Campinas: Editora da Unicamp, 1996.

SILVA, S. *Expansão cafeeira e origens da indústria no Brasil*. São Paulo: Alfa-Omega, 1976. (Biblioteca Alfa-Omega de ciências sociais. Série 1ª. Economia, v. 1).

SIMONSEN, R. C. *Aspectos da história econômica do café*. Contribuição para o Congresso de História Nacional promovido pelo Instituto Histórico e Geográfico Brasileiro, outubro 1938.

_____. *Evolução industrial do Brasil e outros estudos*. Seleção, notas e bibliografia de Edgard Carone. São Paulo: Editora Nacional, Editora da USP, 1973. (Brasiliana, v. 349).

SLENES, R. W. *The demography and economics of brazilian slavery: 1850-1888*. Tese (doutorado em História). Stanford University, Stanford, 1976.

_____. "Grandeza ou decadência? O mercado de escravos e a economia cafeeira da província do Rio de Janeiro, 1850-1888". In: COSTA, I. del N. da (org.). *Brasil: história econômica e demográfica*. São Paulo: IPE/USP, 1986, p. 103-155.

_____. "The Brazilian Internal Slave Trade, 1850-1888: Regional Economics, Slave Experience, and the Politics of a Peculiar Market". In: JOHNSON, W. (ed.). *The Chattel Principle: Internal Slave Trades in the Americas*. New Haven & Londres: Yale University Press, 2004, p. 325-370.

SOARES, M. de S. *A remissão do cativeiro: a dádiva da alforria e o governo dos escravos nos Campos dos Goitacazes, c. 1750 – c. 1830*. Rio de Janeiro: Apicuri, 2009.

SOUSA, J. P. de. *Escravidão ou morte: os escravos brasileiros na Guerra do Paraguai*. Rio de Janeiro: Mauad; ADESA, 1996.

STEIN, S. J. *Vassouras: um município brasileiro do café, 1850 – 1900*. Rio de Janeiro: Nova Fronteira, 1990.

TAUNAY, A. de E. *História do café no Brasil*. Rio de Janeiro: Departamento Nacional do Café, 15 vol., 1939.

TEIXEIRA, H. M. *A não-infância: crianças como mão de obra em Mariana (1850-1900)*. Tese (doutorado em História Econômica). São Paulo: FFLCH/USP, 2008. (mimeo).

TESSITORE, V. *As fontes da riqueza pública: tributos e administração tributária na Província de São Paulo (1832-1892)*. Dissertação (mestrado em História Social). São Paulo: FFLCH/USP, 1995.

TOPLIN, R. B. *The abolition of slavery in Brazil*. Nova York: Atheneum, 1975.

TORRES, M. C. T. M. "Um lavrador paulista do tempo do Império". Separata da *Revista do Arquivo Municipal* nº CLXXII. São Paulo: Divisão do Arquivo Histórico – Departamento de Cultura – Secretaria de Educação e Cultura

– Prefeitura do Município de São Paulo, 1966. (1º Prêmio do Concurso sobre História de São Paulo, 1966).

TREVISAN, A. F. *Casa Branca, a povoação dos ilhéus*. São Paulo: Edições Arquivo do Estado, 1982. (Coleção Monografias, 4).

VERSIANI, F. R.; VERGOLINO, J. R. O. "Preços de escravos em Pernambuco no século XIX". *Texto para Discussão* nº 252. Brasília, DF: Universidade de Brasília, outubro de 2002. Disponível em: www.unb.br/face/eco/cpe/TD/252Oct02FVersiani.pdf. Acesso em: 25 maio 2004.

VIDIGAL, G. *O Marquês de Monte Alegre: alvorecer de um estadista*. São Paulo: IBRASA, 1999. (Biblioteca estudos brasileiros; v. 21).

Agradecimentos

Contei, para a publicação na forma de livro deste estudo, com imprescindível suporte financeiro da Fapesp – Fundação de Amparo à Pesquisa do Estado de São Paulo, mediante a concessão ao autor, nos meses finais de 2011, de um financiamento na modalidade Auxílio à Pesquisa – Publicações. Sou, por conseguinte, extremamente grato àquela Fundação de fomento, ao passo que saliento serem de minha inteira responsabilidade as opiniões, hipóteses e conclusões aqui expressas, as quais não necessariamente refletem a visão da Fapesp.

Agradeço também à Alameda Casa Editorial Ltda., em especial à sua gestora, Sra. Joana de Moraes Monteleone, que desde nossa primeira conversa mostrou-se bastante receptiva em termos da concretização de meu desejo de publicar este trabalho. Ademais, durante todo o processo de edição, Joana, secundada pela equipe da editora, zelou pela manutenção dos elevados padrões de qualidade que têm caracterizado as muitas publicações da Alameda; afirmação que, de resto, pode ser facilmente corroborada pelo leitor mediante o manuseio do volume que agora tem em mãos.

A pesquisa da qual resultou esta tese contou com o inestimável apoio de uma Bolsa de Produtividade em Pesquisa concedida pelo Conselho Nacional de Desenvolvimento Científico e Tecnológico-CNPq, instituição à qual manifesto minha gratidão.

Seria uma tarefa impossível listar todas as pessoas que contribuíram para o processo de minha formação, como acadêmico e como indivíduo, processo nunca terminado e que se reflete também nesta tese. Nem mesmo tentarei esboçar uma lista como essa, mas isso não torna estes agradecimentos menos importantes; são, de fato, necessários. Sou grato a todos os meus professores nos cursos de graduação e pós-graduação na FEA/USP, muitos dos quais se tornaram colegas nos mais de vinte anos durante os quais nela tenho lecionado. Sou grato a todos os que foram alunos junto comigo naqueles mesmos cursos, muitos dos quais se tornaram competentes profissionais da economia e alguns também professores na FEA ou em outras instituições de ensino.

Sou grato a todos os meus alunos, em disciplinas ministradas nos cursos de graduação, na FEA, e de pós-graduação, na FEA e no Programa de Pós-Graduação em História Econômica da Faculdade de Filosofia, Letras e Ciências Humanas. Decerto, muitos deles nunca imaginaram o prazer que me causaram e o estímulo que me deram pelo interesse demonstrado nas aulas e pelos ótimos desempenhos alcançados.

Sou grato a todos os meus orientandos em pesquisas de iniciação científica, em monografias de conclusão de curso, em dissertações de mestrado e em teses de doutorado, muitos deles atualmente também professores e orientadores. Sou grato a todos os que compartilharam comigo a atividade de pesquisa, dividindo a autoria de diversas comunicações e artigos publicados em periódicos científicos.

Sou especialmente grato àqueles, presentes em um ou mais desses segmentos acima mencionados, que se tornaram ótimos amigos ao longo dessas décadas. Sou também especialmente grato ao apoio recebido de meus familiares.

Esta obra foi impressa em São Paulo na primavera de 2012 pela gráfica Vida e Consciência. No texto foi utilizada a fonte Arno em corpo 11,5 e entrelinha de 15 pontos.